U0876219

权威·前沿·原创

皮书系列为

“十二五”“十三五”“十四五”时期国家重点出版物出版专项规划项目

BLUE BOOK

智库成果出版与传播平台

智慧学习蓝皮书
BLUE BOOK OF SMART LEARNING

中国智慧学习研究报告（2022~2023）

RESEARCH REPORT ON SMART LEARNING IN CHINA (2022-2023)

智慧学习环境

SMART LEARNING ENVIRONMENT

主　编／黄荣怀　刘德建　陈光巨

社会科学文献出版社
SOCIAL SCIENCES ACADEMIC PRESS (CHINA)

图书在版编目（CIP）数据

中国智慧学习研究报告．2022～2023：智慧学习环境／黄荣怀，刘德建，陈光巨主编．--北京：社会科学文献出版社，2023.5
（智慧学习蓝皮书）
ISBN 978-7-5228-1758-3

Ⅰ.①中… Ⅱ.①黄… ②刘… ③陈… Ⅲ.①教育环境-研究-中国 Ⅳ.①G40-052.4

中国国家版本馆 CIP 数据核字（2023）第 081032 号

智慧学习蓝皮书
中国智慧学习研究报告（2022~2023）
——智慧学习环境

主　　编／黄荣怀　刘德建　陈光巨

出 版 人／王利民
责任编辑／张铭晏　路　红
文稿编辑／白　银　孙玉铖　王雅琪
责任印制／王京美

出　　版／社会科学文献出版社（010）59367194
　　　　　地址：北京市北三环中路甲 29 号院华龙大厦　邮编：100029
　　　　　网址：www.ssap.com.cn
发　　行／社会科学文献出版社（010）59367028
印　　装／天津千鹤文化传播有限公司

规　　格／开　本：787mm × 1092mm　1/16
　　　　　印　张：23.5　字　数：352 千字
版　　次／2023 年 5 月第 1 版　2023 年 5 月第 1 次印刷
书　　号／ISBN 978-7-5228-1758-3
定　　价／168.00 元

读者服务电话：4008918866

《中国智慧学习研究报告（2022~2023）》
编　委　会

主编简介

黄荣怀　北京师范大学“长江学者”特聘教授。现任北京师范大学智慧学习研究院院长、互联网教育智能技术及应用国家工程实验室主任、联合国教科文组织国际农村教育研究与培训中心主任、联合国教科文组织“人工智能与教育”教席主持人、教育部教育信息化战略研究基地（北京）主任。担任国家教材委员会科学学科专家委员会委员、教育部教育信息化专家组专家兼秘书长、教育部人工智能科技创新专家组工作组专家、科技创新2030—“新一代人工智能”重大项目管理专家组成员、高中信息技术课程标准修订组联席组长、义务教育信息科技课程标准研制组组长、教育部“智慧教育示范区”创建项目专家组副组长、*Smart Learning Environment* 主编、*Journal of Computers in Education* 主编等。主要从事教育信息化、智慧学习环境、技术支持的创新教学模式、人工智能与教育等领域研究。荣获国家教学成果奖、高等学校科学研究优秀成果奖、全国教育科学研究优秀成果奖、北京市优秀教学团队、北京市教学名师、北京市优秀教师等。承担国家级、省部级等纵向及横向课题100余项，撰写中英文著作40余部，发表中英文学术论文400余篇。

刘德建　教授级高级工程师，北京师范大学智慧学习研究院联席院长、中国教育大数据应用研究院联席院长，国务院特殊津贴专家。1999年回国创办网龙网络公司，现任网龙网络公司董事长及执行董事。研究领域包括互联网产品设计、虚拟现实/增强现实应用、人工智能与大数据教育应用、数字教育等。主持或参与了一系列国家级和省部级研究课题。

陈光巨　北京师范大学教授，曾任北京师范大学副校长、珠海分校校长。兼任中国高等教育学会教师教育分会常务副会长，教育部高校毕业生就业协会教师教育专业委员会理事长和中国教育发展战略学会教育标准专业委员会理事长。曾获原国家教委科学技术进步奖三等奖、北京市和广东省教育教学成果奖二等奖各 1 项，首届全国教材建设奖（基础教育类）一、二等奖，国家级教学成果奖二等奖 2 次。多年从事化学科学研究、高等学校管理以及教育教学研究、基础教育质量提升和智慧教育与学习研究等。

摘　要

党的二十大报告提出，“教育、科技、人才是全面建设社会主义现代化国家的基础性、战略性支撑”“推进教育数字化，建设全民终身学习的学习型社会、学习型大国”。2022 年以来，教育部将实施国家教育数字化战略作为重要任务，探索多样态学习，充分运用慕课、微课、虚拟现实等多种方式，提供泛在、多元、智能化的学习环境、学习生态。《中国智慧学习研究报告（2022~2023）》全面总结近年来中国智慧学习环境的总体特征，从理论上提出智慧学习、智慧学习环境的概念和特征，并且梳理国家在技术与教育融合创新发展方面发布的各项政策文件，从学校、家庭、社会协同育人的角度，介绍不同场域智慧学习环境的特点和发展状况，旨在为读者呈现新一代信息技术构建的智慧学习形态、状态和业态特征。

全书由总报告、理论政策篇、智慧校园篇、智慧家庭篇、智慧社会篇五部分构成。总报告从智慧学习发展背景、智慧学习的三大场景、智慧学习主要产品、智慧学习产业发展四个方面呈现智慧学习的样态、状态和业态，并提出智慧学习是建设终身学习的学习型社会的必然要求和建设智慧社会的必然趋势，重点介绍了家长素养、智慧校园、新型学习空间、智慧社区、场馆学习等智慧学习场景的具体内容。

理论政策篇提出了智慧学习相关理论，详细介绍智慧学习环境的定义、场域分布以及构成要素；站在教育数字化转型的大背景下梳理分析智慧学习环境政策体系和两条主线，对“智慧+学校教育”“智慧+家庭教育”“智慧+社会教育”的政策进行回顾。

智慧校园篇介绍了开展教学的两大重要空间——校园和教室，介绍了智慧校园的建设现状和案例，提出信息技术构建感知、联接、智能的智慧校园环境，助力学校智慧学习环境数字化，实现智慧校园新生态；介绍了新型教学空间的内涵特征、设计原则、演进趋势，基于信息技术对课堂教学模式的变革要求，对新型教学空间的主要样态和教学方式进行阐述。

智慧家庭篇通过介绍家庭学习环境的发展和家庭阅读活动，指出家庭阅读、家庭素养在家庭学习活动中的重要作用。智慧社会篇包含了社区学习、场馆学习、研学旅行三篇专题报告。社区学习专题报告重点介绍了社区教育和老年学习，并对现有的平台资源、学习方式进行分析；场馆学习专题报告从发展现状、存在的问题以及发展趋势对图书馆、科技馆、博物馆等各类场馆发生的学习行为进行介绍。研学旅行专题报告重点对研学旅行的课程组织形式和典型案例进行阐述。全书涵盖了个人成长过程中开展学习的多种场域场景，关注学习型社会建设过程中基于技术的各类学习环境的现状和趋势。

关键词： 智慧学习　学习环境　家庭学习　学校学习　社会学习

目 录

Ⅰ 总报告

Ⅱ 理论政策篇

Ⅲ 智慧校园篇

Ⅳ 智慧家庭篇

Ⅴ 智慧社会篇

皮书数据库阅读使用指南

总报告

General Report

B.1

中国智慧学习研究报告（2022~2023）

焦艳丽　李　菊*

摘　要： 本报告通过对相关文献的研究梳理，提出智慧学习的概念。5G、大数据、人工智能等前沿技术快速发展，各类学习产品形态层出不穷，技术与教育的双向融合对人类的学习方式产生了革命性影响，除了在学校的教育主阵地，家庭学习和社会学习越来越受到人们重视。本报告从智慧学习发展背景、智慧学习三大场景、智慧学习主要产品、智慧学习产业发展四个方面呈现智慧学习的样态、状态和业态，指出智慧学习是建设数字中国、学习型社会、智慧社会的重要支撑。

关键词： 智慧学习　智慧校园　社会学习

* 焦艳丽，北京师范大学智慧学习研究院智慧城市与学习环境实验室主任，主要研究方向为智慧学习、教育技术；李菊，北京师范大学智慧学习研究院智慧城市与学习环境实验室教育研究专员，主要研究方向为家庭教育、智慧学习。

智慧学习是建设数字中国、学习型社会、智慧社会的重要支撑，是一种基于数字化的类脑智能性、高度融合性、预见性的泛在、移动学习范式，是贯穿人类生命始终的过程，存在于家庭、学校、社会三大场景，如家长素养、家风家训、家庭书房、智慧校园、新型教学空间、社区学习、场馆学习等。依托信息技术、互联网技术、智能技术的快速发展，一系列的科技产品应用于不同的学习场景，打造出面向多元学习场景的智慧学习产品生态，构建新型的智慧学习供给模式，满足不同个体对学习的多方面需求。智慧学习产品主要包括以智能家居、智能学习工具、智慧教育装备、科技主题设施等硬件为主的设施设备，以智慧教育平台、教育类 App、资源平台等软件为主的学习应用。各类智慧学习产品促进了智慧学习产业的发展。智慧学习产业是以 5G、人工智能技术、大数据技术、多媒体技术等为基础，建立在互联网运营、网络安全保障等互联网基础服务之上，涵盖智能硬件制造商、应用开发商的复杂生态系统。

近年来，学习型社会日益成为很多国家发展的重要方向和必然趋势，学习也随之成为学者重点关注的研究对象。在大数据和人工智能等新一代信息技术大量应用于教育领域的背景下，学习逐渐由传统学习过渡到数字化学习，再由数字化学习过渡到移动学习、泛在学习，进而发展为智慧学习。①在发展过程中，智慧学习概念逐步明晰，并成为智慧城市发展的核心驱动力②、智慧教育的核心③、主流教育业务④和主要组成部分⑤。学界对智慧学习概念的理解主要有三个视角。

---

① 刘革平、农李巧：《从“泛智”论到泛在学习进阶智慧学习：论“泛”教育思想的内在关联和价值意蕴》，《电化教育研究》2020 年第 6 期，第 27~32、67 页。

② 刘德建等：《城市智慧学习环境指数研究》，《开放教育研究》2016 年第 5 期，第 22~33 页。

③ 林贝贝：《智慧学习的内涵、特征及其实践路径》，《基础教育参考》2022 年第 5 期，第 62~66 页。

④ 杨现民、余胜泉：《智慧教育体系架构与关键支撑技术》，《中国电化教育》2015 年第 1 期，第 77~84、130 页。

⑤ 祝智庭、贺斌：《智慧教育：教育信息化的新境界》，《电化教育研究》2012 年第 12 期，第 5~13 页；胡钦太等：《智慧教育的体系技术解构与融合路径研究》，《中国电化教育》2016 年第 1 期，第 49~55 页。

第一，学习目标视角，认为智慧学习的目标是培养有智慧的人。如习海旭等人认为，智能信息技术的支持和学习者智慧的获得是智慧学习的核心要素；[①]艾兴、赵瑞雪的研究认为，智慧学习的目标是关注生成能力与智慧，在泛在的环境中从人的本性和个性出发，通过探究和体验未知世界使学习者对学习材料产生真正意义上的理解，进而真正感悟“人”的意义和价值的学习形态。[②]

第二，学习者视角，认为智慧学习是学习者借助相关技术和资源主动的、自我指导的学习方式。如 Myung-Sukle 和 Yoo-Ekson[③]、Koo[④]、贺斌[⑤]、万见峰[⑥]等学者认为，智慧学习是学习者自我指导的学习方式；祝智庭和贺斌[⑦]、钟绍春[⑧]、郭晓珊等[⑨]、陈琳等[⑩]、胡钦太等[⑪]认为，智慧学习是学习者根据需要，主动灵活地选择学习资源、学习方式的活动。

第三，技术视角，认为智慧学习是利用技术支撑学习者个性化学习[⑫]，以

① 习海旭、廖宏建、黄纯国：《智慧学习环境的架构设计与实施策略》，《电化教育研究》2017 年第 4 期，第 72~76 页。

② 艾兴、赵瑞雪：《智慧学习：理论渊源、本质解读和表征形态》，《教育与教学研究》2022 年第 4 期，第 28~38 页。

③ Myung-Sukle，Yoo-Ekson，“A Study on the Adoption of SNS for Smart Learning in the ‘Creative Activity’，” *International Journal of Education and Learning*，2012（3）：1-18.

④ Duk-Hoi Koo，“Trends and Revitalization of Smart-Learning in Elementary and Middle Schools，” *Asian Journal of Information Technology*，2012（5）：160-168.

⑤ 贺斌：《智慧学习：内涵、演进与趋向——学习者的视角》，《电化教育研究》2013 年第 11 期，第 24~33、52 页。

⑥ 万见峰：《智慧学习方法在材料科学专业教育中的探索与实践》，《高等工程教育研究》2021 年第 1 期，第 10~11、15 页。

⑦ 祝智庭、贺斌：《智慧教育：教育信息化的新境界》，《电化教育研究》2012 年第 12 期，第 5~13 页。

⑧ 钟绍春：《人工智能支持智慧学习的方向与途径》，《中国电化教育》2019 年第 7 期，第 8~13 页。

⑨ 郭晓珊、郑旭东、杨现民：《智慧学习的概念框架与模式设计》，《现代教育技术》2014 年第 8 期，第 5~12 页。

⑩ 陈琳等：《教育信息化走向智慧教育论》，《现代教育技术》2015 年第 12 期，第 12~18 页。

⑪ 胡钦太等：《智慧教育的体系技术解构与融合路径研究》，《中国电化教育》2016 年第 1 期，第 49~55 页。

⑫ Chin，K. W.，“Smart Learning Environment Model for Secondary Schools in Malaysia：An Overview，” https：//x. sci-hub. org. cn/scholar？hl = zh - TW&as _ sdt = 0，5&q = Smartlearning + environment + model+for+secondary+schools+in+Malaysia%EF%BC%9Aan+overview&btnG =.

增强、丰富和加速学习过程①的方式。如 Chin 认为，智慧学习是一种能够依据学习者的学习风格，利用技术支撑学习者的个性化学习；② 方海光等学者认为，智慧学习可以理解为一个智慧学习系统，这个系统离不开技术支持的学习综合环境。③ 其中的“技术”，一方面体现为根据情境和环境感知为学习者提供个性化学习资源，④ 另一方面体现为通过数据的采集和分析调控学习过程。⑤

综合来看，智慧学习是一个贯穿人类生命始终的过程，物理表现形态具有泛在性和无边界性，既为终身学习提供学习经验，也为延展学习、复杂学习和深度学习提供环境支持。智慧学习体现为学习目标的智慧性，即培养有智慧的人；学习者的智慧性，即学习者主动学习，主动寻求适合自己的学习资源；学习工具的智慧性，即学习工具能提供大量学习资源，通过学习者的学习感知学习结果并进行分析、反馈。本报告的智慧学习是一种基于数字化的类脑智能性、高度融合性、预见性的泛在、移动学习范式。通过整合智慧学习资源，打造具身学习环境，转变学习评价思维等，可促进教与学方式变革，提高学习效能。

一　智慧学习发展背景

人工智能、物联网、区块链等前沿技术加速发展，逐步深入经济社会发

---

① Abtar Kaur, “The Future of Smart Learning: Personalised Learning,” http: //www.elearningasia.net/_ program/pdf_ pt/ [Speaker%205-1] Abtar%20Kaur.pdf, 2013.

② Chin, K.W., “Smart Learning Environment Model for Secondary Schools in Malaysia: An Overview,” https: //x.sci-hub.org.cn/scholar? hl = zh - TW&as _ sdt = 0, 5&q = Smartlearning + environment + model+for+secondary+schools+in+Malaysia%EF%BC%9Aan+overview&btnG =.

③ 方海光等:《基于区块链技术的智慧学习机器人设计研究——面向大规模学习服务系统的智慧学习机器人》,《远程教育杂志》2017 年第 4 期，第 42~48 页。

④ Anasolp, Callaghanv, Gardnerm, et al., *Towards the Next Generation of Learning Environments: Aninter Reality Learning Portal and Model*(Paper Represented at the 2012 Eighth International Conference on Intelligent Environments, Guanajuato: IEEE, 2012); Peña-Ríos, A., Callaghan, V., Gardner, M., et al., “Towards the Next Generation of Learning Environments: An Inter Reality Learning Portal and Model,” *Eighth International Conferenceon Intelligent Environments*, 2012: 267-274.

⑤ Scottkm, *Context Aware Services for Smart Learning Environments*, Ontario: Lakehead University, 2009; 梁迎丽、梁英豪:《人工智能时代的智慧学习: 原理、进展与趋势》,《中国电化教育》2019 年第 2 期，第 16~21 页。

展的各个领域，深刻改变人们的生产、生活和学习方式。人类社会在经历了农业时代、工业时代和信息时代后，开始迈向人机协同、跨界融合、共创共享的智能时代。[①] 智能时代，前沿技术不断推动各行各业走向数字化、智慧化，数字中国、智慧社会的概念应运而生。教育领域技术与教育的双向融合对教育的理念和未来发展产生革命性影响，教育开始由“教”向“学”转变，终身教育、学习型社会也随之深入发展。

（一）数字化是数字中国的必然选择

为回应20世纪90年代美国副总统戈尔提出的“数字地球”概念，中国学术界提出了“数字中国”概念，开展了“数字中国”的研究。2000年开始，“数字中国”建设走出学术界，成为地方信息化工作重点。全国各省纷纷提出省域的数字化概念，如“数字北京”“数字福建”“数字湖南”“数字山西”。其中，“数字福建”由时任福建省省长习近平领导建设，且跳出了技术层面，走向自然、经济、社会、文化等领域。[②]

当前，我国“数字中国”战略基于国家领导人讲话和一系列政策文件。2015年12月，习近平主席在第二届世界互联网大会的开幕式上首次正式公开提出“推进‘数字中国’建设，发展分享经济，支持基于互联网的各类创新，提高发展质量和效益”。[③] 2016年3月，《中华人民共和国国民经济和社会发展第十三个五年规划纲要》（以下简称“十三五”规划）提出“加快建设数字中国”。2016年12月，《“十三五”国家信息化规划》提出“到2020年，‘数字中国’建设取得显著成效”。2017年10月，党的十九大报告提出“加强应用基础研究，拓展实施国家重大科技项目，突出关键共性技术、前沿引领技术、现代工程技术、颠覆性技术创新，为建设科技强国、

① 关成华、黄荣怀主编《面向智能时代：教育、技术与社会发展》，教育科学出版社，2021。

② 黄欣荣、潘欧文：《“数字中国”的由来、发展与未来》，《北京航空航天大学学报》（社会科学版）2021年第4期，第99~106页。

③《习近平出席第二届世界互联网大会开幕式并发表主旨演讲》，《人民日报》2015年12月17日，第1版。

质量强国、航天强国、网络强国、交通强国、数字中国、智慧社会提供有力支撑”。2018 年 4 月，习近平总书记向首届“数字中国”建设峰会发贺信，提出“加快数字中国建设，就是要适应我国发展新的历史方位，全面贯彻新发展理念，以信息化培育新动能，用新动能推动新发展，以新发展创造新辉煌”。[①] 2021 年 3 月，《中华人民共和国国民经济和社会发展第十四个五年规划和 2035 年远景目标纲要》（以下简称“十四五”规划）再次提出“数字中国”概念，要求“加快数字化发展，建设数字中国”“迎接数字时代，激活数据要素潜能，推进网络强国建设，加快建设数字经济、数字社会、数字政府，以数字化转型整体驱动生产方式、生活方式和治理方式变革”，全方位部署了数字中国的发展方向。

“数字中国”战略旨在通过数字化、网络化的方式，使人们的生产生活方式便捷化、高效化，推进学校、社区等公共服务机构资源的数字化，推动图书馆、旅游休闲等各类场景的数字化，积极发展在线课堂和数字家庭，加强全民数字技能教育和培训。“数字化”成为“数字中国”背景下的必然选择。

（二）终身学习是学习型社会的必然要求

“学习型社会”概念来源于终身教育思想，最早出现在美国教育家赫钦斯 1968 年出版的《学习型社会》中。经由 1972 年联合国教科文组织《学会生存：教育世界的今天和明天》的倡导得到了广泛传播，引起了国际社会的普遍关注。

世界组织纷纷倡导全民终身学习，建立终身学习体系。2011 年 4 月，《为了所有人的学习：投资人们的知识和技能以推动发展——世界银行 2020 年教育战略》提出“全民学习”新愿景，[②] 完成了从“全民教育”到“全

① 《以信息化培育新动能　用新动能推动新发展　以新发展创造新辉煌》，人民网，2018 年 4 月 23 日，http：//media. people. com. cn/n1/2018/0423/c40606-29942279. html。

② *Learning for All*：*Investing in Peoples Knowledge and Skills to Promote Development World Bank Group Education Strategy 2020*，https：//cice. shnu. edu. cn/_ upload/article/files/65/80/3d41943a437290b171f33423f328/8e240d5f-e944-4fc7-bf76-bd08689f2f0f. pdf.

民学习”的转变。[①] 2015年5月，世界教育论坛通过的《仁川宣言》提出，“在所有环境中以及在各级教育中促进优质的全民终身学习机会”。[②] 2015年9月，《2030年可持续发展议程》明确提出“确保包容和公平的优质教育，让全民终身享有学习机会”。2019年，《人工智能与教育　北京共识》提出“采用人工智能平台和基于数据的学习分析等关键技术构建可支持人人皆学、处处能学、时时可学的综合型终身学习体系，同时尊重学习者的能动性。开发人工智能在促进灵活的终身学习途径以及学习结果累积、承认、认证和转移方面的潜力”。

我国积极探索学习型社会建设。2002年，党的十六大报告首次提出“形成全民学习、终身学习的学习型社会，促进人的全面发展”。2015年5月，习近平主席在青岛国际教育信息化大会的贺词中指出，“推动教育变革和创新，构建网络化、数字化、个性化、终身化的教育体系，建设‘人人皆学、处处能学、时时可学’的学习型社会，培养大批创新人才，是人类共同面临的重大课题”。2016年3月发布的“十三五”规划提出，“加快学习型社会建设”。2019年2月，《中国教育现代化2035》提出“构建服务全民的终身学习体系”“建成人人皆学、处处能学、时时可学的学习型社会”。2021年3月，“十四五”规划明确提出，“发挥在线教育优势，完善终身学习体系，建设学习型社会”。2022年国务院《政府工作报告》再次强调“发展在线教育，完善终身学习体系”。

学习型社会旨在创设人人皆学、处处能学、时时可学的社会，要求人人具有学习的理念和时间。终身学习成为当代个体学习型社会实践的基础和必然要求。

（三）智慧学习是智慧社会的必然趋势

智慧社会最早由工程技术领域从事“社会计算”的专家涉足，认为智

① 关成华、黄荣怀主编《面向智能时代：教育、技术与社会发展》，教育科学出版社，2021。

② 参见 https：//unesdoc. unesco. org/ark：/48223/pf0000233137_ chi。

慧社会可以充分利用开放流动的大数据资源形成功能信息对称、权利对等、扁平化组织的社会结构。[①] 之后，各国以“智慧”为核心，提出智慧国家、智慧地球、智慧城市等概念，试图将各领域的发展智慧化。2006 年，新加坡政府启动了“智慧国家 2015”计划，核心是通过信息技术提升跨地区和跨行业的资源整合能力。[②] 2008 年 11 月，美国 IBM 公司提出“智慧地球”概念，指出智慧地球具有更彻底的感知、更全面的互联互通、更深入的智能化三个特征。[③] 2009 年，IBM 发布了《智慧地球赢在中国》计划书，从电力、医疗、城市、交通、供应链和银行六大领域为中国设计了智慧行动方案，[④] 并与政府、企业合作逐步实施。[⑤] 2010 年，IBM 正式提出“智慧城市”愿景。2012 年 12 月，我国住房和城乡建设部发布《国家智慧城市试点暂行管理办法》《国家智慧城市（区、镇）试点指标体系（运行）》，首次在中央政府层面提出智慧城市建设。2013 年 1 月，公布了首批国家智慧城市试点名单，之后多次将智慧城市作为发展重点写进政府文件。

中国、日本以“社会”为核心分别提出了“智慧社会”和“超智能社会”的概念。2016 年 1 月，日本内阁在《第五期科学技术基本计划（2016—2020）》中提出超智能社会“社会 5.0”概念，期望通过科学技术精细化、精准化地应对社会各种需求，使每个人都能享受到高质量的服务。[⑥] 2017 年 10 月，党的十九大报告首次提出“智慧社会”概念，并与数字中国等并列，要求“加强应用基础研究，拓展实施国家重大科技项目，突出关键共性技术、

① 何明升：《智慧社会：概念、样貌及理论难点》，《学术研究》2020 年第 11 期，第 41～48、177 页。

② 刘红芹等：《中国建设智慧社会的国外经验借鉴》，《电子政务》2019 年第 4 期，第 9～17 页。

③ 许晔等：《IBM“智慧地球”战略与我国的对策》，《中国科技论坛》2010 年第 4 期，第 20～23 页。

④ 《智慧地球赢在中国》，豆丁网，2009 年 5 月 30 日，https://www.docin.com/p-22031275.html。

⑤ 许晔、郭铁成：《IBM“智慧地球”战略的实施及对我国的影响》，《中国科技论坛》2014 年第 3 期，第 148～153 页。

⑥ 刘红芹等：《中国建设智慧社会的国外经验借鉴》，《电子政务》2019 年第 4 期，第 9～17 页。

前沿引领技术、现代工程技术、颠覆性技术创新，为建设科技强国、质量强国、航天强国、网络强国、交通强国、数字中国、智慧社会提供有力支撑”①。

无论是智慧地球、智慧国家、智慧城市，还是智慧社会，都落脚于“智慧”二字。智慧，广义上可以理解为“某个复杂体系所具备的分析问题和解决问题的能力”②。对于上述提到的地球、国家、城市、社会而言，智慧体现为“机器”通过分析大量收集到的数据，尤其是“感知”数据，计算、分析数据并挖掘规律。这是信息化、数字化的高级形式。而对于“智慧社会”，重在对“社会”的理解。社会，可以从“大社会”“小社会”两种语境理解。“大社会”是通常所说的人类社会，是自然长期发展和演化到一定阶段的产物，主要相对于“自然”而言。③“小社会”是把社会看成人类社会的一个组成部分，有不同的分类方法，如国家与社会的二分法，经济建设、政治建设、文化建设、社会建设、生态文明建设的五位一体（党的十八大确定）。“智慧社会”可以放在不同的语境理解。本报告将智慧社会放在“大社会”语境下，将其看作一个新的社会形态，看作智能时代里程碑式的产物。④

智慧社会要求社会各领域通过人工智能等前沿技术分析、挖掘收集到的数据，由人类基于数据的分析结果做出决策。技术在医疗成像、电商、自动驾驶等领域的应用推动了智慧社会的发展，技术也逐步应用在教育领域。“智慧化”的学习成为智慧社会未来发展的必然趋势。

二　智慧学习三大场景

家庭、学校、社会是个体成长的三大空间，不同年龄阶段个体学习的主

① 《王曦：加强应用基础研究建设科技强国》，中国科学院网站，2017年10月23日，https：//www. cas. cn/zt/sszt/zggcd19dbdh/xxls/201710/t20171023_ 4618699. shtml。

② 何明升：《智慧社会：概念、样貌及理论难点》，《学术研究》2020年第11期，第41~48、177页。

③ 何明升：《智慧社会：概念、样貌及理论难点》，《学术研究》2020年第11期，第41~48、177页。

④ 关成华、黄荣怀主编《面向智能时代：教育、技术与社会发展》，教育科学出版社，2021。

要空间各有侧重。学龄前，以家庭的学习为主；学龄期，以学校的学习为主，即使新冠肺炎疫情期间也以学校在线课程为主，家庭同时发挥作用；学龄期结束后，以自我驱动为主，借助社会、家庭、学校等各类资源开展学习。三大空间相互交替，重叠影响，共同构成个体成长的学习空间，也成为智慧学习的主要应用场景。

（一）家庭智慧学习

家庭是社会的基本细胞，是个体成长的第一场所。家庭通过创设良好的生活、学习环境以及家长的言传身教影响个体的成长，且对个体一生的发展起着至关重要的作用。习近平总书记多次、多场合强调家庭的重要作用，引导人民重视家庭建设，注重家庭、家教、家风建设。智慧学习在家庭中的应用一方面体现为家长素养、家风家训等家长的智慧，另一方面体现为家庭书房的“智慧”设计（见图1）。

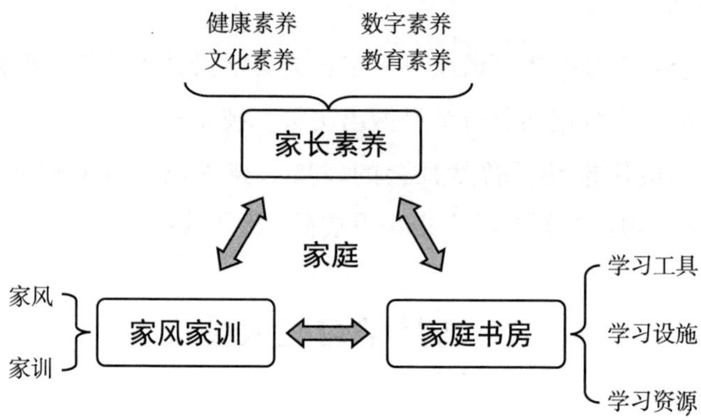

图1　家庭智慧学习

1. 家长素养

家长素养指家长在生活、学习中形成的直接影响家庭建设、家庭教育的多方面素养。学界主要从三个角度理解家长素养包含的具体内容。第一，思想与文化角度，主要包括家长对社会、人生的态度，日常生活的行为准则，理论、知识等文化素养。[①] 杨宝忠在此基础上增加了家长的教育素养。[②] 第二，先天与后天角度，包括自然素质和社会素质两个方面。自然素质是人生来就有的先天素质，指人的大脑、神经、体力等生理方面的素质。社会素质是人在后天培养的素质，主要是指人的心理素质、思想道德素质、科学文化素质、教育素质等。[③] 第三，一般素质与特殊素质角度，一般素质指家长作为一名社会成员应该具备的基本素质，包括文化水平、品德修养和健康状况等；特殊素质指作为家长对子女进行教育应具备的素质，即"教育素质"。[④]

综合来看，家长素养涉及生理素养、心理素养、文化素养和教育素养等。结合当前国家数字化、智能化发展趋势对数字素养的强烈要求，本报告认为家长素养应包含健康素养、文化素养、教育素养、数字素养四个方面。其中，健康素养指"个人获取、理解、处理基本的健康信息和服务，并利用这些信息和服务，做出有利于提高和维护自身健康决策的能力"[⑤]，既是个体健康的重要决定因素，也是家长的必备素养；文化素养指"公民获得文化适应性并能进行有效交流应该具备的背景信息"[⑥]，是家长"修身养性"的基础，包括传统文化素养、科学文化素养等；教育素养指家长教育孩子的专门素养，包括教育知识、教育观念、教育方式和教育能力等，[⑦] 是家长成为教育者的重要条件；数字素养指家长学习、工作、生活应具备的数字获取、制作、使用、评价、交互、分享、创新、安全保障、伦理道德等一系列素质与能力的集合，是家长成为数字社会学习者和教育者的重要素养。

---

① 赵忠心：《家庭教育学》，人民教育出版社，2001。

② 杨宝忠：《大教育视野中的家庭教育》，社会科学文献出版社，2003。

③ 关颖：《从"90后"的成长烦恼反思父母教育素质》，《青年探索》2013年第2期，第67~71页。

④ 方建移、何伟强：《家庭教育与儿童社会性发展》，浙江教育出版社，2005。

⑤ 姚宏文、石琦、李英华：《我国城乡居民健康素养现状及对策》，《人口研究》2016年第2期，第88~97页。

⑥ 余昱：《文化素养的课程诠释——美国富兰克林学校的"华盛顿之旅"研学课程》，《比较教育研究》2018年第7期，第36~42页。

⑦ 杨宝忠：《大教育视野中的家庭教育》，社会科学文献出版社，2003。

2. 家风家训

家风家训指以家长为核心形成的对家庭成员产生影响的文化道德氛围，包括家风和家训两大内容。其中，家风指家庭成员表现出来的行为方式或潜藏在内心的价值准则，如尊老爱幼、勤俭节约等；家训指具有明确规定性的、固化的包含家规、家诫等在内的对家庭成员产生影响的规则，如《严氏家训》《诫子书》等。家风是家庭成员内化家训并外显化的结果，家训是家风规则化、显性化的结果。家风与家训相互支撑、相互转化，共同促进家庭中家风家训和“软环境”的形成。

家庭环境中良好的家风家训有助于家庭成员形成正确的价值观念，生成文化自信并践行社会主义核心价值观，进而为千万有优良传统的小家汇成大国奠定基础。不同时期我国形成了不同的家风家训，如传统文化中受儒家“修身、齐家、治国、平天下”思想影响形成的勤学励志、修身养性、齐家兴业、保国安民①的家风家训，革命战争时期形成的崇德、敬重、尚俭、勤勉、诚朴②等红色家风家训，当代以郑培民“情浓钱淡，永葆清白”③ 为代表的家风家训。当前，家庭成员尤其是家长通过有规律的健身与阅读、有效的沟通与互动、适当的社会实践与游历等家庭实践活动形成习惯，并在习惯的指导下进一步开展实践活动，螺旋上升中形成家庭的家风家训。结合数字化和社会经济发展背景，基于优秀传统家风家训，家庭需要根据自身特点构建新时代的家风家训。国家、学校、社会可依据自身优势为家庭提供相应的指导，帮助家庭形成适合其发展的家风家训。

3. 家庭书房

家庭书房指家庭中专门用于学习、工作的场所。狭义的家庭书房指专门用于学习、工作的房间；广义的家庭书房指家庭内部任何可以用于学习、工

---

① 林伯海、师晓娟：《家风的意蕴及其当代价值》，《思想政治教育研究》2017 年第 5 期，第 111~115 页。

② 魏继昆、崔保锋：《延安时期中共领袖红色家风建设研究》，《人民论坛 · 学术前沿》2017 年第 5 期，第 54~61 页。

③ 朱瑞：《从郑培民的“家风”说起》，《军队政工理论研究》2004 年第 4 期，第 96 页。

作的地方。家庭书房由桌椅、台灯、网络等学习设施，纸、笔、电脑、学习机器人等学习工具，书籍、网络资源等学习资源构成（见图 2）。家庭书房很多设施和资源可以根据实际情况实现智能化升级，如一般的笔可以升级为适用于平板电脑的电容笔，普通的桌椅可以升级为保护学生视力、脊柱健康的智能桌椅，传统的纸质书籍可以升级为电子书籍。

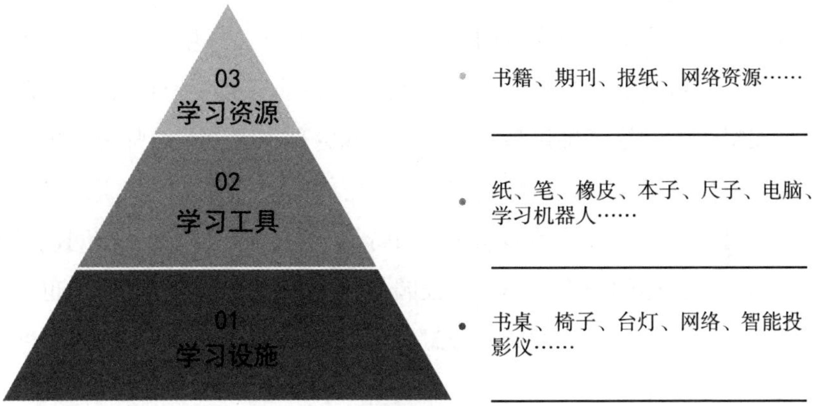

图 2　家庭书房三要素

学习设施是个体在家庭中学习的基本硬件环境，部分家庭设置独立的书房，部分家庭将相关设施嵌套于卧室、客厅等场所，无论是否有独立学习空间，家庭一般都设置了网络、书桌等便于学习的设施。其中，网络几乎成为家庭的必需品，工信部的调查数据显示，截至 2022 年 2 月底，我国互联网宽带接入用户达 5.45 亿户，移动互联网用户达 14.219 亿人。① 学习工具是学习的基础和必备工具，随着技术的发展，部分家庭开始使用手机、电脑等替代传统的学习工具。学习资源是家庭书房建设的核心，既包括家庭拥有的书籍等资源，也包括家庭从图书馆等公共服务场所借取的资源。家庭多会根据孩子需求购买相应的图书，而对阅读公共服务的知晓和使用有限。第十八

① 《2022 年 1—2 月份通信业主要指标完成情况（二）》，工信部网站，2022 年 3 月 21 日，https：//www.miit.gov.cn/gxsj/tjfx/txy/art/2022/art_33993e6ded9b45b7b9f11047 84c30c13.html。

次全国国民阅读调查成果显示，2020 年我国城镇成年居民对公共图书馆、报刊栏、社区阅览室/社区书屋/城市书房的知晓率分别为 29.9%、27.4%、24.8%，使用率分别为 13.9%、11.1%、9.1%。①

（二）学校智慧学习

学校是社会的一种基本组织形式，是个体进行系统学习的重要场所。学校通过以教师为主的专业人员的教育教学和良好学习环境的创设培养个体多方面的能力，帮助其习得系统知识。其中，教师在教学空间中进行教育教学，校园提供的网络基础设施、教育教学和管理平台等为教师和学生的教学活动提供方便。虽然校园包括教室等教学空间，但教学空间并不限于学校的教室，也可以拓展到校外的博物馆、田野等空间。同时，教学空间包括师生间的关系、非实体的网络空间等。校园与教学空间二者虽有交叉但也有所差异。结合当前信息技术的发展，智慧校园和新型教学空间成为智慧学习在学校的两个核心应用。

1. 智慧校园

智慧校园是数字校园的高端形态，是“一种以面向师生个性化服务为理念，能全面感知物理环境，识别学习者个体特征和学习情景，提供无缝互通的网络通信，有效支持教学过程分析、评价和智能决策的开放教育教学环境和便利舒适的生活环境”②，具有环境全面感知、网络无缝互通、海量数据支撑、开放学习环境、师生个性服务 5 个基本特征，依赖学习情景识别与环境感知、校园移动互联、社会网络、学习分析、数字资源的组织和共享等关键技术。

智慧校园建设最早可以追溯至 20 世纪 90 年代的校园网建设，先后经历了校园网、校园信息化、数字校园（数字化校园）、智慧校园（智能校园）、

① 《第十八次全国国民阅读调查成果发布》，国家新闻出版署网站，2021 年 4 月 26 日，https://www.nppa.gov.cn/nppa/contents/280/75981.shtml。

② 黄荣怀等：《智慧校园：数字校园发展的必然趋势》，《开放教育研究》2012 年第 4 期，第 12~17 页。

新一代智慧校园（OMO 智慧校园）5 个阶段。① 2014 年，江苏省苏州市率先发布《苏州市“智慧校园”示范校建设指南》，各地纷纷开始智慧校园的建设，推动了江苏省徐州市、河北省雄安新区等地智慧校园示范校的建设。2021 年 7 月，教育部等六部门发布《关于推进教育新型基础设施建设构建高质量教育支撑体系的指导意见》，将“智慧校园新型基础设施”作为教育新基建的 6 个重点任务之一，“支持有条件的学校利用信息技术升级教学设施、科研设施和公共设施，促进学校物理空间与网络空间一体化建设”。智慧校园将成为“十四五”时期发展的重要内容，具体包括学校基础设施建设（如 5G 网络建设），教学、科研、校园公共空间环境建设（如虚拟教研室建设），教育教学资源建设（如国家智慧教育公共服务平台建设），校园管理平台和服务平台建设（如教育督导和监管信息化建设）。

2. 新型教学空间

新型教学空间是依托现代信息技术和教育理念建构的符合当前教育发展趋势的教学空间。其中，教学空间呈现客观空间观、主观空间观、关系空间观、整体空间观②和权力建构观③等多种观点，以及作为环境的教学空间、作为学校系统的教室空间、作为组织系统的教学空间、作为社会关系的教学空间、作为新技术构建的智能教学空间④等多种形态。综合来看，教学空间不仅是物理空间，更是具有教育意义的文化空间，承载了教学理念、教学环境、教学内容、教学组织形态等丰富的内涵。结合当前教育教学理念与形式，新型教学空间包括智能教室、创新实验室、学科教室、劳动实践空间、新型场馆空间、网络学习空间 6 种新形态（见图 3）。

智能教室是一种以现代教育技术为依托，优化学习内容呈现方式、便捷

① 王运武等：《5G 时代的新一代智慧校园建设》，《中国医学教育技术》2021 年第 2 期，第 143~149 页。

② 杨晓：《理解教学空间》，《课程·教材·教法》2020 年第 7 期，第 38~44 页。

③ 刘云杉：《教学空间的塑造》，《教育科学研究》2004 年第 6 期，第 10~12 页。

④ 张涛：《教学空间研究》，博士学位论文，南京师范大学，2021。

图 3 六种新型教学空间

获取学习资源、提供丰富认知工具、促进课堂深度交互、支持即时教学评价，同时具有情境感知和环境管理功能的智慧学习环境，[①] 是适应现代高效教育教学资源展示、符合师生互动需求、便于开展线上线下学习的教学场所、教学设备和相关系统的统称。[②]

创新实验室是学生开展研究性学习活动、自主探究和创新实践的重要场所，是基于学生个性化学习需求，集学习内容、学习方式以及先进技术设备于一体的新型学习环境。[③]

学科教室是为特定学科教育教学服务的专用教室，是专供某一门学科授课的场所。[④]

劳动实践空间是支持劳动学科教学的空间场所，重在引导新时代学生进行系统的劳动思想教育、劳动技能培育与劳动实践锻炼。

新型场馆空间是指现代技术支撑下的场馆环境，不仅指从事教育传播的实体场馆，也包括个体可以随时随地学习的在线虚拟场馆学习环境，[⑤] 具有

① 张屹等：《智慧教室环境下小学数学课堂教学互动行为特征研究》，《中国电化教育》2016年第6期，第43~48、64页。

② 安宁等：《高校智慧教室建设的探索与思考》，《实验技术与管理》2017年第5期，第247~251页。

③ 竺建伟：《学习环境重构：中小学创新实验室探索与实践》，《上海教育科研》2018年第7期，第67~70页。

④ 李葆萍、杨博主编《未来学校学习空间蓝皮书》，北京师范大学出版社，2021。

⑤ 周进、安涛、韩雪婧：《基于活动理论的场馆学习活动设计》，《科普研究》2019年第1期，第30~37、107页。

开放性、真实性、情境性和虚实结合等特点。

网络学习空间是由教育主管部门或学校认定，集资源、服务、数据于一体，支持共享、交互、创新的实名制网络学习场所，其核心属性是共享、交互、共创，基本特征是个性化、开放性、联通性和适应性。[①]

（三）社会智慧学习

社会是不同人群构成的集合体，是个体在家庭、学校以外生活、学习的又一重要场所。社会根据不同群体的需要提供适合其发展的学习环境和教育环境，主要包括为青少年儿童提供的校外培训、为单位职工提供的在职培训、为增强职业竞争力开展的技能培训、为不同类型群体提供的社区教育或老年教育，以及任何人均可参与的场馆学习等。因社区和场馆覆盖人群广泛，二者成为智慧学习在社会中的两大主要应用场景。社区需要借助场馆的各类资源开展活动，增强活动的趣味性和有效性；场馆需要借助社区开展的各类活动，为场馆各类资源赋予活力与生命力。

1. 社区学习

社区是聚居在一定地域内的人们所组成的社会生活共同体。从地理意义来讲，社区是行政区划划分的地理区域，包括城市社区与乡村社区。从社会意义来讲，社区意识是社区成为共同体的心理基础。社区学习是指社区成员为提高自身综合素养和生活质量，充分利用社区各类资源开展的学习活动。常见的社区学习包括青少年在社区参与的科学探究活动、老年人参加的社区健身活动、面向全体社区成员的科学普及活动等。社区的智慧学习依托基础设施、资源/平台、服务等。

基础设施指社区拥有的用于社区成员学习的设施设备，包括网络基础设施、虚拟现实/增强现实（VR/AR）教室、展厅与体验大厅、图书馆等。如2021 年 4 月 24 日，北京龙泽苑社区在冰雪公益课中开设 VR 模拟滑雪、旱

---

① 《教育部关于发布〈网络学习空间建设与应用指南〉的通知》，教育部网站，2018 年 4 月 16 日，http：//www.moe.gov.cn/srcsite/A16/s3342/201805/t20180502_ 334758.html。

地冰球、冰蹴球、桌上冰壶球等互动项目;[①] 2021 年 12 月，成都武侯区机投桥街道潮音社区爱星客太空探索中心的“太空空间站工作舱”开舱迎客。[②] 资源/平台指依托社区建设或推广的 PC 端或移动端学习资源/平台，主要用于资源共享、学习交流、提供教育教学服务等。如中央国家机关老年大学桑榆金辉云课堂、国家开放大学五分钟课程网。服务指社区向居民提供的教育教学活动，包括社区教育、老年教育，以及读书会等有教育教学意义的活动。如上海普陀区社区学院开发了“在线学习社群”，组织在线学习、交流；浙江省舟山市东沙镇社区教育学院组织编写了“古镇‘渔文化’”系列教材，向民众提供教育服务。[③]

2. 场馆学习

场馆既包括科技馆、图书馆、博物馆等具有封闭结构的场所，也包括动物园、植物园等与科学教育相关的露天场所。[④] 场馆学习是一种情境化、基于实物和具体经验的终身学习，是提高公众文化素养的重要手段之一。场馆学习既是全方位学习，又是深度学习，受到个人因素、物理环境和社会环境三方面的影响。场馆智慧学习是场馆学习的发展趋势，是依托互联网、大数据、云服务等信息技术的智能化、网络化、个性化学习方式，包括学习资源、信息技术、学习环境、个性化服务、学习方式以及学习体验六要素（见图 4）。[⑤]

学习资源是学习者获取知识的直接来源，场馆中的展品、动植物等均可以作为学习者的重要学习资料。信息技术为场馆智慧学习提供技术支撑，不

---

① 《VR 模拟滑雪、旱地冰球……龙泽苑社区居民享受冰雪运动乐趣》，“北京日报客户端”百家号，2021 年 4 月 25 日，https://baijiahao.baidu.com/s?id=1697982202094039513&wfr=spider&for=pc。

② 《实物+虚拟体验　全国首个社区“太空空间站工作舱”开舱迎客》，中国新闻网，2021 年 12 月 21 日，https://www.chinanews.com.cn/sh/2021/12-21/9634526.shtml。

③ 《“古镇‘渔文化’”获省级社区教育进农村文化礼堂学习品牌》，网易新闻，2021 年 12 月 3 日，https://www.163.com/dy/article/GQ8L0GO60525D8BB.html。

④ 伍新春等:《场馆科学学习：本质特征与影响因素》，《北京师范大学学报》（社会科学版）2009 年第 5 期，第 13~19 页。

⑤ 刘德建、黄荣怀、闫伟:《智慧场馆与智慧学习》，人民邮电出版社，2021，第 9~11 页。

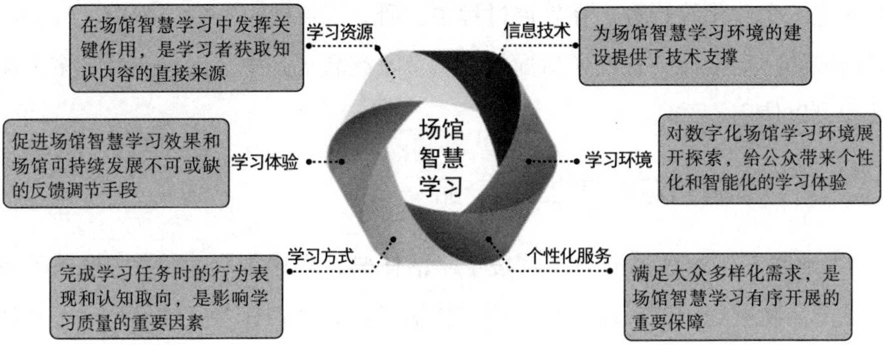

图 4　场馆智慧学习六要素

同技术的应用可以有效增强场馆学习的智能化、个性化，给予学习者更好的学习体验。学习环境是场馆为学习者提供的促进其学习的环境，如展品讲解的二维码、展品路线图等。个性化服务是场馆根据学习者特点和要求量身定制的服务，既针对学习者个人，也针对学校、社区、单位等团体。学习方式是学习者完成学习目标和任务采取的方式方法，除了传统的线下学习以外，还有移动学习、泛在学习、讨论式学习、体验式学习、探究式学习[①]等。学习体验是“学习者在学习过程中的主观感受”[②]，学习体验的反馈有利于场馆不断完善。综合来看，场馆与家庭、学校、社区等的协同合作将成为未来发展的重要趋势。

三　智慧学习主要产品

智慧学习产品是智慧学习领域的热点话题，旨在以技术为依托，打造面向多元学习场景的智慧学习产品生态，构建新型的智慧学习供给模式，满足不同个体对学习的多方面需求。“智慧”的学习类产品的核心功能是通过技术集成多模态数据，通过数据的分析、预测促进个体的学习，具有智能化、

① 刘德建、黄荣怀、闫伟：《智慧场馆与智慧学习》，人民邮电出版社，2021，第 12 页。

② 刘德建、黄荣怀、闫伟：《智慧场馆与智慧学习》，人民邮电出版社，2021，第 12 页。

精准化、个性化等特点。在发展过程中，研究人员针对家庭、学校、社会不同场域的特点设计、开发了适配的智慧学习产品。其中，部分产品在多个场域均可以使用。

（一）家庭智慧学习的主要产品

“十四五”规划提出“丰富数字生活体验，发展数字家庭”，推动了数字化产品在家庭中的应用。家庭的智慧学习产品以家庭书房的设施、工具和资源为主。家长通过相关产品提高自身素养、创设良好家风家训，孩子在家长和产品的双重影响下开展智慧学习。具体来看，家庭智慧学习的主要产品有用于学习的智能家居，如智能桌椅、智能灯等；智能学习工具，如电脑、学习机；加载于学习工具的教育类 App，如电子书、视频课程等。

1. 智能家居

“十四五”规划在“加快数字化发展　建设数字中国”的“数字化应用场景”中明确提出“智慧家居”概念，并提出“应用感应控制、语音控制、远程控制等技术手段，发展智能家电、智能照明、智能安防监控、智能音箱、新型穿戴设备、服务机器人等”。对于家庭的智慧学习而言，可以从智能家具、智能家电、智能音箱、服务机器人几个方面考虑。其中，用于学习的服务机器人等相关产品是专用的学习工具，在下一部分专门论述。

智能家具指将智能技术融入家庭各种家具，使家具智能化、便捷化，以方便人们的使用，具体包括智能桌椅、智能书柜等，如“人体工学健康学习桌”具有轻便升降、自动端正人体坐姿等功能，可以帮助使用者根据自身情况选择坐或者站，并调整坐姿，预防近视眼、脊椎病。智能家电指将微处理器技术、传感器技术、网络通信技术引入家电设备后形成的家电产品，具有自动感知住宅空间状态和家电自身状态、家电服务状态等功能，能够自动控制及接收住宅用户在住宅内或远程的控制指令，包括智能电视、智能灯等。如“大力智能学习灯”具有适合个体学习的灯光、字典等智能学习工具，以及自主规划学习内容、线上自习室、双摄视频通话等功能，专为小学生培养自主学习习惯而设计。智能音箱是音箱的升级版，是个体使用语音上网、获取信息的工具，如听故事、玩游戏、点歌、了解天气等。目前，小度音箱、小爱音箱、叮咚音箱等已逐步成为人们学习、生活的一部分，人们回到家即可通过相应指令开始学习。

2. 智能学习工具

前沿科技的迅速发展在促进家居智能化的同时，也促进了家庭学习工具的智能化，不断改变个体获取知识、理解知识的方式。目前，家庭智能化的学习工具主要有两类，一是专门获取知识的故事机、点读机、学习机器人、网络学习机、机器人学伴等；二是辅助学习的电脑、手机、错题打印机等。

专门获取知识的学习工具以机器人等硬件为载体，以后台数据为学习资料来源，通过语音对话、按钮点击、手机或电脑应用操作的方式控制个体学习。如机器人学伴通过大数据精准测评，有针对性地推荐学习资源，辅助个体学习。[①] 龙岩新罗区智电电子厂出品的幼教设备“智能学习机”，可以存储国学经典、成语故事、唐诗、宋词、幼儿故事、幼儿启蒙、少儿益智等主题的数千个音频，用户可方便地从电脑下载。

辅助学习的学习工具不提供直接的知识内容，需要用户根据需求通过一系列操作获取自己想要的内容。辅助学习的学习工具既包括为学习者提供多方面功能的电脑、手机，也包括具有专项功能的各种工具。如错题打印机专门用于学生对错题的打印，方便而快捷。比较有代表性的产品是厦门喵宝科技有限公司出品的喵喵机，具有智能便携、无墨打印、题库多等特点，能够为用户搭建学习场景，使用户能够在线搜集、整理、分析、强化错题并即时线下打印，帮助用户快速提升学习效率。

3. 教育类 App

应用程序英文为“Application”，简称为 App，指在各种终端设备上使用、能够实现某些特定功能的程序。其中，终端指电脑、手机、学习机器人等学习工具。2020 年，教育部发布“停课不停学”政策，推动了在线教育

① 杨俊锋等：《5G+智慧教育：基于智能技术的教育变革》，《中国电化教育》2021 年第 4 期，第 1~7 页。

的发展，也推动了教育类 App 的发展与规范化。

个体在家庭中使用的教育类 App 从实现教育功能的直接性角度可以分为两类。一类是直接实现教育功能的 App，如 Edmodo、Moodle、雨课堂、超星学习通等基于 PC 端和移动端的学习管理系统；另一类是能够很好地支持人们某种教育、学习需求的各种工具，如微信、QQ 等社交软件，钉钉、Welink、ZOOM 等远程办公和会议软件，MindManager、Inspiration 等促进学生认知发展的思维导图/概念图工具，有道云笔记、Evernote 等做笔记的应用，以及各类网盘等方便师生存储和下载资源的工具。① 另外，根据年龄的不同，可以将教育类 App 分为幼儿教育、基础教育、高等教育、职业与成人教育四类；根据功能的不同，可以将教育类 App 分为语言学习、艺术心理、IT 技术、混合四类。

（二）学校智慧学习的主要产品

《教育信息化 2.0 行动计划》明确提出，依托各类智能装备和网络，积极开展智能化教学支持环境建设，加快智能教室、智能实验室和虚拟工程等智能教育装备及设施建设。②《新一代人工智能发展规划》提到利用智能技术开发智能教育助理，建立智能、快速、全面的教育分析系统。一系列政策文件对学校智慧学习主要产品的研发和应用提出了要求。③ 具体来看，学校的智慧学习产品可以分为学校智慧学习装备、学校智慧学习应用两类。

1. 学校智慧学习装备

学校在“智慧化”发展过程中发展出大量智能教育装备，即“运用信

① 黄荣怀等：《超大规模互联网教育组织的核心要素研究——在线教育有效支撑“停课不停学”案例分析》，《电化教育研究》2020 年第 3 期，第 10~19 页。

② 《教育部关于印发〈教育信息化 2.0 行动计划〉的通知》，教育部网站，2018 年 4 月 13 日，http：//www.moe.gov.cn/srcsite/A16/s3342/201804/t20180425_ 334188.html？from=timeline&isappinstalled=0。

③ 《国务院关于印发新一代人工智能发展规划的通知》，中国政府网，2017 年 7 月 8 日，http：//www.gov.cn/zhengce/content/2017-07/20/content_ 5211996.htm。

息化与智能化技术手段，吸纳前沿的科技创新成果，实施和保障教育教学活动的先进的教育教学仪器、设备、设施以及相关软件”[①]。由于学校教育中教育和学习密不可分，智能教育的装备也是学生在学校开展智慧学习的装备，具体有智能学科教学装备、VR/AR 教育装备、创客/STEAM 教育装备等。

智能学科教学装备指学科教学过程中使用的智能化教育装备。如“地理科普园成套设备”可以模拟地理微缩景观，帮助学生更好地理解地形地貌，学习地理知识。其突出特点是化书为物、形象直观、造型逼真、科学性强、化繁为简、便于理解，成为集地理教学、校园美化于一体的多功能地理科普园，也是理想的地理课堂辅助教学和地理课外活动场所，是实现地理课从应试教育向素质教育转变的途径之一，也是进行乡土地理教育的重要基础。[②]

VR/AR 教育装备将 VR/AR 技术应用于教学中，以创设真实的教学情境，帮助学生高效学习。如“VR 沉浸式课堂——VR 兴趣教学、智慧教育”主要是将课本重点、学生难以理解或者生活中难以接触的知识点场景化，教师教授到相应知识点的时候可以进入 VR 课堂，VR 设备可以展现场景与刚学的知识点，教师教授相应知识点后，学生可以在空余时间佩戴 VR 设备进行沉浸式互动，激发学生学习的兴趣并巩固知识点。

创客/STEAM 教育装备指创客/STEAM 教育过程中应用的设备。如“Arduino 机器人创客教育课程”帮助学生了解不同机器人的功能与特点，学习编程、电子、结构等知识原理。其中，RoboSpace 机器人创造者编程套件（Arduino 主控）是一套包含了丰富的传感器与结构件，以 Mixly 图形化或 Arduino 为编程环境的机器人套件。学生可以以传感器的智能应用为主线，搭建机械臂、探险机器人、垃圾分类机器人等各形态的机器人。

① 郑娅峰等：《我国智能教育装备发展现状及重点研发方向分析》，《中国远程教育》2020 年第 11 期，第 11~19、76 页。

② 参见《地理科普园》，教育装备网，http：//www. ceiea. com/cp13850/prodetail_ 70774. htm。

2. 学校智慧学习应用

学生在学校的智慧学习需要借助一系列教育应用实现。应用主要分为两类，一是智能化教室中含有的相关应用，为学生创造学习的环境；二是学生学习中使用的相关应用，帮助或协助学生有效开展学习。

各类智能化教室建立在相关应用的基础上。如亲亲概念教室采用全自动APPLE一体系统、多屏显示，可随时查阅资料、在线作业、投屏分享等，方便教师线上线下混合教学。同时引进BB（Black Board）、ClassIn、新步伐等数字平台丰富概念教室的网络空间，实现翻转与交互。在课堂数据与信息的记录过程中，通过电子班牌、ClassDojo等即时性评价工具，实现学情的实时监测，并配备录播系统方便捕捉课堂环节、学生表现。智能讲课系统将对课堂教学中的练习、问答、作业等教学反馈信息进行汇集、统计、分析、评价，并将评价结果以图形化的方式在电子白板上直观呈现，系统还基于大量教学反馈信息的统计分析，科学诊断学生学习情况，并进行智能化的学生分组。教师可根据不同组别学生的具体情况，有针对性地发送不同层次的学习内容，开展个性化、差异化教学，从而实现学生与教师的精准画像，推动精准教学。①

学生学习中使用的相关应用除了可以实现学生独立学习外，还可以实现以下两个方面功能。一是实时编辑讨论，师生协作学习。学生可使用Processon、百度脑图等思维导图制作工具协作学习，小组成员在课后制作知识点的分工梳理导图，共同交流、共同进步。二是创新互动模式，激发学习动机。为了方便学习，学生可以建立线上讨论组或QQ群、微信群等，家长也可以进群参与学习。同时，学生可以使用雨课堂软件在手机端接收教师发布的问卷和调查信息，还可以利用雨课堂的弹幕功能进行互动。

（三）社会智慧学习的主要产品

2016年以来，教育部等部门先后印发《教育部关于办好开放大学的意

① 王玉龙、蒋家傅：《以需求为导向的智慧教室系统构建》，《现代教育技术》2014年第6期，第99～105页。

见》《关于促进在线教育健康发展的指导意见》等重要文件，明确了社会教育智慧化的建设路径，并推动构建网络化、数字化、个性化、终身化的教育体系。智慧学习产品作为社会学习的载体，在个体学习中发挥重要作用，具体来看，包括主题设施、资源平台两类主要产品。

1. 主题设施

社会的智慧学习场域既包括社区教育机构、老年教育机构等，也包括图书馆、艺术馆等场馆。不同场域不同主题的智慧学习产品，是硬件和软件相结合、知识与技术相结合、融体验与学习为一体的产物，有利于个体全方位感知和学习。教室、专题场馆与体验馆为主要场域，且不同场域有各具特色的智慧学习产品。

社会场域中的教室与学校的教室类似，包括多媒体教室、智慧学习教室等一般的智能化教室和创客教室等主题性专用教室。一般的智能化教室除了学校普通教室常有的电脑、投影仪等设施外，还有电子座位签到牌、直播设施等适合公共场所使用的辅助学习产品。如国家开放大学数字化体验中心在桌子上放置带有二维码的电子座位签到牌，个体通过手机预约个人喜欢的座位后，到现场扫码签到使用。同时，采用可以自由重组的一体式桌椅，营造出灵活、轻松的学习氛围；使用互动屏协作学习，科技与空间交互，提升学习效率；可以快速组成小组并使用智能屏进行讨论，创意思维跃然纸上；辅以远程视频系统，提升远程学习者的参与度，也为课程直播、课程录制提供空间支持。主题性专用教室根据主题特点设计教室的智能化设备。如创客教室是一种用于创客教育的学习场域，可以使学习者利用开源软硬件等尝试手工 DIY 实验课程。深圳松坪山社区开展“小创客轻松玩电子”创客工作坊活动，开设了红外报警器制作、太阳能电动车制作、扫地机器人制作、电梯升降机制作、绘图仪制作、风能机械兽制作等一系列手工 DIY 实验课程。

专题场馆与体验馆是学习中具有特色的社会场域，根据主题的不同，有图书馆、科技馆、自然馆、博物馆等，既可以是专门的场馆，也可以是社区搭建的体验馆。相关的智慧学习产品根据主题的不同而有所差异。如北京香山革命纪念馆首次对外公开的《西苑机场阅兵》和《开国大典》原始影片，纪念馆运用信息技术，通过动态影像视频还原历史。第一个采用“步入式”新展示形式的是《人民欢迎解放军进城》原始影片，让观众能够亲身体会欢迎解放军进城的感觉。《开国大典》原始影片首次采用全息影像技术，通过 LED 屏展示开国大典中阅兵等全过程原始影像。“为新中国奠基——中共中央在香山”主题展览，通过约 800 张图片、报照、地图、表格和 1200 多件实物、文献和档案呈现中国发展历程。① 2021 年 12 月，江西南昌西湖区国贸阳光小区落成社区消防安全教育体验馆，设置了消防宣教一体机、模拟灭火系统、知识抢答系统、常见消防器材展示架以及文创产品展示柜。②

各场域包含了各种智慧学习产品，如电脑、LED 屏、宣教一体机、机器人、VR/AR 设备等硬件设备，图片、音频、视频等电子资源和座位预约、绘图、模拟灭火等软件系统。

2. 资源平台

全国数字化建设工作取得长足发展，目前各省份都建立了省级数字化学习平台，各地逐步建立或完善区（县）级数字化学习平台，大力推广微信公众号等移动学习平台。从功能角度看，社会智慧学习平台具有资讯发布、资源共享、教学管理、虚拟仿真、直播教学等功能。个体可以在任意时间、任何地点，以任意步调学习任何自己想学习的内容。总体来看，社会智慧学习的主要产品有资源共享平台和直播平台两大类。

资源共享平台即加载了电子书、音视频等电子资源的平台，具体可以分为两类。一类是仅有资源共享功能的平台，由官方统一发布资源，个体通过浏览进行学习。例如，学习强国汇集了各类优质学习资源，包括文本形式的新闻、文章，视频形式的各类课程，以及电台广播节目、电视节目等。又如，敦煌研究院将敦煌莫高窟的洞窟、壁画采用数字化的方式制作成影片供

① 《解密香山革命纪念地：“开国大典”原始影片将亮相》，新浪新闻，2019 年 9 月 12 日，https：//news. sina. com. cn/c/2019-09-12/doc-iicezueu5434632. shtml。

② 《促文明实践消防宣传双提升全市首家社区消防安全教育体验馆开放》，“南昌日报”百家号，2021 年 12 月 30 日，https：//baijiahao. baidu. com/s？ id = 1720658307111001894&wfr = spider&for = pc。

游客欣赏，迄今已有近4000万人次访问，既给予游客完整的、沉浸式的体验，也延展了敦煌文化的影响力。一类是融合资源、辅导、答疑、作业等功能的教学平台，在资源共享的同时，将线下教学的相关功能“搬到”线上。如国家开放大学学习网是实现集学习者就读、教师教学与课程建设、教学管理者管理于一体的一站式在线教育服务平台，为学历、非学历以及老年教育等不同学习需求提供统一的国开在线教育服务入口，支持不同类型教育项目的在线学习，提供注册、选课（项目、专业）、缴费、学习、辅导、答疑、作业、形考、虚拟校园、信息查询、终身学习档案、毕业结业以及备课、教研、课程建设、查询统计等功能。

直播平台即可以实时互动与交流的平台，常用的直播平台有腾讯会议、小鹅通、保利威视等。为弘扬中华优秀传统文化，倡导全民终身学习理念，福建开放大学终身教育服务中心（以下简称“中心”）创新终身学习形式，借鉴“直播带货”理念，面向全省终身教育机构组织开展“双学、双百”进社区终身教育专项活动。“双学”即“直播带学、人文游学”，像“直播带货”一样，由“主播”老师利用直播平台，向城乡社区居民宣传展示各地的人文景观、地标建筑、非遗文化等，带领学员如亲临现场般感受文化的内涵和魅力。2021年5月28日，中心组织开展“游学烟台山、直播闽文化”活动启动仪式，组织全省社区教育机构学习观摩直播过程，起到了良好的示范引领作用。

四　智慧学习产业发展

智慧学习产业发展，即与智慧学习相关的产品所在企业、行业的发展。智慧学习产业的发展，一方面基于国家数字化转型、国家信息化、教育信息化等政策的推动，另一方面基于互联网技术、移动通信技术、大数据技术等的快速发展。同时，学习者的需求也起着重大的推动作用。在多重因素的影响下，智慧学习产业生态圈包括互联网基础设施的运营商和安全保障商，以及智慧学习产品的硬件、软件等。智慧学习产业在技术、教育双向融合与推动下，逐步走向智能化、多场景化。

（一）智慧学习产业发展的技术基础

技术是智慧学习产业发展的重要力量。21 世纪以来，互联网技术快速发展，5G、大数据、区块链、VR、人工智能等技术应用在生产生活的方方面面，也在教育和学习领域发挥重要作用。智慧学习产业发展过程中，依赖 5G 强化智慧学习环境，依赖 VR 等多媒体技术丰富智慧学习内容的呈现形式，依赖人工智能技术实现个体学习中的人机互动，依赖大数据技术实现个体学习的智能化。

1. 5G

智慧学习要求个体在任意时间、任意地点学习。移动互联网体现了“无处不在的网络、无所不能的业务”的思想，使智慧学习有条件发生。人们可以通过随身携带的移动终端随时随地获取互联网服务。[①] 目前，移动通信技术经历了从 1G 到 5G 的演变，正逐步走向 6G。1G 实现了语音通信，2G 使手机能发短信、上网，3G 支持图片、视频传输，4G 满足游戏、高清移动电视等高速上网功能，5G 促进互联网教育应用更加高速、高效传输教学内容。

2019 年 6 月 6 日，工信部正式向中国移动、中国联通等 4 家企业颁发 5G 商用牌照，标志着我国 5G 正式商用，开启了 5G 元年；2020 年 5G 成为新基础设施建设的重要内容之一。5G 边缘计算、网络切片技术，以及工业物联网（IIoT）、终端节点技术、5G 定位技术、5G-V2X 车联网技术等其他关键技术使 5G 具有超高速率、低时延、低功耗、大规模连接、高可靠性等特点，[②] 能够实现课堂实时互动的低时延直播、虚拟名师、教师助手等功能，[③] 支撑大容量的直播课程资源，为个体的智慧学习提供方便。

---

① 罗军舟、吴文甲、杨明：《移动互联网：终端、网络与服务》，《计算机学报》2011 年第 11 期，第 2029~2051 页。

② 杨俊锋等：《5G+智慧教育：基于智能技术的教育变革》，《中国电化教育》2021 年第 4 期，第 1~7 页。

③ 邬贺铨：《5G 上云融智助力教育创新》，2020 全球智慧教育大会，2020 年 8 月 20 日。

2. 人工智能技术

智慧学习的形式除了内容形式，还包括人机互动的形式，即建立在人工智能技术基础上的学习。人工智能是一门研究、开发用于模拟、延伸和拓展人的智能的理论、方法、技术及应用系统的技术科学，核心技术包括计算机视觉、机器学习、机器人、语音识别等。

计算机视觉是指计算机从图像中识别出物体、场景和活动的能力。[①] 机器学习指的是计算机系统无须遵照程序指令，而只依靠数据来提升自身性能的能力，核心在于从数据中自动发现模式。机器人将机器视觉、自动规划等认知技术整合至极小却高性能的传感器、制动器以及设计巧妙的硬件中，进而有能力与人类一起工作，能在各种未知环境中灵活处理不同的任务。语音识别主要是关注自动且准确地转录人类语音的技术。[②]

教育机器人是机器人应用于教育领域的代表，也是人工智能、语音识别和仿生技术等在教育中应用的典型，目标是培养学生的分析能力、创造能力和实践能力。[③] 以科大讯飞的阿尔法蛋为代表的一系列人工智能产品，功能包括语音识别、声源定位、准确辨识方位等。个体可以根据个人需求通过指令等与教育机器人互动。

3. 大数据技术

智慧学习要求个体以任意步调学习。大数据的主要特征是体量巨大（Volume）、类型繁多（Variety）、存取速度快（Velocity）、价值密度低（Value）。[④] 作为新一代信息系统架构和技术，大数据能够对大量形式多样的数据进行采集、存储和分析，帮助人们从信息社会海量数据中发现新知

① 《人工智能的五大核心技术》，“暗黑创业者”搜狐号，2018 年 1 月 27 日，https：//www.sohu.com/a/219358847_100110445。

② 《人工智能的五大核心技术》，“暗黑创业者”搜狐号，2018 年 1 月 27 日，https：//www.sohu.com/a/219358847_100110445。

③ 黄荣怀等：《教育机器人的发展现状与趋势》，《现代教育技术》2017 年第 1 期，第 13~20 页。

④ 《大数据的四个典型特征》，“数据科学自媒体”搜狐号，2020 年 9 月 7 日，https：//www.sohu.com/a/416954180_295682。

识、创造新价值、提升新能力、形成新业态，提升认识世界和改造世界的能力。[①] 中国已将大数据作为战略资源并上升为国家战略，提出全面推进大数据发展，加快建设数据强国。[②] 教育领域也将大数据作为重要发展方向，提出了实施教育大资源共享计划，提高利用大数据支撑保障教育管理、决策和公共服务的能力等。[③]

大数据技术促进智慧学习发展是时代发展的趋势。教育大数据的关键技术主要包括四类：教育数据挖掘技术、学习分析技术、数据可视化技术、决策支持技术。[④] 对于智慧学习，大数据可以完整和精细地记录学生学习过程、学习行为，采集学习过程数据并进行分析，对学生的个体特征和学习状况进行全面分析，精细刻画学生特点、洞察学生学习需求，推荐与学生特征适配的资源，创设个性化学习环境和个性化课程，助力个性化学习活动的开展。

4. 多媒体技术

智慧学习要求个体以任意方式学习。学习内容呈现方式的多样性使个体有兴趣学习，并选择适合自己的形式和方式。多媒体技术是实现该功能的主要技术，指具有集成性、实时性和交互性特征的计算机综合处理声、文、图信息的技术。一般指通过计算机对多种媒体信息进行数字化采集、编码、存储、传输、处理和再现等操作，使多种媒体信息建立逻辑连接，并集成为一个交互性系统的技术。[⑤] 多媒体技术的发展逐渐把计算机技术、通信技术和大众传播技术融合在一起，[⑥] 并逐步走向虚拟化，VR 技术是重要发展方向。

① 《抓住“开放共享”这个关键》，中国政府网，2015 年 11 月 20 日，http://www.gov.cn/zhengce/2015-11/20/content_5014682.htm。

② 《国务院关于印发促进大数据发展行动纲要的通知》，中国政府网，2015 年 9 月 5 日，http://www.gov.cn/zhengce/content/2015-09/05/content_10137.htm。

③ 《教育部关于印发〈教育信息化 2.0 行动计划〉的通知》，教育部网站，2018 年 4 月 25 日，http://www.moe.gov.cn/srcsite/A16/s3342/201804/t20180425_334188.html?from=timeline&isappinstalled=0。

④ 《专访｜首都师范大学远程教育研究所所长、数字化学习实验室主任方海光教授》，“世界教育信息”搜狐号，2018 年 5 月 11 日，https://www.sohu.com/a/231264041_670057。

⑤ 陆芳等编著《多媒体技术及应用》第 2 版，电子工业出版社，2011，第 3 页。

⑥ 季怡等编著《多媒体应用技术》第 2 版，人民邮电出版社，2018，第 8 页。

VR 技术以计算机技术为核心，结合相关科学技术，生成与一定范围真实/假想环境在视觉、听觉、触感等方面高度近似的数字化环境，用户借助必要的装备与数字化环境中的对象进行交互和相互影响，可以产生亲临对应真实环境的感受和体验。VR 具有沉浸感（Immersion）、交互性（Interaction）、构想性（Imagination）和智能化（Intelligence）4 个特征。[①] 学习者可以通过 VR 沉浸式体验学习对象，投入逼真的学习环境，实现沉浸式的现场学习，充分调动学习的兴趣和积极性。[②]

（二）智慧学习产业生态圈

智慧学习产业是信息化、数字化、智能化程度较高的产业，是一个以学习者为中心，建立在互联网运营商（如联通）、网络安全保障服务商（如天技科技）等基础上，涵盖智能硬件制造商、应用开发商的复杂生态系统。各类企业既相互独立又相互联系，共同服务于个体的智慧学习。

1. 智能硬件制造商

智能硬件通过软硬件结合的方式对传统设备进行改造，使其具有智能化的功能，已在家居、医疗等方面应用。教育领域的智能硬件从萌芽到多元化发展，受到了政策的大力支持。2016 年，工信部和国家发改委联合制定的《智能硬件产业创新发展专项行动（2016—2018 年）》强调，要“支持智能硬件企业面向教育需求，在远程教育、智能教室、虚拟课堂、在线学习等领域应用智能硬件技术，提升教育智能化水平”[③]。2019 年，《中共中央、国务院关于深化教育教学改革全面提高义务教育质量的意见》，要求推进“教育+互联网”发展，建立覆盖义务教育各年级各学科的数字教育资源体

① 《赵沁平院士：VR+AI 可能成为终极性的教育技术》，北京师范大学智慧学习研究院，2020 年 8 月 2 日，http：//sli. bnu. edu. cn/a/danxingjiaoxue/zhibokecheng/2020/0802/1952. html。

② 杨燕婷：《赵沁平：虚拟现实在教育和培训领域的应用》，《中国教育网络》2018 年第 6 期，第 24~25 页。

③ 《工业和信息化部　国家发展和改革委员会关于印发〈智能硬件产业创新发展专项行动（2016—2018 年）〉的通知》，工信部网站，2016 年 9 月 19 日，https：//www. miit. gov. cn/jgsj/dzs/wjfb/art/2020/art_ b979cfefc239458294ff3b2fb07cba47. html。

系，加强信息化终端设备及软件管理。2021 年 7 月，《关于推进教育新型基础设施建设构建高质量教育支撑体系的指导意见》则要求将教育智能硬件纳入教育新型基础设施建设的整体框架，进一步拓展了教育智能硬件的发展空间。

目前，教育智能硬件制造商主要有小天才、步步高、汉王等老牌教育硬件厂商，以及好未来、新东方、字节跳动、腾讯等涉及教育硬件业务的企业。总体来看，教育智能硬件的市场规模稳步增长。多鲸教育研究院在《2022 中国教育智能硬件行业报告》中指出，传统教育智能硬件市场规模增长相对稳定，新型教育智能硬件市场扩张迅速，总体市场规模稳步上升。预计 2024 年教育智能硬件市场规模超千亿元，年复合增长率达 26%。① 腾讯研究院等发布的《2021 年中国教育智能硬件趋势洞察报告》指出，学生平板是用户渗透率和使用率最高的教育智能硬件；智能作业灯是成长最快的教育智能硬件，虽诞生较晚，但用户渗透率和使用率已排第 2 位；智能教育本作为新兴的教育功能集成式智能硬件，也有一定的发展潜力。②

2. 应用开发商

应用常加载于各类硬件，主要包括直播平台、在线课程平台、学科学习平台、短视频+直播平台、在线会议平台等。相关的应用开发商既包括涉及在线教育业务的企业，也包括开发智慧学习平台的各类互联网企业。如好未来、新东方、猿辅导、高途课堂、掌门 1 对 1、作业帮等在线教育企业，宝宝巴士、火花思维、凯叔讲故事等低幼教育企业，中国大学 MOOC、学堂在线等高等教育企业，中公教育、中华会计网校、高顿教育等职业教育企业，编程猫、流利说、斑马 AI 课等素质教育企业。③ 互联网企业有腾讯、字节

① 《2022 中国教育智能硬件行业报告》，界面新闻，2022 年 2 月 10 日，https：//www.jiemian.com/article/7090856.html。

② 《2021 年中国教育智能硬件趋势洞察报告》，腾讯新闻，2021 年 5 月 12 日，https：//new.qq.com/omn/20210512/20210512A0CHWH00.html。

③ 《预见 2022：〈2022 年中国在线教育行业全景图谱〉》，前瞻网，2022 年 3 月 17 日，https：//www.qianzhan.com/analyst/detail/220/220317-72b3ce09.html。

跳动等开发智慧学习工具性软件的企业。各企业在发展过程中受到了政策等多方面因素的影响。

智慧学习相关产品方面，一方面，智慧学习应用开发商自身的产品质量存在问题，需要相关部门以 App、音视频、网络直播等为规范对象，以个人信息安全、历史虚无主义等不良信息，打“擦边球”和危害青少年身心健康等违法违规乱象为治理对象，力求构建绿色互联网生态。另一方面，实现智慧学习要求扩大教育资源供给，从基础设施建设、线上线下教育融通、培育优质在线教育资源等方面规范在线教育发展①与企业的发展。

智慧学习行业整体发展方面，政策要求将学科类校外培训机构统一登记为非营利性机构②，监管学科类校外培训收费情况③，做好文化艺术类校外培训管理相关工作④，从完善学习类 App 内容要求、审查标准和监管办法⑤，教育移动应用乱象的治理、监督、管理以营造优良发展生态⑥，以及备案管理⑦、审核等方面进行规范。在《关于进一步减轻义务教育阶段学生作业负担和校外培训负担的意见》等一系列政策的引导下，截至 2021 年底，线下与线上学科类培训机构压减率分别为 91.45%和 87.07%，培训机构扩张乱

① 《教育部等十一部门印发〈关于促进在线教育健康发展的指导意见〉》，教育部网站，2019 年 9 月 30 日，http：//www.moe.gov.cn/jyb_ xwfb/gzdt_ gzdt/s5987/201909/t20190930_ 401761.html。

② 《教育部办公厅等三部门关于将面向义务教育阶段学生的学科类校外培训机构统一登记为非营利性机构的通知》，教育部网站，2021 年 9 月 9 日，http：//www.moe.gov.cn/srcsite/A29/202109/t20210909_ 561300.html。

③ 《关于加强义务教育阶段学科类校外培训收费监管的通知》，国家发展改革委网站，2021 年 9 月 6 日，https：//www.ndrc.gov.cn/xxgk/zcfb/tz/202109/t20210906_ 1296090_ ext.html。

④ 《文化和旅游部办公厅关于做好文化艺术类校外培训管理相关工作的通知》，中国政府网，2022 年 2 月 16 日，http：//www.gov.cn/zhengce/zhengceku/2022-02/16/content_ 5673 861.htm。

⑤ 《教育部办公厅发布关于严禁有害 APP 进入中小学校园的通知》，教育部网站，2019 年 1 月 2 日，http：//www.moe.gov.cn/srcsite/A06/s3321/201901/t20190102_ 365728.html。

⑥ 《教育部等八部门印发关于引导规范教育移动互联网应用有序健康发展的意见》，教育部网站，2019 年 8 月 29 日，http：//www.moe.gov.cn/srcsite/A16/moe_ 784/201908/t20190829_ 396505.html。

⑦ 《教育部办公厅关于印发〈教育移动互联网应用程序备案管理办法〉的通知》，教育部网站，2019 年 11 月 22 日，http：//www.moe.gov.cn/srcsite/A16/s3342/201911/t20191122_ 409333.html。

象得到有效遏制，且形成一批典型案例①。智慧学习行业的发展开始走向规范化。

五　总结

智慧学习作为一类学习系统，通过 5G、大数据和人工智能等现代前沿技术来全面感知学习情境、识别学习者特征，提供合适的学习资源与便利的互动工具，自动记录学习过程和测评学习结果，有效支持人们的终身学习、职业发展和自我价值实现。智慧学习不仅包括教育主阵地——学校学习，还包含在家庭和社会的各个场景下的学习行为，是一个贯穿人类生命始终的过程，其物理形态具有泛在性和无边界性。智慧学习既为纵向的终身学习提供丰富的学习经验，也为横向的延展学习、复杂学习和深度学习提供环境支持。

党的二十大将教育、科技、人才放在全面建设社会主义现代化国家的战略全局中统筹谋划、一体部署，强调教育、科技、人才“三位一体”协同发展。党和国家出台一系列重大决策部署，不断丰富科教兴国战略的内涵要义，推动教育面貌发生格局性变化。通过科技赋能，智慧学习环境为每个学习者提供适合的学习平台和资源，让学习者能够在任意时间、任意地点，以任意步调和任意方式进行学习，支持学习者轻松、投入和有效地学习，实现微观层面的个人发展与宏观层面的社会发展全面高度统一。对智慧学习开展持续研究，有助于为社会呈现教育新基建、智慧学习环境、智慧学习产品、智慧学习产业、智慧学习效果评价等研究数据和案例，让人类从全生命周期的不同场景主动学习知识和技能，丰富思维、充实思想，拥有获得感和幸福感。

① 《教育部办公厅关于推广学校落实“双减”典型案例的通知》，教育部网站，2021 年 9 月 26 日，http://www.moe.gov.cn/srcsite/A06/s3321/202109/t20210926_567037.html?jump=true。

理论政策篇

Theory and Policy Reports

B.2

智慧学习环境理论发展报告

王运武*

摘　要： 随着数字经济和智慧社会的发展，全民迫切需要提升数字素养与技能，这就需要构建与智慧时代相适应的智慧学习环境，以满足人们对智慧学习的个性化和多样化诉求，然而智慧学习环境理论基础相对比较薄弱。本报告梳理了智慧学习环境的定义与特征、场域、构成要素、功能模型、支撑技术等，追溯了智慧学习环境兴起的背景与新发展，重新定义了智慧学习环境的内涵，剖析了人类文明进程中先后经历的场景、学习环境、数字学习环境和智慧学习环境，如今正在迈向泛在智慧学习环境，最后提出智慧学习环境的理论分析框架，归纳了智慧学习环境理论基础、理论演进与发展脉络。未来，共同富裕、乡村振兴背景下乡村智慧学习环境建设值得高度关注，更需要关注线上线下融合学习环境、

* 王运武，江苏师范大学智慧教育学院教授，硕士生导师，江苏省教育信息化工程技术研究中心副主任，江苏高校哲学社会科学重点研究基地“智慧教育研究中心”副主任，主要研究方向为教育信息化、智慧教育、智慧校园、智慧学习环境。

“短视频+直播”学习环境、多模态学习环境、虚拟仿真学习环境、新一代智慧校园等新型智慧学习环境。

关键词： 智慧学习环境理论 泛在智慧学习环境 教育数字化转型

新冠肺炎疫情加速了全球数字化进程，正在重塑世界竞争格局。随着新一轮科技革命和产业变革来临，重构全球创新版图和重塑全球经济结构成为关系国家未来发展的重要战略抉择。数字化转型正在成为推进数字产业化和产业数字化，加快数字经济发展的全球性战略。全球数字化转型呼唤智慧学习环境理论研究实现新突破，以智能技术重塑智慧教育新生态，着力提高全民数字素养和技能，形成全民终身数字学习体系，助力数字人才强国建设，以技术驱动产业数字化升级，激发数字经济发展活力。回溯智慧学习环境研究，探索新时代的智慧学习环境理论，将有利于构建智慧学习环境，推进学习型和创新型国家建设。

一 智慧学习环境理论概述

（一）智慧学习环境定义与特征

智慧学习环境是一种能感知学习情景、识别学习者特征、提供合适的学习资源与便利的互动工具、自动记录学习过程和评测学习成果，以促进学习者有效学习的学习场所或活动空间。智慧学习环境是普通数字化学习环境的高端形态，是教育技术发展的必然结果。① 智慧学习环境能够实现物理环境与虚拟环境的融合，能更好地提供适应学习者个性特征的学习支持和服务，

① 黄荣怀、杨俊锋、胡永斌：《从数字学习环境到智慧学习环境——学习环境的变革与趋势》，《开放教育研究》2012 年第 1 期，第 10 页。

其技术特征主要体现在记录过程、识别情景、联接社群、感知环境四个方面，其目的是促进学习者轻松地学习（Easy Learning）、投入地学习（Engaged Learning）和有效地学习（Effective Learning）（简称“3E”）。

智慧学习环境应具有三个特征：实现物理环境与虚拟环境的融合；更好地提供适应学习者个性特征的学习支持和服务；既支持校内学习也支持校外学习，既支持正式学习也支持非正式学习。

在智慧学习环境中，人们能够在任意时间（Anytime）、任意地点（Anywhere），以任意方式（Anyway）和任意步调（Anypace）（简称“4A”）进行学习，这类学习环境能够支持学习者轻松地学习、投入地学习和有效地学习。[①]

（二）智慧学习环境九大场域

场域智慧学习环境可以理解为人们基于场域开展学习活动时所对应的智慧学习环境，指的是不同场域中具有相似发展性任务和特征的学习者，在学习过程中可能与之发生相互作用的周围因素及其组合，包括不同场域中学习者可能要利用的内容资源、技术工具，可能会发生交往关系的社群、学习方式等，也包括作为学习活动一般背景的物理情境和社会心理情境。[②]

根据不同年龄阶段学习者的发展性任务不同，学习者的主要学习活动场域也有所差异，这就形成了以学校为中心的五个核心场域，即学校、家庭、社区、公共场所、工作场所，以及由此延伸出的四个拓展场域，即教室、学区、场馆、农村。五个核心场域和四个拓展场域构成了智慧学习环境的九大场域，这是智慧学习环境深入应用的基础（见图 1）。

（三）智慧学习环境构成要素

国际上对学习环境构成要素的认识有 Oliver 和 Hannafin[③] 的四要素说、

① 北京师范大学智慧学习研究院编《2016 中国智慧学习环境白皮书》，2017。

② 北京师范大学智慧学习研究院编《2016 中国智慧学习环境白皮书》，2017。

③ Oliver, K., Hannafin, M., "Developing and Refining Mental Models in Open-Ended Learning Environments: A Case Study," *Educational Technology Research and Development*, 2001 (4): 5-6.

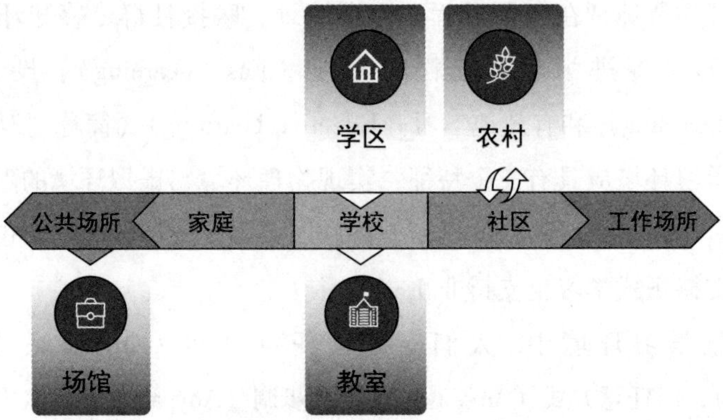

图 1　智慧学习环境九大场域

资料来源：作者自绘。

Jonassen 和 Land[①] 的六要素说、Collin 等[②]的认知学徒说，而国内有陈琦和张建伟[③]的学习生态说、钟志贤[④]的七要素说等。技术促进学习发生的条件要考虑数字化学习资源、虚拟学习社区、学习管理系统、设计者心理和学习者心理五个方面的因素。归纳起来，智慧学习环境主要由学习资源、智能工具、学习社群、教学社群、学习方式和教学方式等要素构成。学习者和教师通过学习方式和教学方式与其他四个要素相互关联、相互作用。有效学习的发生是个体建构和群体建构共同作用的结果。学习资源和智能工具同时为学习共同体和教学共同体提供支持。

（四）智慧学习环境功能模型

记录过程、识别情景、感知环境、联接社群，以促进学习者轻松地学

① Jonassen, D. H., Land, M. S., *Theoretical Founda-Tions of Learning Environments* (Lawrence Erlbaum Associates, 2002), p. 1.

② Collin, A., Brown, J. S., Newman, S. E., *Knowing, Learning, and Instruction: Essays in Honor of Robert Glaser* (Hillsdale, NJ: Lawrence Erlbaum Associations, 1989), p. 453-494.

③ 陈琦、张建伟：《信息时代的整合性学习模型——信息技术整合于教学的生态观诠释》，《北京大学教育评论》2003 年第 3 期，第 90~96 页。

④ 钟志贤：《论学习环境设计》，《电化教育研究》2005 年第 7 期，第 35~41 页。

习、投入地学习和有效地学习，既体现了智慧学习环境的技术特征，也是其功能需求，可以称为 TRACE3 智慧学习环境功能模型（见图 2）。[①]

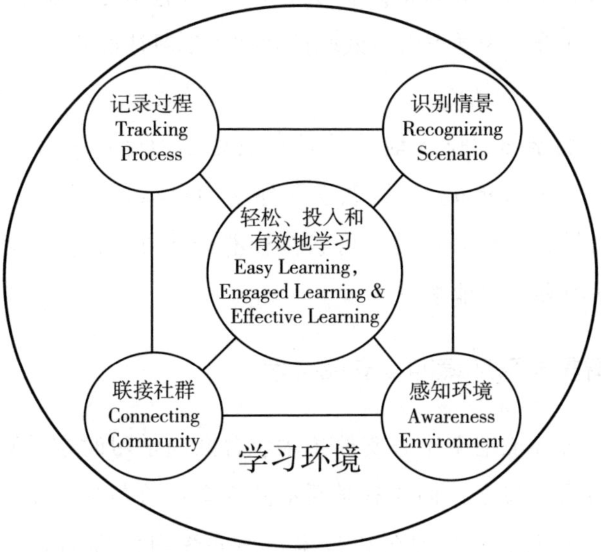

图 2　TRACE3 智慧学习环境功能模型

资料来源：北京师范大学智慧学习研究院编《2016 中国智慧学习环境白皮书》，2017。

（1）记录过程（Tracking Process）。智慧学习环境能通过动作捕获、情感计算、眼动跟踪等，感知并记录学习者在知识获取、课堂互动、小组协作等方面的情况，追踪学习过程、分析学习结果、建立学习者模型，这为更加全面、准确地评价学习者的学习效果提供了重要依据。

（2）识别情景（Recognizing Scenario）。智慧学习环境可根据学习者模型和学习情景为学习者提供个性化资源和工具，以促进有效学习的发生；智慧学习环境能识别学习情景，包括学习时间、学习地点、学习伙伴和学习活动，学习情景的识别为教学活动的开展提供支持。

（3）感知环境（Awareness Environment）。智慧学习环境能利用传感器

① 北京师范大学智慧学习研究院编《2016 中国智慧学习环境白皮书》，2017。

技术监控空气、温度、光线、声音、气味等物理环境因素，为学习者提供舒适的物理环境。

（4）联接社群（Connecting Community）。智慧学习环境能够为特定学习情景建立学习社群，为学习者有效联接和利用学习社群并进行沟通和交流提供支持。

（5）轻松地学习、投入地学习和有效地学习（Easy Learning，Engaged Learning & Effective Learning）。智慧学习环境的目标是为学习创建可记录过程、可识别情景、可感知环境、可联接社群的条件，促进学习者轻松地学习、投入地学习和有效地学习。

（五）智慧学习环境四类支撑技术

在智慧学习环境框架中，支撑技术包含面向学习时空的环境感知、情景感知和学习适应技术，面向教学活动的教学评价与学习支持技术，面向学习活动的动态跟踪与学习分析技术，面向学习内容的知识组织与重构技术。①

（六）智慧学习环境分类

随着学习情景的变化，学习者对智慧学习环境的要求是不同的。学习情景是指对一个或一系列学习事件或学习活动的综合描述，而综合描述一个学习情景需要学习时间、学习地点、学习伙伴和学习活动四个要素。五种典型的学习情景包括“课堂学习”、“个人自学”、“研讨性学习”、“在工作中学”和“在做中学”等。按照学习情景分类，智慧学习环境也可分为五类：支持“课堂学习”的智慧学习环境、支持“个人自学”的智慧学习环境、支持“研讨性学习”的智慧学习环境、支持“在工作中学”的智慧学习环境和支持“在做中学”的智慧学习环境。②

① 北京师范大学智慧学习研究院编《2016 中国智慧学习环境白皮书》，2017。

② 黄荣怀、杨俊锋、胡永斌：《从数字学习环境到智慧学习环境——学习环境的变革与趋势》，《开放教育研究》2012 年第 1 期，第 10 页。

按照学习活动发生的范围，智慧学习环境可以分三类：学校智慧学习环境、家庭智慧学习环境、社会智慧学习环境（见表1）。

表1　学校、家庭和社会智慧学习环境

类型	典型场景
学校智慧学习环境	智慧校园、智慧教室、未来教室、智慧图书馆、智慧实验室、虚拟仿真实验室、学习空间、主题空间、学科教室等
家庭智慧学习环境	智慧家庭、智慧书房等
社会智慧学习环境	智慧城市、智慧场馆、智慧社区、公共场所、工作场所、智慧乡村学习环境等

资料来源：作者自行整理。

（七）智慧学习环境研究方向

目前，智慧学习环境主要有八大研究方向：智慧学习环境政策、智慧学习环境理论、智慧学习环境关键技术、智慧学习环境规划与设计、智慧学习环境建设实施、智慧学习环境应用与体验、智慧学习环境管理、智慧学习环境评价。

二　智慧学习环境研究追溯

（一）学习环境研究的兴起

早在20世纪60年代初期，国外就有关于学习环境的研究。1963年，美国学者McKenney探讨了作为学习环境的决策模拟评价；[①] 美国学者Coelho等探讨了大学新生新学习环境下的应对策略。[②] 1969年，美国学者Gentile在《自然》杂志发表短文《学习环境》（*Learning Environment*），[③] 提

① McKenney, J. L., "An Evaluation of a Decision Simulation as a Learning Environment," *Management Technology*, 1963, 3 (1): 56-67.

② Coelho, G. V., Hamburg, D. A., Murphey, E. B., "Coping Strategies in a New Learning Environment: A Study of American College Freshmen," *Arch Gen Psychiatry*, 1963: 433-443.

③ Gentile, J. R., "Learning Environment," *Science*, 1969, 163: 18.

出计算机辅助教学有助于构建好的学习环境。20 世纪 70 年代以来，关于学习环境的研究逐渐增多，涌现了儿童学习环境创设、建构主义学习环境、沉浸学习环境、反思性学习环境、在线学习环境、网络学习环境、交互学习环境、E-learning 环境、自适应学习环境、移动学习环境、虚拟现实学习环境、机器学习环境、混合学习环境、社会学习环境、情景学习环境、工作场所学习环境、创新学习环境、智能学习环境、智慧学习环境等方面的著作。其中，美国学者戴维・H. 乔纳森的著作《学习环境的理论基础》在中国产生了较大影响。2018 年，国际标准化组织（ISO）发布了《信息技术 . 学习，教育和培训 . 用于自动内容调整的学习环境组件（第一版）》（ISO/IEC TR 20821：2018），指定了自适应内容自动化的方法。据百度学术检索统计，20 世纪 60 年代至 2021 年 12 月，以“Learning Environment”作为标题检索，关于学习环境的研究达到 30.3 万条，其中教育学、计算机科学与技术、心理学、控制科学与工程、信息与通信工程 5 个领域居前五位，相关研究分别有 3.4 万条、1.5 万条、2487 条、2013 条和 2010 条。在教育领域，学习环境逐渐成为重要的研究方向。

20 世纪 60 年代末，我国也开始了学习环境的研究。1969 年，南京市方家营小学提出为孩子创造一个良好的学习环境和劳动场所。[①] 2000 年以来，关于学习环境的研究显著增多，并出版了《学习环境的规划与运用》[②]、《虚实融合环境下的适应性学习研究》[③]、《数字化学习环境的应用与评价》[④]、《幼儿园学习环境创设与实施：基于全环境支持系统的实践》[⑤]和《无障碍虚拟学习环境的设计研究》[⑥] 等系统性论述学习环境的著作。

---

① 南京市方家营小学：《创造一个良好的学习环境》，《江苏教育》1965 年第 8 期，第 29 页。

② 戴文青：《学习环境的规划与运用》，南京师范大学出版社，2005，第 1~10 页。

③ 张剑平等：《虚实融合环境下的适应性学习研究》，浙江大学出版社，2014，第 1~10 页。

④ 韩锡斌、杨娟、周潜：《数字化学习环境的应用与评价》，中央广播电视大学出版社，2015，第 1~10 页。

⑤ 姚艺主编《幼儿园学习环境创设与实施：基于全环境支持系统的实践》，华东师范大学出版社，2019，第 1~10 页。

⑥ 胡燕：《无障碍虚拟学习环境的设计研究》，科学出版社，2019，第~10 页。

（二）智慧学习环境研究的新发展

国外关于智慧学习环境的研究开始于20世纪90年代，1996年马来西亚使用了术语“智慧学校”，2001年以后开始使用术语“智慧学习环境”。1996年，马来西亚为了实现到2020年从工业经济转向信息经济成为发达国家的目标，实施了1996~2020年的促进国家科技发展计划——“多媒体超级走廊”（Multimedia Super Corridor，MSC）计划。1997年1月，马来西亚教育部起草了《马来西亚的智慧学校：一次巨大的飞跃》（*Smart School in Malaysia：A Quantum Leap*）。1997年7月，马来西亚教育部发布了智慧学校项目组起草的《马来西亚智慧学校：MSC旗舰应用》（*The Malaysian Smart School：An MSC Flagship Application*）、《智慧学校实施计划》（*Smart School Implementation Plan*）、《智慧学校概念性建议书》（*Smart School Conceptual Request for Proposals*）等文件，在全球首先发起了智慧学校建设。① 这些文件详细阐述了智慧学校概念模型、教与学指导原则、管理、业务流程与场景、利益相关者技能和责任、政策实施、术语汇编等。智慧学校计划是“多媒体超级走廊”计划7个旗舰应用之一，旨在改造教育系统，支持马来西亚实现2020年愿景。5G时代来临，马来西亚于2018年实施了国家光纤和连接计划，确立2023年要实现的清晰路线图和目标，延续“多媒体超级走廊”计划，打造现代化、数字化国家典范，营造最好的环境生态系统，以充分利用第四次工业革命的机会。

2001年，马来西亚吉打州实施国家智慧学校计划，旨在创造一个让学生在课堂上使用个人电脑和其他创新工具的智慧学习环境，② 使用了智慧学习环境这个术语。2004年，Howard Strauss在文章《一种智慧学习环境》（*A Smart Learning Environment*）中，提出教室更多的是教学环境而不是学习环境，学生需要成为

---

① Government of Malaysia，*The Malaysian Smart School：An MSC Flagship Application*，https：//www. docin. com/p-93434818. html.

② Pardas，Aimie，“Group in Project to Create Smart Learning Environment，” *Computimes Malaysia*，2001：1.

智慧学习者，并拥有一个智慧移动学习环境。[①] 2004 年，Dodds 和 Fletcher 提出新一代网络为创设新的智慧学习环境提供了机会。[②] 之后，逐渐有了智慧家庭环境、设计智慧学习环境、智慧用途交互学习环境、智能电子学习环境等方面的研究。2015 年以来，Maiga Chang 和 Yanyan Li 在著作《智慧学习环境》（*Smart Learning Environment*）中，汇编了学习分析、环境设计、智慧教育学 3 个专题的学术论文。[③] 2018 年，Abtar Darshan Singh 等在文章《智慧学习环境案例》（*Case on Smart Learning Environment*）[④] 中，介绍了来自亚洲、非洲、欧洲、北美和南美的 11 个国家构建智慧学习环境的实际案例。总体来说，国外关于智慧学习环境的研究还处于起步阶段，智慧学习环境的关注热度正在持续升高。

国外专注研究智慧学习环境的学术期刊有 3 个：《交互学习环境》（*Interactive Learning Environments*）、《国际虚拟和个人学习环境杂志》（*International Journal of Virtual and Personal Learning Environments*）、《学习环境研究》（*Learning Environments Research*）。

我国关于智慧学习环境的研究始于 2012 年，标志性事件是 2012 年 2 月和 10 月，北京师范大学和加拿大阿萨巴斯卡大学（Athabasca University）联合主办了“首届智慧学习环境国际研讨会（2012 The First International Symposium on Smart Learning Environment，SLE2012）[⑤] 和“第二届智慧学习环境国际研讨会”；黄荣怀教授研究团队率先发表了《从数字学习环境到智慧学习环境——学习环境的变革与趋势》[⑥]、《智慧学习环境中的学习情景识

① Howard Strauss，“A Smart Learning Environment，” https：//campustechnology. com/articles/2004/09/a-smart-learning-environment. aspx？ sc_ lang=en，2009.

② Dodds，P. ，Fletcher，J. D. ， “Opportunities for New ‘Smart’ Learning Environments Enabled by Next-Generation Web Capabilities，” *Journal of Educational Multimedia & Hypermedia*，2004 （4）：22.

③ Maiga Chang，Yanyan Li，*Smart Learning Environments* （Springer，2015），p. 1-219.

④ Abtar Darshan Singh，Shriram Raghunathan，Edward Robeck，“Cases on Smart Learning Environments，” *Information Science Reference*，2018：1-360.

⑤ 《北京师范大学—阿萨巴斯卡大学首届智慧学习环境国际研讨会举行》，《教育学报》2012 年第 1 期，第 121 页。

⑥ 黄荣怀、杨俊锋、胡永斌：《从数字学习环境到智慧学习环境——学习环境的变革与趋势》，《开放教育研究》2012 年第 1 期，第 75~84 页。

别——让学习环境有效服务学习者》[①] 等智慧学习环境方面的学术论文。2014 年，互联网教育智能技术及应用国家工程实验室和北京师范大学智慧学习研究院资助创办了全球第一个以智慧学习环境命名的期刊《智慧学习环境》（*Smart Learning Environments*），该期刊隶属于智慧学习环境国际协会（International Association of Smart Learning Environments）。2016~2019 年，北京师范大学联合美国教育传播与技术协会等机构连续举办四届的“中美智慧教育大会”，2020 年、2021 年，北京师范大学主办了“全球智慧教育大会”，为智慧学习环境研究搭建了良好的国际学术交流平台。

当前，智慧学习环境已经成为智慧教育领域的前瞻性研究方向，汇聚了一批智慧学习环境研究者和建设者，形成了智慧学习环境学术共同体。据中国知网（CNKI）统计，截至 2021 年 12 月，以篇名“智慧学习环境”检索，研究主题涉及智慧学习环境、智慧学习、智慧教室、电子书包、学习环境、智慧教育等（见图 3）。

从期刊论文影响力看，2012 年黄荣怀等在《开放教育研究》上发表的论文《从数字学习环境到智慧学习环境——学习环境的变革与趋势》具有较大的影响力，截至 2021 年 12 月 5 日被引用 746 次，下载 12286 次。从研究作者分布看，黄荣怀教授研究团队发表的智慧学习环境论文数量最多，引领了智慧学习环境研究方向。从研究趋势看，智慧学习环境研究呈现快速发展的趋势，研究内容涵盖了学校学习环境、家庭学习环境和社会学习环境。北京师范大学智慧学习研究院相继发布了《2015 中国智慧学习环境白皮书》《2016 中国智慧学习环境白皮书》《2016 中国城市智慧学习环境指数报告》。与此同时，学界涌现了《城市智慧学习环境研究与测评》[②]、《智慧学习环境中学习画面的情感研究》[③]、《智慧学习环境构建》[④]、《智慧校园——实现智慧教育的必由之

① 张永和等：《智慧学习环境中的学习情景识别——让学习环境有效服务学习者》，《开放教育研究》2012 年第 1 期，第 85~89 页。

② 刘德建、黄荣怀：《城市智慧学习环境研究与测评》，人民邮电出版社，2016。

③ 徐振国：《智慧学习环境中学习画面的情感研究》，中国社会科学出版社，2021。

④ 陈金华：《智慧学习环境构建》，国防工业出版社，2013。

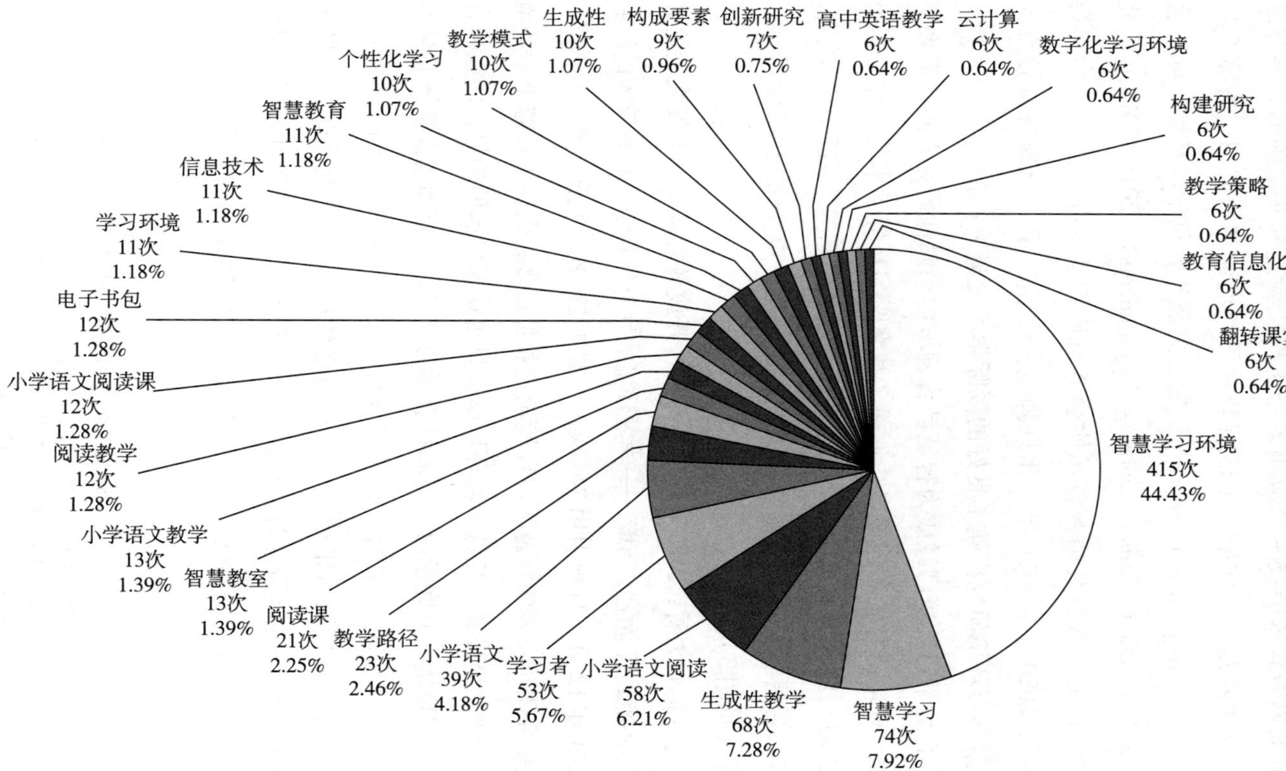

图 3　智慧学习环境研究主题分布

资料来源：根据中国知网检索数据整理。

路》[①]、《面向数字一代学习者的智慧教室设计与评价》[②] 等著作，将智慧学习环境研究推向新的高度。

三　数字化转型重新定义智慧学习环境

（一）人类教育史上重视学习环境和氛围

自古以来，人类就非常重视学习环境建设。早在西周时期，周天子办的大学“辟雍”（皇帝讲学之所）就有“四面环水，圜如璧”的设计理念；诸侯办的大学“泮宫”则是遵循“三面环水”的设计理念。产生于春秋末年的私塾，属于私人设立的教育场所，具有典型的家庭书房特征。战国时期“孟母三迁”的故事更是彰显了学习环境和氛围的重要性。书院始于唐代，宋代产生了中国古代四大书院（应天书院、岳麓书院、白鹿洞书院、嵩阳书院），这些书院具有典型的中国古代园林风格，为讲学、学习创设了优雅、宁静的学习环境。1862 年成立的京师同文馆作为中国第一所近代学校，开启了学校环境建设的新征程。20 世纪初，随着私塾改良和书院改学堂的推进，我国加快了现代学校环境建设。

（二）数字化转型拓展智慧学习环境内涵

学习环境与教育、经济和社会发展水平具有高度一致性，新时代的教育、经济和社会迅速发展对学习环境产生了新诉求。近年来，我国加快从教育大国迈向教育强国、从经济大国迈向经济强国、从信息社会迈向智慧社会的步伐。当今的智慧学习环境，已经不能很好地适应未来教育创新与变革新趋势，[③] 更不能满足未来教育、经济和社会迅速发展的迫切需求。当前，全

① 王运武、于长虹：《智慧校园——实现智慧教育的必由之路》，电子工业出版社，2016。

② 杨俊峰：《面向数字一代学习者的智慧教室设计与评价》，中国社会科学出版社，2017。

③ 关成华、黄荣怀主编《面向智能时代：教育、技术与社会发展》，教育科学出版社，2021，第 1~20 页。

球加快数字化转型，大力提升全民数字素养与技能成为这个时期的历史重任。大力推进智慧学习环境建设，对加快数字化转型具有重要的战略价值。

未来，智慧学习环境将为推进智慧教育、智慧社会和社会主义现代化强国建设提供更强有力的支撑。智慧学习环境是智慧教育的构成要素，智慧家庭、智慧校园和智慧城市是科技与教育双向赋能的主要实践场域。智慧学习环境是提升全民数字素养与技能、促进各行各业数字化转型、构筑高度文明的智慧社会、全面建成社会主义现代化强国的基石（见图4）。新时代的智慧学习环境建设将面临五个方面的新诉求。

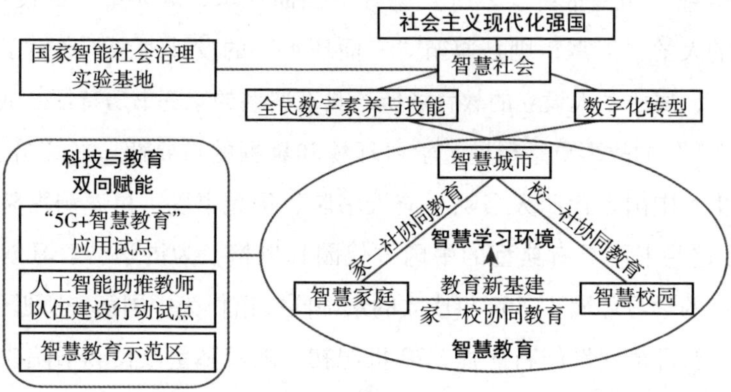

图4　智慧学习环境与智慧教育、智慧社会和社会主义现代化强国关系

资料来源：作者自绘。

第一，未来智慧教育新形态迫切需要重新塑造智慧学习环境。未来教育呈现大规模教学和个性化人才培养、弹性教学和自主学习、“短视频+直播”教育、移动在线教育、线上线下融合（Online-Merge-Offline，OMO）教育等智慧教育新形态。这对智慧学习环境提出了更高的要求，尤其是“短视频+直播”教育迫切需要超高速教育信息传播通道。①

第二，“双千兆”网络协同计划、教育新基建等政策推动智慧学习环境

① 王运武等：《5G时代直播教育：创新在线教育形态》，《现代远程教育研究》2021年第1期，第105~112页。

升级。加快部署 5G、F5G 和 Wi-Fi 6 是推进智慧学习环境升级的重要举措。从人类发展历史看，每一次通信技术的变革都会加速教育信息传播，从而引发人类教育史的重大革命。以 5G 为代表的新一代通信技术，将会引发人类教育史上的第六次教育革命。新网络、新平台、新资源、新校园、新应用和新安全六个方面教育新基建助推智慧学习环境建设，有利于形成技术推动教育改革的新路径。智慧学习环境筑基智慧教育，加强智慧校园、智慧家庭和智慧城市连接，更有利于实现学校、家庭和社会的协同教育。

第三，示范区和试点工作迫切需要升级智慧学习环境，以增强科技与教育双向赋能。“5G+智慧教育”应用试点、人工智能助推教师队伍建设行动试点、智慧教育示范区等试点工作是探索未来智慧教育形态的开创性举措。此外，需要探索新理念、新媒体、新技术支持的智慧学习环境。通过升级智慧学习环境，变革教学、学习和治理方式，以支撑现代教育制度的建立。

第四，提升全民数字素养与技能，加快数字化转型，推动数字经济发展，迫切需要加强智慧学习环境建设。加快推进智慧学习环境建设，营造智慧学习氛围，既有利于提升全民数字素养与技能，更是开展数字学习、数字工作和数字生活，激发数字创新活力的必然要求。

第五，数字化转型视阈中的智慧社会和社会主义现代化强国建设迫切需要重新定义智慧学习环境内涵。社会主义现代化国家不仅体现为国家治理体系和治理能力现代化，更体现为建成高度文明的教育强国、人才强国、文化强国、医疗强国和经济强国等。智慧社会和社会主义现代化强国建设迫切需要构建终身教育体系，培养大量创新型人才，形成人人创新、处处创新、时时创新的“泛在创新”新时尚。这就需要突破以学校为核心的智慧学习环境，拓展到智慧家庭和智慧社会，建设无边界、智能化、人机共融、城乡协同发展的泛在智慧学习环境，筑基创建智慧社会和建设社会主义现代化强国。

四 人类文明进程中的学习环境变迁

学习环境既是传播教育信息、孕育人类教育的场所，也是传承人类文明、启迪人类智慧的空间。学习环境可以看作学习活动发生的内外部条件总和，在人类教育中发挥极其重要的作用。学习环境由原生态学习环境和人工制品学习环境两类构成。人类教育发展史蕴含学习环境的历史变迁。从人类文明进程看，人类学习环境按照形态可以划分为五种类型：场景、学习环境、数字学习环境、智慧学习环境、泛在智慧学习环境（见表2）。回顾整个人类发展史，可以窥见学习环境经历了从开放到封闭再到泛在的发展变化。人类学习环境从野外走向室内，再走向校内外融合和线上线下融合、无边界。在人类文明进程中，新理念、新理论、新媒体和新技术是驱动学习环境变迁的根本力量，学习环境变迁是持续满足教育、经济和社会发展新诉求的过程。

（一）场景：史前时期

原始社会的学习多发生于篝火旁、水源处、山洞里、农耕时、狩猎中等场景，目的主要是满足生火、狩猎、生活等基本的生理需求。原始人的学习内容多是长期生活中形成的关于世界万物的朴素知识，也就是个体对客观事物的本能认知。这种学习具有无意识性，可以看作广义上的学习，并非严格意义上的狭义学习行为。教育活动发生在无意识的自在状态下，而非发生在有意识的自为状态下。原始人初具语言能力之前，经验、知识和技能等难以被广泛传播和传承。原始社会分工不明，不存在产业，基本的经济形式是物物交换。

（二）学习环境：公元前21世纪至20世纪70年代末

原始社会末期社会分工越来越细，随着原始社会制度解体和阶级的产生，家庭、私有制和国家逐渐出现，使得学习和教学逐渐成为相对独立的教育活动从社会活动中分离出来。从奴隶社会到封建社会，从农业社会到工业社会，逐渐出现了讲学处、私塾、书院、场馆、学校和工作场所等。中国古代的校、序、痒、学、国子监等机构都是学习的重要场所。博物馆、图书馆、科技馆等场馆，皇家园林、私人园林等古代园林，以及近现代的动物园、

表 2　人类文明进程中的五种学习环境

	场景（史前时期）	学习环境（公元前 21 世纪至 20 世纪 70 年代末）	数字学习环境（20 世纪 80 年代初至 2011 年）	智慧学习环境（2012~2020 年）	泛在智慧学习环境（2021 年及以后）
环境形态	篝火旁、水源处、山洞里、农耕时、狩猎中	讲学处、私塾、书院、场馆、学校、工作场所	计算机机房、多媒体教室、数字校园、数字场馆	智慧校园、智慧教室、智慧场馆	OMO 智慧校园、智慧互联教室、智慧家庭、智慧社会、智慧场馆
学习形态	无意学习	有意学习、学校学习、场馆学习、工作场所学习	计算机辅助学习、网络学习、场馆学习、工作场所学习	在线学习、移动学习、场馆学习、工作场所学习	泛在学习、线上线下混合学习、超大规模学习、弹性教学与主动学习
教育形态	自在状态教育	私塾教育、书院教育、场馆教育、学校教育	信息化教育、网络教育、学校教育、家庭教育、社会教育	智能教育、智慧教育、学校教育、家庭教育、社会教育	智慧教育、线上线下融合教育（OMO 教育）、移动在线教育、“短视频+直播”教育
经济形态	物物交换	农业经济、工业经济	知识经济、工业经济、农业经济、服务经济	数字经济、知识经济、创意经济、服务经济、工业经济、农业经济	数字经济、创意经济、知识经济、服务经济、工业经济、农业经济
产业类型	无	农业、工业	农业、工业、服务业	农业、工业、服务业、数字产业	农业、工业、服务业、数字产业
社会形态	原始社会	奴隶社会、封建社会、农业社会、工业社会	信息社会、数字社会	智能社会、智慧社会	超智能社会（社会 5.0）、超智慧社会

资料来源：作者自行整理。

植物园、农业观光园等也都是理解历史、汲取知识、探索科技、认知自然、体验建筑文化的重要场所。这个时期的学习形态和教育形态呈现多样化特点，学习具有显著的有意识特征。18 世纪 60 年代之前，由于受到科学技术的限制，人类生产力较为低下。学习环境从野外迁移到室内，竹简、纸质书、桌椅等构成了古朴的学习环境，为科举制度下的人才培养做出了重要贡献。18 世纪 60 年代之后，随着第一次工业革命开始，人类社会逐步进入了工业时代，从农业社会迈入工业社会。现代意义上的学校迅猛发展，规模化的学校教育为工业社会培养了大量的技术人才。这一时期的学习环境具有典型的工业化特征，校园、校舍、教学内容、人才培养等越来越趋向于规范化和标准化。学生入校之前需要通过人才选拔，入校之后按照统一的进度、标准接受培养。18 世纪中期以来，幻灯、投影、录音、电影等现代化教育媒体逐步应用于学校教育，这加快学习环境的现代化进程。20 世纪 20 年代至 70 年代末，随着影音教育、电化教育的起源与发展，学校逐步推广电化教育手段。

（三）数字学习环境：20世纪80年代初至2011年

在计算机和互联网的双重作用下，人类加速迈向信息社会和数字社会。农业、工业和服务业的产业结构发生了变化，知识经济和服务经济占据越来越重要的地位。教育信息化与社会信息化大力发展，为学校教育、家庭教育和社会教育创设了良好的信息化环境。20 世纪 80 世纪初以来，随着计算机逐渐应用于学校教育，出现了计算机机房、多媒体教室、数字校园等数字学习环境。工作场所、场馆等逐步接入互联网，实现了网络漫游。数字学习环境又可以称为信息化学习环境，呈现信息化、网络化、数字化的显著特征。信息技术与教育教学的融合促进了学习形态和教育形态的变革。人类知识更新的速度进一步加快，经济和社会发展对培养信息化人才具有更高的要求。教育信息化发展改写了文盲的定义，21 世纪的文盲是不能识别现代信息符号，不能运用信息化工具进行学习、生活和工作的人。

（四）智慧学习环境：2012~2020年

在智慧地球、智慧国家、智慧城市、智慧教育等理念的影响下，学习环境加快从数字学习环境向智慧学习环境的过渡，[①] 呈现智能化、智慧化的变革趋势。智慧学习环境作为数字学习环境发展的高端形态，在促进学习、教学和管理方式变革方面发挥日益重要的作用。随着互联网、移动互联网和广播电视网的发展，多网融合成为网络发展新特征。尤其是随着智能手机、平板电脑、笔记本、智慧黑板、电子白板等智能终端的广泛普及，智慧校园、智慧教室、智慧场馆等大量涌现。智慧学习环境的发展，促使人类社会加快迈向智能社会和智慧社会。经济形态和产业类型更加丰富，在数字产业、创业产业的驱动下，数字经济、创意经济和知识经济所占的比重显著增加。

（五）泛在智慧学习环境：2021年及以后

“双千兆”网络协同计划、教育新基建、“5G+智慧教育”应用试点等政策文件密集发布，将进一步推动智慧学习环境转型升级，泛在智慧学习环境将成为智慧学习环境发展的新趋势。早在 2006 年，泛在学习环境的概念就引发了人们的关注，[②] 只不过当时由于受到网络、智能终端、学习资源等多方面的限制，泛在学习环境还只停留在理论模型建构层面。时至今日，学校、家庭和社会都实现了无线网全覆盖，尤其是在 5G、F5G 和 Wi-Fi6 的加持下，智慧学习环境呈现智能互联、无边界、泛在和高速 4 个显著特征。从智慧校园到新一代智慧校园（OMO 智慧校园），从智慧教室到智慧互联教室，以及智慧家庭、智慧社会、智慧场馆等促进了学校教育、家庭教育和社会教育的无边界融合。面向新时代加快泛在智慧学习环境建设，将有助于提升全民数字素养和技能，加速推进数字产业化和产业数字化发展，提升国家数字治理能力，构建人人共享智慧文明、共同富裕的超智慧社会。

---

① 黄荣怀、杨俊锋、胡永斌：《从数字学习环境到智慧学习环境——学习环境的变革与趋势》，《开放教育研究》2012 年第 1 期，第 75~84 页。

② 李卢一、郑燕林：《泛在学习环境的概念模型》，《中国电化教育》2006 年第 12 期，第 9~12 页。

五　智慧学习环境理论演进与创新

（一）智慧学习环境理论分析框架

本部分回溯智慧学习环境研究历程，剖析智慧学习环境研究范畴和实践场域，结合智慧学习环境发展现状，构建了智慧学习环境理论分析框架（见图5）。智慧学习环境理论分析框架由政策、九大场域、三大类型、智慧学习环境理论和智慧学习环境关键技术5个部分构成。从政策来看，目前尚未有智慧学习环境的专项政策，关于智慧学习环境的政策描述分布在教育战略规划、教育信息化战略规划、智慧教育战略规划、智慧校园框架和标准、智慧教育示范区、"5G+智慧教育"应用试点等政策文件之中。在智慧城市视角下，主要学习活动形成了以学校为中心的5个核心场域，即学校、家庭、社区、公共场所、工作场所，还包括延伸出的4个拓展场域，即教室、学区、场馆、农村。[①] 这九大场域涵盖了学校教育、家庭教育和社会教育，并分别对应三大类型的智慧学习环境：学校智慧学习环境、家庭智慧学习环境和社会智慧学习环境。学校智慧学习环境即智慧校园，包括智慧教室、智慧图书馆、智慧实验室等。家庭智慧学习环境即智慧书房，具体分为独立空间的智慧书房和空间共享的智慧书房。空间共享的智慧书房，即借助客厅、卧室、阳台等空间一隅搭建书房。社会智慧学习环境即智慧城市、智慧社区、智慧场馆、智慧乡村等。智慧学习环境理论经历了从无到有的发展过程，正处于从理论基础向理论创新发展的阶段。智慧学习环境建设对媒体和技术具有高度依赖性，其支撑技术可以归纳为四类，即人工智能技术、传感器技术、通信技术、富媒体技术和移动终端技术。人工智能技术，例如学习分析技术、学习者建模技术、知识库学习资源检索技术、机器人技术、大数据技术等。传感器技术，例如无线传感器、光线传感器、多传感器融合技术

① 北京师范大学智慧学习研究院编《2016中国智慧学习环境白皮书》，2017。

等。通信技术，例如 5G、F5G、Wi-Fi6 等新一代通信技术。富媒体技术和移动终端技术可以为学习者进行泛在学习提供更好的用户体验。

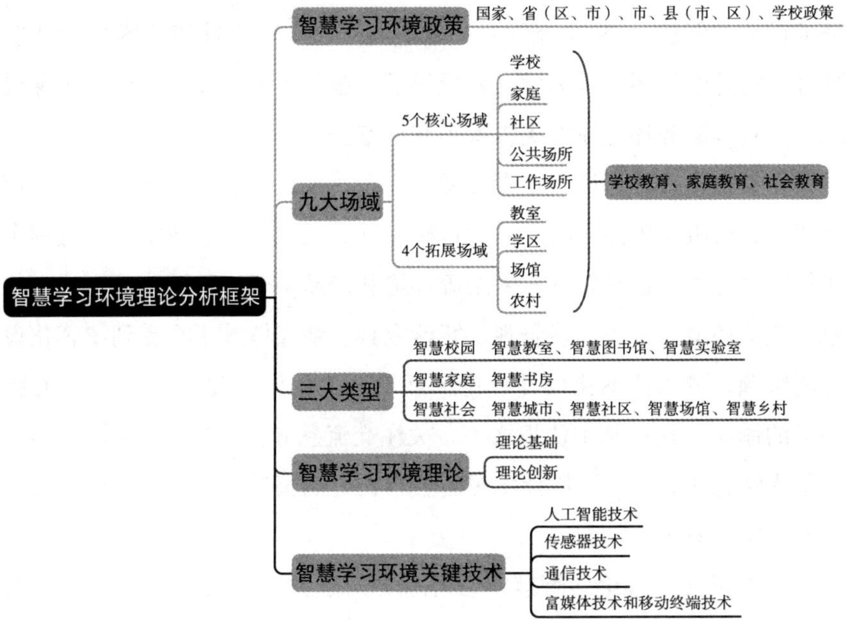

图 5　智慧学习环境理论分析框架

资料来源：作者自绘。

（二）智慧学习环境理论基础

任何一个学科和领域在未形成独特的理论体系之前，总是借鉴相近学科和领域的理论作为理论基础。例如，教育技术学的理论基础有学习理论、教学理论和传播学理论等。智慧学习环境理论发展也遵循这个规律，其理论可以分为理论基础和理论创新。前者即借鉴相关学科和领域的理论，后者是在智慧学习环境理论研究实践中逐渐形成的独特理论体系。本报告回溯智慧学习环境研究历程，剖析智慧学习环境建设实践，梳理发现智慧学习环境建设具有重要的十大理论基础。

一是设计思维理论。智慧学习环境的规划与设计是一个复杂的过程，通常包含用户需求分析、环境设计解决方案比较分析、头脑风暴与创意设计、形成设计方案等环节。设计思维可以灵活运用到智慧学习环境规划与设计的每一个环节，为重新塑造智慧学习环境提供创意源泉。运用设计思维可以提升环境设计的创造力，[①] 创新设计出兼具实用性、宜人性和艺术性的智慧学习环境。智慧学习环境是为学习者提供学习服务的重要场所，运用服务设计思维可为校园服务环境建设提供参考和借鉴。[②]

二是情感化设计理论。在设计领域，设计师往往非常关注产品的实用性和易用性，而极少关注人与产品的情感交互。无论是智慧教室、智慧图书馆等实体学习环境，还是软件、网站等环境和产品都会潜移默化地影响人们的情感。建筑环境、校园环境景观、智能家具、新媒体等正在受到情感化设计理论的影响，融入情感化设计理论。环境情感化设计建立在“幸福的源泉是心灵的悸动”这一基本认识之上，关注交流感和活动感。[③] 在智慧学习环境中融入情感化设计，可以让学习者获得良好的情感化体验，从而有助于获得更好的学习效果。

三是人机交互理论。智慧学习环境相对于数字学习环境而言，具有较强的人机交互、人人交互和机机交互关系，尤其是凸显人机共融的特点。虚拟学习环境中的人机交互技术、人机交互模型，以及基于数据手套、触觉传感器、技能传感器的人机交互亟待得到深入研究。未来，眼控交互技术、体感交互技术、VR/AR/MR 交互技术、骨传导交互技术、脑波交互技术、技能交互技术等将成为人机交互的前沿研究领域。智慧学习环境建设需要重视人机交互，基于体验开展规划与设计，以增强人机交互效果，提升智慧学习体验。

四是活动理论。教学是由若干学习活动和教学活动组成的，活动在促进

---

① 徐波、卢晓萌：《用设计思维的系统方法提升环境设计的创造力》，《家具与室内装饰》2016 年第 7 期，第 116~117 页。

② 魏天刚、李冯一鸣：《基于服务设计思维的高校校园服务环境建设研究》，《工业设计》2020 年第 9 期，第 49~51 页。

③ 杉本聪惠、司马蕾：《环境情感化设计——日本养老设施环境的先锋思想与实践》，《世界建筑》2015 年第 11 期，第 30~34 页。

学习者知识和技能内化的过程中发挥重要的作用。智慧学习环境建设需要体现以活动为中心的理念，以有力支持主导—主体教学模式。学习活动设计需要重点关注 6 个基本环节，即需求分析、聚焦学习者、学习场景设计、提供必要的技术环境、约束条件分析和学习支持服务设计。① 活动理论可以作为教学设计的指导性框架，② 智慧学习环境创设需要充分考虑开展探究式、项目式、协作式等各类学习活动的实际需求。无论是现实学习环境，还是在线学习环境、虚拟学习环境、仿真学习环境等，规划与设计都需要充分考虑学习和教学活动的现实需求。

五是沉浸理论。人们在处于学习情景之中进行学习活动时，集中注意力可以达到沉浸的状态，获得较高的沉浸感。沉浸感是虚拟交互中经常呈现的一种状态，③ 沉浸感、沉浸交互对学习者的学习具有重要的影响。虚拟仿真学习环境营造沉浸感，增强学习者的感官体验和认知体验，有助于提升学习者的学习兴趣，增强学习者的具身认知和情景认知。触觉互联网和技能互联网延伸了人类技能，未来，触觉教育机器人、在线实时技能学习、远程触觉实验与体验、盲人触觉补偿和基于具身认知的触觉反馈学习环境五大场景，④ 对营造沉浸式学习氛围提出了更高的需求。元宇宙代表了视觉沉浸技术发展的最新阶段，视觉沉浸技术经历了桌面式虚拟现实、沉浸式虚拟现实、扩展现实以及元宇宙 4 个演进阶段。⑤ 基于元宇宙的学习环境，将达到沉浸式学习体验的高端形态。

六是具身认知理论。近年来，在具身认知理论影响下，具身学习作为

---

① 黄荣怀、王晓晨、李玉顺：《面向移动学习的学习活动设计框架》，《远程教育》2009 年第 1 期，第 3~7 页。

② 项国雄、赖晓云：《活动理论及其对学习环境设计的影响》，《电化教育研究》2005 年第 6 期，第 9~14 页。

③ 陶侃：《沉浸理论视角下的虚拟交互与学习探究——兼论成人学习者“学习内存”的拓展》，《中国远程教育》2009 年第 1 期，第 20~25、78 页。

④ 王运武等：《5G 时代的触觉互联网变革未来在线教育》，《数字教育》2021 年第 4 期，第 12~19 页。

⑤ 刘革平等：《从虚拟现实到元宇宙：在线教育的新方向》，《现代远程教育研究》2021 年第 6 期，第 1~11 页。

一种深受学习环境影响的认知方式受到了学界关注。营造具身认知学习环境需要利用具身技术提供丰富的感知觉体验，[①] 让学习者在多种类型学习资源中学习。具身认知学习环境主要由物理环境、社会文化环境、资源支持环境和情感心理环境 4 个部分组成。[②] 人工智能、大数据、机器人、VR/AR/MR、触觉传感等技术的发展，为创设具身认知学习环境提供了技术支撑。

七是分布式认知理论。分布式认知理论认为，认知分布于个体、群体和人工制品之中。[③] 分布式认知可以为设计智慧学习环境提供一种理论框架。学习者认知活动分布于学习者、媒体、资源、氛围、文化等智慧学习环境构成要素之中。智慧学习环境是典型的人工制品，恰当运用人工制品可以促进学习者分布式认知活动。

八是情境认知理论。情境认知是一种能提供意义学习和促进知识向真实生活情境转化的重要观点。[④] 情境认知理论认为，学习活动发生在真实情境中，学习者受到情境的影响与学习环境发生相互作用，达到新旧知识重组的学习效果。从情境认知理论看，智慧学习环境构建真实的学习情境有利于改善学习体验，提升学习效果。当前，实景学习环境、虚拟仿真学习环境等都是情境认知理论在智慧学习环境创设中的应用。

九是认知负荷理论。认知负荷理论已经成为学习与教学领域最有影响力的理论之一，历经多媒体学习认知理论、多媒体学习认知—情感理论、多媒体学习认知—情感整合理论等发展阶段。[⑤] 学习环境和学习方式变革成为重

---

① 王美倩、郑旭东：《具身认知与学习环境：教育技术学视野的理论考察》，《开放教育研究》2015 年第 1 期，第 53~61 页。

② 李志河等：《具身认知学习环境设计：特征、要素、应用及发展趋势》，《远程教育杂志》2018 年第 5 期，第 81~90 页。

③ 翁凡亚、何雪利：《分布式认知及其对学习环境设计的影响》，《现代教育技术》2007 年第 10 期，第 14~17 页。

④ 高文：《情境认知中情境与内容的作用——试论情境认知的理论基础与学习环境的设计之一》，《外国教育资料》1997 年第 4 期，第 8、15~18 页。

⑤ 张慧、张宝文、黄荣怀：《智能教育时代认知负荷理论发展、应用与展望——“第十一届国际认知负荷理论大会”综述》，《现代远程教育研究》2018 年第 6 期，第 37~44 页。

要的时代命题，运用智能技术构建复杂的智慧学习环境，需要充分考虑学习者的认知负荷。智慧学习环境的规划与设计，应该降低学习者的认知负荷，而不是增加学习者的认知负荷。

十是建筑色彩视觉造型理论。建筑色彩视觉造型理论是建筑色彩设计的重要指导理论。在建筑色彩设计中，需要运用建筑色彩视觉造型理论处理好建筑色彩视觉造型与建筑视觉造型、环境和人之间的关系。[①] 色彩能够使人产生心理体验，建筑色彩设计需要充分考虑诸多环境因素的影响。设计师恰当运用建筑色彩视觉造型理论，可以提升学习者在智慧学习环境实体空间中的心理体验。

（三）智慧学习环境理论演进与发展脉络

未来，智慧学习环境发展呈现以下六大趋势。第一，共同富裕、乡村振兴背景下乡村智慧学习环境建设值得高度关注；第二，智慧学习环境建设取得较大进展，未来需要以智慧学习环境支持数字化转型、智慧教育和智慧社会加快发展；第三，学校学习环境、家庭学习环境、社会学习环境呈现融合发展态势；第四，数字化转型重新定义智慧学习环境内涵，智慧学习环境突破了学校的界限，泛在化特征日益凸显；第五，智慧学习环境研究呈现多元化特征，研究内容日益丰富，中国学者正在引领智慧学习环境研究新方向，智慧学习环境研究正在形成完整的理论体系框架；第六，新型智慧学习环境发展迅速，线上线下融合学习环境、“短视频+直播”学习环境、多模态学习环境、虚拟仿真学习环境、智慧教室、智慧校园等类型丰富。智慧学习环境理论演进与发展脉络如图 6 所示。

① 杨文发：《建筑色彩视觉造型理论及其应用》，《重庆大学学报》（社会科学版）2003 年第 2 期，第 3 页。

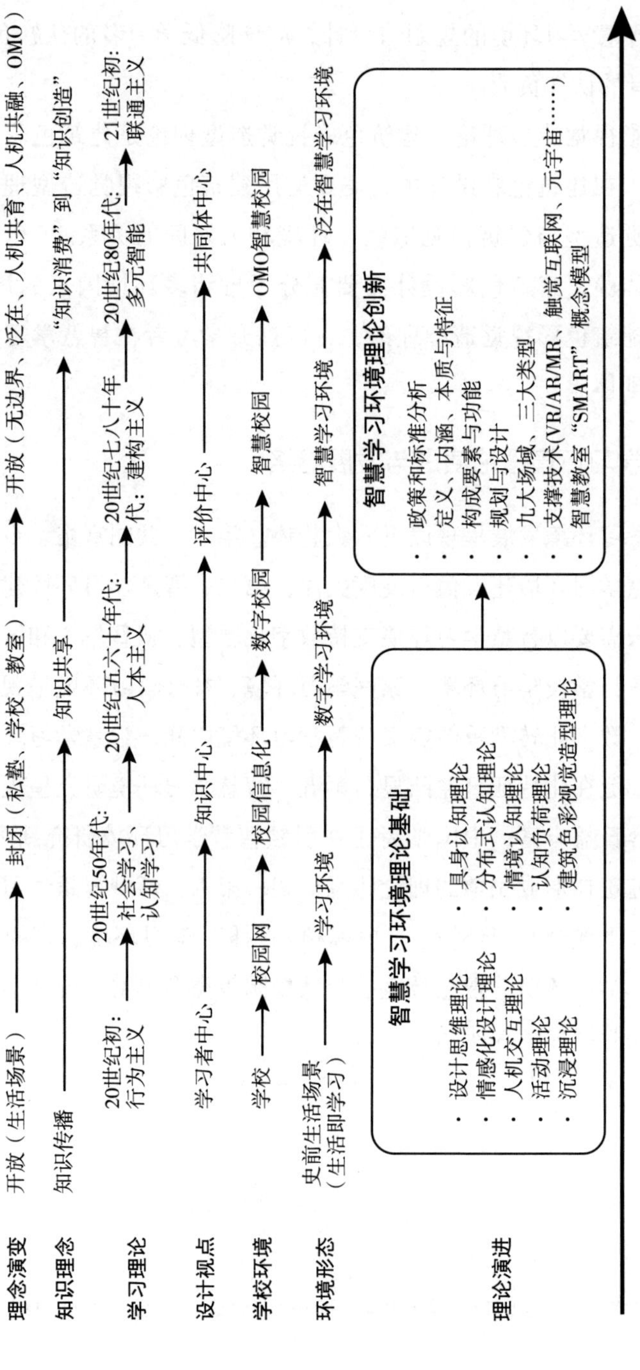

图 6　智慧学习环境理论演进与发展脉络

资料来源：依据相关理论观点、学术思想整理绘制。

B.3

中国智慧学习环境政策分析

唐斯斯　刘叶婷*

摘　要：　目前，我国与智慧学习环境强关联的政策文件较少，但弱关联的政策文件及内容较多，覆盖学校、家庭、社会等领域。本文以国家、地方发布的数字中国、教育信息化等政策，以及“智慧+学校”“智慧+家庭”“智慧+社会”相关政策为研究对象，采用词云图等政策文本分析方法，梳理了政策发展的技术和教育两条主线，建设宗旨、建设导向两大基本导向，以及学校、家庭、社会三大场域体系。同时，就每个场域的政策从综合政策指导、专项政策推动、标准规范导引等方面做进一步梳理。分析结果显示，中国智慧学习环境相关政策呈现政策阶段变化性、政策价值导向性、政策主体多元性、政策实施可行性等特点。总体来看，智慧学习环境建设需要根植于大的时代背景进行思考，成为国家及地方政策部署的重点与热点，一线城市可以率先行动并对智慧学习环境建设形成引领趋势，梳理、总结出更加清晰的路径与内容。

关键词：　智慧学习环境　“智慧+学校”　“智慧+社会”　“智慧+家庭”

* 唐斯斯，国家信息中心学术办主任、科研管理处处长，副研究员，主要研究方向为智慧城市、数字经济、信息化等政策研究和咨询；刘叶婷，天津市公共信用中心高级工程师，主要研究方向为社会信用体系、数字信用等政策及应用。

一　社会变革、技术赋能、政策更新共同驱动智慧学习环境构建

智慧学习环境的出现与发展是信息技术发展到一定阶段、信息技术与教育领域融合度加深、智慧教育与智慧学习理念深入人心的结果。智慧学习环境的建设发展与更新迭代受到来自社会、技术和政策三个层面因素的共同作用与影响（见图1），其中社会因素是推动智慧学习环境创新发展的根本原因，技术因素是推动智慧学习环境建设的关键因素，政策因素是加速智慧学习环境发展与落地的重要动因。

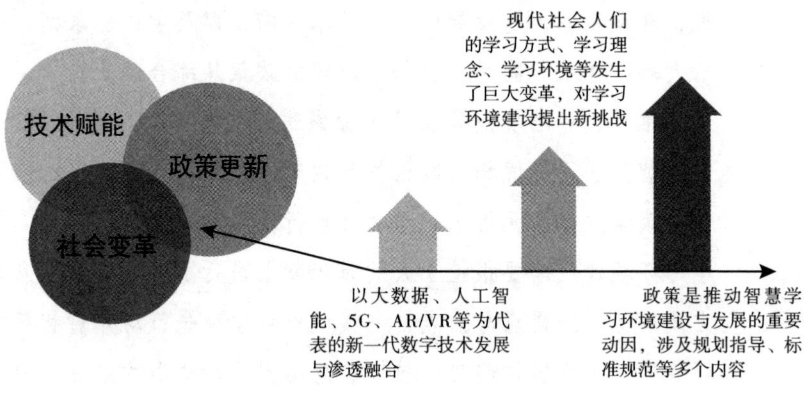

图1　智慧学习环境影响因素

资料来源：作者自绘。

（一）社会变革

数字科技驱动社会由“数字化”步入“智慧化”，党的十九大报告明确提出“智慧社会”概念，全民智慧化是构建以人为本智慧社会的基础与前提。在智慧社会，数字科技与各行业领域加速融合，大数据、人工智能、云计算等数字科技的飞速发展以及在线教育工具的日益丰富，使学习需求多样

化、个性化，学习环境智慧化、泛在化成为教育事业现代化发展的现实需求，智慧城市建设得以深入推进。2008 年，IBM 最早提出“智慧地球”与“智慧城市”概念，之后，智慧城市成为许多国家政府施政的愿景和目标。我国加快构建智慧城市，城市智慧学习环境是智慧城市的重要组成部分，是城市数字化学习环境的高端形态。智慧学习能够提升智慧城市建设双核心的综合创新活力，是驱动智慧城市两个核心建设的根本动力。

（二）技术赋能

5G 网络、数据中心等新基建建设进程加快，教育基础网络设施泛在化。2020 年，全国中小学（含教学点）网络接入率达到 100%，未联网学校实现动态清零，98.35%的中小学拥有多媒体教室。[①] 人工智能技术在教育领域的应用不断丰富，依托图像识别、语音识别和自适应技术，智能匹配相关教学内容，打造人工智能课程，配置优质教师资源；依托知识图谱等智能技术、学生全域大数据和关联性分析模型，实现个性化教学。VR 技术作为智慧教育的支撑性技术之一，推动教学环境智能化与教学过程可视化，虚拟仿真实验教学已经成为智能技术支持下的典型教学模式。未来，随着以智能手机为代表的智能终端普及率不断提升，以及“5G+人工智能+VR/AR”等的广泛应用，智慧学习环境将开辟新的境界，推动线上线下融合化成为未来知识学习的重要形态。

（三）政策更新

终身学习理念不断强化。联合国教科文组织于 2015 年发布的《反思教育：向“全球共同利益”的理念转变?》对“学习”做出了进一步解读，指出“学习是由环境决定的多方面的现实存在。获取何种知识以及为什么，在何时、何地、如何使用这些知识，是个人成长和社会发展的基本问题”，倡导“全方位终身学习方法，为所有人提供发挥自身潜能的机会，以实现可持续未来”。世界各

① 《中国的全面小康》，中国政府网，2021 年 9 月 28 日，http：//www.gov.cn/zhengce/2021-09/28/content_5639778.htm。

国高度重视终身学习环境的变革。2015年，习近平主席在青岛国际教育信息化大会上的贺词中倡议，“建设‘人人皆学、处处能学、时时可学’的学习型社会，培养大批创新人才”。“十四五”规划明确提出，发挥在线教育优势，完善终身学习体系，建设学习型社会。终身教育理念的提出与普及需要新一代信息技术与教育实现深度融合、无缝衔接，要求智慧学习环境建设有序快速推进，为构建人人皆学、处处能学、时时可学的学习型社会奠定基础。

为了清晰了解中国智慧学习环境建设的政策走向和要求，本报告梳理回顾2016年以来国内与智慧学习关联度较高的政策文件，包括但不限于教育信息化、智慧学习、智慧教育等专项政策文件。在对相关政策文件进行系统化梳理后，基于政策数量、政策目标、政策主体、政策内容等多个维度对我国智慧学习相关政策文本进行具体分析，系统了解我国智慧学习政策动态，剖析国内智慧学习环境发展现状，聚焦智慧学习环境发展重点难点；归纳总结智慧学习政策环境阶段变化特征，洞察研判智慧学习环境未来发展趋势，探索政策对智慧学习环境建设发展的指导与支撑作用，进而为智慧学习环境创新发展提供强有力的政策支撑。

二 中国智慧学习环境政策体系

目前与智慧学习环境强关联的政策文件较少，即名称或内容中直接包含、涉及“智慧学习环境”这一关键词的政策文件较少。但与智慧学习环境弱关联的政策文件及内容较多。通过详细梳理与智慧学习环境发展相关的政策及已有政策对智慧学习环境发展的影响作用，本报告发现中国智慧学习环境政策体系（见图2）主要基于智慧政策和教育政策的不断完善和演变，形成了技术维度和教育维度两条主线，二者共同引导和推动形成了中国智慧学习环境建设的总体性政策安排，对智慧学习环境建设产生全局意义的指引作用，决定了中国智慧学习环境政策的总体取向、基本宗旨、建设内容。在总体政策安排下，围绕不同场域、层面形成中国智慧学习环境的场域政策，明确思路和路径，推动中国智慧学习环境建设不断向前。

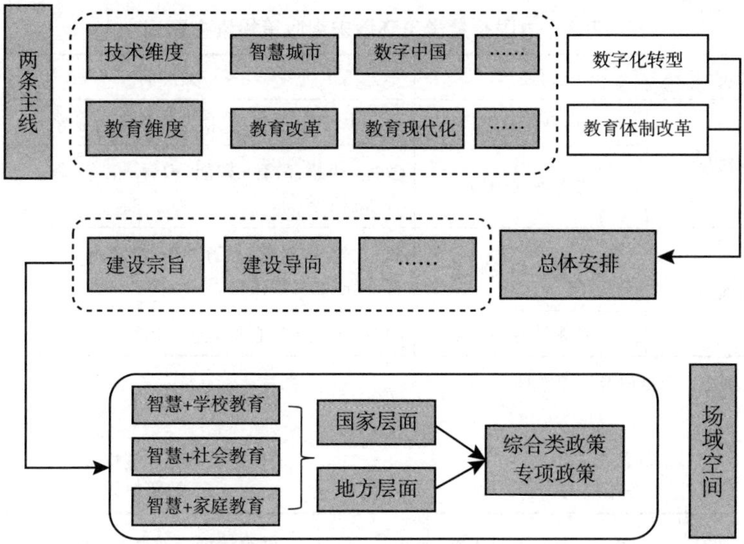

图 2　中国智慧学习环境政策体系

资料来源：根据相关政策文件梳理结果绘制。

（一）中国智慧学习环境政策两条主线

我国高度重视数字科技与教育领域的深度融合，陆续制定并出台相关政策，旨在提升学习环境中智能技术与“智慧”要素的影响力和渗透力。总体而言，中国智慧学习环境的政策主要围绕两条主线发展，第一条主线是数字中国、智慧城市等国家战略布局及相关政策文件的制定出台，为智慧学习环境的建设与发展提供了强有力的技术支撑与保障，是智慧学习环境建设中“智慧”要素的集中表现；第二条主线是深化教师队伍建设、教育教学（包括教材、课堂等）、教育评价、教育督导体制机制等教育事业改革，对智慧学习环境建设内容与方向提出了新的要求、指明了新的方向，是“学习”要素的集中体现。本报告主要从技术维度和教育维度，以表 1、图 3 中关键词为检索对象，对中国智慧学习环境政策进行梳理回顾。

表 1　中国智慧学习环境宏观政策检索主题词

维度	类别	关键词
技术维度	信息化领域	数字中国、智慧城市、信息化基础设施等
	教育技术领域	教育+智慧、教育+智能、教育+信息、教育+数字、教育+虚拟等
教育维度	教育改革相关政策	教育、教师、教学、教育评价、教育督导、教育改革、教育治理、教育现代化等
	教育领域专项规划	教育"十三五"规划、教育"十四五"规划等

资料来源：根据研究需要整理。

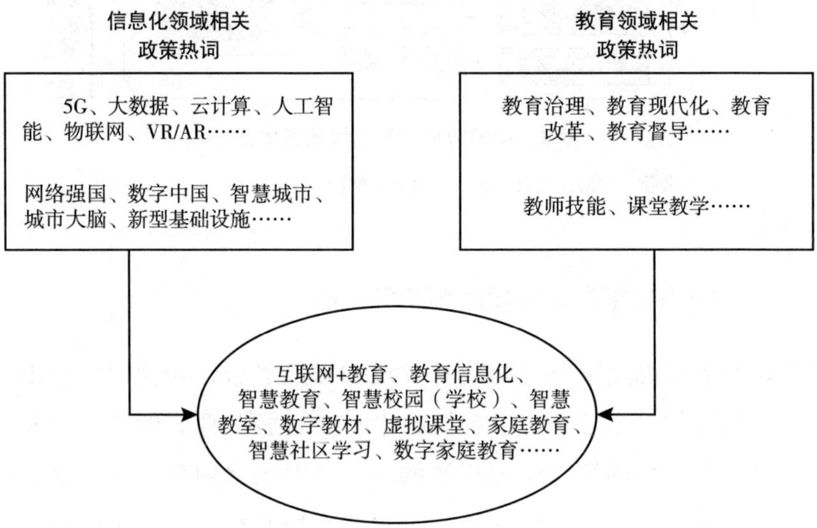

图 3　中国智慧学习环境宏观政策检索主题词

资料来源：根据研究需要整理。

1. 技术维度

我国智慧学习环境的建设起源于信息化建设，并随着信息化在教育领域的深入推进而不断明晰，2010~2016 年，国家层面先后发布了《国家中长期教育改革和发展规划纲要（2010—2020 年）》《教育信息化十年发展规划（2011—2020 年）》《教育信息化"十三五"规划》等文件，确立信息技术对教育发展具有革命性影响，充分发挥信息技术对教育的革命性影响作用，基本建成与国家教育现代化发展目标相适应的教育信息化体系等理念和要求；提出进行“三通两平台”① 建设，强化深度应用、融合创新，大力提升教育信息化在推进教育公平、提高教育质量中的效能等任务和目标。这一阶段为教育信息化 1.0 阶段，也是智慧学习环境建设的孕育期，尽管这个阶段“智慧”二字运用得较少，但是信息技术与学习环境的融合度在不断加深，特别是在“三通两平台”建设、网络学习空间建设、数字化教学资源开发等方面取得了显著的成效。到“十二五”末，全国 90%的中小学连接了互联网，83%的教室是多媒体教室，师生网络学习空间达 6300 多万个，基于网络进行教与学的环境逐渐建成，数字化教育资源得到极大丰富。

2016 年以后，人工智能技术快速发展，并逐步渗透到经济社会发展各个方面，“智慧+”成为整个社会发展和变革的革命性力量。党的十九大报告正式提出“智慧社会”概念，同时对人才培养提出了新的要求，教育体系也相应发生变化。在此背景下，《国务院关于印发新一代人工智能发展规划的通知》首次提出“智能教育”的概念，即利用智能技术加快推动人才培养模式、教学方法改革，构建包含智能学习、交互式学习的新型教育体系。此文件从技术的角度定位了智能教育特征和教育新生态，是技术视野下对教育变革的重新认识、重新定位。2018 年，教育部出台《教育信息化 2.0 行动计划》，首次从国家政策层面正式提出了“智慧教育”的概念，将“智慧教育创新发展行动”作为“八大行动”之一，“推动人工智能在教学、管理等方面的全流程应用”。综上所述，我国智慧教育的政策导向从技术层面的提升演变为技术对整个教育系统观的变革，意味着新型技术与教育环境融合已成为一种趋势，并对学习环境的建设产生全面和深刻的变革作用。该文件也将我国教育信息化从 1.0

① “宽带网络校校通”、“优质资源班班通”、“网络学习空间人人通”、教育资源公共服务平台、教育管理公共服务平台。

时代推向了2.0时代。

2. 教育维度

我国智慧学习环境建设的政策导向，一方面是顺应技术变革趋势的政策选择，另一方面与我国教育理念的演进直接相关。党的十九大报告指出，建设教育强国是中华民族伟大复兴的基础工程，必须把教育事业放在优先位置，加快教育现代化，办好人民满意的教育。由此，教育现代化被提到了前所未有的高度。2019年，我国新时代推进教育现代化、建设教育强国的纲领性文件《中国教育现代化2035》出台，文件提出重点部署面向教育现代化的十大战略任务，其中第八条要求加快信息化时代教育变革。教育现代化的发展要求大力推进教育信息化，充分运用数字技术手段赋能教育发展，促进教育环境等教学活动构成要素发生重大变革，在实现教育公平、促进教育均衡发展、提高教育质量、创造终身学习的环境和条件等方面发挥巨大的驱动作用。“十四五”规划将教育公平与教育质量提升作为建设高质量教育体系的根本目的与诉求。智慧学习环境成为新形势下推动教育公平的重要支撑与保障。

（二）中国智慧学习环境政策基本导向

在技术维度和教育维度的共同影响下，围绕教育现代化和教育信息化2.0等宏观政策的导向（见表2），智慧学习环境的建设宗旨、建设导向都发生了重大变化。

表2　智慧学习环境建设的主要政策导向

发布年份	文件名称	政策内容
2018	《教育信息化2.0行动计划》	构建智慧学习支持环境，到2022年基本实现“三全两高一大”的发展目标，即教学应用覆盖全体教师、学习应用覆盖全体适龄学生、数字校园建设覆盖全体学校，信息化应用水平和师生信息素养普遍提高，建成“互联网+教育”大平台

续表

发布年份	文件名称	政策内容
2019	《中国教育现代化2035》	大力推进教育信息化，主要内容是建设智能化校园，统筹建设一体化智能化教学、管理与服务平台，创新教育服务业态，建立数字教育资源共建共享机制，加快形成现代化的教育管理与监测体系，推进管理精准化和决策科学化
2019	《加快推进教育现代化实施方案（2018—2022年）》	促进信息技术与教育教学深度融合，支持学校充分利用信息技术开展人才培养模式和教学方法改革，逐步实现信息化教与学应用师生全覆盖。加快推进智慧教育创新发展，设立"智慧教育示范区"，开展国家虚拟仿真实验教学项目等建设。构建"互联网+教育"支撑服务平台，深入推进"三通两平台"建设

资料来源：根据相关政策文件整理。

1. 建设宗旨

从建设宗旨看，教育现代化对信息化的要求超越了简单的环境论、工具论，不再是顺应技术发展趋势的外部变革，而是从打破与重构教育固有体系入手，将技术作为教育系统的内生变量，实现教育理念更新、模式变革、体系重构等全方位转变。由此，新阶段智慧学习环境的发展要义主要体现在：从更多是硬件建设转为融合创新阶段，从重点关注量变向重点关注质变转变；从强调应用驱动、融合发展，向注重创新引领、生态变革转变，智慧学习环境在内容呈现、环境管理、资源获取、即时交互和情境感知等方面的功能将更加完善。

2. 建设导向

从建设导向看，新阶段智慧学习环境的目标导向主要体现在以下三个方面。

（1）以智能为驱动，提升智能应用覆盖水平。通过推进"三通两平台"建设，实现三个方面普及应用（无线校园和智能设备应用逐步普及、信息化教与学应用覆盖全体教师和全体适龄学生[①]）。

---

① 《教育部关于印发〈教育信息化2.0行动计划〉的通知》，教育部网站，2018年4月25日，http：//www.moe.gov.cn/srcsite/A16/s3342/201804/t20180425_ 334188.html？authkey=rwrne3。

（2）以学习者为中心，构建全新教育生态体系与格局，实现学习者信息素养的全面提升。开展以学习者为中心的智能化教学支持环境建设，形成泛在学习、全民终身学习的学习环境，服务于构建网络化、数字化、智能化、个性化、终身化的教育体系，建设人人皆学、处处能学、时时可学的学习型社会，使应用信息技术解决教学、学习、生活中问题的能力成为个体必备的基本素质。

（3）以互通为要义，构建一体化的“互联网+教育”大平台，实现数字教育资源全面互联互通与深度开放共享。整合各级各类教育资源公共服务平台和支持系统，逐步实现资源平台、管理平台的互通、衔接与开放，建成国家数字教育资源公共服务体系，推动“专用资源服务”向“大资源服务”的转变。

至此，在教育现代化和教育信息化 2.0 政策引导下，我国智慧学习环境建设形成了以智能为驱动，以学习者为中心，以互通为要义，实现数字校园、智能设备、应用系统全面普及，师生信息化素养全面提升，数字教育资源互联互通的目标导向。

（三）中国智慧学习环境场域体系

终身学习体系的建设对教育信息化 2.0 时代的智慧学习环境提出了更高的要求，这意味着以人工智能、大数据等为代表的数字技术与教育融合程度进一步加深，要求智慧学习环境建设有序快速推进，为构建人人皆学、处处能学、时时可学的学习型社会奠定基础。智慧学习环境的形式也将从多媒体教学环境、混合学习环境、虚实融合学习环境，走向智能泛在学习环境。“建成服务全民终身学习的现代教育体系”的要求也将智慧学习的场域大大拓宽了。《中国教育现代化 2035》明确提出，“实现各级各类教育纵向衔接、横向沟通，学校教育与社会教育、家庭教育密切配合、良性互动，形成网络化、数字化、个性化、终身化的教育体系”。可见，教育现代化是涵盖内容丰富、涉及主体多元的现代化，包括学校教育、家庭教育和社会教育三个层面的现代化，学校教育、家庭教育、社会教育构成智慧学习环境建设的三大支柱，教育信息化 2.0 涉及家庭、社会、学校整个学习环境的智慧升级。

三 智慧+学校教育政策回顾

（一）国家学校智慧学习环境政策框架体系

学校教育作为智慧学习环境的核心构成内容，涉及政策内容丰富、涵盖政策类型多元。通过对相关政策文件的梳理发现，2016 年以来，我国制定出台的相关政策文件涵盖基础教育、高等教育和职业教育等多个阶段，包括智慧校园、智慧教室、智慧课堂、学习资源、教师信息化素养提升、教学管理等多个内容，初步形成以《教育信息化 2.0 行动计划》《关于推进教育新型基础设施建设构建高质量教育支撑体系的指导意见》等文件为综合引导，不同教育阶段、不同场域形式政策文件为专项指导，《关于规范校外线上培训的实施意见》等文件为规范要求的政策框架体系（见图 4）。

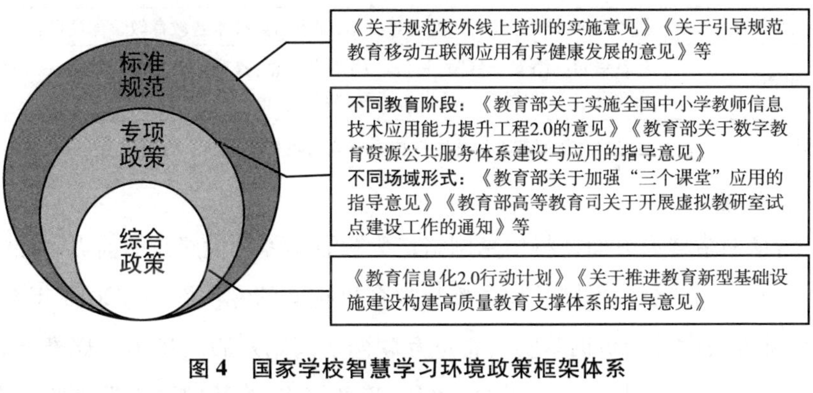

图 4 国家学校智慧学习环境政策框架体系

资料来源：根据相关政策文件整理绘制。

1. 综合政策指导

关于学校智慧学习环境建设的政策，可以概括为“8+6”总体安排，明确了当前我国智慧学习环境建设的具体举措。其中，“8”是《教育信息化 2.0 行动计划》提出的开展数字资源服务普及行动、网络学习空间覆盖行动、网络扶智工程攻坚行动、教育治理能力优化行动、百区千校万课引领行动、数字校园规范建设行动、智慧教育创新发展行动、信息素养全面提升行动八大行动。"6"是教育部等六部门发布的《关于推进教育新型基础设施建设构建高质量教育支撑体系的指导意见》提出的以新发展理念为引领，以信息化为主导，面向教育高质量发展需要，聚焦信息网络、平台体系、数字资源、智慧校园、创新应用、可信安全六个方面构建新型基础设施体系，进一步明确了新时代智慧学习环境的"六位一体"建设内容（见表3）。围绕建设智慧学习环境的八大行动和六大内容，教育部等部门相继发布相关专门文件，为学校智慧学习环境的建设提供了具体的导引。

表 3　新时代智慧学习环境的"六位一体"建设内容

维度	主要内容
信息网络	建设连接全国各级各类学校和教育机构的教育专网
平台体系	构建互联互通、应用齐备、协同服务的"互联网+教育"大平台
数字资源	依托国家数字教育资源公共服务体系，推动数字资源的供给侧结构性改革
智慧校园	促进学校物理空间与网络空间一体化建设
创新应用	创新教学、评价、研训和管理等应用，促进信息技术与教育教学深度融合
可信安全	有效感知网络安全威胁，过滤网络不良信息，提升信息化供应链水平，强化在线教育监管，保障广大师生的切身利益

资料来源：《关于推进教育新型基础设施建设构建高质量教育支撑体系的指导意见》。

信息网络建设方面，将信息网络作为智慧学习环境建设的前提，加快建设并打通不同层级、不同类型学校与教育机构间的专项网络。2018 年 6 月，《教育部办公厅关于贯彻落实〈推进互联网协议第六版（IPv6）规模部署行动计划〉的通知》提出，在教育系统统筹部署 IPv6 基础网络设施的建设与升级，为推动数字技术与教育发展深度融合提供必要的技术环境与条件。2021 年 7 月，教育部等十部门联合印发《5G 应用"扬帆"行动计划（2021—2023 年）》，明确了 5G+智慧教育的发展方向，提出打造一批 5G+智慧教育样板项目。

平台体系搭建方面，重点是加快推动"互联网+教育"大平台的建设与落地。2017 年，《国务院关于印发新一代人工智能发展规划的通知》明确提出，推动人工智能技术在教学、管理、资源建设等全流程应用；开发立体综合教学场、基于大数据智能的在线学习教育平台；开发智能教育助理，建立智能、快速、全面的教育分析系统；等等。

数字资源互联互通方面，主要是推动优质教育资源共享共用格局基本完善。2017 年底制定印发的《教育部关于数字教育资源公共服务体系建设与应用的指导意见》，为新时代加强数字教育资源公共服务体系建设与应用提出了目标和要求。到 2020 年，基本建成覆盖全国、互联互通、用户统一、共治共享、协同服务的具有中国特色的数字教育资源公共服务体系，基本实现“全国一体系、资源体系通、一人一空间、应用促教学”。2021 年，教育部等五部门联合发布《关于大力加强中小学线上教育教学资源建设与应用的意见》，提出将用 5 年时间建立健全国家和省级中小学线上教育教学平台资源体系和运行机制。

创新应用方面，关键在于以数字技术手段赋能教学行为与活动（如教学、评价、研训和管理等）的创新，实现技术端与教育端的全面融合。2021 年 3 月，《教育部关于加强新时代教育管理信息化工作的通知》提出，基于新一代信息技术手段的创新应用推动教育教学管理数字化、网络化、智能化水平的显著提升，在教育决策方面以“数据决策”替代传统的“经验决策”，在教育管理方面以协同治理替代传统的自我管理，在教育服务方面以主动高效服务替代被动低效服务。

可信安全方面，主要是增强对网络安全威胁的感知力、过滤性，提升线上教育监管能力与力度。2017 年《中华人民共和国网络安全法》正式实施，从法律层面要求网络运营商为未成年人提供安全健康的网络环境，网络安全教育与人才建设成为 2017 年教育信息化重点工作之一，提出提升网络安全重视度，提升网络安全知识宣传普及度，强化网络安全学科和专业人才的建设培养。

2. 专项政策推动

智慧校园、网络学习空间、智慧教室和智慧课堂是智慧教育中环境建设的重要环节，也是具象化的建设环节。

智慧校园是智慧学习环境的重要空间场域，建设重点是促进学校物理空间与网络空间一体化，包括课内外、线上线下各种类型的有利于学习者知识学习，能够提升学习者学习能力与综合素养，推动学习者实现个性化成长与发展的学习场所、平台和环境。政策聚焦数字校园规范建设行动，全面推进各级各类学校数字校园建设与应用，促进数字校园建设全面普及。2018 年 6 月，国家市场监督管理总局和国家标准化管理委员会公布了国家标准《智慧校园总体框架》，明确规定了如何部署智慧校园的总体架构，如何构建智慧教学资源、智慧教学环境、智慧教学管理系统以及信息安全体系。

2019 年 1 月，《教育部关于加强网络学习空间建设与应用的指导意见》提出，到 2022 年，面向各级各类教育、全体教师和适龄学生，全面普及绿色安全、可管可控、功能完备、特色鲜明的实名制空间。为大力实施“网络学习空间覆盖行动”，教育部从 2017 年开始每年定期开展网络学习空间应用普及活动，遴选一批网络学习空间应用优秀区域和学校案例，推动实现“一人一空间、人人用空间”。2018 年 2 月，教育部联合其他部门印发《教师教育振兴行动计划（2018—2022 年）》，文件明确提出要在全国范围内开展“教师教育在线开放课程建设计划”，筛选出 200 门精品课程以线上方式向各省份开放，以此推动线上课程资源的共享共用。

智慧教室是开展线上教学的重要载体，集智慧教学应用服务资源、教室空间及硬件装备等于一体。2021 年 7 月，《教育部关于开展虚拟教研室试点建设工作的通知》提出，通过 3~5 年努力建成全国高等教育虚拟教研室信息平台。《关于推进教育新型基础设施建设构建高质量教育支撑体系的指导意见》提出，推动智能实验室建设，促进重大科研基础设施、高性能计算平台和大型仪器设备开放共享。

智慧课堂作为学校教育的主渠道，是智慧学习环境建设的重点。2020 年 3 月，《教育部关于加强“三个课堂”应用的指导意见》提出，到 2022 年，全面实现“专递课堂”、“名师课堂”和“名校网络课堂”在广大中小学校的常态化按需应用，推动实现教育优质均衡发展。“三个课堂”有各自的应用模式（见图 5）。2018 年 10 月，教育部发布《教育部关于加快建设高水平本科教育全面提高人才培养能力的意见》，旨在推进慕课“建、用、学、管”，围绕建设高水平的中国慕课，提出建设1万门国家级和1万门省级一流线上线下精品课程。

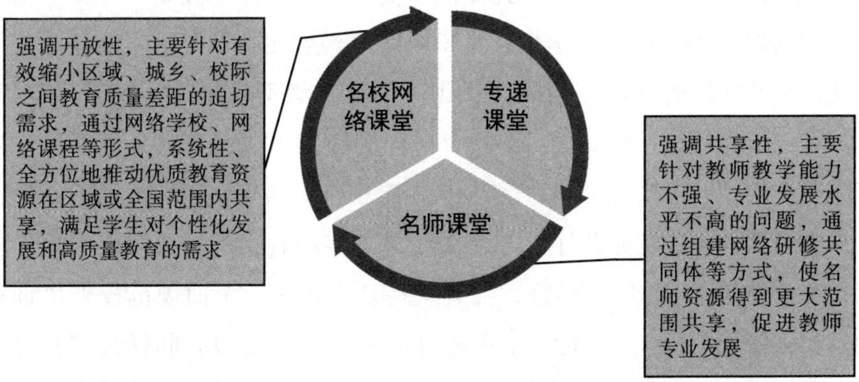

图5　“三个课堂”应用模式

资料来源：《教育部关于加强“三个课堂”应用的指导意见》。

3. 标准规范导引

现代化教育要求坚持标准引领，制定符合信息化要求的学校建设标准，构建人人皆学、处处能学、时时可学的智能化学习环境。在《智慧校园总体框架》指导下，国家先后出台了覆盖中小学教育、高等教育、职业教育各个教育阶段的数字校园建设规范，具体明确了不同阶段数字校园建设中用户信息素养、信息化应用、基础设施、网络安全、保障机制等方面相关要求，以提高全国数字校园建设效率和水平。在智慧课程标准建设方面，2018年9月，国家市场监督管理总局、国家标准化管理委员会发布国家标准《信息技术　学习、教育和培训　在线课程》，给出了在线课程和评价方案的信息模型及要素。

面对校外线上培训存在的一些突出问题，2019年7月，教育部等六部门出台《关于规范校外线上培训的实施意见》，对面向中小学生、利用互联网技术实施的学科类校外线上培训活动提出了规范意见，明确到2020年12月建立全国统一、部门协同、上下联动的监管体系，基本形成政府科学监管、培训有序开展、学生自主选择的格局。这是国家层面颁布的第一个专门针对校外线上培训活动的规范性文件。2019 年 8 月，《教育部等八部门关于引导规范教育移动互联网应用有序健康发展的意见》，界定了教育 App 的内涵和外延，对教育 App 采取“强制的不商业、商业的不强制”原则，即统一使用的教育 App 不得向学生及家长收取任何费用，不得植入商业广告和游戏；推荐使用的 App，遵循自愿原则，不得与教学管理行为绑定，不得与学分、成绩和评优挂钩。之后，教育部办公厅发布《教育移动互联网应用程序备案管理办法》，加强教育移动应用事中事后监管。2021 年 7 月，中共中央办公厅、国务院办公厅发布《关于进一步减轻义务教育阶段学生作业负担和校外培训负担的意见》，强调坚持从严治理，全面规范校外培训行为；积极探索利用人工智能技术合理控制学生连续线上培训时间；“拍照搜题”等不利于学生独立思考能力培养、惰化学生思维意识与能力的工具手段严禁使用与传播。2018 ~ 2021 年关于智慧学习环境建设的规范文件见表 4。

表 4　2018 ~ 2021 年关于学校智慧学习环境建设的规范文件

发布时间	发文单位	文件名称	核心内容
2018 年 4 月	教育部	《中小学数字校园建设规范(试行)》	坚持“深化应用，融合创新”的基本思想，采用云服务模式统一规划、分步实施，以促进区域教育的均衡发展和学校教育的质量提升，实现校园环境数字化，实现信息系统互联互通，实现用户信息素养提升，实现学习方式和教育教学模式创新
2018 年 6 月	国家市场监督管理总局、国家标准化管理委员会	《智慧校园总体框架》	规范了如何部署智慧校园的总体架构，如何构建智慧教学资源、智慧教学环境、智慧教学管理系统以及信息安全体系
2018 年 9 月	国家市场监督管理总局、国家标准化管理委员会	《信息技术　学习、教育和培训　在线课程》	给出了在线课程和评价方案的信息模型和要素

续表

发布时间	发文单位	文件名称	核心内容
2020 年 5 月	教育部办公厅	《未来技术学院建设指南（试行）》	充分利用大数据、人工智能等信息技术，建立专家委员会等机制对人才培养成效进行实时评估
2020 年 6 月	教育部	《职业院校数字校园规范》	促进职业院校数字校园从建设转向应用，加强了职业教育教学中信息化对产教融合办学、校企合作人才培养、实验实训与顶岗实习、职业培训等的支撑要求，努力使数字校园评价指标体系具有较好的适应性和包容性
2021 年 3 月	教育部	《高等学校数字校园建设规范（试行）》	推进实现高等学校在信息化条件下育人方式的创新性探索、网络安全的体系化建设、信息资源的智能化联通、校园环境的数字化改造、用户信息素养的适应性发展以及核心业务的数字化转型

资料来源：根据政府门户网站发布的相关政策文件整理。

（二）地方学校智慧学习环境政策的落地情况

本部分重点选取一线城市及部分有代表性的新一线城市，对其近年来制定出台的与智慧学习环境发展相关的政策文件进行梳理，以期为全国多地智慧学习环境建设提供参考。从智慧学习环境发展水平来看，以北上广深为代表的一线城市具有起步早、基础好、理念新等特点，在全国范围内处于领先水平。同时，经过多年发展，这些城市在相关政策制定、实践应用等方面积累了较多经验，相关文件具有较强指导性与可参考性。

1. 综合政策指导

截至 2021 年 10 月，一线城市包括北京、上海等已经印发出台了中长期发展规划，围绕教育新基建、智慧教育新空间、数字教育资源、教育管理智能化等，对“十四五”期间乃至 2035 年之前的智慧学习环境建设进行统筹考虑。《北京市“十四五”时期教育改革和发展规划（2021—2025 年）》

明确到2025年，形成泛在开放的学习环境，提供丰富多元的数字教育资源，构建处处能学、时时可学的智能化平台，智慧校园覆盖率达到85%以上。《上海市教育发展“十四五”规划》明确提出，“推动教育数字化转型和广泛应用”，着力建设教育数字基座，升级教育数据中心，完善教育数据标准体系，优化大规模智慧学习系统，提供更多优质、泛在的数字化教育应用场景，为全市师生提供优质在线教育和个性化学习支持。

2. 专项政策推动

智慧校园以物联网、云计算、大数据等新技术为核心，提供一种环境全面感知、智慧型、数据化、网络化、协作型一体化的教学、科研、管理和生活服务，并能够对教育教学、教育管理进行洞察和预测的智慧学习环境。目前，江苏省、广东省、浙江省、福建省都已经制定智慧校园建设指南，其他省份也在积极推动智慧校园建设。江苏省先后发布《关于印发智慧校园建设指导意见的通知》《江苏省高校智慧校园建设指导意见（试行）》《关于开展江苏省智慧校园审核认定工作的通知》。2020年12月，广东省发布《教育部、广东省人民政府关于推进深圳职业教育高端发展　争创世界一流的实施意见》，全面推进5G智慧校园建设，加快改造学习空间，建设智慧教室、智能学习体验中心、AR/VR/MR实训室等，高标准打造泛在智慧学习环境。

智慧教室方面，2018年12月，广东省教育厅印发《广东省中小学智慧教室建设指南（试行）》，明确了智慧教室的建设目标和原则，并将建设流程和内容具体化，使智慧教室建设有了更清晰明确的参考标准。北京市高等教育学会发布团体标准《高等学校智慧教室建设技术要求》，给出了高等学校智慧教室建设的总体框架，规定了高等学校智慧教室建设涉及的基础设施、数据服务、支撑平台、业务应用、应用终端、技术规范与保障体系、网络和信息安全体系的技术要求。

智慧课堂方面，2019年9月，北京市教委发布《关于开展教育信息化融合创新“双百”示范行动的通知》，将启动100项信息技术与课堂应用融合创新研究课题，建设100个智慧校园融合应用示范基地。《北京市“十四五”时期教育改革和发展规划（2021—2025 年）》创新提出了三种课堂形式：覆盖全学科、全链条课程资源的“空中课堂”，以专业化、智能化线上核心教学平台为承载的“双师课堂”，智能化、数据化、浸润式、虚拟化的“融合课堂”。

3. 标准规范引领

在国家智慧校园建设标准和规范引领下，各地也发布了详细的智慧校园建设标准。如福建省教育厅于 2017 年 9 月发布的《福建省中小学智慧校园建设标准》，广东省教育厅于 2017 年 12 月发布的《广东省中小学智慧校园建设指南（试行）》，江苏省教育厅于 2018 年 5 月发布的《江苏省中小学智慧校园建设指导意见（试行）》，宁波市于 2018 年 3 月发布的《宁波市中小学“智慧校园”评估标准（2018 年修订版）》。

浙江和河南两地先行发布《浙江省高校智慧校园建设评价指标体系（试行）》和《河南省高校信息化发展水平评估指标体系（试行）》，开展全省范围内智慧校园建设评价，均将基础设施、智慧教育、网络安全作为重要的一级指标，并对智慧环境设置了更详细的量化标准，将基础网络、教学设施、数据中心、校园安防、能耗管控、基础平台等作为评价的重要内容。

四　智慧+家庭教育政策回顾

（一）国家家庭智慧学习环境政策框架体系

1. 指导政策

支持家庭教育是新时代背景下推进教育现代化、建设教育强国、办好人民满意教育的重要政策抓手。近年来，在党和国家的关心支持下，全国家庭教育工作取得了较大发展，出台了《关于指导推进家庭教育的五年规划（2016—2020 年）》《全国家庭教育指导大纲（修订）》等一系列政策文件。《教育部关于加强家庭教育工作的指导意见》作为家庭教育的第一个指导性文件，明确提出要逐步建成“家庭教育社会支持网络”，通过家庭、学校、社会三个层面的有效融合，为社会主体发展培养输送发展全面的建设者和接班人。2021 年 10 月，《中华人民共和国家庭教育促进法》的颁布进一步彰显了家庭教育的重要地位和作用，将家庭教育从学校教育的附庸地位解放出来，以社会主义核心价值观为主要内容、以立德树人为根本目的的新模式迭代升级，使家庭教育从过去小范围的“家事”升级为更高层级的“国事”。整体而言，家庭教育在我国教育体系中的地位日益凸显。目前，我国初步形成以《教育部关于加强家庭教育工作的指导意见》《中国教育现代化2035》《全国家庭教育指导大纲（修订）》《中华人民共和国家庭教育法》等为综合指导，以《关于加快发展数字家庭　提高居住品质的指导意见》《促进新一代人工智能产业发展三年行动计划（2018—2020 年）》《教育部关于加强网络学习空间建设与应用的指导意见》等为专项指导的家庭智慧学习环境建设政策框架体系（见图 6）。

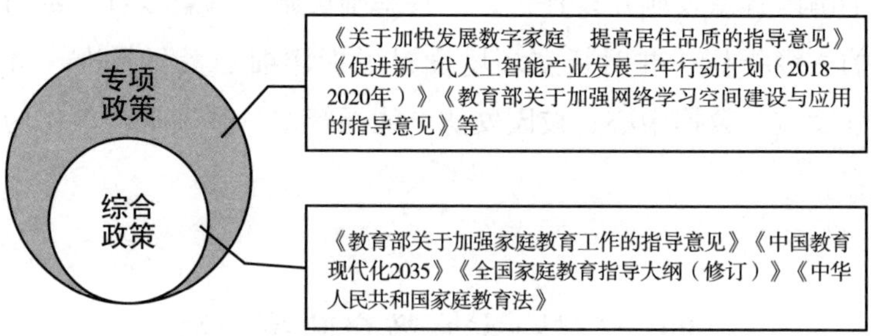

图 6　国家家庭智慧学习环境政策框架体系

资料来源：根据相关文件整理绘制。

总体来看，我国家庭智慧学习环境政策框架体系呈现以下几个特征。一是家庭智慧学习场域建设涉及多要素的“智慧化”。家庭智慧学习场域的建设与实现涉及家庭教育责任主体、教育对象、教育内容、教育方式及教育设施等多个要素。家庭智慧学习场域建设基础日趋完善，智能家居的快速发展、“数字家庭”建设进程的加速等为家庭智慧学习场域的搭建与落地提供了必要支撑。利用信息化技术手段培养教育对象（家庭成员）良好道德素质、行为习惯和学习习惯是家庭智慧学习场域建设的重要内容。

二是“一根本三重点多主体”是家庭智慧学习场域建设的集中体现。“一根本”是指家庭教育以立德树人为根本任务，培养引导未成年人崇德向善，让社会公德、家庭美德及诚信守法等内化为未成年人的行为准则；“三重点”是指家庭学习要强调心理、身体和智力三者的综合发展；“多主体”则强调家、校、社、政等各类主体共同参与推动家庭智慧学习场域建设。

三是积极推动实现家庭学习和场馆学习两类学习场域与学习资源的融合互动，切实发挥场馆学习在家庭学习中的积极作用。《国务院关于印发中国妇女发展纲要和中国儿童发展纲要的通知》明确提出，要“加强社会协同，注重利用科技馆、儿童中心、青少年宫、博物馆等校外场所开展校外科学学习和实践活动”；《关于进一步加强家庭家教家风建设的实施意见》建议，要切实发挥好儿童中心、青少年宫、博物馆等作为家庭家教家风建设重要阵地的作用。

四是“双减”政策等对如何加快推动信息化技术与家庭教育深度融合、搭建符合现代教育理念的家庭智慧学习场域提出了新的要求。2021 年 7 月，《关于进一步减轻义务教育阶段学生作业负担和校外培训负担的意见》明确要求，进一步拓宽丰富课后服务渠道，提升线上学习服务能力，强化师生在线互动交流。家庭智能终端设备的普及、家长信息素养的提升和青少年作为信息“原住民”的成长驱使家庭学习场域朝着更加智慧化的方向发展。

2. 专项政策

家庭智慧学习场域建设基础日趋完善。“十四五”规划强调加强家庭建设，丰富数字生活体验，发展数字家庭。2021 年 4 月，住房和城乡建设部等部门发布《关于加快发展数字家庭　提高居住品质的指导意见》，提出“到 2022 年底，数字家庭相关政策制度和标准基本健全，基础条件较好的省（区、市）至少有一个城市或市辖区开展数字家庭建设，基本形成可复制可推广的经验和生活服务模式”。智能家居的快速发展、“数字家庭”建设进程的加速等为家庭智慧学习场域的搭建与落地提供了必要支撑。特别是新冠肺炎疫情期间，学校和课外辅导机构都将线下课程转移到线上，学习所需的电脑、平板、学习机、打印机等设备销量快速增长，为智慧+家庭教育提供了有利条件。

全国网上家长学校系统平台等是重要支撑。为推进家庭教育指导服务的信息化建设，2010 年，全国妇联与中国家庭教育学会共同创建了全国网上家长学校，旨在面向广大家庭和家庭教育指导者开展在线家庭教育指导服务。2019 年，全国妇联等部门发布《全国家庭教育指导大纲（修订）》，为智慧+家庭教育平台的建设提供了基本指引。与此同时，《中华人民共和国家庭教育促进法》也对线上家庭教育做出了明确要求，要求省级以上政府积极推动区域内家庭教育信息化共享服务平台的建设，并基于相关服务平台为家庭教育提供线上指导服务。

国家注重不断完善家庭对教育评价方面的作用。2020 年 10 月，《深化新时代教育评价改革总体方案》明确指出，各地应基于信息化技术与手段的创新应用，探索“学生、家长、教师以及社区等参与评价的有效方式”，将学生日常生活学习中的品行表现尤其是社会主义核心价值观的践行情况，纳入学生综合素质评价体系，作为重要评价内容。2017～2021 年我国家庭教育相关政策文件梳理见表 5。

表 5　2017～2021 年中国家庭教育相关政策文件梳理

发文时间	发文单位	文件名称	核心内容
2017 年 12 月	工业和信息化部	《促进新一代人工智能产业发展三年行动计划（2018—2020 年）》	培育智能产品：智能网联汽车、智能服务机器人（支持智能交互、智能操作、多机协作等关键技术研发，提升清洁、老年陪护、康复、助残、儿童教育等家庭服务机器人的智能化水平）
2018 年 4 月	国务院办公厅	《关于全面加强乡村小规模学校和乡镇寄宿制学校建设的指导意见》	密切家校联系，完善家访制度，充分发挥家长委员会和家长学校作用，促进提高家庭教育质量，形成家校育人合力
2018 年 12 月	教育部	《教育部关于加强网络学习空间建设与应用的指导意见》	作为先进文化建设和家校共育、校企共建的有效载体，综合运用信息技术解决教育教学实际问题

续表

发文时间	发文单位	文件名称	核心内容
2020 年 4 月	工业和信息化部	《工业和信息化部办公厅关于深入推进移动物联网全面发展的通知》	推广移动物联网技术在智能家居、可穿戴设备、儿童及老人照看、宠物追踪等产品中的应用
2020 年 10 月	中共中央、国务院	《深化新时代教育评价改革总体方案》	通过信息化等手段,探索学生、家长、教师以及社区等参与评价的有效方式,客观记录学生品行日常表现和突出表现,特别是践行社会主义核心价值观情况,将其作为学生综合素质评价的重要内容
2021 年 3 月	十三届全国人大	《中华人民共和国国民经济和社会发展第十四个五年规划和 2035 年远景目标纲要》	强调加强家庭建设;丰富数字生活体验,发展数字家庭
2021 年 4 月	住房和城乡建设部等部门	《关于加快发展数字家庭 提高居住品质的指导意见》	到 2022 年底,数字家庭相关政策制度和标准基本健全,基础条件较好的省(区、市)至少有一个城市或市辖区开展数字家庭建设,基本形成可复制可推广的经验和生活服务模式。到 2025 年底,构建比较完备的数字家庭标准体系;新建全装修住宅和社区配套设施,全面具备通信连接能力,拥有必要的智能产品;既有住宅和社区配套设施,拥有一定的智能产品,数字化改造初见成效;初步形成房地产开发、产品研发生产、运营服务等有序发展的数字家庭产业生态;健康、教育、娱乐、医疗、健身、智慧广电及其他数字家庭生活服务系统较为完善
2021 年 7 月	中组部、国家监察委员会、教育部、全国妇联等	《关于进一步加强家庭家教家风建设的实施意见》	立德树人家庭教育理念深入人心,覆盖城乡的家庭教育指导服务体系不断完善,家校社协同育人机制更加健全,到 2025 年城市社区家长学校建设率达 90%、农村社区达 80%,中小学幼儿园家长学校规范化建设水平大幅提升。加强家庭教育阵地和队伍建设,建好用好学校、社区、网上家长学校和家庭教育指导服务中心,发挥好博物馆、纪念馆、少年宫、儿童活动中心等阵地作用,汇聚教师、专家、“五老”、优秀家长等队伍力量,推动构建覆盖城乡的家庭教育指导服务体系

续表

发文时间	发文单位	文件名称	核心内容
2021年9月	国务院	《国务院关于印发中国妇女发展纲要和中国儿童发展纲要的通知》	构建覆盖城乡的家庭教育指导服务体系中明确提出要"依托家长学校、城乡社区公共服务设施、妇女之家、儿童之家等设立家庭教育指导服务站点。建设家庭教育信息化共享平台,开设网上家长学校和家庭教育指导课程"全面推进教育理念、体系、制度、内容、方法创新中明确提出要"遵循教育规律和学生身心发展规律,尊重个体差异,因材施教,推行启发式、探究式、参与式、合作式教学。探索具有特殊才能学生的培养体系。提升校园智能化水平,提高信息化服务教育教学和管理的能力水平,推动优质教育资源在线辐射农村和边远地区薄弱学校,加快发展适合不同学生的信息化自主学习方式,满足个性化发展需求"
2021年10月	十三届全国人大	《中华人民共和国家庭教育促进法》	省级以上人民政府应当组织有关部门统筹建设家庭教育信息化共享服务平台,开设公益性网上家长学校和网络课程,开通服务热线,提供线上家庭教育指导服务

（二）地方家庭智慧学习环境建设落实情况

1. 指导政策

为贯彻落实《教育部关于加强家庭教育工作的指导意见》，多地出台家庭教育政策。如《广东省指导推进家庭教育的五年规划（2016—2020年）》、《关于加强家庭教育工作意见》、上海市教育委员会等《关于进一步加强家庭教育工作的实施意见》、《福建省教育厅关于进一步加强家庭教育工作的指导意见》，为家庭教育工作发展构建新蓝图。《浙江省家庭教育工作"十四五"规划（征求意见稿）》提出，大力推进家庭教育数字化建设；建立数字社会系统"数字教育新服务"家庭教育应用场景；依托浙江省数字家长学校省级平台，成立浙江省数字家长学校共建共享联盟，省级层面新汇聚优质家庭教育数字资源500个，并推动省级资源与市县融通共享、落地应用，为全省中小学、幼儿园、村（社区）及广大家长提供家庭教育网络公共服务。

在立法层面，江苏、浙江、福建、湖南、湖北等省份已经出台家庭教育法规，通过立法促进家庭教育的发展，明确政府部门在家庭教育信息化平台建设中的主体责任。如《江苏省家庭教育促进条例》明确，县级以上当地政府需将家庭教育信息化共享服务平台建设作为家庭教育发展重点任务推进。《浙江省家庭教育促进条例》（2019 年）要求，运用更加多元化的方式开展线上家庭教育服务，如开设网上家长学校、上线家庭教育网络课程等。《湖南省家庭教育促进条例》（2021 年）提出，县级以上妇联应当建设网上家长学校等信息平台，为城乡家庭提供普惠性家庭教育指导服务。《湖北省家庭教育促进条例》（2021 年）要求，县级以上政府加快推动本地家庭教育信息化共享服务平台建设，普及家庭教育知识，提供家庭教育指导服务。

2. 专项政策

为更充分发挥家庭教育在教育体系中的积极作用，浙江、江苏，以及山东济南、淄博，福建厦门等出台了专门政策，全面推进“互联网+”家庭教育，通过上线本地化智慧家庭教育线上学习系统，提升家庭教育线上化程度和线上化服务水平，不断增强家庭教育个性化网络服务功能。

浙江推进网上浙江家长学校建设，在全国具有非常强的示范意义。一是建成浙江家长学校课程数字资源库。针对面向学校、家长的家庭教育指导课程资源相对缺乏、不够系统的问题，2020 年浙江省教育厅、省妇联联合下发《浙江省教育厅办公室关于推进浙江省中小学数字家长学校建设的通知》。二是建成浙江家长学校全媒体平台。2018 年，建成全国首个省级层面家长学校全媒体平台，含“一网一端三号”，入选全国教育政务新媒体年度案例。三是推进数字家长学校建设。2020 年 7 月，《浙江省教育厅办公室关于推进浙江省中小学数字家长学校建设的通知》指出，从 2020 年开始，计划用 5 年时间在全省 70%的中小学建成数字家长学校，分年段开齐开好系列化、规范化、适切的家庭教育指导课程。四是组建浙江数字家长学校资源共建共享联盟。持续汇聚省内优秀县（市、区）、学校和国内家庭教育专业机构，通过在浙江家长学校开设分平台的形式，与全省共享公益资源。

2016年10月，淄博市发布《关于加强“互联网+”家庭教育工作的指导意见》，要求通过搭建县域网上家长学校、家校沟通云平台、家长委员会网络交流群、家庭教育虚拟社区等渠道，全面推进“互联网+”家庭教育，推动实现线上线下家庭教育、家校即时沟通、家长在线交流和在线学习，确保家长教育全覆盖、家庭教育无死角，全面提升家庭教育质量和效率。

2016年12月，成都市发布《成都市教育局关于加强家庭教育工作的实施意见》，积极探索“互联网+家庭教育”，逐步建立远程家庭教育服务网络，进一步加快网络家长学校建设，大力拓展微博、微信、App等新媒体服务平台，充分借助自媒体传播优势，推进传统媒体与新媒体深度融合的家庭教育信息共享服务平台建设。支持家庭教育在线学习，不断增强家庭教育个性化网络服务功能。

2019年，济南市教育局发布《关于加快推进“互联网+”幼儿园家园共育指导意见》，提出以信息化手段为基础，积极推进“互联网+”幼儿园家园共育。家长应履行家庭教育职责，幼儿园应畅通沟通渠道，建立和完善网络服务平台，提高家园共育效率和质量，促进优质学前教育资源共享互通，营造良好的育人环境和社会氛围，为幼儿的健康成长奠定坚实的基础。在具体任务上，明确充分利用移动互联网，强化互联网与家园共育深度融合，形成更广泛的以互联网为基础设施和实现工具的家园共育发展新模式，包括建立家园传播平台（微家园）、建立家庭教育微课堂（微课堂）、建立家园沟通平台（微分享）。

2020年12月，江苏省发布《江苏省教育厅关于加强与改进中小学幼儿园家庭教育指导工作的意见》，充分运用互联网、大数据、人工智能等技术手段，研制家庭教育短视频、小音频、图片集、微动画等，开发易于接受、便于互动、科学有效的家庭教育指导课程和新媒体产品。江苏省教育厅会同省妇联，运用“省名师空中课堂”“江苏网上家长学校”等平台，组织拍摄和遴选推荐一批优秀家庭教育课程资源，宣传推广一批家庭教育优秀案例和典型。

2020年，厦门市妇联等联合发布的《进一步提升厦门市家庭教育服务水平工作意见》提出，依托厦门市智慧教育平台，推进“互联网+家庭教育”，建立智慧家庭教育线上学习系统，在不同形式的媒体上设立家庭教育专栏、专题，加强家庭教育知识的普及宣传；积极开发各类数字化的家庭教育服务产品，组织开展线上线下互动的家庭教育公益文化活动，为家长提供便捷化、个性化的指导服务，推动家长系统掌握家庭教育科学理念和方法。

五　智慧+社会教育政策回顾

（一）国家社会智慧学习环境政策框架体系

1. 指导政策

社会教育是指学校和家庭以外的一切社会文化机构以及社会团体或组织对青少年儿童和成人进行的教育，是学校和家庭教育的必要补充。随着终身教育理念的推广，社会教育得到了蓬勃发展，成为终身教育的重要组成部分。教育部等部门先后印发《教育部关于办好开放大学的意见》《关于促进在线教育健康发展的指导意见》等重要文件，为社会教育的智慧化建设明确路径，推动网络化、数字化、个性化、终身化教育体系构建。

2. 专项政策

社会教育的学习空间主要包括三类：一是公共场所内的个体学习空间，主要包括图书馆、文化馆、博物馆等场馆学习空间；二是与个体居住环境相关的社区或者村居学习空间；三是与个体工作环境相关的企业学习空间。

（1）场馆学习环境

场馆学习空间有望成为社会学习环境智慧化的最大突破口。随着信息化技术与场馆建设融合度的不断加深，数字图书馆、公共文化云平台、“云端博物馆”蓬勃兴起，人们足不出户就能在线享受优质公共文化服务，特别是VR、AR能够带给学习者更加真实的场景体验。“十三五”以来，国家有关部门先后发布《气象科普发展规划（2019—2025年）》《体育场馆信息化管理服务系统技术规范》《全民健身信息服务平台数据接口规范》《文化和旅游部关于推动数字文化产业高质量发展的意见》等文件，推动气象科普实体场馆、体育场馆、文化场馆等开展信息化和数字化建设，不断提升信息技术对于提高场馆学习效果的作用（见表6）。“十四五”规划指出，推进公共图书馆、文化馆、美术馆、博物馆等公共文化场馆免费开放和数字化发展。在政策的引导下，覆盖城乡的公共文化设施网络持续完善，基本实现免费或低价开放，很多学习场馆已经开发场馆网站、虚拟场馆、微信公众号、App、官方微博、语音导航、触摸屏等，公共文化服务的丰富性、便利性、均等性显著增强。未来，场馆学习将成为人们获取学习资源，提升文化素养、科学素养的重要场所，对于培养学生的设计思维、创新能力具有重要的作用和意义。

表6　2018~2021年场馆智慧学习环境建设支持政策文件

发布时间	发文单位	文件名称	核心内容
2018年12月	中国气象局	《气象科普发展规划(2019—2025年)》	大力推进气象科普实体场馆体系建设
2020年7月	国家体育总局办公厅	《体育场馆信息化管理服务系统技术规范》《全民健身信息服务平台数据接口规范》	使广大群众更便捷地线上获取场馆开放有关信息和参加体育赛事活动等公共体育服务
2020年11月	文化和旅游部	《文化和旅游部关于推动数字文化产业高质量发展的意见》	支持文化场馆、文娱场所、景区景点、街区园区开发数字化产品和服务，将创作、生产和传播等向云上拓展。支持文物、非物质文化遗产通过新媒体传播推广
2021年3月	十三届全国人大	《中华人民共和国国民经济和社会发展第十四个五年规划和2035年远景目标纲要》	推进公共图书馆、文化馆、美术馆、博物馆等公共文化场馆免费开放和数字化发展

资料来源：根据政府门户网站发布的相关政策文件整理。

场馆学习空间的“学习”价值发挥不充分，仍有待提升。通过政策梳理发现，现阶段场馆建设及相关政策文件的制定多由行业主管部门推动，场馆重“建”而非“用”和“学”，导致各类场馆的教学教育价值相对有限。场馆智慧学习环境建设实践先行，但建设标准规范、专项文件等尚处于缺失状态，在一定程度上制约了场馆智慧学习场域规模的扩大、作用的发挥。

（2）社区学习环境

社区学习环境建设是现代社区治理基本构成要素。社区治理智能化是社会治理智能化的重要组成部分，社区智慧学习环境建设是全民学习与教育体系构建的核心内容，是促进城乡社区治理体系和治理能力现代化的重要手段。充分发挥社区信息化终端作用，利用信息化手段，多渠道发布社区图书馆共享资源，社区学校培训、讲座、书报、科普教育等学习资料和视频课件，实现社区居民文化资源、学习资源、教育资源居家共享，丰富社区居民的文化生活，对于构建终身学习体系具有重要作用。

数字化学习社区经历两轮政策推动进入快速建设期。关于数字化学习社区的政策最早出现在2009年，教育部中国成人教育协会社区教育专业委员会先后下发了《全国“十二五”推进数字化学习社区建设规划》《关于推进全国数字化学习社区建设的意见》等文件，明确了“数字化学习社区”的概念，提出通过提供数字化的学习资源和支持服务，运用数字化的学习方式所进行的学习，为数字化社区学习的发展提供了遵循和标准指引。在这一轮政策的推动下，全国各地开始建设具有本地特色的社区教育体系，一批社区教育学习平台、社区教育学习网在此阶段搭建起来，为社区学习环境的完善奠定了基础。

第二个阶段以教育部等九部门发布的《关于进一步推进社区教育发展的意见》（2016年）为节点，这是国家多部门联合印发的首个推进社区教育发展的专项文件。该文件明确提出要在“宽带中国”战略、“互联网+城市”建设的时代背景下，发挥现代远程教育体系建设优势，整合和利用社区公共服务综合信息平台资源，逐步打造和形成覆盖城乡两级，资源更加优质、使用更加便捷、服务更加普惠的社区数字化学习公共服务平台及体系。这一阶段，我国数字化社区的建设步入正轨，并且呈现很多新的趋势。一是社区教育的推动主体更加多元，各级各类学校和社会教育培训机构都可以向社区开放数字化学习资源及服务，如《关于推动现代职业教育高质量发展的意见》明确提出“支持有条件的中等职业学校根据当地经济社会发展需要试办社区学院”；二是注重社区数字化基础设施的完善，如《中共中央、国务院关于加强和完善城乡社区治理的意见》要求，加强一体化社区信息服务站、社区信息亭、社区信息服务自助终端等公益性信息服务设施建设，为学习资源的共建共享提供了保障；三是更加强调资源互通，推进各地网上学习平台互联互通和社区教育数字化学习资源的建设与共享，推动社区学习成为一种基本的生活方式。2009~2017 年我国社区智慧学习环境建设相关政策文件见表 7。

表 7　2009~2017 年中国社区智慧学习环境建设相关政策文件梳理

发文时间	发文单位	文件名称	核心内容
2009 年	教育部中国成人教育协会社区教育专业委员会	《关于推进全国数字化学习社区建设的意见》	明确了“数字化学习社区”的概念，提出通过提供数字化的学习资源和支持服务，运用数字化的学习方式所进行的学习，为数字化社区学习的发展提供了遵循和标准指引
2014 年 5 月	住房和城乡建设部办公厅	《智慧社区建设指南（试行）》	智慧社区的总则、评价指标体系、总体架构与支撑平台、基础设施与建筑环境、社区治理与公共服务、小区管理服务、便民服务、主题社区、建设运营模式和保障体系建设等
2016 年 6 月	教育部等九部门	《关于进一步推进社区教育发展的意见》	首个推进社区教育发展的专项文件。明确提出要在“宽带中国”战略、“互联网+城市”建设的时代背景下，发挥现代远程教育体系建设优势，整合和利用社区公共服务综合信息平台资源，逐步打造和形成覆盖城乡两级，资源更加优质、使用更加便捷、服务更加普惠的社区数字化学习公共服务平台及体系

续表

发文时间	发文单位	文件名称	核心内容
2016 年 10 月	民政部、中组部等十余个部门	《城乡社区服务体系建设规划（2016—2020 年）》	推进城乡社区综合服务设施建设，力争到 2020 年，实现城市社区综合服务设施全覆盖，农村社区综合服务设施覆盖率达到 50%，网络连通、应用融合、信息共享、响应迅速的城乡社区服务信息化发展格局基本形成
2017 年 6 月	中共中央、国务院	《中共中央、国务院关于加强和完善城乡社区治理的意见》	增强社区信息化应用能力。提高城乡社区信息基础设施和技术装备水平，加强一体化社区信息服务站、社区信息亭、社区信息服务自助终端等公益性信息服务设施建设；实施"互联网+社区"行动计划，加快互联网与社区治理和服务体系的深度融合；探索网络化社区治理和服务新模式

资料来源：根据政府门户网站发布的相关政策文件整理。

（3）农村学习环境

随着农村网络基础设施的不断完善、农村上网人数的快速增加，农村教育作为社会教育学习环境建设的重要构成部分，在智慧学习环境建设与发展中发挥越来越不可替代的价值作用。2016 年 4 月，习近平总书记在网络安全和信息化工作座谈会上指出，"发挥互联网在助推脱贫攻坚中的作用，推进精准扶贫、精准脱贫，让更多困难群众用上互联网，让农产品通过互联网走出乡村，让山沟里的孩子也能接受优质教育"。这一论述对我国农村学习环境建设提出了新要求。通过政策梳理发现，多个政策文件均提及利用信息化技术手段加快推动农村教育发展，农村学习场域在智慧学习环境中的价值作用已经被全社会认知。现阶段我国农村智慧学习环境建设呈现以下几个特征。

一是以"互联网+教育"赋能"两类学校"为突破口有力推动农村智慧学习环境建设。运用"互联网+教育"方式，全面提升乡村小规模学校和乡镇寄宿制学校办学水平。办好乡村小规模学校和乡镇寄宿制学校是实施科教兴国战略、加快教育现代化的重要任务，是实施乡村振兴战略、推进城乡基本公共服务均等化的基本要求。“互联网+教育”赋能“两类学校”涉及网络基础设施、课堂教学资源等多个内容，通过加快实现“两类学校”宽带网络全覆盖，引进或开发慕课、微课等课程，提供丰富优质在线教育资源，采取同步课堂、公开课、在线答疑辅导等方式，促进“两类学校”师生与优质学校师生共同在线上课、教研和交流，研究探索运用大数据、云计算、人工智能等技术，科学分析和监测“两类学校”教育教学情况，并有针对性地指导学生学习和改进学校教育教学管理。

二是以“三个课堂”为抓手积极探索农村智慧学习环境创新发展。依托信息化技术手段，发挥“专递课堂”专门性、“名师课堂”共享性和“名校网络课堂”开放性“三个课堂”各自优势，通过互联网共享优质教育资源，组建网络研修共同体，探索网络环境下教研活动新形态，有效缓解农村地区优质教育资源缺失与薄弱问题，满足学生对个性化发展和高质量教育的需要。

三是积极推动实施网络扶智工程提高贫困地区学习环境质量。国家着力推动“扶贫+扶智”同步发展，鼓励运用互联网手段创新扶贫模式，特别是重视贫困人口教育水平的提升，将教育作为阻断贫困代际传递的重要手段。2016 年《网络扶贫行动计划》出台以来，多个部门积极实施网络扶智工程，加大网络远程教育建设力度，借助线上教育优势改善贫困地区学生受教育程度；加大网络技能培训力度，提升贫困地区劳动人口职能技术水平与就业能力；鼓励更多大学生返乡就业，发挥大学生村官和返乡大学生在创新创业中的“头雁”作用，有效提升贫困地区人口就业增收能力。通过这些政策措施，贫困地区发展实现了由“输血”向“造血”的根本转变。

四是农村教育正在由传统的学校教育向新型的社会教育转变。以往我国农村教育更多强调的是学校教育，希望借助信息化技术手段共享城市优质教学资源，缩减城乡教育不均衡带来的负面影响。但随着近年来农村电商经济快速发展，以及以抖音、快手等为代表的短视频 App 的崛起，大批农民开始“触网”，以培育新农人为目的，科技种植、直播带货等为主要培训内容的教育培训成为现代农村教育的重要构成内容。2021 年 10 月，中共中央办公厅、国务院办公厅印发的《关于推动现代职业教育高质量发展的意见》明确提出，“支持办好面向农村的职业教育，强化校地合作、育训结合，加快培养乡村振兴人才，鼓励更多农民、返乡农民工接受职业教育”。2016~2021 年我国农村智慧学习环境建设相关政策文件见表 8。

表 8　2016~2021 年中国农村智慧学习环境建设相关政策文件梳理

发文时间	发文单位	文件名称	核心内容
2016 年 10 月	中央网信办、国家发展改革委、国务院扶贫办	《网络扶贫行动计划》	开展网络远程教育。协调相关资源，支持贫困地区中小学建立远程教育课室，推动城市优质教育资源与贫困地区中小学的对接。组织各类教育培训机构，依托现有资源建立面向贫困农村的互联网教育资源应用平台，提高贫困地区学生教育水平，提升贫困户生产技能
2018 年 4 月	国务院办公厅	《国务院办公厅关于全面加强乡村小规模学校和乡镇寄宿制学校建设的指导意见》	推进“互联网+教育”发展。各地要积极创造条件，加强硬件建设，充分利用卫星、光纤、移动互联网等，加快实现“两类学校”宽带网络全覆盖。结合国家课程和地方课程要求，以外语、艺术、科学课程为重点，涵盖所有学科，引进或开发慕课、微课等课程，提供丰富优质在线教育资源，保障“两类学校”开齐开足开好课程，弥补师资力量不足等短板。发挥好优质学校、骨干教师的辐射带动作用，采取同步课堂、公开课、在线答疑辅导等方式，促进“两类学校”师生与优质学校师生共同在线上课、教研和交流。研究探索运用大数据、云计算、人工智能等技术，科学分析和监测“两类学校”教育教学情况，基于精确数据，有针对性地指导学生学习和改进学校教育教学管理
2018 年 12 月	教育部	《高等学校乡村振兴科技创新行动计划（2018—2022 年）》	强化高校科技和人才支撑体系，高校服务乡村振兴的创新能力和质量显著提升

续表

发文时间	发文单位	文件名称	核心内容
2019 年 7 月	中共中央、国务院	《中共中央、国务院关于深化教育教学改革全面提高义务教育质量的意见》	加快数字校园建设，积极探索基于互联网的教学。免费为农村和边远贫困地区学校提供优质学习资源，加快缩小城乡教育差距
2019 年 9 月	教育部等十一部门	《关于促进在线教育健康发展的指导意见》	针对退役军人、新型职业农民、农民工等不同群体的教育需求，研发课程包、课件包和资源包，建设一批通识课程、五分钟课程、全媒体数字教材课程。拓展完善国家数字教育资源公共服务体系
2019 年 12 月	农业农村部、中央网信办	《数字农业农村发展规划（2019—2025 年）》	深入实施信息进村入户工程，优化提升农村社区网上服务，加快建设益农信息社，完善社会服务管理
2020 年 3 月	教育部	《教育部关于加强“三个课堂”应用的指导意见》	到 2022 年，全面实现“三个课堂”在广大中小学校的常态化按需应用，建立健全利用信息化手段扩大优质教育资源覆盖面的有效机制，开不齐开不足开不好课的问题得到根本改变，课堂教学质量显著提高，教师教学能力和信息素养持续优化，学校办学水平普遍提升，区域、城乡、校际差距有效弥合，推动实现教育优质均衡发展
2020 年 7 月	农业农村部	《全国乡村产业发展规划（2020—2025 年）》	推进“新基建”改善农村信息网络等基础设施
2021 年 10 月	中共中央办公厅、国务院办公厅	《关于推动现代职业教育高质量发展的意见》	支持办好面向农村的职业教育，强化校地合作、育训结合，加快培养乡村振兴人才，鼓励更多农民、返乡农民工接受职业教育

资料来源：根据政府门户网站发布的相关政策文件整理。

（4）企业学习环境

企业学习成为我国终身学习体系建设的重要内容。我国积极推动以企业大学为核心的企业教育模式，充分发挥企业在职业教育和终身教育体系中的重要作用。2017 年 1 月，《国务院关于印发国家教育事业发展“十三五”规划的通知》明确提出，支持办好企业大学和企事业单位职工继续教育基地；要求加快构建政府、企业、社会共同参与的终身学习激励机制，建设覆盖全国城乡、开放便捷的终身学习公共服务体系。总体来看，目前我国政府有关部门对企业学习环境建设持大力扶持态度，企业学习环境建设拥有较好的政策环境。

“互联网+”背景下企业大学加速转型。伴随我国提出“互联网+”计划，很多已经建立企业大学的大公司纷纷开始转型。教育部和人力资源和社会保障部发布的《关于推进职业院校服务经济转型升级面向行业企业开展职工继续教育的意见》明确提出，探索构建基于互联网的企业虚拟大学或虚拟学习社区。在国内大中型企业中，企业学习培训的互联网普及率与使用率普遍提高，很大程度上降低了企业培训成本。大部分企业已经利用互联网技术将课程教学布局做到了线上线下融合，如华为的华为大学、海尔集团的海尔大学、中国移动的中国移动学院等。随着互联网的发展，一些企业特别是大型企业开展了企业慕课课程开发，实现跨企业跨行业的数字资源共享。①

“互联网+职业技能培训计划”在新冠肺炎疫情期间释放强大生命力。新冠肺炎疫情期间，有关部门先后下发《关于实施职业技能提升行动“互联网+职业技能培训计划”的通知》《关于印发百日免费线上技能培训行动方案的通知》等文件，鼓励和引导企业通过线上方式开展优质、高效的职业技能培训，并且实施的着眼点突出“政策激励”，如对于相关企业按规定以自主、委托等方式进行的职工线上培训可给予相应的政策补贴。开展“互联网+职业技能培训计划”既是特殊状态下职业培训的举措，又是常态化职业培训的需要，《“技能中国行动”实施方案》更是明确提出持续实施

① 《十张图带你了解互联网+企业大学行业发展现状　传统企业大学在互联网新时代怎样转型?》，前瞻网，2019 年 7 月 5 日，https：//www. qianzhan. com/analyst/detail/220/190704-91793bdf. html。

职业技能提升行动。

从企业学习的未来发展趋势看，随着终身学习理念的深入人心及学习型社会的逐步形成，以“互联网+”为代表的企业学习模式成为终身学习的创新形式。目前，我国企业学习环境的打造主要由各个企业自主负责与实施，国家从政策上尚处于鼓励推动阶段，相关部门和行业标准尚缺，这将成为下一阶段政策发力的重点。2015~2021 年我国企业智慧学习环境建设相关政策文件见表 9。

表 9　2015~2021 年中国企业智慧学习环境建设相关政策文件梳理

发文时间	发文单位	文件名称	核心内容
2015 年 6 月	教育部、人力资源和社会保障部	《关于推进职业院校服务经济转型升级面向行业企业开展职工继续教育的意见》	积极参与学习型企业建设。职业院校要与企业共同组织开展基于工作场所的学习活动，积极为企业提供知识讲座、课程资源开发、技术辅导等服务，以多种形式参与企业大学等企业内设培训机构的建设。鼓励职业院校的院系与企业车间、班组结对子，建立校企合作的学习团队。探索构建基于互联网的企业虚拟大学或虚拟学习社区
2017 年 1 月	国务院	《国家教育事业发展“十三五”规划》	支持办好企业大学和企事业单位职工继续教育基地；要求加快构建政府、企业、社会共同参与的终身学习激励机制，建设覆盖全国城乡、开放便捷的终身学习公共服务体系
2018 年 5 月	国务院	《国务院关于推行终身职业技能培训制度的意见》	鼓励企业建设培训中心、职业院校、企业大学，开展职业训练院试点工作，为社会培育更多高技能人才；要求充分发挥企业主体作用，明确企业培训主体地位，鼓励规模以上企业建立职业培训机构开展职工培训，并面向中小企业和社会承担培训任务；全面推行企业新型学徒制度
2019 年 3 月	国家发展改革委、教育部	《建设产教融合型企业实施办法（试行）》	明确按照政府引导、企业自愿、平等择优、先建后认、动态实施的基本原则建设产教融合型企业。对进入产教融合型企业认证目录的企业，给予“金融+财政+土地+信用”的组合式激励，并按规定落实相关税收政策

续表

发文时间	发文单位	文件名称	核心内容
2019 年 5 月	国务院办公厅	《职业技能提升行动方案(2019—2021 年)》	大力推广"工学一体化""职业培训包""互联网+"等先进培训方式,鼓励建设互联网培训平台
2020 年 2 月	国家发展改革委、人力资源和社会保障部、工业和信息化部、全国总工会等	《关于应对新型冠状病毒感染肺炎疫情 支持鼓励劳动者参与线上职业技能培训的通知》	从六个方面对支持鼓励劳动者参与线上职业技能培训做出了部署安排。一是免费开放线上职业技能培训资源;二是提升线上职业技能培训资源质量;三是完善线上职业技能培训配套服务;四是加大线上职业技能培训扶持力度;五是积极开展宣传动员;六是强化组织实施
2020 年 2 月	人力资源和社会保障部、财政部	《关于实施职业技能提升行动"互联网+职业技能培训计划"的通知》	2020 年,实现"511"线上培训目标,征集遴选 50 家以上面向全国的优质线上职业技能培训平台,推出覆盖 100 个以上职业(工种)的数字培训资源,全年开展 100 万人次以上的线上职业技能培训。2021 年,健全"互联网+职业技能培训"管理服务工作,构建线上培训资源充足、线上线下融合衔接、政策支持保障有力、监管有序到位的工作格局,进一步扩大线上培训规模,提高线上培训质量
2020 年 3 月	人力资源和社会保障部	《关于印发百日免费线上技能培训行动方案的通知》	在 2020 年 3 月下旬至 6 月底,集中实施线上培训行动,大规模开展免费线上职业技能培训。实现"百日 515"目标:遴选 50 家以上线上技能培训平台,推出覆盖 100 个以上职业(工种)的数字培训资源,实现线上培训实名注册 500 万人次以上
2021 年 6 月	人力资源和社会保障部	《关于印发"技能中国行动"实施方案的通知》	大力推行"互联网+职业技能培训",广泛开展新职业新业态新模式从业人员技能培训
2021 年 10 月	中共中央办公厅、国务院办公厅	《关于推动现代职业教育高质量发展的意见》	支持行业企业开展技术技能人才培养培训,推行终身职业技能培训制度和在岗继续教育制度;鼓励上市公司、行业龙头企业举办职业教育,鼓励各类企业依法参与举办职业教育;鼓励职业学校与社会资本合作共建职业教育基础设施、实训基地,共建共享公共实训基地;推动校企共建共管产业学院、企业学院,延伸职业学校办学空间

资料来源:根据政府门户网站发布的相关政策文件整理。

（二）地方社会智慧学习环境政策框架体系

1. 规划指导

随着终身教育在教育体系中价值作用的日益凸显，福建、上海、河北、浙江等省份陆续制定出台终身教育促进条例，加快构建服务全民终身学习的教育体系，着力促进终身教育、终身学习和学习型社会等基本理念的广泛传播。

上海早在 2009 年就建成了上海终身学习网，以上海教育资源库为背景，提供在线课件供市民免费学习。特别是在新冠肺炎疫情期间，上海市民终身学习云“空中课堂”整合了上海老年教育慕课、上海社区教育微课、上海终身学习云视课堂、市民网上学习体验项目等多平台资源，通过电脑端和移动端，为市民提供最佳的线上资源集聚平台。

浙江的“智慧+社会教育”谋划走在全国前列。《浙江省教育事业发展“十四五”规划》提出，稳步推进社区教育，建成覆盖全省的终身学习网络、社区教育资源共享和公共服务平台，为居民提供线上线下的学习支持服务；提升社区学校（乡镇成人学校）办学能力，以“一网一码一图一指数”为载体创新终身学习运行机制；建立支撑全省老年教育发展的学习资源库和数字化资源配送体系，依托“第三年龄学堂”，发展“互联网+老年教育”，到 2025 年，全省资源总数达到 500 万个。浙江基于省域教育资源公共服务体系与学分银行，打造“学在浙江”全民数字学习平台。

2. 专项政策

（1）场馆学习环境

各地积极开展数字图书馆和数字文化馆等项目建设，不断完善公共文化场馆信息化网络平台。如上海发布的《上海市基本公共文化服务实施标准（2015—2020 年）》明确提出，公共图书馆提供数字阅读服务，公共博物馆、公共美术馆提供馆藏艺术品数字鉴赏服务，为民众开展社会学习提供了便利的条件。

（2）社区/乡村学习环境

社区、乡村作为智慧学习环境中的重要场域，正是智慧教育要打通与延伸的“毛细血管”。目前，已有福建、上海、河北、江苏、湖南、陕西、山东等省份，以及成都、西安、太原、宁波等地市颁布推进终身教育和社区教育发展的条例、意见和规划。各地有关法规和制度的确立，为社区/乡村学习环境的信息化建设提供了支持。《成都市社区教育促进条例》（2017 年正式施行）、《西安市社区教育促进条例》（2020 年正式施行）均提出社区教育是教育事业的重要组成部分，是社区建设的重要内容，明确市教育主管部门应当会同相关部门充分利用现代远程教育体系，依托社区公共服务综合信息平台建设，建立城乡共享的社区教育公共服务平台和学习资源库，为居民提供多种形式的学习支持服务。浙江致力于迭代升级“互联网+教育”，让学习突破时空与内容限制，为未来智慧学习空间建设提供了先行经验。2021 年 6 月，浙江发布了《关于高质量营造未来社区教育场景的实施意见》，8 月又加码推出《数字社会未来教育重点场景工作指南（1.0 版）》，给未来教育重点场景建设框定了“任务书”“线路图”“时间表”，积极培育学习型社区和学习型乡村。高质量营造富有浙江特色的未来教育场景，就是要通过数字赋能，将教育公共服务延伸到社区和乡村，将学习空间搬到居民身边，服务“最后 100 米”的需求。

（3）企业学习环境

支持企业开展职工线上职业培训，助力稳岗就业。新冠肺炎疫情期间，在国家有关政策推动下，各省份均发布了相应的开展企业职工线上职业培训补贴工作的通知，支持企业开展形式多样的培训。如浙江出台《关于在疫情防控期间支持企业开展线上职业技能培训工作的通知》，企业可采取在线直播、视频录播和线上考核测试等丰富多样的方式开展线上培训。在培训补贴标准上，各地以不同力度支持企业开展线上培训，如上海、浙江等地的标准是按企业实际培训费用不超过 95%的比例给予补贴；广东则是根据实际参加培训人数按每人每课时 30 元的标准给予补贴。

“互联网+职业技能培训”逐步成为常态化推动举措。随着全国“互联网+职业技能培训”工作的深入推进，各地积极推出政策，从年度计划、培训平台、管理规范等方面推动“互联网+职业技能培训”成为一项常态化工作。北京发布《“互联网+职业技能培训”平台及课程资源方征集指引（试行）》《“互联网+职业技能培训”课程设计与开发规范（试行）》，在全国范围内征集线上点播培训平台、自有课录播平台和课程资源方，搭建了职业技能培训平台，切实增强培训针对性、实效性。安徽省教育厅发布《职业院校全面开展职业培训　促进就业创业行动计划》，提出将积极支持职业院校开展企业职工技能培训，在全省重点培育50个校企深度合作共建的高水平实训基地、50个创业孵化器和20所企业大学。

六　中国智慧学习环境建设政策分析

（一）政策阶段变化性

1.政策发布时间

智慧学习环境建设是持续推进的过程，根据建设内容的不同会经历多个阶段。通过梳理2009年以来国内与智慧学习环境建设相关的100余条政策发现，2018年之前智慧学习环境建设处于初级阶段，智慧学习尚处于理论梳理阶段，新技术与教育领域的融合不够深入；2018年之后，智慧学习环境建设进程明显加快，随着人工智能、5G等新一代信息技术应用广度与深度的持续增加，智慧学习理念深入人心，对教育行业发展的影响日益显现，在此背景下智慧学习环境建设方向更加明确，建设内容更加丰富，建设指导政策文件数量持续增加。2019~2021年分别发布智慧学习环境建设相关政策23条、20条和27条（见图7），表明智慧学习环境建设进入政策发布密集期。这段时期也是《教育信息化2.0行动计划》《中国教育现代化2035》发布之后的政策实施期，表明在教育信息化的发展路线和中国教育现代化中长期发展战略明确之后，国家和地方政府加快推进智慧学习环境的建设。

随着国家和地方智慧学习环境建设相关政策文件的密集出台，智能学习

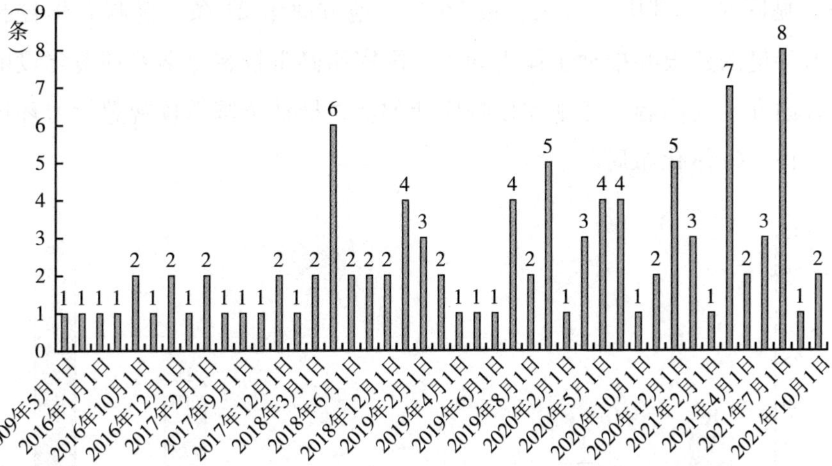

图 7　中国智慧学习环境建设相关政策发布时间和数量

资料来源：根据政策文件梳理结果绘制。

环境的建设目标、建设内容、建设标准都越来越清晰，内容范围不断拓展丰富，如从早期的强调校园网络基础设施建设向虚拟教室、智慧校园等内容延伸。这种变化，一方面反映出智慧学习环境技术支撑力的持续增强，另一方面反映出智慧学习环境中“智慧”因素所发挥的作用日益凸显，为全国范围内智慧学习环境的优化提升奠定了良好基础。

智慧学习环境建设与发展需要在探索和实践中不断深化创新，推动完善教育领域的网络、平台、资源、校园、应用和安全新基建，为教育创新变革和高质量发展提供强大的基础和应用环境，提供更加灵活的个性化服务，不断提升智能时代教育治理能力，助力中国教育事业的转型升级及全球教育发展水平的整体提升。

2. 政策发布数量

国家和地方政府围绕学校教育、家庭教育和社会教育出台了相应的政策，形成了学校、家庭和社会协同育人的智慧学习环境建设体系。“智慧+学校教育”相关政策在智慧学习环境建设相关政策中的占比最高，表明学校智慧学习场域是各种场域中最重要、最基本的，相关政策达到 57

条（见图 8）。其中，国家政策 36 条、地方政策 21 条，意味着学校智慧学习环境的建设和推动主体为国家，国家明确学校智慧学习环境建设的发展方向和主要内容，各地积极响应和创新，推动全国学校智慧学习环境统筹建设、一体化布局。

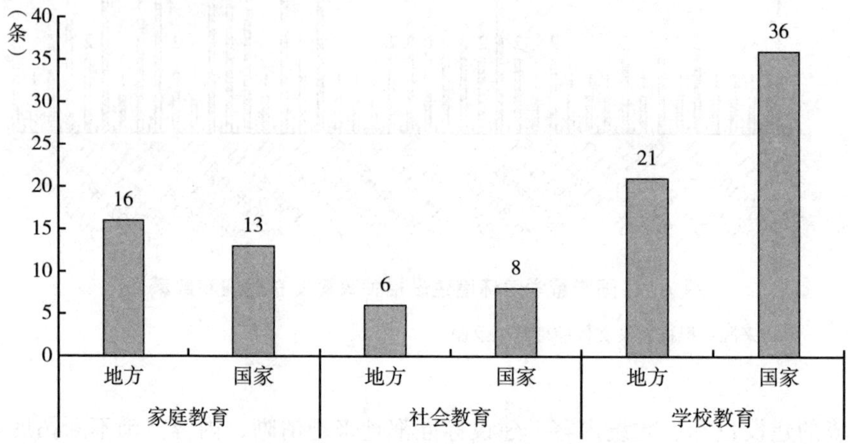

图 8　不同场域智慧学习环境建设政策发布数量

家庭智慧学习环境建设呈现稳步推进的趋势，伴随 2015 年《教育部关于加强家庭教育工作的指导意见》的发布，家庭智慧学习环境建设得到地方政府的高度重视，上海、福建、浙江、成都等地均加快推进家庭智慧学习环境建设。国家层面对家庭教育的行动意见则体现在 2019 年发布的《中国教育现代化 2035》中，各个层面的政策文件均明确了家庭学习环境建设的重要性。也进一步表明，目前中国家庭学习环境的建设在一些数字化、智能化发展较快的地方加快推进，并且在实操层面进行了很多有引领性的尝试。比如，浙江推进中小学家长学校家庭教育数字资源建设；福建加快推进“互联网+家庭教育”，建立智慧家庭教育线上学习系统，对于全国家庭学习环境建设的整体推进具有非常重要的意义。

相比之下，社会智慧学习环境建设的政策目前仍处于不断完善期，2016 年以来，国家和地方共发布社会智慧学习环境建设相关政策 14 条，其中国家层面8条、地方层面6条。目前，我国初步形成了以终身学习为理念，以场馆、农村/社区、企业三大场域为主的社会智慧学习环境建设格局。伴随新一代数字技术的蓬勃发展与广泛应用，智慧场馆、数字化社区、互联网企业培训等加快建设，为社会智慧学习环境建设奠定了良好的基础。现有政策以鼓励支持为主，随着相关建设标准、规范的不断完善，社会智慧学习环境必然成为整个智慧学习环境的有机组成部分。

（二）政策价值导向性

1. 政策宗旨变化

教育理念的变化在中国智慧学习环境政策变迁过程中起引领作用。伴随国家层面对智慧学习环境建设的内容、形态认识越来越清晰，政策制定的价值取向也不断回归“本源”。我国推进教育信息化的起步阶段，重视技术在教育领域的赋能和运用，这成为智慧学习环境建设相关政策的主要价值选择，政策多数关注智能化教学环境建设和智能化网络资源开发，以促进技术层面的要素对学习环境的优化提升，政策文本表述也多用“智能”而非“智慧”。2017年7月出台的《新一代人工智能发展规划》强调，“智能技术与教育教学融合，建构新兴教育体系”，这成为智能学习环境建设相关政策的价值选择，这个阶段的政策除了重视在线智能教育平台、智能教育助理和终身精准教育环境等技术层面的发展外，开始关注利用智能技术变革教育教学，这些政策蕴含了整体性价值取向。2018年1月，《中共中央、国务院关于全面深化新时代教师队伍建设改革的意见》强调，教师队伍建设在智能教育中发挥的重要作用。这一价值取向在《高等学校人工智能创新行动计划》中得到进一步加强，明确指出要培养教师实施智能教育的能力。从此开始，我国智慧学习环境建设相关政策的价值取向开始重点关注“人”这个学习主体。2019年，《中国教育现代化2035》发布，其核心宗旨就是以信息技术为支撑，以信息技术赋能人才培养模式创新、教育教学方法改革和教育治理能力提升，基于此推动教育体系建设朝着智能化、网络化、个性化、终身化方向发展，充分体现基于信息技术支撑的整个教育生态变革的价值理念。

随着整体教育价值取向的变化，中国智慧学习环境建设也从抓基础设施建设、软硬件建设、资源平台建设，逐步转化为关注“人”作为学习环境主体的内生需求，要求从学习主体出发建设学习环境，通过学习环境的广域覆盖、时空连接，促进信息技术与学校、家庭及社会学习融合，构建高质量数字化教育公共服务体系，推动学习成为高质量发展时代社会公众日常生活的存在方式。智慧学习环境建设倡导坚持以人为本的理念。智慧教育是着眼当前、面向未来、支撑新时代的教育，不仅要关注“物”，更要关注“人”；不仅要关注“教”，更要关注“育”。人是智慧学习环境建设中的最核心要素，既包括教师也包括学生，强调教师信息化素养和学生自主学习能力的培养提升，通过智慧学习环境的建设发展赋能教师与学生。2015 年 10 月，联合国教科文组织国际互联网教育合作伙伴会议召开，明确提出要创建公平、动态、负责和可持续性的“以学习者为中心”的数字化学习生态系统。

2. 政策内容制定

智慧学习环境建设目标呈现递进性特点。在教育信息化 2.0 发展阶段，智慧学习环境的建设也呈现从 1.0 向 2.0 递进的特点，主要体现在发展目标为以“三通两平台”为基础推动智慧学习环境的升级，到 2022 年逐步实现教学应用、学习应用和数字校园建设的“三个全覆盖”，随着教师数字化教学应用水平、学生数字化学习应用能力及学校数字化程度的大幅提升，打造更好服务师生的“互联网+教育”大平台。

智慧学习环境建设导向呈现高质量特点。智慧学习环境建设与国家基本政策导向紧密关联。教育高质量发展既是现阶段国内教育领域发展的基本目标，也成为智慧学习环境建设的根本诉求。党的十九届五中全会审议通过《中共中央关于制定国民经济和社会发展第十四个五年规划和 2035 年远景目标的建议》，明确了“建设高质量教育体系”的任务要求。从表面看，智慧学习环境的高质量发展是经济社会发展新模式、新理念在教育领域的渗透与延伸，是建设高质量教育体系在学校环境建设方面的具体体现。从逻辑层面看，学习环境高质量发展也是高质量教育体系建设的应有之义。

智慧学习环境建设的基本形态逐渐清晰。智慧学习环境是有形的物理空间和无形的数字空间的统一体。随着2020~2021年新型基础设施建设成为国家层面信息化建设重点，教育领域也陆续出台多个与教育信息化相关的新型基础设施建设政策文件，如教育部等多个部门联合印发的《关于推进教育新型基础设施建设构建高质量教育支撑体系的指导意见》。该文件重点围绕信息网络、平台体系、数字资源、智慧校园、创新应用和可信安全构建新型教育基础设施体系，为智慧学习环境的建设提供依据。教育信息化新型基础设施的建设与落地将为智慧学习环境的完善提供有力的硬件支撑。

智慧学习环境建设内容由泛化概念向更加具体化转变。2020年之前，多数政策文件中出现的是“教育信息化”等较为笼统和泛化的概念，2020年之后，随着教育信息化建设目标与路径的不断清晰，政策层面开始关注移动互联网应用、新型基础设施及信息化战略研究基地等更加具体的建设内容。基础教育阶段仍是智慧学习环境规范治理的重点，其中规范性政策文件数量明显增加。农村教育作为社会教育的重要构成部分，政策关注度不断提升。随着乡村振兴战略的深入推进及教育领域城乡公平问题受重视程度的不断提升，农村教育将成为“智慧+社会教育”的重要内容与关键突破点。

（三）政策主体多元性

1. 政策制定主体

随着智能技术对教育学习渗透影响力的不断增强及至上而下各层级的重视，我国智慧学习环境政策体系雏形正在逐步形成，目前基本形成了以国家基本政策为导向、部委细分功能性政策为主体、地方推进实施政策为重点的逻辑架构。2019年以后，以中共中央、国务院名义联合下发的政策文件不断增多，以规划指导类为主，显示出中央及国家对教育现代化发展的高度重视。从政策制定主体（发文主体）来看，教育部作为教育行业领域的主管部门，在智慧学习环境建设中扮演关键指导角色，围绕中央和国务院的指导性政策，出台行动计划、实施方案、工作举措等推动各项规划指导落地实施。其他部门制定出台的政策以推动规范类为主，如教育部、工业和信息化部、国家市场监督管理总局根据自己在教育领域监管中所承担的职能陆续制定出台了多个规范性文件。

随着教育信息化建设更为深入，多部门联动成为智慧学习环境政策制定的基本模式，如教育部等部门发布《关于促进在线教育健康发展的指导意见》，教育部等六部门联合印发《关于推进教育新型基础设施建设构建高质量教育支撑体系的指导意见》和教育部等五部门联合印发《关于大力加强中小学线上教育教学资源建设与应用的意见》。当前，智慧学习环境建设进入共建联动阶段，单纯依靠某个行业主管部门很难推动，多部门共同推进将成为未来智慧学习环境建设的主要模式与趋势。

2. 地方推进主体

中国智慧学习环境政策的落地离不开各地的积极推动，各地在智慧学习环境建设中扮演示范引领、推动实施等重要角色。从全国各地推进层面看，据不完全统计，从2016年开始浙江已经出台10余项推进智慧学习环境建设的政策文件（见表10），成为全国推动力度最大、发布政策数量最多的区域。浙江早在2016年就发布了《浙江省教育信息化"十三五"发展规划》，提出"技术支撑和引领教育现代化"的理念，强调"把教育信息化工作的着力点提升至智慧教育"，并在整个"十三五"期间，重点实施"浙江省智慧教育工程"。教育部于2017年发布的《中国教育信息化发展报告（2016）（基础教育）》显示，浙江教育信息化综合指数居全国之首，先行步入应用融合阶段。在《浙江省教育信息化三年行动计划（2018—2020年）》《浙江省教育领域数字化改革工作方案》等智慧学习环境建设专项政策的推动下，浙江在各个层面都涌现了一批典型成果，如大力推进网络学习空间建设，鼓励教师以个人空间为载体推出优质课程资源，开展丰富网络研修活动，加强线上师生互动等；推出高中课程选课平台与管理系统，实现"课程共享、分校组班、自主选课、学分获取"一站式服务，满足不同潜质学生的兴趣选择和发展要求；浙江家长学校是全国首个省级家庭教育全媒体平台，面向全省家长传播先进的家庭教育理念和方法。浙江经验为其他地区智慧学习环境建设提供了有益参考。

表 10　浙江省智慧学习环境建设相关政策文件

发文时间	文件名称
2016 年 9 月	《浙江省教育信息化“十三五”发展规划》
2018 年 12 月	《浙江省教育信息化三年行动计划(2018—2020 年)》
2019 年 4 月	《浙江省教育厅办公室关于开展区域和学校整体推进智慧教育综合试点的通知》
2019 年 9 月	《浙江省家庭教育促进条例》
2020 年 7 月	《浙江省教育厅办公室关于推进浙江省中小学数字家长学校建设的通知》
2020 年 8 月	《关于推进浙江省中小学家长学校家庭教育数字资源建设的指导意见》
2021 年 3 月	《浙江省教育领域数字化改革工作方案》
2021 年 6 月	《浙江省教育事业发展“十四五”规划》
2021 年 6 月	《浙江省家庭教育工作“十四五”规划(征求意见稿)》
2021 年 6 月	《关于高质量营造未来社区教育场景的实施意见》
2021 年 8 月	《数字社会未来教育重点场景工作指南(1.0 版)》

资料来源：根据政府门户网站发布的相关政策文件整理。

3. 实施参与主体

育人方式协同化成为构建教育治理新格局的有力保障。协同育人是构建教育治理新格局和实现教育现代化的基本要求。近年来，国家大力倡导打造全社会共同参与的协同育人格局，如《中共中央、国务院关于深化教育教学改革全面提高义务教育质量的意见》明确提出，动员全党全社会、各部门各方面力量共同办好义务教育，统筹利用各类社会资源，构建学校、家庭、社会“三位一体”的协同育人格局；《中国教育现代化 2035》提出，“形成全社会共同参与的教育治理新格局”。与此同时，教育部正式印发了《教育部关于加强家庭教育工作的指导意见》，在推动家庭教育规范化发展的同时为构建学校、家庭、社会“三位一体”协同育人格局奠定有利基础。规范家庭教育，构建新型家校合作关系，积极推动学校、家庭和社会教育协同一体化，已经成为未来育人方式的必然趋势与客观需求，对于缓解部分地区师资力量不足问题有着重要现实意义。

（四）政策实施可行性

1. 政策工具选择

政策工具是政策目标实现过程中所运用的策略手段与方式方法的统一称谓。从智慧学习环境政策体系的建设来看，政策工具的选择呈现系统性与多维性两个典型特征，同时涉及引导性政策工具与强制性政策工具。引导性政策工具方面，各地政府围绕资金、人才、服务、设施建设等，制定出台相关政策以推动智慧学习环境建设，通过优化要素供给加快推进智慧学习环境建设。特别是近年来，我国政府在智慧学习环境建设中更加重视对社会力量的吸纳与引导，个人、社会、市场等合作治理因素在智慧学习环境建设中的作用更加凸显。比如《教育信息化 2.0 行动计划》提出，以“创新”为策略，充分发挥市场在资源配置中的作用，融合众筹众创，实现数字资源、优秀师资、教育数据、信息红利的有效共享，探索泛在、灵活、智能的教育教学新环境建设与应用模式。

强制性政策工具方面，在逐渐清晰的教育信息化发展路径指引下，2018 年以来，与智慧学习环境建设有关的规范性政策文件数量显著增加，国家已经发布全国性的规范性政策文件 10 余个，既包括《智慧校园总体框架》《未来技术学院建设指南（试行）》《中小学数字校园建设规范（试行）》《高等学校数字校园建设规范（试行）》等建设标准，也包括《关于引导规范教育移动互联网应用有序健康发展的意见》《关于规范校外线上培训的实施意见》等监管类文件（见表 11）。随着规范性政策文件数量的不断增加，智慧学习环境建设将朝着更加规范化、有序化的方向发展。

表 11　国家关于智慧学习环境建设的标准规范性文件

发文时间	发文单位	文件名称
2018 年 4 月	教育部	《中小学数字校园建设规范(试行)》
2018 年 6 月	国家市场监督管理总局、国家标准化管理委员会	《智慧校园总体框架》

续表

发文时间	发文单位	文件名称
2019 年 7 月	教育部、中央网信办、工业和信息化部、公安部、国家广电总局、全国扫黄打非工作小组等部门	《关于规范校外线上培训的实施意见》
2019 年 8 月	教育部等八部门	《关于引导规范教育移动互联网应用有序健康发展的意见》
2019 年 11 月	教育部办公厅	《教育移动互联网应用程序备案管理办法》
2020 年 5 月	教育部办公厅	《未来技术学院建设指南(试行)》
2020 年 5 月	国家市场监督管理总局、国家标准化管理委员会	《信息技术　学习、教育和培训　在线课程》
2020 年 6 月	教育部	《职业院校数字校园规范》
2021 年 3 月	教育部	《高等学校数字校园建设规范(试行)》
2021 年 7 月	中共中央办公厅、国务院办公厅	《关于进一步减轻义务教育阶段学生作业负担和校外培训负担的意见》

资料来源：根据政府门户网站发布的相关政策文件整理。

2. 政策实施路径

在智慧学习环境建设的推进过程中，我国进行了多领域、嵌套式与循环往复的试点与摸索，形成了“探索—试点—推广”的政策制定模式。2018 年，随着智慧学习试点示范工作在全国范围内的广泛开展，智慧学习环境建设开始正式步入试点示范阶段，多个省份涌现了一批有本地特色的智慧学习环境建设案例。加之《教育信息化 2.0 行动计划》提出的“开展智慧教育创新示范”，智慧教育正式进入试点示范阶段。教育部于 2019 年 5 月和 2020 年 2 月公布两批“智慧教育示范区”，遴选了 18 个示范区及 4 个培育区作为数字化、智能化技术赋能教学模式的示范点。以示范引领探索可推广的先进经验与优秀案例，引领教育变革区域式发展，形成支撑和引领教育现代化的新途径和新模式。此外，我国开展了“基于教学改革、融合信息技术的新型教与学模式”实验区、“互联网+教育”示范区、教育信息化战略研究基地等试点（见表 12）。

表 12　我国围绕智慧学习环境建设开展的试点

试点名称	发布时间	试点内容	试点区域
智慧教育示范区	2019 年 5 月（第一批）	利用新一代信息技术为学生、教师和家长等提供个性化支持和精准化服务，采集并利用参与者群体的状态数据和教育教学过程数据，促进学习者在任意时间、任意地点，采用任意方式、任意步调进行学习	雄安新区、北京市东城区、上海市闵行区、广东省广州市等 8 个示范区及 2 个培育区
智慧教育示范区	2020 年 2 月（第二批）	提供高学习体验、高内容适配和高教学效率的教育供给，以促进教育公平、提高教育质量	北京市海淀区、天津市河西区、江苏省苏州市、浙江省温州市、福建省福州市等 10 个示范区及 2 个培育区
"基于教学改革、融合信息技术的新型教与学模式"实验区	2020 年 8 月	鼓励各实验区充分利用国家中小学网络云平台、省级平台和本地平台开展线上线下混合教学，推动"网络教研""跨学科教学""编程教育""人工智能教育""智慧课堂""数字阅读"，为教学改革注入活力	北京市朝阳区、海淀区等 90 个实验区
"互联网+教育"示范区	2020 年	开展人工智能助推教师队伍建设行动试点，在 20 所学校设立实验校，引入清华大学、北京师范大学等知名高校和企业资源，实施教师智能助手应用行动、未来教师培养创新行动、教师智能研修行动、教师智能教育素养提升行动、智能帮扶贫困地区教师行动、教师大数据建设与应用行动	宁夏
教育信息化战略研究基地	2021 年	教育部于 2021 年增设 2 个教育信息化战略研究基地，依托北京师范大学和西北师范大学建设，聚焦智慧教育发展、人工智能教育应用、教育信息化国际比较研究等领域开展战略研究，聚焦网络学习空间建设与应用、民族地区教育信息化等领域开展战略研究	北京师范大学、西北师范大学

资料来源：根据政府门户网站发布的相关政策文件整理。

七　基于政策分析的智慧学习环境发展研判

（一）研判一：智慧学习环境建设需要根植于大的时代背景进行思考

智慧学习环境建设需要根植于大的时代背景进行思考，要放在更宏大的政策背景下进行统筹谋划，与智慧城市、数字中国建设等国家战略的发展密切相关。伴随《国务院关于积极推进“互联网+”行动的指导意见》《“十三五”国家信息化规划的通知》《国务院关于印发新一代人工智能发展规划的通知》的出台，大数据、云计算、物联网等新一代信息技术对教育的渗透和影响愈加深入，国家政策明确要求发展在线教育，探索新型教育服务供给方式，智慧学习环境的建设在智能技术支撑下加速发展。“十四五”规划更是明确提出，发挥在线教育优势，完善终身学习体系，建设学习型社会。在数字化加快推进的背景下，智慧学习环境建设是信息技术与整个教育系统融合发展趋势下的必然路径。

（二）研判二：智慧学习环境成为新形势下教育公平和教育事业高质量发展的重要保障

在教育现代化发展战略下，我国智慧教育的发展和建设是智能技术对包括制度、教师、学生、学习环境及教学模式等要素在内的整个教育体系的赋能过程，而智慧教育的变革首先改变的是学习环境。当前，我国学习环境格局发生了深刻变化，数字科技的快速发展与持续迭代更新为教育生态重塑提供了必然的技术保障，已经成为推动全球各国教育创新发展、均衡发展的关键手段与动力引擎，大数据、人工智能、云计算等数字科技的飞速发展及在线教育工具手段的日益丰富，使“无处不在的学习”成为可能，任何人可以在任何地方、任何时刻打破时空、身份等的限制获取所需的任何信息与知识。随着以智能手机为代表的智能终端普及率的不断提升，5G 网络、数据中心等新基建建设进程的加快，以及 AR、VR 等越来越多“黑科技”的出现和广泛应用，学习环境泛在化将不再只停留在概念或口号上，任何有学习意愿的人，都可以借助多种方式随时随地按需获取知识。走向智慧学习是技术重塑未来教育的最终选择，坚持高质量发展，以智慧化为支撑和引领学习环境建设是必由之路，我国智慧学习环境政策的健全与完善将成为推动我国智慧学习环境发展、教育现代化高质量发展的重要支撑与驱动力。

（三）研判三：智慧学习环境建设成为国家及多地政策部署的重点与热点

通过政策梳理发现，国家及地方在政策文件中从不同维度提到了智慧学习环境建设，既有顶层规划，又有行动引导，还有标准规范；既涉及基础设施（网络）、学习资源、学习空间等物理载体建设，也涉及体制机制、资金人才保障等软件支持，随着这些政策措施的落地，我国智慧学习环境建设进程明显加快，智慧学习环境的建设内容和路径更加清晰。教育部正在加快制定《教育信息化中长期发展规划（2021—2035 年）》和《教育信息化“十四五”规划》，未来智慧学习环境的建设内容和路径有望更加明确。

（四）研判四：智慧学习环境建设路径与内容更加清晰

随着《中国教育现代化 2035》对学校教育与社会教育、家庭教育三者关系的明确，学校教育、家庭教育、社会教育作为智慧学习环境建设三大支柱的地位已然明确。“智慧+学校教育”仍是智慧学习环境政策部署的焦点，无论是从政策数量还是从政策内容、范围、细化程度等多个方面来看，国家及地方层面制定出台的“智慧+学校教育”政策最多，“智慧+家庭教育”“智慧+社会教育”相关的专项政策整体偏少，所提及的内容较为泛化。未来，伴随相关领域政策的不断完善，学校、家庭和社会三大典型场域的智慧学习环境建设将进一步加快，智慧学习环境的系统建设路径有望进一步清晰。

（五）研判五：智慧学习环境建设进程加快并有望从2022年开始进入全面普及阶段

我国的智慧学习环境建设涉及整个学习环境的智慧升级，需要统筹各方力量达到一种规模化的、由点及面的效应。我国坚持先行先试、稳步推进的路径，开展了“智慧教育示范区”创建、“基于教学改革、融合信息技术的新型教与学模式”实验区、人工智能条件下教育社会实验专题培训和跨地区交流共享、“互联网+教育”示范区、教育信息化战略研究基地等不同形式和内容的试点示范。试点地区和单位在智慧学习环境建设上形成引领趋势，不断完善智慧学习环境政策体系，为全国其他地区和单位智慧学习环境的建设提供了经验借鉴。随着试点成果的推广，2022 年智慧学习环境建设将会步入全面普及的新阶段。在这个阶段，智慧学习环境建设的重点将转向行业制度和标准规范体系的建设与完善，从试点示范建设向规模量化发展。

（六）研判六：一线城市率先行动并对智慧学习环境建设形成引领趋势

以上海、北京等为代表的一线城市高度重视智慧学习环境建设，基本形成“综合指导+专项推动”双轮驱动模式，对其他城市形成引领。智慧学习环境的建设发展应该置于数字化城市转型、推进智惠民生等更加宏观的视角下，而不是仅局限于教育领域。无论是从政策导向还是从地方实践来看，越来越多城市将智慧学习环境建设纳入数字化城市转型、智惠民生建设等框架体系，并在相关政策文件中给出具体建议。以上海为例，2020 年上海陆续制定出台《关于全面推进上海城市数字化转型的意见》《推进上海生活数字化转型 构建高品质数字生活行动方案（2021—2023 年）》等多个与城市数字化转型相关的政策文件，这些文件或多或少对智慧学习环境的建设提出了要求或建议。《关于全面推进上海城市数字化转型的意见》在“推动生活数字化转型，提高城市生活品质”部分明确提出，以数字化推动教育等基本民生保障更均衡、更精准、更充分，打造数字校园等一批数字化示范场景；强化全民“数字素养”教育，鼓励高校、社会机构等面向各类群体建立数字化技术终身学习平台和培训体系。《推进上海生活数字化转型　构建高品质数字生活行动方案（2021—2023 年）》围绕增强数字化对人的成长全面赋能明确提出“数字校园覆盖超过 90%”行动目标，致力于“以数字化变革教学模式、改进教学方式、创新评价方法，助力构建数字时代高质量教育体系”。与此同时，为加快智慧学习环境建设相关目标及要求的落地实施，上海在《上海市教育发展“十四五”规划》和《上海市教育数字化转型实施方案（2021—2023）》中就如何推动智慧学习环境建设给出了更加具体的建议。

智慧校园篇

Smart Campus Reports

B.4
智慧校园发展报告

王运武　陈祎雯*

摘　要： 智慧教育被纳入“十四五”规划，“双千兆”网络协同发展行动计划、教育新基建、“5G+智慧教育”应用试点等项目的实施将智慧校园建设和研究推向新高度。本报告介绍了智慧教育发展的新机遇新挑战、政策与标准、研究现状和趋势，进而分析了智慧校园建设案例，展现了教育新基建背景下智慧校园建设新进展。同时指出，未来智慧校园发展呈现教育新基建重新定义智慧校园、新一代智慧校园（OMO 智慧校园）初现端倪等新趋势。

关键词： 智慧校园　“5G+智慧校园”　新一代智慧校园（OMO 智慧校园）

* 王运武，江苏师范大学智慧教育学院教授，硕士生导师，江苏省教育信息化工程技术研究中心副主任，江苏高校哲学社会科学重点研究基地“智慧教育研究中心”副主任，主要研究方向为教育信息化、智慧教育、智慧校园、智慧学习环境；陈祎雯，辽宁科技学院人文艺术学院教师，主要研究方向为智慧校园、学前教育。

一　智慧校园建设迎来新战略机遇

（一）智慧教育纳入“十四五”规划

2021 年 3 月，十三届全国人大四次会议通过《中华人民共和国国民经济和社会发展第十四个五年规划和 2035 年远景目标纲要》，在“第五篇　加快数字化发展　建设数字中国”中，提出“打造数字经济新优势，加快数字社会建设步伐，提高数字政府建设水平，营造良好数字生态”。数字中国致力于打造智能交通、智慧能源、智能制造、智慧农业及水利、智慧教育、智慧医疗、智慧文旅、智慧家居、智慧政务等 10 个数字化应用场景。“智慧教育”首次写入了“十四五”规划，这意味着国家政策开始越来越重视智慧教育。

专栏 1　数字化应用场景①

智慧教育

推动社会化高质量在线课程资源纳入公共教学体系，推进优质教育资源在线辐射农村和边远地区薄弱学校，发展场景式、体验式学习和智能化教育管理评价。

（二）“双千兆”网络协同与教育新基建

2021 年 3 月，工业和信息化部发布《“双千兆”网络协同发展行动计划（2021—2023 年）》，实施六个方面的重点任务：千兆城市建设行动、承载能力增强行动、行业融合赋能行动、产业链强链补链行动、用户体验提升行

① 《中华人民共和国国民经济和社会发展第十四个五年规划和 2035 年远景目标纲要》，中国政府网，2021 年 3 月 13 日，http：//www. gov. cn/xinwen/2021-03/13/content_ 5592681. htm。

动、安全保障强化行动。到 2023 年，全国基本建成全面覆盖城市地区和有条件乡镇的“双千兆”网络基础设施，实现固定和移动网络普遍具备“千兆到户”能力。

在 2018 年中央经济工作会议上，我国重新定义了基础设施的建设，把 5G、人工智能、工业互联网、物联网定义为新型基础设施。2020 年，我国明确了新基建主要包括七大领域：5G、特高压、城际高速铁路和城市轨道交通、新能源汽车充电桩、大数据中心、人工智能、工业互联网。截至 2021 年 9 月底，我国 5G 终端连接数达 4.45 亿台，占全球 80%以上。我国已经建成世界上最大规模的 5G 商用网络，5G 对经济社会影响进一步扩大。

2021 年 7 月，教育部等六部门发布《关于推进教育新型基础设施建设构建高质量教育支撑体系的指导意见》，提出到 2025 年基本形成结构优化、集约高效、安全可靠的教育新型基础设施体系。教育新基建包含 6 个重点基础设施：信息网络新型基础设施、平台体系新型基础设施、数字资源新型基础设施、智慧校园新型基础设施、创新应用新型基础设施、可信安全新型基础设施。这些政策举措积极推进了教育数字化转型，也促进了学校智慧校园的发展。

专栏 2　智慧校园新型基础设施①

支持有条件的学校利用信息技术升级教学设施、科研设施和公共设施，促进学校物理空间与网络空间一体化建设。

完善智慧教学设施。提升通用教室多媒体教学装备水平，支持互动反馈、高清直播录播等教学方式。部署学科专用教室、教学实验室，依托感知

① 《教育部等六部门关于推进教育新型基础设施建设构建高质量教育支撑体系的指导意见》，教育部网站，2021 年 7 月 20 日，http://www.moe.gov.cn/srcsite/A16/s3342/202107/t20210720_545783.html。

交互、仿真实验等装备，打造生动直观形象的新课堂。有条件的地方普及符合技术标准和学习需要的个人学习终端，支撑网络条件下个性化的教与学。支持建设满足教学和管理需求的视频交互系统，支撑居家学习和家校互动。

建设智慧科研设施。推动智能实验室建设，利用信息技术辅助开展科学实验、记录实验数据、模拟实验过程，创新科研实验范式。探索实验室安全智能监管和科研诚信大数据监管应用。促进重大科研基础设施、高性能计算平台和大型仪器设备开放共享。建设科研协同平台，提供虚拟集成实验环境、科研实验数据共享等服务，支撑跨学科、跨学校、跨地域的协同创新。

部署智慧公共设施。升级校园公共安全视频网络，基于人工智能技术实现突发事件的智能预警，加强安防联动，支撑平安校园建设。建设学校餐饮卫生监测系统，加强食材供应链管理和厨房环境管理，建立师生健康档案，支撑健康校园建设。探索推进基于物联网的楼宇智能管理，因需调节建筑温度和照明等，支撑绿色校园建设。

（三）“5G+智慧教育”应用试点

2021 年 7 月 5 日，工业和信息化部等十部门发布《5G 应用“扬帆”行动计划（2021—2023 年）》①，以显著提升 5G 应用发展水平。2021 年 9 月，工业和信息化部和教育部启动了“5G+智慧教育”应用试点项目。该试点项目主要关注五个方面的内容：“5G+互动教学”、“5G+智能考试”、“5G+综合评价”、“5G+智慧校园”和“5G+区域教育管理”。

---

① 《十部门关于印发〈5G 应用“扬帆”行动计划（2021—2023 年）〉的通知》，中国政府网，2021 年 7 月 13 日，http：//www.gov.cn/zhengce/zhengceku/2021 - 07/13/content _ 5624610.htm。

专栏3　5G+智慧校园①

利用5G网络升级校园信息基础设施，构建5G、光纤宽带、无线局域网融合的校园网络，实现校园设施、资源、师生的智能高速全连接，为学生的衣食住行学提供便利服务。深化平安校园建设，通过感应数据分析、音视频智能监测、自动校园巡逻等手段实现校园内主要区域24小时监测全覆盖，通过人群动态感知等技术对校园霸凌、意外危险等事件进行预警处置，提升校园安防综合水平。支持绿色校园建设，根据实时环境变化对水电、照明、空调等能源系统实现智能化调度。对实验室、图书馆、体育场等校内设施及师生活动空间实行精细管理，为学生提供在线预约等便捷服务，提高校园资源利用率。开展共享校园应用，在校园内的科研环境、实训环境间基于5G等技术实现资源共享，打造无边界科研实验环境，促进教学科研人员在授权模式下快速获取交叉研究资源，合理利用实验成果。

近年来，我国相继启动智慧教育示范区、“互联网+教育”示范区、“双千兆”网络协同发展行动、5G应用“扬帆”行动、教育新基建、人工智能助推教师队伍建设等工作，加大了教育信息化协同推进力度。“5G+智慧教育”试点工作的开展，将为“十四五”教育信息化的创新发展奠定坚实的基础。

二　智慧校园政策与标准日趋完善

（一）智慧校园政策

2014年以来，我国很多地区和学校发布了智慧校园建设指南、评价指标体系、行动计划、实施方案等政策文件。早在2014年，江苏省苏州市就率先发布

① 《工业和信息化部办公厅　教育部办公厅关于组织开展“5G+智慧教育”应用试点项目申报工作的通知》，中国政府网，2021年9月27日，http：//www.gov.cn/xinwen/2021-09/27/content_5639612.htm。

了《苏州市“智慧校园”示范校建设指南》（见表 1）。在江苏省、重庆市、广东省的引领下，全国高校和中小学校加快了从数字校园向智慧校园的转型发展。

表 1　2014~2021 年全国部分省市、学校智慧校园政策文件

区域/学校		政策文件名称	发布时间
江苏省	江苏省	《江苏省职业学校智慧校园建设评价指标体系(2015 版)》	2016 年 1 月
		《江苏省中小学智慧校园建设指导意见(试行)》《江苏省高校智慧校园建设指导意见(试行)》	2018 年 5 月
	苏州市	《苏州市“智慧校园”示范校建设指南》	2014 年 5 月
	南京市	《南京市中小学智慧校园建设指导意见》《南京市中小学智慧校园建设评估细则(试行)》	2017 年 3 月
	镇江市	《镇江市中小学智慧校园建设指南》	2016 年 2 月
		《镇江市中小学智慧校园评估细则(2018 年修订版)》	2018 年 10 月
	徐州市	《徐州市中小学智慧校园建设指导意见(试行)》	2018 年 8 月
重庆市		《重庆市智慧校园建设基本指南(试行)》	2016 年 12 月
广东省		《广东省中小学智慧校园建设指南(试行)》	2017 年 12 月
江西省	吉安市	《吉安市中小学智慧校园建设实施方案》	2016 年 11 月
浙江省	浙江省	《浙江省高校智慧校园建设评价指标体系(试行)》	2020 年 1 月
	丽水市	《丽水市中小学智慧校园建设导则(试行)》	2019 年 6 月
山东省	济南市	《济南市智慧校园建设与应用指导意见(试行)》	2020 年 8 月
安徽省	安徽省	《安徽省普通中小学智慧学校建设指导意见》《安徽省普通中小学智慧学校建设标准》《2018 年度安徽省普通中小学智慧学校建设评估细则》	2018 年 4 月
		《安徽省中等职业学校智慧校园建设指导意见》	2018 年 9 月
		《安徽省智慧学校建设总体规划(2018—2022 年)》	2019 年 3 月
		《安徽省中等职业学校智慧校园建设评价指标体系(试行)》	2020 年 8 月
	宣城市	《宣城市中等职业学校智慧校园建设规划(2018—2020 年)》	2018 年 11 月
	怀远县	《怀远县中小学校智慧学校建设实施方案(2019—2022 年)》	2021 年 8 月
学校	南京中华中等专业学校	《智慧校园建设实施方案》	2016 年 3 月
	宁德师范学院	《宁德师范学院智慧校园建设“十三五”规划(2016—2020)》	2016 年 11 月

续表

区域/学校		政策文件名称	发布时间
学校	三门峡职业技术学院	《三门峡职业技术学院智慧校园建设实施方案》	2017 年 7 月
	广东财经大学	《广东财经大学智慧校园行动计划(2018—2020)》	2018 年 6 月
	复旦大学	《复旦大学智慧校园三年行动计划(2018—2020)》	2018 年 9 月
	安庆一中	《安庆一中智慧校园建设发展五年规划(2020—2024)》	2020 年 12 月

资料来源：根据地方政府部门及学校网站公开资料整理。

(二)智慧校园标准

我国的智慧校园标准有三类：国家标准、地方标准和团体标准。早在2016 年，江苏就首先发布了地方标准《高等学校智慧校园建设与应用规范》。此后，我国发布了 5 个智慧校园相关的国家标准：《绿色校园评价标准》《智慧校园总体框架》《中小学数字校园建设规范（试行）》《职业院校数字校园规范》《高等学校数字校园建设规范（试行）》。除此以外，地方各级政府和团体也发布了各具特色的地方和团体标准（见表 2）。与此同时，我国实施了智慧教育示范区建设项目、“5G+智慧教育” 应用试点项目等，全国的高校和中小学掀起了智慧校园建设的新浪潮。在智慧校园政策、规范和标准的支持下，智慧校园建设取得了显著成效。智慧校园成为智慧教育的重要实践场域。

表 2 2016~2021 年中国智慧校园标准

标准类型	地区/团体	标准名称	发布时间
国家标准		《绿色校园评价标准》	2019 年 3 月
		《智慧校园总体框架》	2018 年 6 月
		《中小学数字校园建设规范(试行)》	2018 年 4 月
		《职业院校数字校园规范》	2020 年 6 月
		《高等学校数字校园建设规范(试行)》	2021 年 3 月
地方标准	江苏省	《高等学校智慧校园建设与应用规范》	2016 年 12 月
	宁波市	《宁波市中小学“智慧校园”评估标准(2016 年版)》	2016 年 1 月
		《宁波市中小学“智慧校园”评估标准(2018 年修订版)》	2018 年 3 月

续表

标准类型	地区/团体	标准名称	发布时间
地方标准	四川省	《中小学数字化校园建设及管理规范》	2017 年 5 月
	福建省	《福建省中小学智慧校园建设标准》	2017 年 9 月
	江西省	《江西省高校智慧校园建设评估标准(试行)》	2018 年 8 月
	陕西省	《陕西省中小学智慧校园建设标准(试行)》	2020 年 5 月
	天津市	《天津市高等院校智慧校园建设标准(2020 年版)》	2020 年 10 月
	晋中市	《教育管理　中小学数字校园建设规范》	2021 年 3 月
	临城县	《临城县中小学智慧校园示范学校建设标准(试行)》	2021 年 3 月
团体标准	广州市教育信息化产业技术创新促进会	《智慧校园建设规范 V1.0》	2017 年 10 月
		《智慧校园建设规范 V2.0》	2019 年 6 月
		《数字校园文化建设标准与评价指南 V1.0》	2017 年 10 月
		《数字校园文化建设标准与评价指南 V2.0》	2019 年 6 月
	广东省产品认证服务协会	《平安校园建设规范 V1.0》	2019 年 4 月
		《智慧校园教育云平台应用迁移规范》	2018 年 12 月
	浙江省安全技术防范行业协会	《智慧校园　联网型智能锁系统技术要求》	2020 年 11 月

资料来源：根据全国标准信息公共服务平台等公开资料整理。

三　智慧校园研究现状与趋势

（一）智慧校园术语变迁

教育信息化实践和研究领域，经常使用数字校园、数字化校园、智慧校园、智慧化校园、智能校园等术语，构成了智慧校园相关术语发展的逻辑主线。近年来，人们对校园网、数字化校园、智慧校园、数字校园等术语的认同度较高，对智能校园、智慧化校园、未来校园、智能型校园的认同度较低。从术语的使用频次变化趋势（见图 1）看，术语校园网的使用频次在 1995 年达到 24 次，到 2009 年使用频次达到最高峰（844 次），随后逐渐下降。2010 年以来，术语智慧校园的认可度逐年上升，2016 年超过了数字化校园并与校园

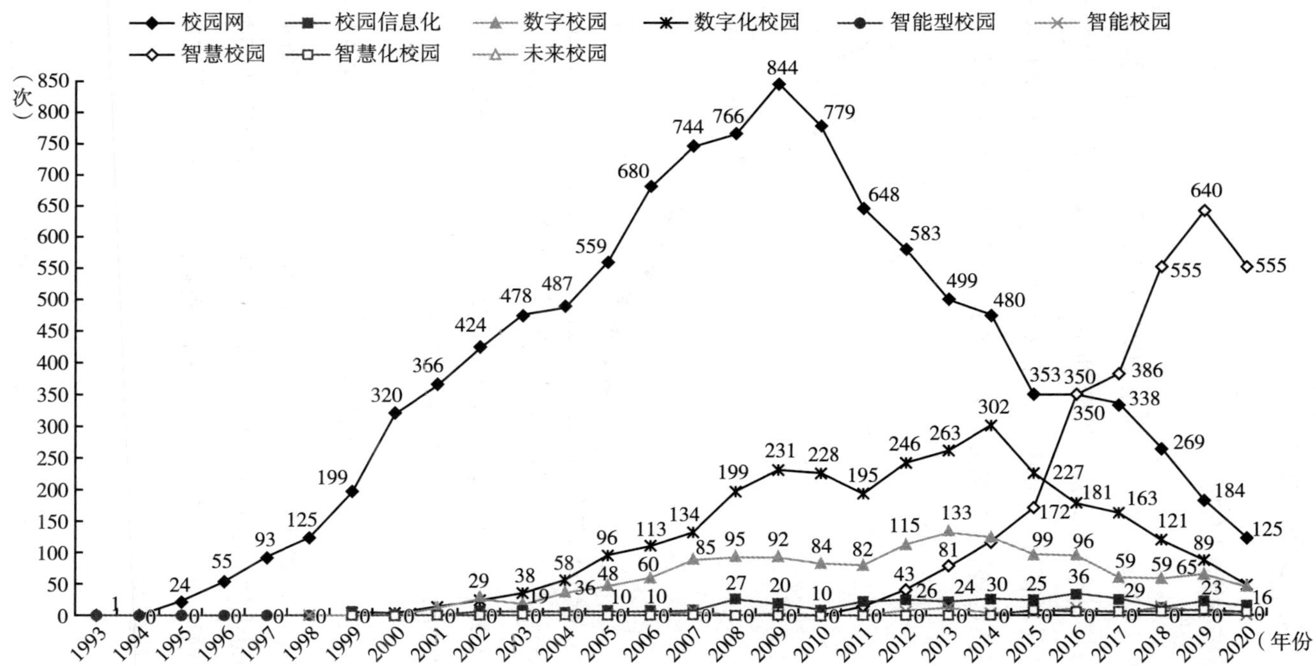

图 1　1993~2020 年智慧校园相关术语使用频次变化趋势

资料来源：根据中国知网检索数据整理绘制。

网持平，迅速成为认可度最高的术语。可以预见，在未来数年，智慧校园将成为学术领域和业界广泛使用的术语。

（二）智慧校园期刊论文

据中国知网（CNKI）统计，截至 2021 年 12 月 20 日，以篇名“智慧校园”或“数字校园”检索，检索到论文 6596 篇，研究文献数量呈现持续增长趋势（见图 2）。其中，黄荣怀等发表的论文《智慧校园：数字校园发展的必然趋势》[①] 影响力最大，被引用 678 次，下载 13822 次。

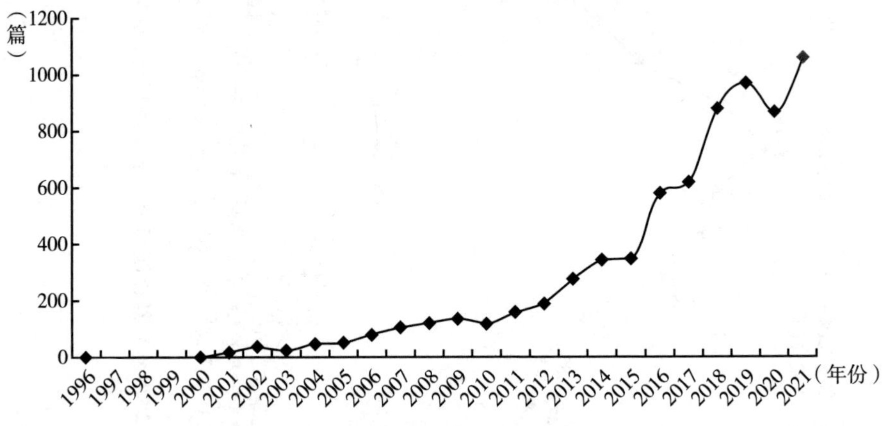

图 2　1996~2021 年智慧校园/数字校园研究文献数量变化趋势

资料来源：根据中国知网检索数据整理绘制。

智慧校园、数字校园、高校智慧校园、智慧校园建设、物联网等是研究主题中的高频词汇（见图 3）。研究机构方面，清华大学、江苏联合职业技术学院、北京师范大学、江苏师范大学、华南师范大学等高校发表相关学术论文的数量位居前列（见图 4）。学者方面，王运武、蒋东兴、万波等发表的相关学术论文数量较多。

① 黄荣怀等：《智慧校园：数字校园发展的必然趋势》，《开放教育研究》2012 年第 4 期，第 12~17 页。

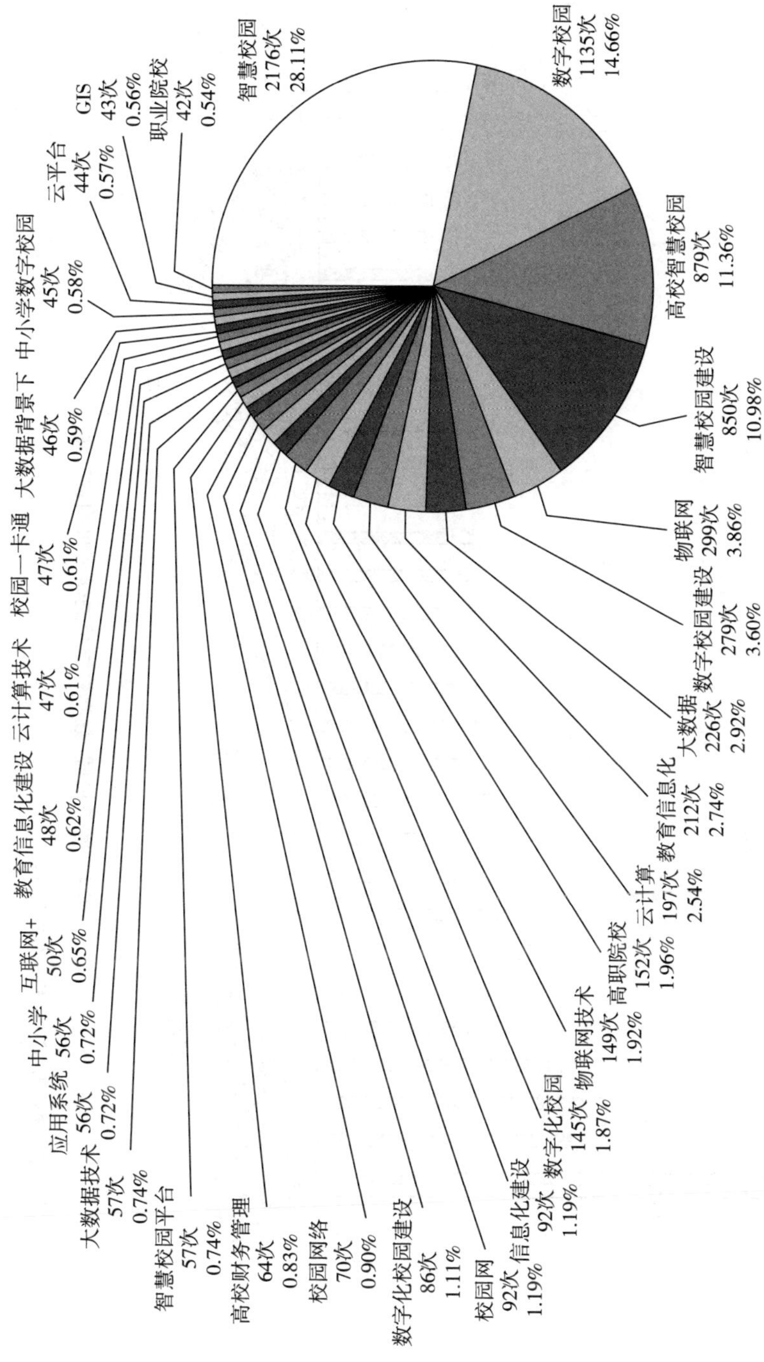

图3 智慧校园/数字校园研究主题分布

资料来源：根据中国知网检索数据整理绘制。

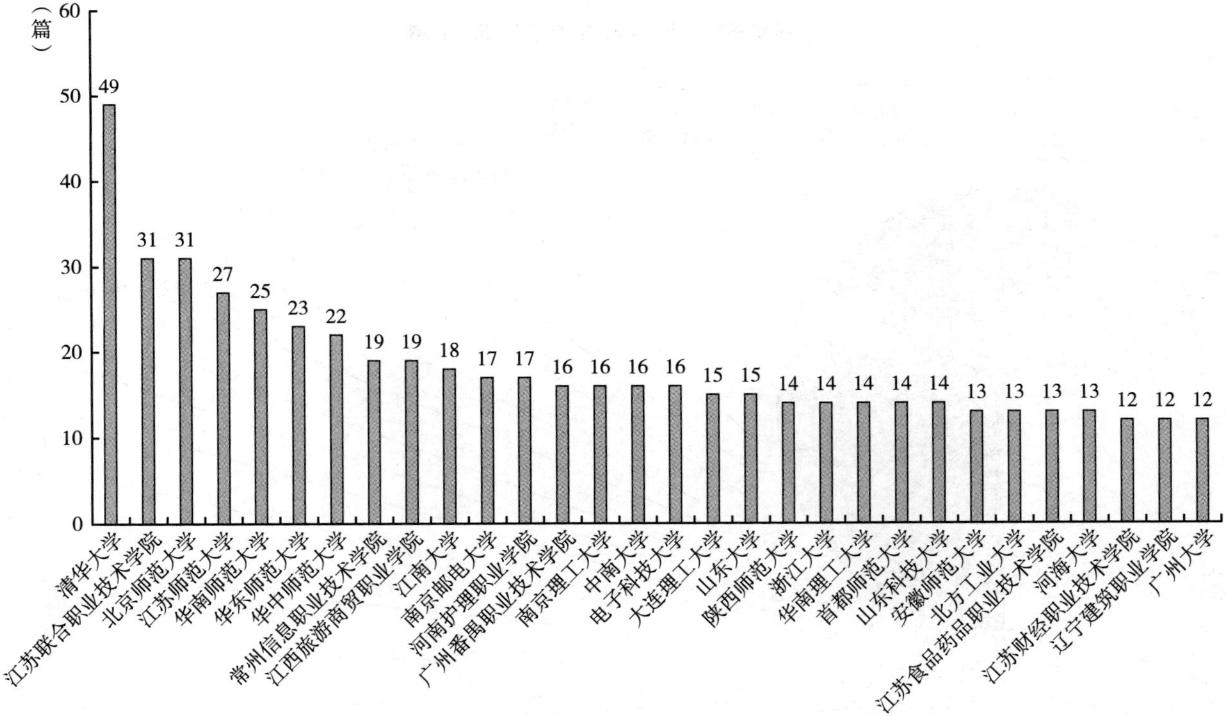

图 4　智慧校园/数字校园相关研究机构发文量

资料来源：根据中国知网检索数据整理绘制。

（三）智慧校园学术著作

智慧校园/数字校园研究日益成熟，涌现了较多的学术著作。这些著作研究主题涵盖了高校和中小学智慧校园建设理念、规划与设计、基础设施建设、资源建设、评价指标、管理与运维等多个方面（见表3）。

表 3　2010~2021 年智慧校园/数字校园著作

著作名称	作者	出版社	出版年份
《智慧校园"一网通办"》	刘怀亮、张玉振、赵舰波	西安电子科技大学出版社	2021
《智慧校园基础》	李进生、林艳华、宋玲琪、黄晋、汪萃萃	首都经济贸易大学出版社	2021
《智慧校园建设研究》	李兆延、赵成芳	水利水电出版社	2020
《新工科智慧校园建设》	祝士明、王喜英、刘亮	天津大学出版社	2020
《基于智慧校园的中学课堂教学探索》	王圣华、陶德华	中国科学技术大学出版社	2020
《教育大数据视域下的智慧校园建设与应用研究》	刘晓洪、翁代云、张艳	冶金工业出版社	2019
《小创客玩转智慧校园》	程慧	湖北教育出版社	2019
《物联网技术应用——智慧校园》	刘修文、安婷、李彦	机械工业出版社	2019
《迈向智慧校园的区域信息化管理与实践——北京市中小学数字校园实践与成效》	田鹏、宋洁	北京师范大学出版社	2018
《智慧校园——物联网背景下的数字化校园建设》	林志杰	研究出版社	2017
《智慧校园:实现智慧教育的必由之路》	王运武、于长虹	电子工业出版社	2016
《基于协同理论的数字校园建设的协同机制研究》	王运武	中国社会科学出版社	2013
《未来智慧校园运维技术力提升与应用》	谢明、肖齐凯	成都时代出版社	2010

资料来源：根据公开资料整理。

（四）智慧校园学位论文

从我国研究智慧校园的博硕士学科专业分布（不包含 CNKI 未收录学位论文）看，教育技术学学科背景下研究智慧校园的博硕士学位论文有 23 篇，计算机科学与技术学科背景下研究智慧校园的博硕士学位论文有 22 篇，分别占比 17.16%和 16.42%；马克思主义理论与思想政治教育、信息与通信工程学科背景下研究智慧校园的博硕士学位论文各 10 篇，均占比 7.46%；计算机软件与理论、课程与教学论学科背景下研究智慧校园的博硕士学位论文各 9 篇，均占比 6.72%；教育经济与管理、电路与系统学科背景下的论文各 7 篇，均占比 5.22%；其他对智慧校园进行研究的学科专业还有通信与信息系统、计算机应用技术、教育学、管理科学与工程等。可以发现，研究智慧校园的学科专业主要来自教育、通信技术和计算机技术领域，这是智慧校园作为教育信息化重要发展形式的体现，需要教育与技术的融合。

（五）“5G+智慧校园”研究新进展

1. “5G+智慧校园”研究

2019 年“5G 元年”以来，“5G+教育”的相关研究逐渐增多。在智慧校园的研究中，5G 技术也迅速成为近几年的研究热点。根据 CNKI 数据，以“5G+智慧校园”为主题词进行检索，截至 2021 年 7 月 8 日，发文量有 112 篇；以“5G 智慧校园”为主题词进行检索，发文量有 134 篇。可以看出，在研究者对 5G 与智慧校园的结合研究中，更多是将“5G 智慧校园”作为直接的研究主体。以两种方式进行检索，追溯到最早的研究文献都是 2018 年刘大洋等人的一篇文章①，由于 5G 技术的快速发展，2019 年和 2020 年的相关文献数量直线上升。

---

① 刘大洋等：《基于 5G 的 MEC 智慧校园网综合解决方案》，《5G 网络创新研讨会（2018）论文集》（《移动通信》2018 年 8 月增刊）。

以“5G 智慧校园”为主题词进行检索，从学科分布来看，最多的是在计算机软件及计算机应用学科背景下进行的 5G 智慧校园研究，占比 22.73%；其次是在电信技术学科背景下进行的研究，占比 18.18%，而教育理论与教育管理、高等教育、职业教育学科背景下的研究，分别占 17.77%、13.22%和 6.20%。虽然教育类学科也占了较大的比例，但研究主体中技术类学科相对更多，现阶段的研究仍主要从技术层面出发，从教育层面思考的研究占少数。从主题词来看，与“智慧校园”研究的主题词重合很大，而“5G 时代”“5G 技术”“全光网”“低时延”“边缘计算”“室内覆盖”等词的关联程度有所提高。

可以发现，目前“5G 智慧校园”的研究仍处于起步阶段，研究内容集中在 5G 教育、网络建设、技术架构、典型应用等方面。孙立会等在对《中国教育现代化 2035》的图景进行分析时提到了 5G 在未来智慧校园建设中的重要驱动作用。① 卢向群、孙禹对 5G 在教育信息化中的应用进行研究，并认为 5G 为智慧校园的管理提供助力，实现了典型的应用场景创新，实现了技术与人文并存发展。② 杨俊锋等基于 5G 时代的关键智能技术分析了典型的应用场景，比如融合的学习空间以及智慧化的平安校园。③ 王强等利用 5G 的边缘计算技术进行智慧校园全场景式建设研究，以期建设中国特色的一流世界大学。④ 林俊发等提出利用“5G+全光网”的新一代智慧校园网络来解决现有的网络问题和困境。⑤ 余胜泉等提出要建设 5G 专网，为智慧校园提供更加安全智能的教育专用网络。⑥

---

① 孙立会、刘思远、李芸：《面向 2035 的中国教育信息化发展图景——基于〈中国教育现代化 2035〉的描绘》，《中国电化教育》2019 年第 8 期，第 1~8、43 页。

② 卢向群、孙禹：《基于 5G 技术的教育信息化应用研究》，《中国工程科学》2019 年第 6 期，第 120~128 页。

③ 杨俊锋等：《5G+智慧教育：基于智能技术的教育变革》，《中国电化教育》2021 年第 4 期，第 1~7 页。

④ 王强等：《基于 5G 边缘计算的全场景智慧校园建设》，《中国高校科技》2019 年第 10 期，第 94~96 页。

⑤ 林俊发、黄丕赛、李旭斌：《5G+全光网新一代智慧校园网研究》，《通讯世界》2020 年第 4 期，第 33~34 页。

⑥ 余胜泉、陈璠、李晟：《基于 5G 的智慧校园专网建设》，《开放教育研究》2020 年第 5 期，第 51~59 页。

以“5G+智慧校园”为主题词进行检索发现，博硕士学位论文中仅有2019年的一篇是关于学校空间变革的[①]，该论文针对以智慧校园为代表的学校空间智能化，提出5G可以提升学习泛在化程度的观点。以“5G智慧校园”为主题词进行检索，除这篇博士学位论文外，还有一篇硕士学位论文是关于智慧校园建设的方案规划与实施的[②]，其中涉及了对5G网络的部署。由此可见，我国“5G智慧校园”“5G+智慧校园”的研究还处于萌芽阶段，缺少具有深度的研究成果，且大多数仍处于关注技术的初级阶段，对智慧校园的教育属性、社会属性、人文属性等关注度不够。整体来看，我国的“5G智慧校园”“5G+智慧校园”研究存在以下问题。

（1）研究处于起步阶段，没有更多具有含金量的文献可以为利用5G建设智慧校园提供指导，亟须相关领域研究者进行深入研究。

（2）研究内容较集中且不全面，大多停留于5G的技术特性、典型应用场景、网络架构与部署等方面，而对于5G在智慧校园中的支撑与深入、5G促进校园中教与学的发展、新一代智慧校园的转型等缺乏研究。

（3）研究主体缺乏融通性，目前“5G智慧校园”“5G+智慧校园”的研究呈现两极分化的现象，一边是以技术为主导的通信行业对5G在教育中的应用研究，另一边是教育领域对5G在智慧校园中的应用探索。二者缺乏深度的融合，导致技术与教育的结合存在视野的局限和知识的壁垒。

2. 其他通信技术与智慧校园融合研究

伴随近两年5G等技术的迅猛发展，通信技术促进智慧校园建设的研究开始增多，而且基本以5G的应用为主，辅以其他通信技术。比如，以“智慧校园+Wi-Fi6”为主题词进行检索，仅有江波[③]、王运武等[④]的两篇文献具

① 刘厚萍：《中小学学校空间变革研究》，博士学位论文，华东师范大学，2019。

② 张万里：《XL学院智慧校园建设方案规划与实施研究》，硕士学位论文，河南财经政法大学，2020。

③ 江波：《5G技术和wifi6技术在高校智慧校园建设中的应用探讨》，《数字技术与应用》2020年第4期，第28~30页。

④ 王运武等：《5G时代的新一代智慧校园建设》，《中国医学教育技术》2021年第2期，第143~149页。

体介绍了 Wi-Fi6 在智慧校园中的应用；以“智慧校园+全光网”为主题词进行检索，也仅有 4 篇文献，其中江魁等[①]的研究文献是典型。因此，除 5G 外，智慧校园与 Wi-Fi6、全光网等通信技术的结合研究还十分稀缺。

根据通信技术与信息技术的从属关系，以及其他相关的技术种类进行智慧校园研究梳理。在 CNKI 中国学术期刊网络出版总库中，以“智慧校园+信息技术”为主题词进行检索，截至 2021 年 7 月 8 日，共有 1205 篇论文，其中博硕士学位论文 93 篇。主题词涵盖“大数据”“物联网”“教育信息化”“智慧教育”“信息技术”“中小学”“信息化建设”等，并且与通信技术不同，该研究领域学科背景为教育类的研究者偏多。除此之外，以“智慧校园+计算机技术”为主题词进行检索，共有 17 篇论文，基本无教育类学科的研究者，无博硕士学位论文；以“智慧校园+传感技术”为主题词进行检索，共有 13 篇论文，主题词主要涵盖“物联网”“ZigBee”等，博硕士学位论文仅有 1 篇；以“智慧校园+互联网技术”为主题词进行检索，共有 105 篇论文，有博硕士学位论文 3 篇，主题词为“互联网+”“互联网技术”“互联网背景”“云计算”等。

由此可以发现，在通信技术与智慧校园结合的研究中，更多是从通信领域出发，将智慧校园作为其中一个研究项目进行研究；而在信息技术与智慧校园结合的研究中，更多是从教育的理论与实践视角出发，在教育信息化背景下，将信息技术作为核心力量对智慧校园的建设与发展进行研究。无论是从教学中的信息技术学科还是从信息技术本身相对广泛的内涵来看，在智慧校园的研究中，教育领域更多偏向于信息技术的应用研究，而通信技术作为通信领域的主要学科和关键技术，则更多由通信技术和计算机技术相关领域的研究者进行探讨。

综上所述，可以发现通信技术促进智慧校园建设研究仍处于初步发展阶段，其中以 5G 为主要对象的研究在近几年快速成为热点，但仍存在很

---

① 江魁等：《基于 GPON 的校园全光网建设与实践》，《深圳大学学报》（理工版）2020 年第 1 期，第 184~189 页。

多不足，除5G外，Wi-Fi6、全光网、F5G等技术也在智慧校园的基础建设中发挥重要作用，形成多网融合的建设趋势，从而实现智慧校园的颠覆性发展。

（六）智慧校园研究呈现四大特点

根据对文献的调研，并结合其他研究者的已有梳理，可以发现国内对智慧校园的研究具有以下特点。

（1）研究数量持续上升，自2010年"智慧校园"主题出现后，其研究热度便开始逐渐攀升，并超越"数字校园""智能校园"等主题，成为现阶段乃至未来校园发展的关键词。

（2）理论研究多集中于智慧教育、教育信息化、互联网+、智慧课堂等与智慧校园的结合领域；实践研究主要集中于智慧校园的建设，包括体系架构、平台系统设计、应用服务等，并且多结合新兴技术的应用，其中研究较多的技术为物联网和大数据，并辅以云计算、人工智能、机器人等技术。5G、Wi-Fi6、全光网、F5G，尤其是F5G作为新概念，相关研究还相对较少，但会随着发展而逐渐增多。

（3）研究阶段更多集中在高校、职业院校，中小学阶段相对较少；研究主体多为教育和技术学科背景的研究者，教育领域多为高校师生，技术领域包括通信、信息技术等行业的从业者。

（4）智慧校园的智慧性有待提升。现阶段智慧校园研究遭遇瓶颈期，依然存在很多未解决的智慧性问题，① 智慧校园不"智慧"，② 存在新时代发展的困境。比如，智慧校园向新一代智慧校园的转型缺少技术铺垫和理论支撑，研究者本身学术背景中教育与技术的壁垒难以打破等。

---

① 于长虹、王运武、马武：《智慧校园的智慧性设计研究》，《中国电化教育》2014年第9期，第7~12页。

② 陈琳等：《智慧校园的智慧本质探讨——兼论智慧校园"智慧缺失"及建设策略》，《远程教育杂志》2016年第4期，第17~24页。

四　智慧校园建设案例分析

（一）智慧教育示范区指导下的智慧校园建设——以雄安新区为例

2017年，中共中央、国务院决定设立雄安新区（包含河北省雄县、容县、安新县及周边部分区域）。[①] 2019年，雄安新区成为教育部认定的首批智慧教育示范区之一。[②] 雄安新区与其他首批智慧教育示范区不同，没有良好的城市建设、经济发展基础，一切都是“从新开始”。雄安新区的发展是千年大计，教育更是先锋行者。因此，雄安新区智慧教育示范区的建设，不仅是该地区教育信息化发展的重点，也是促进新区本身长远发展的强大内生力量。而智慧校园作为智慧教育的重要载体，与智慧教育示范区的建设形成了相互促进的共生关系。在智慧教育示范区建设的引领下，如何重新建设、推动发展是智慧校园建设必须解决的问题。

1. 智慧教育示范区建设下的宏观指引

对于雄安新区来说，教育的发展是一种核心竞争力。智慧教育示范区的建设不仅是将原有的三县进行行政整合，也是将教育资源统一管理，同时作为京津冀地区的重要发展新区和枢纽，经济、教育、医疗等资源和政策的倾斜是雄安新区发展的重要动力。雄安新区智慧教育示范区的建设重点，在于实现城市未来教育发展的高标准和高定位，优先发展现代化教育。[③] 雄安新区不仅有国家政策的扶持，还有地方政府、高校及企业的助力，这些都是新区“从无到有”“以旧换新”的必要保障。同时，从智慧教育示范区的顶层设计角度来看，聘请专家进行指导和制定行动纲领是十分重要的。在智慧教

① 《受权发布：中共中央、国务院决定设立河北雄安新区》，中国雄安网，2017年4月1日，http：//www.xiongan.gov.cn/2017-04/01/c_129769132.htm。

② 《教育部办公厅关于公布2019年度“智慧教育示范区”创建项目名单的通知》，教育部网站，2019年5月17日，http：//www.moe.gov.cn/srcsite/A16/s3342/201905/t20190517_382370.html。

③ 《智慧教育示范区在行动》，《中国教育网络》2019年第9期，第70~73页。

育示范区发展的宏观指引下（见表4），雄安新区的智慧校园将实现飞跃式的成长。

表4　雄安新区智慧教育示范区建设的宏观指引

<table>
<tr><th>类别</th><th>时间</th><th>项目</th><th>措施与意义</th></tr>
<tr><td rowspan="3">政策保障</td><td>2017年</td><td>北京市人民政府和河北省人民政府共同签订《关于共同推进河北雄安新区规划建设战略合作协议》</td><td>1. 挂牌成立:北京市朝阳区实验小学雄安校区、北京市第八十中学雄安校区、北京市六一幼儿院雄安院区、北京市海淀区中关村第三小学雄安校区
2. 联合北京名校开展组团式、一体化、整体托管、经费保障的教育援助</td></tr>
<tr><td>2019年</td><td>雄安新区第三次教育发展专家咨询会</td><td>教育对口帮扶行动:雄安新区公共服务局分别与北京师范大学、天津师范大学签订了《智慧学习研究院雄安新区智慧教育专项规划合作框架协议》和《教育支教帮扶合作框架协议》</td></tr>
<tr><td>2021年</td><td>雄安新区管理委员会发布《雄安新区智慧教育五年行动计划(2021—2025年)》</td><td>1. 总体目标之一:全面推进智慧校园、智慧教室建设
2. 结合5G、大数据、人工智能等新一代信息技术,实现雄安新区教育信息化与智慧城市发展的协同创新,促进雄安智慧教育的突破性发展</td></tr>
<tr><td>服务保障</td><td>2019年</td><td>雄安新区成为三大运营商首批5G商用城市之一</td><td>5G网络资源的部署为智慧教育示范区的建设提供坚实力量</td></tr>
<tr><td>专家指导</td><td>2019年
8月28日</td><td>雄安新区第三次教育发展专家咨询会,聘请专家进行指导和制定行动纲领</td><td>聘请杨宗凯、单志广、黄荣怀、郭绍青等教育信息化专家,增强雄安新区智慧教育示范区建设的科学前瞻性</td></tr>
</table>

资料来源：根据公开资料整理。

2. 智慧校园示范校建设推进

雄安新区在对区域内已有的800多个学校进行深入调研后，发现存在教育信息化程度低、教育信息素养不足等问题，同时各学校对于教育信息化顶层设计、平台建设、教师培训、资金保障等方面有较大的需求。因此，雄安新区在2020年初开展了智慧校园试点遴选工作，对遴选出的7所智慧校园示范校及16所智慧教室示范校进行改造和升级。7所智慧校园示范校分别为雄县白洋淀高级中学、雄县昝岗镇中学、安新县边村中学、中关村第三小学雄安校区、北京市第八十中学雄安校区、中国人民大学附属小学雄安校区（容城县容城镇沟西小学）和中央民族大学附属中学雄安校区（高中部）。[①]

2020年7月21日，“推进雄安新区智慧校园建设研讨会议”于线上举行，雄安新区管理委员会公共服务局副局长夏韶华主持此次会议，同时来自雄安三县教育局及教师发展中心的相关领导，7所智慧校园示范校的校长、副校长，北京师范大学教授黄荣怀等专家，以及通信、互联网、教育领域的企业代表共同参与了此次研讨会。通过研讨，组建专家团队，为遴选出的7所智慧校园示范校、16所智慧教室示范校的落地实施提供专业性指导，将学校发展需求和企业进行对接，促进校企合作的建设。黄荣怀在会议中指出了雄安新区智慧校园发展的特点和建设重点，即“起步虽晚，起点很高；统一部署，两级衔接；线上线下，融合发展；标准先行，校企联动”。在建设的过程中，要能够分级建设，实现差异化发展，实现模式创新，实现多样化发展。

3. 智慧校园建设基础分析

雄安新区智慧校园建设，局限和劣势是显而易见的。无论是基础设施、环境，还是教育资源、师资力量等都存在短板。

首先，雄安新区自身的教育发展水平并不高。通过调研，可以发现师生比例失衡、基础设施和资源匮乏、财政资费不足等问题。[②] 师资力量薄弱，原三县的代课教师占比较大，大部分教师学历不高，而且学校信息化基础薄弱。

其次，学校外部因素的快速发展导致与内部实质建设情况不协调。7所智慧校园示范校中，包括原有县级、乡镇学校和在北京名校援助下成立的分

① 《河北雄安新区管委会公共服务局关于公示雄安新区2020年度“智慧校园”“智慧教室”项目入选学校名单的通知》，中国雄安网，2020年5月14日，http://www.xiongan.gov.cn/2020-05/14/c_1210619047.htm。

② 黄荣怀等：《雄安新区发展智慧教育的基线调研与政策建议》，《中国远程教育》2019年第11期，第1~14、92页。

校。除此之外，原三县地区的这些学校与北京市的名校甚至是城市中的普通学校相比，存在学校地域、教育水平等方面的不均衡。虽然摇身一变成为智慧校园建设示范点和预备点，但要想实现从头衔到实质的内核转变需要一个长久且持续的过程。

最后，学校之间存在教育信息化的基础差异。现有学校的信息化基础差异大，导致无法按照统一的模式进行规划。信息化基础十分薄弱的学校，除经济问题外，还普遍存在信息化领导力不足的现象，亟须转变教学与管理理念，并向优质学校学习；基础中等的学校，需要联合企业制定系统化的智慧校园解决方案。部分学校采取协作办学和集团化办学，更应实现精准化对接与交流，实现资源在时间、空间多维度的扩展和延伸。

4. 智慧校园发展路径和趋势

虽然雄安新区只有"白纸般"的教育基础，但从事物的两面性来看，空白的条件下有时更有利于系统、全面地绘制新区的教育发展蓝图。通过国家政策、地方政策的扶持，优质的教育资源和师资力量支援新区的发展建设，其中北京市援助学校办学的项目给雄安新区的教育注入了新鲜的血液和强大的力量。紧紧把握智慧教育示范区建设的大势，推动智慧校园建设快速部署和深度发展，真正实现教育改革发展的"变轨超车"，依然是一个任重道远的过程。因此，雄安新区的智慧校园建设呈现独特的路径（见图5）和发展趋势。

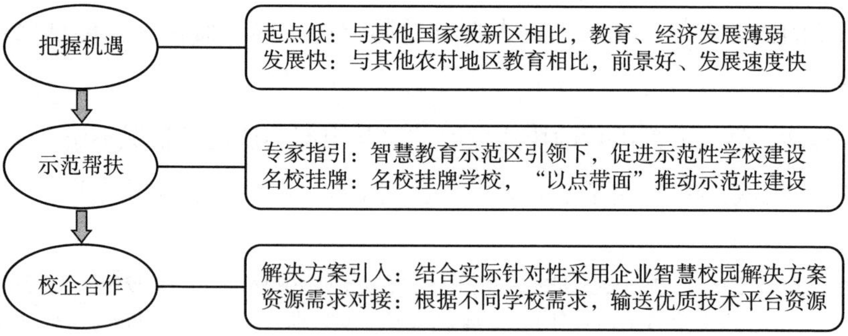

图5　雄安新区智慧校园的特色建设路径

资料来源：作者自绘。

（1）把握发展机遇。雄安新区的智慧校园建设具有区域特色。一是“起点低、发展快”，虽然是国家级新区，但底子很薄，与上海浦东新区和深圳经济特区相比，经济、教育发展基础都相对薄弱；二是与其他农村地区存在同样的基础差、师资弱、经济差等问题，但在国家大力支持和京津冀教育协同发展下，又比其他农村地区拥有更多的发展机会、更快的发展速度。

因此，未来雄安新区智慧校园的建设，要实现“存量”学校和“增量”学校协同发展；追求雄安新区各级各类智慧校园和京津冀地区乃至全国教育资源的协同共享；结合智慧教育示范区的建设，与智慧城市发展对接。整体立足于在原县城教育背景下建设智慧教育示范区的现实情况，把握国家政策保障的机遇，全面推动智慧教育的发展，促进智慧校园的建设，实现智慧教育典型示范和创新引领。

（2）示范帮扶促进智慧校园整体发展。在智慧教育示范区的宏观引领下，专家的深入指导结合优质的示范校建设，将促进智慧校园整体建设。雄安新区的学校存在很多原生性的局限，而名校帮扶将打开重要的突破口。

组团式帮扶，将优秀的干部、教师选派到雄安校区，并且由总校组建新的管理团队来整体托管，从而实现办学理念、师资队伍、课程资源等方面的一体化管理，在这个过程中通过专项经费进行保障。名校帮扶学校，虽然和其他学校一样基础力量薄弱，却拥有更大的发展潜力：拥有高信息素养的领导团队、更系统的管理体系、更优质的教与学资源、更加多元的校园文化底蕴。作为智慧校园示范校必然会踏上发展的快车道，而示范校中借助名校之力的学校必然会有更多机会奔向超车道，这是正常的发展趋势。均衡“以点带面”的示范性引领与普及性的规模建设，智慧校园建设“从无到有”大踏步前进，向着新的“智慧教育生态”迈进。

（3）校企合作促进智慧校园建设发展。雄安新区的教育发展，不仅要借助京津地区的优质教育资源，更要实现和企业的良性对接与共赢合作。如何将学校对于信息化建设的需求快速与企业达成共识，将企业中优质的信息化资源、平台、系统、设备引入智慧校园的基础建设、应用建设，是新区智慧校园建设必须要解决的问题。

在“推进雄安新区智慧校园建设研讨会议”中，各智慧校园示范校表达了未来建设中对技术、科技力量的需求，从而改变学校信息化力量薄弱的现状。比如，某学校提出想要建设“学生成长博物馆”：学生、教师、家长多方收集数据，数据共享，协同育人。首先，要继续进行优质智慧校园解决方案的引入，促进智慧校园的整体化建设与发展。其次，要实现需求的精准对接，农村学校、县城学校、优秀学校分校等之间存在很大差异，包括校长信息化领导力、财力、物力等的不同，从而智慧校园建设的需求和方案也不同。

目前，雄安新区已多方位实现校企合作的探索之路，比如，与好未来合作创办的“双师课堂”培优班；与江苏华网公司合作研发的雄县中小学教育质量综合评价系统；百度教育、北京师范大学智慧学习研究院与白洋淀高级中学三方共建的人工智能教育实验室；科大讯飞支持安新中学建设的人工智能教室等，新兴信息技术支持的基础设施、智慧环境层出不穷。教育教学基础管理平台的建设，连通了三县所有的中小学校和幼儿园，实现了新区、三县、中心校（总校）和学校四级智慧管理。① 校企合作最大化地满足了智慧校园建设需求，如何将合作更好推进，减少资源的浪费，促进信息技术和教育教学的正向融合是未来建设中需要不断思考和深入探讨的。

（二）地级城市智慧校园示范校建设——以徐州市为例

江苏省的教育及教育信息化水平一直处于全国前列，这源于江苏省强大经济实力的支撑及对教育发展敏锐的洞察力和行动力。2018 年，江苏省发布了对智慧校园建设的指导意见，从中小学到职业院校、高等院校，在全省范围内推进智慧校园建设，建设具有江苏特色的智慧校园。智慧校园建设主要围绕智慧环境、数字资源、信息素养、融合创新、支撑保障、特色发展六个方面展开，从而实现智慧校园的辐射示范作用，推进全省的教育信息化发

---

① 《巧借好风上青云——河北雄安新区着力构建“智慧教育”新生态》，《中国教育报》百家号，2021 年 9 月 22 日，https://baijiahao.baidu.com/s?id=1711589057607476681&wfr=spider&for=pc。

展。徐州市作为科教名城，是两汉文化的发源地，也是国家历史文化名城。经济、文化、教育的发展促成了徐州市在智慧校园建设中独具特色的路径与形态。作为一个地级城市，虽然整体教育实力不如省会城市，但在地级城市的智慧教育发展中具有一定的借鉴和参考价值。

1. 徐州市“江苏省智慧校园示范校”认定情况

2019~2020 年，江苏省连续两年进行智慧校园审核认定工作，徐州市在认定工作中取得良好成绩，促进了智慧校园建设的发展（见表 5）。

表 5　2019~2020 年徐州市与江苏省智慧校园数量及智慧校园示范校认定情况对比

年份	地区	智慧校园总数	智慧校园示范校
2019	江苏省	认定全省 2889 所中小学校、82 所高校为省级智慧校园	认定 50 所中小学校以及 10 所高校（本科院校和高职院校）为江苏省智慧校园示范校
	徐州市	共认定 426 所学校，包括 36 所高中、135 所初中、255 所小学，占全省总数的 15%①	共认定 5 所学校（3 所小学、2 所初级中学）：徐州市民主路小学、徐州市经十路小学、徐州市西苑小学、徐州市第十三中学和徐州市第三十一中学为智慧校园示范校。徐州市为全省 13 个地级市中推荐名额全部通过认定的 3 个城市之一
2020	江苏省	认定全省 2303 所中小学校、36 所高校为省级智慧校园	认定 51 所中小学校及 10 所高校（本科院校和高职院校）为江苏省智慧校园示范校
	徐州市	认定 540 所中小学校为省级智慧校园，数量位居全省第一	认定 1 所本科院校中国矿业大学（教育部直属），以及 4 所小学：徐州市大马路小学、徐州市少华街小学、徐州市桃园路小学、徐州市云兴小学为智慧校园示范校

资料来源：根据公开资料整理。

按照《江苏省中小学智慧校园建设指导意见》，2019~2020 年徐州市共创建省级智慧校园合格校 966 所，数量位居全省第一；同时共有 9 所中小学

① 《徐州市省中小学智慧校园创建又传捷报》，徐州市教育局网站，2020 年 8 月 7 日，http://jyj.xz.gov.cn/xwzx/001001/20200807/cf0e8b3e-9c89-412a-b6d2-369ebdb67511.html。

校成功创建江苏省智慧校园示范校，数量位居全省第二。[①] 从全省的整体情况来看，省会城市南京的示范校数量占比最高，其次是无锡、常州、苏州等地；对于徐州来说，在职业院校和高级中学中，徐州市还没有入选的示范校。相对来说，南京市高校的数量较多且综合实力都十分强劲。在竞争比较大的高校层次，徐州市作为一个地级城市，优势略显薄弱。在中小学层次，虽然各市的学校数量基数很大，水平参差不齐，但徐州市的智慧校园建设水平还是相对靠前的，这与徐州市对中小学校基础教育的重视密不可分。

2. 徐州市智慧校园建设的整体推进

徐州市在智慧校园建设的推进过程中，从政策、活动、会议、课题、平台、经费等多个方面全方位地进行了顶层规划和统筹，并且呈现三个建设特点：本土化、规模化、特色化。

首先，通过科学规划实现省级指标的本土化。为了更好地贯彻落实《江苏省中小学智慧校园建设指导意见》，徐州市发布了《徐州市中小学智慧校园建设指导意见（试行）》，[②] 并对省级文件进行本土化解读。2018年，徐州市对辖域内的中小学智慧校园创建进行了评估验收。[③] 2019年，决定在全市的中小学智慧校园中设立校级首席信息官（CIO），[④] 全面统筹本校的教育信息化发展。在开始省级智慧校园审核认定和示范校认定工作之后，根据省级建设规范和选拔文件，又细化了全市的创建路径和目标，逐步达成“2020年智慧校园达到60%”的目标。

其次，大力推进智慧校园建设，实现规模化。徐州市电教馆组织全

① 《我市在2020年江苏省智慧校园创建中再创佳绩》，徐州市教育局网站，2021年2月5日，http：//jyj. xz. gov. cn/xwzx/001001/20210205/ef5bd588-7770-489f-8f55-f7b7c3efbc32. html。

② 《关于印发〈徐州市中小学智慧校园建设指导意见（试行）〉的通知》，徐州市智慧校园创建工作平台，2018年8月29日，http：//csc. xze. cn/info/1051/1173. htm。

③ 《关于公布2018年徐州市中小学智慧校园创建评估验收结果的通知》（徐教信〔2019〕1号），徐州市教育局网站，2019年1月22日，http：//jyj. xz. gov. cn/govxxgk/jyj/2019-01-22/776e0fb9-aa22-4c6f-a536-08b1a23e20cf. html。

④ 《关于在中小学智慧校园创建校设立校级首席信息官（CIO）的通知》，徐州市智慧校园创建工作平台，2019年6月12日，http：//csc. xze. cn/info/1051/1374. htm。

市的智慧校园创建试点单位外出培训，并举行各试点学校现场工作研讨会、智慧校园建设指标解读研讨会、智慧校园创建专题培训会议、智慧校园创建专项资金申报培训会、中小学智慧课堂探索与实践研讨会、“徐州市智慧校园评估管理系统”使用培训、直属学校智慧校园建设调研活动等。除了培训、调研、研讨等活动的组织，还注重建设资金的投入，比如，通过招商引资加大投入力度，或者设立智慧校园创建学校专项经费等。

最后，智慧校园建设的整体与个体特色协同打造。建立徐州市智慧教育公共服务平台，实现与国家（国家教育资源公共服务平台）、江苏省（江苏智慧教育云平台）的对接，通过市、县、校三级联动，实现统一认证，推动全市各级平台一体化建设。其中，“彭城课堂”提供各种徐州市优质名师的课程资源、网络直播课程，覆盖了从小学到高中的学龄层次以及德、智、体、音、美等全面的知识内容，在新冠肺炎疫情期间发挥了“停课不停学”的关键作用。① 除了统一平台的覆盖，徐州市还注重促进信息技术与教育教学的创新融合应用。2014 年，徐州市实行了“学讲计划”课改工程，充分实现“以学定教”；2016 年，教育部决定在徐州市共建“基础教育课程改革实验区”，校本化课程开发建设与实施成为进一步深化“学讲计划”的新动力②；2020 年，徐州市获批“全国家校社共育试验区”，开展“彭城好爸妈”成长工程等活动，共有 369 所学校加入课程学习平台，40 万名家长参与学习，全面推进“家校社共育”。③ 同时，将市域内基础教育发展计划与智慧校园的建设指导、政策相结合，各个智慧校园示范校都在教学、科研、培训、技术应用、课程开发等多个方面进行融合创新，形成具有徐州特色更具有学校风采的智慧校园。

---

① 参见彭城课堂网站，http：//pckt. xze. cn/。

② 《关于做好“基础教育课程改革实验区”工作的通知（徐教〔2016〕36 号）》，徐州市人民政府网站，2016 年 6 月 3 日，http：//xz. gov. cn/govxxgk/014051247/2016 - 06 - 03/a9cc8ed9-212f-4744-b844-0cd49334e542. html。

③ 《徐州市人民政府 2020 年度履行教育职责自评报告》，徐州市教育局网站，2021 年 8 月 6 日，http：//jyj. xz. gov. cn/xwzx/001001/20210806/5cfe04de-895c-4344-98a1-4d4cf0b00775. html。

3. 中小学智慧校园建设的特色与创新

在省级智慧校园示范校中，每所学校都积极探索出了一些成功经验和方法，寻求独特路径和风格。其中，最典型的就是基于新技术、新理念和新环境，自主地进行设计与研发，促进融合应用，从学科教学和校园人文出发实现校本发展，设计研发是前提，校本发展是核心，二者相互促进，从而实现智慧校园建设的特色发展与创新（见图6）。

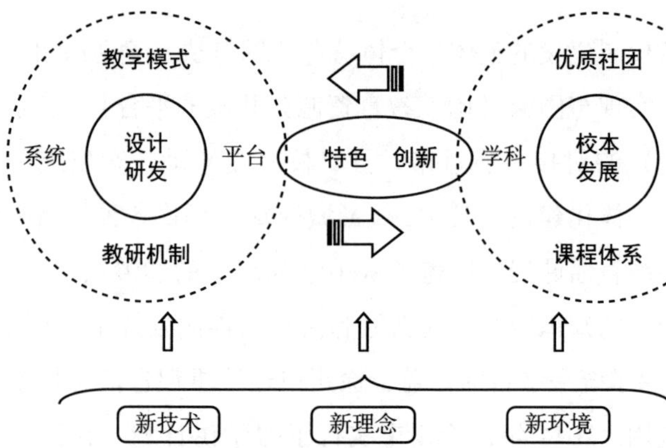

图6　徐州市中小学智慧校园建设的特色发展与创新

资料来源：作者自绘。

智慧校园示范校基本都结合学校本身的特点和实际情况进行了相应的自主设计与研发，每个学校的侧重点都不同，但出发点是一致的，都是为了智慧校园建设的发展和创新，实现智慧校园的与时俱进和长远续航。其中几个典型的案例包括：民主路小学开发“自主选课平台”和“自主发展系统”，并形成“智慧课堂”的五种基本方式；三十一中学设计“适应性学习系统”；西苑小学自主设计“智能巡课系统”、“智能听评课系统”、“作业量监控平台”和“青青苑”教师发展平台；经十路小学校企联合研发“小学生综合素质评价云平台”等；云兴小学自主研发“小学生科学学习行为跟踪平台”。这些自主设计和研发包括但不限于系统、平台、课程、公众号等形式，并将其应用于教学模式、课堂形式、教研机制、教学评价、素养培育、师生发展等的变革（见表6）。

表 6　徐州市智慧校园示范校的平台与模式创新情况

学校	创新类别	平台/模式	特色	成效
民主路小学	新型课堂教学模式	“智慧课堂”的五种基本方式	一是智能设备交互式学习；二是平台支撑自主探究式学习；三是移动端和 Wi-Fi 环境下，一对一多元个性化学习；四是云技术环境下的翻转课堂；五是互联网+环境下的远程同步互动课堂	使自主、探究、合作学习成为学校的教学常态
民主路小学	自主研发平台	“自主选课平台”	帮助学生自由选择学校开发的校本选修课程，根据满意度调查随时调整和丰富课程，促进学生全面个性化发展	关注教育教学中学生的个人发展
民主路小学	自主研发平台	“自主发展系统”	个人读书打卡促进系统、电子成长档案系统、电子错题集等，帮助学生完成自我认同、自我调适	关注教育教学中学生的个人发展
三十一中学	自主研发平台	“适应性学习系统”	师生实现课前、课中、课后的教与学分层交互与立体整合：课前利用精准的学情诊断，开展针对性教学准备；课中通过练习实时反馈，及时调整课堂节奏；课后通过分层作业、单元教学，结合知识图谱促进学生的个性化学习	提高学生的学习自主性，实现学生的“学进去”和“讲出来”，真正成为学习的主人
西苑小学	自主研发平台	“智能巡课系统”	实现课堂改革的信息化管理，全市推广使用，有效改变课堂教学改革监管难的困境，成功入选“全国教育信息化建设与应用典型案例”	紧随徐州市“学讲计划”的实施，根据学校教育信息化进程进行教学方式的全面改革，促进学校教学、教研、师生素养的个性化发展
西苑小学	自主研发平台	“智能听评课系统”	校内应用+同步课堂的跨区县教学研讨，基于数据分析的教学评价体系；国家级课题“‘智能听评课系统’促进城乡结对教师专业发展的实践研究”	紧随徐州市“学讲计划”的实施，根据学校教育信息化进程进行教学方式的全面改革，促进学校教学、教研、师生素养的个性化发展
西苑小学	自主研发平台	“作业量监控平台”	以减轻学生负担为目标，利用分层作业，督导师生、家长共同参与，以电子胸牌记录学生的个人成长记录，实现多维度、过程性评价	紧随徐州市“学讲计划”的实施，根据学校教育信息化进程进行教学方式的全面改革，促进学校教学、教研、师生素养的个性化发展
西苑小学	自主研发平台	“青青苑”教师发展平台	信息技术跟踪、分析教师专业发展情况；鼓励教师间分享学习和成长经历；构建可持续发展的优秀教师梯队；构建区级教师发展平台	紧随徐州市“学讲计划”的实施，根据学校教育信息化进程进行教学方式的全面改革，促进学校教学、教研、师生素养的个性化发展
经十路小学	发展素质评价新方法	“小学生综合素质评价云平台”	基础应用、特色应用和辅助应用三大部分：涵盖对学生的品德、学业、身心发展、特长爱好、实践能力等多维度评价。“基于云平台的小学生素质综合评价研究”成功入选中央电教馆重点课题	全场景动态数据采集与分析，形成有信度、效度的评价报告，引领学生全面发展

续表

学校	创新类别	平台/模式	特色	成效
云兴小学	新型教学模式	基于场馆学习的实践学习模型	“物联网+植物工厂”:指向儿童科学素养的校本实践与探索项目,包含“植物遇上最美诗词”“猕猴桃室内外对比实验”等200多个项目,通过实验日记、研究报告等实现项目式学习	将创新研发的智能化平台与教学进行新的融合,拓展课堂、课外、社团、网络四级立体学习空间,促进学生的立体化成长
	自主研发平台	“小学生科学学习行为跟踪平台”	对学生的学习过程进行行为跟踪,围绕原理、结构层次、信息采集形成数据后,服务于学生学习成长,该项目已获得国家软件著作权	

资料来源:根据各校相关资料整理。

除了自主的设计与研发,各个智慧校园还注重结合信息技术实现校本发展的独特性和引领性,不仅体现学校风貌的亮点,也是智慧校园人文发展的基础桥梁。对于校本特色的发展,不同的学校采取了不同的路径,比如优质社团的发展、特色学科的建设、优质课程的输出等方式。其中,最具代表性的是:三十一中学的航模特色社团、创客教育、生物学科特色示范;民主路小学的独特七大课程群体系,实现优质资源的传播与共享;少华街小学乒乓运动校本课程的传承与人才培养;第十三中学的语文、对外汉语、小语种等优质语言学科教学(见表7)。

表7　徐州智慧校园示范校的校本文化创新发展情况

学校	类别	地位	特色	成效
三十一中学	航模特色社团	(航模社)江苏省青少年航空模型活动基地	信息技术丰富学生个性化学习,开发航模系列微课程,校本教材《航空模型制作》获得江苏省校本课程一等奖	2019年联合省市航协开设“徐州市初级无人机飞行员培训班”,共有14位同学考取了中国航协颁发的“多旋翼无人机(X类)初级飞行执照”
	创客教育	全国青少年科普创新教育基地	开设“3D建模”“Scratch”“米思奇”编程课程等,自主开发融入国家课程的信息技术校本课程	学生在国家大赛FEG智能无人车、物联网、无人机项目中取得优异成绩

续表

学校	类别	地位	特色	成效
三十一中学	生物学科特色示范	江苏省首批初中生物学科发展示范中心	利用设计软件开展景观设计；3D打印结合模型制作进行成果展示；利用“NB”软件观察内在生物运动；电子班牌上安装“NOBOOK”生物虚拟实验软件；转变课程形态，提供新的个性化学习	徐州三十一中省初中生物学科发展示范中心课程平台实现项目开发、项目审批、项目申报、活动动态、成果展示、项目评价一体化，充分利用信息化手段进行过程管理
民主路小学	独特七大课程群体系	基于互联网、指向学科核心素养的新型课堂	课程群包含课例300余个，典型单元学习课例98个，具有多个优秀课例、微课、名师课堂等，打通学科壁垒，将学校教育和社会生活紧密连接	新冠肺炎疫情期间有4个教学视频、4个学生数字作品在“学习强国”平台发布；在民主教育集团其他学校内，以及河南、西藏、海南等外省市联谊学校中实现本学校特色课程的传播与优质资源的传输
少华街小学	乒乓运动校本课程	坚持60多年乒乓球专项运动，“学校乒坛之花”“世界冠军的摇篮”	专业乒乓球教练在每班每周开设一节乒乓球课，线上与线下同步教学；通过数字校史馆、对话世界冠军等课程，培养学生敢于争先的意志品质，激发学生为国争光情感	培养10多位世界冠军和200余名国家队和省队优秀乒乓球运动员，以及体操、射击项目世界冠军和大批体育人才
第十三中学	优质语言学科教学	省级对外汉语推广基地	开设外教口语课、小语种课程和对外交流课程；组织学生境外夏令营活动，分赴加拿大、美国、新西兰、韩国等国家修学旅行，提升学生的外语能力和眼界	有近150位学生在CCTV希望之星英语风采大赛、国际英语大赛——文化交流大使比赛、全国新概念英语大赛等比赛中获奖
		2019年成为江苏省唯一的语文学科示范中心	线上线下阅读的泛在建设，形成“学生自读—教师导读—活动助读—测评促读”的阅读范式；以书香暑假为主题，开设名著阅读课程，指导学生和家长共同阅读鉴赏，形成家校共育的教学环境与模式	“主题与跨界——泛在阅读语文示范中心建设”研究项目，以多维模型实现泛在阅读的管理与评价，对学生个体阅读素养、学校整体阅读促进效能进行跟踪评价，实现学生阅读素养的提升

资料来源：根据公开资料整理。

除了特色的平台与模式建设及校本文化创新发展，徐州市作为“全国家校社共育试验区”，近年来开展了一系列活动，形成了全市家长与学生共同学习的良好风气，促进家校共育的形成和发展，主要包括直播课堂、优质微课资源、App 和小程序的应用等方式。在进行家校共育的过程中，从名师直播教学、微课在线学习、学生综合评价、德育教育、课后反馈、教师家长沟通等方面进行教育教学等活动。虽然徐州市的家校共育已经形成一定的发展规模，但还处于初级阶段，还需要继续拓展更加具有融通性、教育性、智能性的方法，促进学校教育和家庭教育的贯通，同时对于新时代智慧校园建设的创新发展具有重要意义。

4. 地级城市智慧校园建设的导向

在新兴信息技术快速发展的时代背景下，徐州市的一些智慧校园已经将5G 网络、数据分析、情感计算、智能感知等技术进行融合应用，推动校园形态的智能升级，并把智慧课堂教学、师生评价发展等方面的智能化拓展作为学校智慧校园建设的重点。

在未来的建设过程中，要注意以下两个方面。一是注重文化的融合、人文校园的发展，将城市文化与学校教育发展融合。徐州作为古彭城、“华夏九州之一”、“兵家必争之地”、“两汉文化”发源地，将城市发展、历史文化融入学生的教育，结合信息技术的发展，不仅使文化“跃然纸上”，更有助于教育寻根寻源。二是集团一体化办学的格局对智慧校园建设模式的影响，包括“名校+分校”“名校+新建校”“名校+村小”“名校+国际校”等单一或融合形式的教育形态，以及多校区办学等城市中学的常态。如何将多个校区、学校的建设与发展整合，如何实现新建校区的高水平建设与应用，是在实际建设中必须解决的问题。

徐州市作为发展相对较快的地级城市之一，虽与一线和省会城市相比，在教育投入、基础建设、经济发展等方面呈现弱势，但对于中等发展城市来说，确实走在智慧校园建设的前列。雄安新区代表的是农村教育的基础背景，在赋予政策支持、经济等快速发展的机遇下大步追赶；而徐州市代表的则是稳步前进的城市教育，把握时代机遇实现发展和超越。

五 教育新基建背景下智慧校园建设新进展

（一）5G 和全光网智慧校园建设概述

随着 5G 技术的成熟，“5G+智慧校园”建设也在逐渐推广。“5G+智慧校园”的建设以一线城市为核心展开，随着 5G 网络城市覆盖范围的扩大，各省级城市和较发达城市开始进行智慧校园建设。校企合作是一个主流的趋势，将企业的先进技术、软硬件设备、教育内容资源、解决方案，引入学校的智慧校园建设，实现高速化、智能化发展。

整体来看，“5G+智慧校园”目前存在三种类型，而且三种类型之间是包含与进化的关系：一是全面覆盖 5G 网络，学校成为具有 5G 网络基础的校园，但在教学等应用上还未成体系；二是局部引入 5G 建设智能实验室或者推动 5G 的课堂应用，虽然开始了“5G+教育”的探索，但学校还未具有整体的 5G 网络基础；三是在 5G 网络全面覆盖的基础上，设计智慧校园的全新服务体系和架构，真正进入“5G+智慧校园”的全形态（见图 7）。

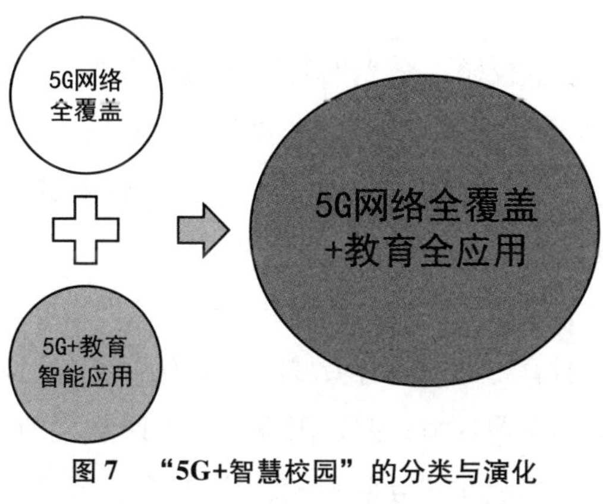

图 7 “5G+智慧校园”的分类与演化

资料来源：作者自绘。

F5G 在智慧校园中的应用相较于 5G 会更晚一些，前期多以全光网的形式存在，主要原因在于 F5G 的命名时间较晚，且属于一个更加泛化的概念。将光网部署于智慧校园并不稀奇，随着“光进铜退”的发展，光纤通信的最高级形式就是实现全光网络。早在2012年，上海某高校就实现了全光校园网的部署，不过当时该网络并没有实现全部光学化，只是主干信息流采用光数据传输的形式，且存在发展、成本等问题。[①] 随着光网技术的不断发展，越来越多的学校开始在校园中部署全光网络。

（二）5G和全光网智慧校园建设案例

智慧校园主要包括5G智慧校园、全光网智慧校园、5G和全光网结合的智慧校园、5G和Wi-Fi6结合的智慧校园，以及5G和F5G融合的智慧校园等形态（见表8）。

因此，在未来的智慧校园中，5G的技术融合必然走向第三种形态（5G网络全覆盖+教育全应用），并在此基础上逐渐完善，融合教育专网、教育城域网；同时，5G+F5G的智慧校园建设，将实现深入融合其他新兴信息技术辅助应用，开启新一代智慧校园的发展，打造5G网络和千兆全光网络融合的一体化校园网络，促进智慧校园的智能化发展与创新。

（三）教育“十四五”规划擘画智慧校园新格局

基于前期5G智慧校园、全光网智慧校园以及部分融合校园建设，从2021年开始，智慧校园的建设将伴随教育现代化发展迎来新的变革与创新。因此，梳理各省（区、市）的“十四五”教育发展规划，可以归纳出未来5年内智慧校园发展的动向和重点（见表9）。

一是持续扩大智慧校园的覆盖范围并推进示范性建设；二是建设5G+全光网络的校园网、教育专网、教育城域网等新型网络基础设施；三是建设多种智慧化学习空间和学习环境；四是围绕“三个课堂”，促进优质教育数字资源共享；五是建设集成化“互联网+教育”平台、云平台、智能应用平台等；六是促进5G、人工智能、区块链等技术的教育融合创新应用；七是建设教育数据中心，提升信息化教育治理能力。

---

① 宋强：《全光网在校园网建设中的应用》，《微型电脑应用》2012年第11期，第42~44页。

表 8　2019～2021 年 5G 与全光网智慧校园建设典型案例

时间	地区	学校/区域	类别	意义	成效
2019 年 3 月	上海	上海工程技术大学	普通高校	全国首个实现 5G 网络深度覆盖的高校	建成 5 个满足 3GPP NSA 架构 3.5GHz 的 5G 室外宏站和 1 个 5G 室内型微基站，实现办公区、宿舍区多区域的 5G 信号覆盖，“5G+人工智能应用联合创新实验室”正式投入使用
2019 年 3 月	北京、深圳	清华大学、北京师范大学昌平校区、深圳龙岗区科技城外国语学校	5G 智慧校园项目	全国首批 5G 智慧校园项目	“两地三校”5G 智慧校园综合解决方案：5G 智慧双师课堂、5G 远程全息投影教学、5G 云 AR 沉浸式互动学习、5G 平安校园等场景
2019 年 3 月	广州	广东实验中学	中小学	全国首个“5G+智能教育”落地应用	“5G · 我即校园”落地实施，5G+互动教学系统、5G+AR/VR 教学等实现 5G 智慧课堂的应用
2019 年 4 月	广州	广东工业大学	普通高校	全国高校首家 5G+智慧校园	打造面向 5G 应用的智慧校园服务体系，建立基于物联网、人工智能等新技术和大数据系统的智能教育、学习环境
2019 年 5 月	南京	南京农业大学	普通高校	全国首个采用“XGS-PON + Wi-Fi 6”全光网络架构的高校	为实现大带宽接入、全业务融合，有线网络采用全光网络的部署方式，包括 OLT（光线路终端）汇聚设备+SPL 无源分光器+ONU（光网络单元）多业务接入+面板 AP 等
2019 年 6 月	深圳	深圳职业技术学院	职业高校	5G 跨校区互动教学直播	5G 网络技术跨校区互动教学直播，成为深圳首个 5G 智慧校园，深圳职业教育进入 5G 时代
2019 年 7 月	西安	西安交通大学	普通高校	“智慧学镇 5G 校园”	以中国西部科技创新港为平台，建成中国高校首个“智慧学镇 5G 校园”，实现智慧教育、智慧安防、智慧物业等十大功能
2019 年 8 月	成都	天府第七中学	中小学	5G 云教育基地校、5G+VR 云课堂	启动 5G 云教育基地校建设，与昭觉县万达爱心学校进行 5G+VR 远程云课堂授课

续表

时间	地区	学校/区域	类别	意义	成效
2019 年 9 月	深圳	南山实验教育集团前海港湾学校	中小学	K12 教育 5G 学校	教学场所均覆盖 5G 信号,为师生提供互动化、个性化、沉浸式课堂教学体验,助力教育变革
2019 年 9 月	上海	上海市格致中学	中小学	四地同步“5G+MR”全息课堂	实现“北京—上海—成都—青岛”四地同步“5G+MR”全息课堂教学活动,课堂内容实时远程同步至四川甘孜、阿坝、凉山的三所中学
2019 年 12 月	宁波	海曙区	教育区域	Wi-Fi6 教育城域网	基于华为 Wi-Fi6 及 AI 大数据运维技术,建设了统一管理、统一认证、技术领先、全区漫游的高速无线教育城域网,创设泛在智慧校园环境
2020 年 7 月	南京	东南大学	普通高校	“5G+VR 沉浸式云端校园”	采用影视级 VR 全景拍摄设备 insta360 TITAN 进行拍摄,12K 超清视频支持 4G/5G 两种网络体验,融入文字图片、声音、3D 模型、动画等多形态
2020 年 9 月	广州	广州市培英中学白云新城校区	中小学	5G、Wi-Fi6、物联网等新建校区覆盖	打造“5G+智慧校园”建设标杆,在培英中学新建校区全面覆盖 5G、Wi-Fi6、物联网,实现校园内人与人、物与物、人与物之间的全面互联
2020 年	上海	复旦大学	普通高校	全光网络校园	在邯郸校区宿舍区域部署全光园区网络(Huawei Campus OptiX),为师生提供高速的上网体验
2021 年 4 月	成都	成都市中和职业中学、成都高新实验小学等学校	教育区域、中小学	全国首个“5G+F5G”教育城域网	“5G+F5G”双 5G 的支撑下,5 所学校将拥有颠覆传统的创新教学模式,连接校园与教育管理部门的智慧教育空间,实行智慧物联校园的全新教育治理方式
2021 年 8 月	杭州	浙江大学	普通高校	全国首个基于“5G+边缘计算”的校园安全网络	基于 5G 独立组网架构物理网络,融入边缘计算、网络功能虚拟化、网络能力开放、全国首创的校企二次鉴权安全模式等新技术

续表

时间	地区	学校/区域	类别	意义	成效
2021 年 9 月	宁波	浙江纺织服装职业技术学院	职业高校	全国首个“校园 5G 专网”	通过 5G 手机直接进入校园内网，实现全市公网和校园内网的无感知切换，访问内网最高下载速率可达 1100Mbps，上传速率可达 160Mbps
2021 年 11 月	沈阳	东北大学（南湖校区）	普通高校	东北地区首个基于 5G 独立组网的融合校园专网	在东北大学（南湖校区）成功开通 5G 独立组网的融合校园专网，已实现沈阳市全市范围内无感接入校园网，未来将扩展至全省和全国漫游
2021 年 11 月	信阳	信阳农林学院	普通高校	基于 5G 智慧校园建设“5G+全光校园”	提出建设“5G+全光校园”，实现全校范围光纤到用户终端，具有高带宽、低能耗、运行稳等特点，满足学校中长期发展对校园网络建设要求
2021 年 11 月	广州	广东轻工职业技术学院	职业高校	建设“5G+F5G”校园网络	利用 5G、POL 全光网、Wi-Fi、IPv4/IPv6 的融合，打造统一的基础网络环境，形成智慧校园 5G+多网融合架构

资料来源：根据公开资料整理。

在“十四五”的发展新起点，全国范围内将实现智慧校园更加广域的覆盖、智慧化能力的全面提升以及示范性建设的新可能。

表9　全国部分省（区、市）教育“十四五”规划

发布时间	省(区、市)	文件名称	具体实施计划
2021年6月11日	浙江省	《浙江省教育事业发展“十四五”规划》	1. 依托之江汇教育广场,建设城乡教育共同体智慧服务平台、职业教育产教融合智慧云平台等; 2. 构建“互联网+教育”一站式服务平台; 3. 完善学校新型基础设施,打造500所基于5G、物联网等新技术的智能化校园,建设5000个新型教学空间
2021年7月8日	海南省	《海南省“十四五”教育现代化规划》	1. 建设一批智慧校园、创新实验室、智能教室、虚拟仿真实验室等; 2. 实施中小学“三个课堂”建设项目,实现乡村小规模学校同步/专递课堂建设全覆盖; 3. 建设全省“互联网+教育”大平台; 4. 开展“5G+光纤”教育省域网建设
2021年7月26日	天津市	《天津市教育现代化“十四五”规划》	1. 到2025年,基本建成“一网五平台”(教育科研网,教育管理服务平台等五个平台)教育信息化新体系; 2. 启动“云—网—端”三级架构模式的数字校园建设,加快布局校园5G网络,构建5G智慧教育应用场景
2021年8月17日	湖南省	《湖南省“十四五”教育事业发展规划》	1. 建设符合湖南省情的高质量数字校园; 2. 打造以“湘教通”应用、“湘教云”基础平台为主的全省教育大平台; 3. 探索“5G+教育”创新应用和“人工智能+教育”创新实验,建设一批教育信息化融合应用实验区和创新试点学校
2021年9月4日	湖北省	《湖北省新型基础设施建设“十四五”规划》	1. 推进智慧校园建设,建设虚拟工厂、数字图书馆等智能学习空间; 2. 推动5G网络覆盖校园,实现全省各级各类学校数字校园全覆盖; 3. 开展智慧教育试点示范,重点推进武汉市创建国家智慧教育示范区; 4. 构建一体化“互联网+教育”大平台,建设5G+AR/VR虚拟实训平台

续表

发布时间	省(区、市)	文件名称	具体实施计划
2021 年 8 月	贵州省	《贵州省教育发展“十四五”规划》	1. 建设教育专用网络; 2. 建设教育行业数据安全防护和密码应用体系; 3. 推动各级各类数字校园建设,将网络教学环境纳入学校建设标准
2021 年 9 月 30 日	北京市	《北京市“十四五”时期教育改革和发展规划(2021—2025 年)》	1. 预期到 2025 年智慧校园覆盖率达到 85%以上; 2. 培育 100 所智慧校园示范校,推进普及智能教室、智能实验室等智能学习空间; 3. 建设数字孪生校园,依托 5G 等新技术,建设教育专用网络基础设施; 4. 开展“北京教育云”建设,逐步推动学校信息化应用“入云”
2021 年 9 月 3 日	福建省	《福建省“十四五”教育发展专项规划》	1. 创建一批“智慧教育示范区”“智慧校园示范校”; 2. 推进全省县(市、区)建设教育专网并接入省级教育主干网; 3. 推动 5G 网络、数据中心等融入智慧教育教学环境建设; 4. 推进中小学编程教育,发展培育建设人工智能教育实验区和试点学校; 5.“人工智能+教师队伍”建设行动
2021 年 10 月 22 日	内蒙古自治区	《内蒙古自治区“十四五”教育事业发展规划》	1. 加快推进教育专网建设; 2. 推进“互联网+教育”大平台建设; 3. 建设 10 所左右高等教育数字校园标杆学校、40 所左右职业教育数字校园标杆学校,重点支持 100 所左右中小学数字校园建设
2021 年 10 月 21 日	山东省	《山东省“十四五”教育事业发展规划》	1. 提高学校宽带网络接入速率,实现校园无线网络全覆盖,开展 IPv6、5G 等新一代互联网技术应用; 2. 推动智慧校园建设,普及使用便携式移动学习终端,强化智能教室、数字化实验室、虚拟仿真实训中心、物联网终端系统等建设
2021 年 10 月 22 日	广西壮族自治区	《广西教育事业发展“十四五”规划》	1. 建设壮美广西·教育云; 2. 推进校园有线、无线、物联网“三网”融合和 5G 网络进校园; 3. 探索学生个人学习终端应用的普及模式; 4. 到 2025 年实现各级各类学校数字校园全覆盖,建设 30 个基础教育信息化融合创新实验区、100 所基础教育信息化融合创新实验校

续表

发布时间	省(区、市)	文件名称	具体实施计划
2021 年 9 月 23 日	广东省	《广东省教育发展“十四五”规划》	1. 基本完成基于 IPv6 和 5G 的教育网络信息系统升级改造; 2. 到 2023 年,建成 500 所信息化中心学校(智慧校园)示范校,培育 300 个省级信息化融合创新标杆项目; 3. 以“粤教翔云”为基础,构建教育大资源服务体系; 4. 开展“5G+智慧教育”,研发 5G 高清互动直播课堂开放式平台系统、基于 5G+VR/MR 的不同智能终端远程直播
2021 年 9 月 17 日	河北省	《河北省教育事业发展“十四五”规划》	1. 构建以 5G 和高速地面网络为主要依托的教育网络基础设施,大力推进校园无线网络建设,到 2025 年校园无线网络覆盖率达到 90%以上; 2. 推动教学设备向交互式智能化方向升级,建设一批智慧学校; 3. 建成教育管理与教育资源互通互联的“冀教云”综合服务大平台
2021 年 11 月 10 日	重庆市	《重庆市教育事业发展“十四五”规划(2021—2025 年)》	1. 创建国家级智慧教育示范区 2 个,建设市级智慧教育应用示范区县 15 个,建成市级智慧校园建设示范学校 250 所; 2. 建设智能化学习空间,实现全市适龄学生网络学习空间全覆盖; 3. 深化重庆教育宽带网应用,积极融入国家教育专网建设,支持校园有线、无线、物联网“三网”融合发展; 4. 推动“5G+直播教学”“5G+VR/AR 学习”“5G+虚拟实验实训”等场景应用;支持各级各类学校运用智能助教等

资料来源：根据各省（区、市）政府网站公开资料整理。

六　未来智慧校园发展新趋势

（一）教育新基建重新定义智慧校园

近 10 年来，我国加快了从数字校园向智慧校园的转型发展，高校和中小学大力推进智慧校园建设，智慧校园成为智慧教育领域的热点话题。2020年被称为5G元年和Wi-Fi6普及元年，人类社会步入了5G时代。5G时代的来临，为教育的未来发展带来了新挑战、新机遇，加速重塑智慧教育新生态。智慧校园作为智慧教育的重要实践场域，必将迎来颠覆性冲击。5G作为第七次信息革命的基础，将会加快促进Wi-Fi6、人工智能、智能互联网、触觉互联网、物联网、区块链、视频社交网络等新一代信息技术融合，由此推动智慧校园未来发展发生深刻变革。

2012年，黄荣怀等提出智慧校园的定义和特征，在智慧校园研究领域产生广泛影响。智慧校园是指一种以面向师生个性化服务为理念，能全面感知物理环境，识别学生个体特征和学习情景，提供无缝互通的网络通信，有效支持教学过程分析、评价和智能决策的开放教育教学环境和便利舒适的生活环境。智慧校园具有5个基本特征：环境全面感知、网络无缝互通、海量数据支撑、开放学习环境、师生个性服务。①

教育新基建背景下，智慧校园被赋予了新的内涵。我们需要重新思考以下问题：未来智慧校园的发展趋势；新兴智能技术在智慧校园中的应用；未来学校的组织形式；智慧校园的规划与设计；如何增强学校未来竞争力，促进优质教育资源共享，防止任何一个孩子掉队。近年来，中国在智慧校园的政策和标准研制、解决方案、新型基础设施建设、学与教资源、典型应用、管理和评价等方面形成了丰富的案例。例如，“5G+智慧校园”的解决方案正在被学校采纳，教师和学生正在尝试运用5G促进教与学。

（二）新一代智慧校园（OMO智慧校园）初现端倪②

智慧校园建设最早可以追溯至20世纪90年代的校园网建设。从智慧校园实践看，驱动智慧校园发展的主要有八大动力：理论（理念）驱动、技

① 黄荣怀等：《智慧校园：数字校园发展的必然趋势》，《开放教育研究》2012年第4期，第12~17页。

② 王运武等：《5G时代的新一代智慧校园建设》，《中国医学教育技术》2021年第2期，第143~149页。

术驱动、问题驱动、需求驱动、业务驱动、应用驱动、数据驱动、创新驱动。从影响因素看，智慧校园发展受社会信息化发展水平、教育信息化政策、建设理念、支撑技术、教育媒体、资源形态、解决问题、教育形态等多重因素的影响。其中，支撑技术、解决问题、教育形态作为重要的影响因素，决定了不同历史时期智慧校园的主要建设内容，以及智慧校园提供的服务水平。根据智慧校园术语的变迁、研究和建设情况，结合智慧校园发展历程中的关键事件、驱动因素、拟解决的关键问题、教育形态的变迁、服务水平等，可以将智慧校园发展历程划分为 5 个阶段：校园网、校园信息化、数字校园（数字化校园）、智慧校园（智能校园）、新一代智慧校园。

随着 5G 时代、智能互联时代的来临，新一代智慧校园初现端倪。新一代智慧校园出现的标志性事件是全国首个教育现代化中长期规划《中国教育现代化 2035》出台，启动全国中小学教师信息技术应用能力提升工程 2.0，发布《职业院校数字校园规范》等。这个阶段表现为：互联网（智能全光网、Wi-Fi6）、电信网（5G、6G）、广播电视网（卫星宽带）、智能电网（电力载波通信）、物联网等多网融合，加快推进校园网进入超高速信息通信时代；智慧校园在推动教育系统整体性变革、教育治理现代化、培养创新人才和智慧人才等方面的作用进一步增强；智慧校园的智慧化水平将会显著提升，能够为师生提供高体验感、高满意度的智慧教育服务；未来将呈现智慧教育、未来教育、线上线下融合教育、移动在线教育、短视频+直播教育等多种教育形态。

新一代智慧校园又称线上线下融合智慧校园，是指在 5G、Wi-Fi6、人工智能物联网（AIoT）等超高速多网融合支持下，媒体、技术、平台、资源、数据、人和物智能互联，线上线下业务高度融合，智慧化水平显著提升，支持智能数据可视化分析和智慧决策，支持多种新型资源形态和教育形态，提供高体验感、高满意度智慧教育服务，培养未来创新人才和智慧人才的新型智慧学习环境。新一代智慧校园主要有八大特征：高度智慧化（高度智能化）、高体验感和高满意度、智能互联（智慧互联）、超高速网络、智能分析、智慧决策、教育系统性变革、创新引领。

总体来说，从校园网到校园信息化、数字校园，再到智慧校园、新一代智慧校园，智慧化水平和教育服务水平逐渐提升，尤其是高体验感、高满意度的智慧教育服务将成为新趋势。智慧校园建设内容逐渐丰富，支撑技术逐渐智能化、融合化。智慧校园不仅关注技术问题，而且关注教育问题。从基础设施建设到业务融合、应用系统整合、应用能力提升，更加关注教育系统整体性变革、教育治理现代化、创新人才培养等教育热点难点问题。教育形态逐渐呈现多样化、智慧化、线上线下融合趋势。

B.5
构建新型教学空间 推动教学方式创新

程莉莉　施建国*

摘　要： 本报告梳理了教学空间的内涵和历史演进，从“育人理念和教学方式的转变、学习和认知理论的不断发展以及以互联网为代表的新一代信息技术的深入应用”等背景分析了教学空间创新的必然性，提出了支撑智慧学习的新型教学空间的多样化、复合性、情境化和智能化特征。同时，综合中小学校教学场所分类、技术装备特征和教学场景，提出了智能教室、创新实验室、学科教室、劳动实践室、新型场馆空间和网络学习空间六类新型教学空间样态，研究阐述了每一类新型教学空间的内涵、设计和应用要求以及学习样态。本报告还从设计思维出发，提出新型教学空间以人为本、系统设计、技术赋能和未来导向的设计原则，构建新型教学空间“理念—装备—情境—资源—数据—制度”六位一体基本范式。

关键词： 新型教学空间　智能化　情境化　核心素养

教育的改革发展需要与时代同频共振。进入新时代，建设高质量教育体系成为贯彻落实立德树人根本任务、深化教育改革的政策导向和重点方向。

---

* 程莉莉，浙江省教育考试院副研究员，主要研究方向为教育管理、教育技术；施建国，中学数学高级教师，中国教育装备研究院副院长，主要研究方向为教育技术装备、教育信息化。

教育的高质量发展，需要教育教学理念、环境、内容、评价等的系统性推进，其中教学空间作为教学环境，其创新也是重要的组成部分。

2016 年，《地平线报告》（基础教育版）首次提出“重构学习空间”概念，并将其列为未来 5 年乃至更长时间内驱动基础教育应用技术发展的关键要素之一，这意味着教学空间的设计与革新开始成为素养驱动下教育变革的热点。国内越来越多的各级各类教育工作者也意识到“传统的单一、封闭的教学空间开始越来越不适用了”[①]，需要的是更加多样化、更加多功能、更加智能化的新型教学空间。新型教学空间正成为构建智慧学习环境、创新教学方式的主要路径之一。2019 年，《关于新时代推进普通高中育人方式改革的指导意见》和《关于深化教育教学改革全面提高义务教育质量的意见》都倡导优化教学方式，开展研究型、项目化、合作式学习，其中《关于新时代推进普通高中育人方式改革的指导意见》强调，“有条件的地方应建设学科教室、创新实验室、社团活动室等，推进数字校园建设”。2021 年，中共中央办公厅、国务院办公厅印发《关于进一步减轻义务教育阶段学生作业负担和校外培训负担的意见》，要求提升课堂教学质量和课后服务水平，这为以教学环境的革新和拓展撬动智慧学习提供了机会。

一　教学空间的内涵和演进

（一）教学空间的内涵

《现代汉语词典》（第 7 版）将“空间”定义为“物质存在的一种客观形式，由长度、宽度、高度表现出来，是物质存在的广延性和伸张性的表现”。《辞海》将之定义为物质存在的一种基本形式，指物质的广延性。《柯林斯高阶英汉双解词典》则认为，空间是用于特定目的的场所。可见，空间是一种具有特定目的的物质存在形式，其本质是该物质所指向的目的本

① 周立东：《追求新型的教学空间——广州市荔园小学设计》，《南方建筑》1998 年第 2 期，第 23 页。

身。由此延伸，教学空间是用于开展教育教学活动的场所，教学空间与教学活动具有内在一致性。教学空间不能脱离教学活动，不能仅从建筑设计的视角出发，把关注点局限在空间的大小、格局、设施、装饰等“物”的方面。要走出这一窄化理解，就要明确教学空间与教学主体、教学活动之间的相互关系。教学空间的核心是教学活动，而教学活动离不开“人”的参与。可以说，物理空间是过程和条件，教学活动是目标和结果，师生交互是核心和主体。基于此，国内有学者提出教学空间的含义应包括以下几个方面。

一是教学活动得以开展的物理空间；二是实现教学目标的各种教学活动和事件所构成的社会空间；三是教学活动中教师与学生这两个主体在交往过程中所构成的心理空间。[①] 这三种空间相互渗透、相互补充，从而构成了完整的教学空间。物理空间能影响师生的心理状况，引导其教学行为发生改变；反过来，我们也可以基于师生的心理行为特征或是教学方法的革新，开展适应性研究，改善物理空间设计。综上，物理空间是教学空间概念的外延，一定教学目标下的教学活动理念、内容、组织方式等则是其内涵。教学空间的设计不仅要满足功能需求，更要保证教学活动能够高效、顺利展开，并对教师和学生的思想行为特征具有适用性。

（二）教学空间的样态演进

作为服务教学活动的场所，教学空间的样态演进和教育的形态密切相关。根据教育发展的历程，我们可以把教学空间的样态演进大致分为四个阶段。教学空间 1.0 样态主要产生于个别化教育时期，主要形态为书院、私塾等，空间设计和装备简单，主要包含书桌、课本，教学方式为教师口口相传、学生诵读书写。教学空间 2.0 样态形成于近代教育的传统班级授课制度。为适应工业革命对标准化人才培养的规模化需求，该时期的学校教学空间往往以标准化教室和功能教室为主，黑板、讲台、课桌椅、教材、教具以及普通教学仪器是主要的技术装备。随着多媒体、计算机等现代信息技术的

① 段兆兵：《论教学空间及其创设》，《课程教学研究》2012 年第 1 期，第 26 页。

发展和普及，教学空间 3.0 样态自 20 世纪 80 年代开始逐步取代了教学空间 2.0 样态。教学空间 3.0 样态通过“两机一幕”、简易班级多媒体、交互式班级多媒体等一代代技术装备的融入，开启了课堂教学多媒体化的新模式。但空间的设计总体上没有突破教学空间 2.0 样态的框架，教与学的方式也仍以教师讲授为主，对学生高阶能力的培养具有一定的局限性。在“互联网+”、大数据和人工智能战略的推动下，教育部于 2018 年发布了《教育信息化 2.0 行动计划》，着力促进信息技术与教育教学的深度融合，大力发展智能教育，也由此催生了教学空间 4.0 样态。教学空间 4.0 样态名称各异，如智慧教室、智能教室、未来教室等，但具备一些共同的特征，如通过技术装备进行技术支持、资源供给和交互支撑，利用传感器等实现教室声、光、电等的智能感知和调控，基于泛在网络的虚实空间融通、空间布局的灵活多变等，以数字化、网络化、智能化支撑智慧学习和管理，以情境化、多样化满足师生多样化和个性化的学习需求。

二　教学空间创新的背景和趋势

（一）育人理念和教学方式的转变呼吁教学空间变革

近年来，我国陆续颁布了一系列教育政策，进一步凸显了新时代育人理念和教学方式的转变要求。2019 年，《中国教育现代化 2035》、《关于深化教育教学改革全面提高义务教育质量的意见》和《关于新时代推进普通高中育人方式改革的指导意见》都强调突出学生主体地位，创新人才培养方式；深化课堂教学改革，融合传统与现代技术手段。课程、课堂、育人模式改革的政策本质上导向育人目标的转变，从知识习得到问题解决，从三维目标到核心素养，体现的是社会发展对人才需求的变化，也自然要求作为课堂教学主阵地的学校教学空间为学生学习创造机会。上海中同学校建筑设计研究院院长吴奋奋曾用电影院与电影的关系类比教学空间与教育的关系，她指出，“没有电影院能放电影，但效果会大打折扣”，“在传统的教学空间内也可以进行新型的教育，但效果也会大打折扣”。[①] 与过去以教师为中心的灌输式教学不同，新型教学方式将关注点从“教”转移到了“学”，学生成为教学过程的主体。例如，自主学习倡导学生自己确定学习目标、进度、评价，在学习中主动积极思考；合作学习需要以 2 人及以上的学生共同完成一项任务为前提，组建团队、明确分工、相互合作；探究性学习强调创设问题情境，引导学生从解决问题出发，通过独立自主的探究掌握知识与技能。这意味着教学空间设计也要以学生为中心进行变革，从学生的视角出发，为主动学习创造舒适的环境，提供丰富的学习体验。

（二）学习与认知理论的发展指引教学空间变革

认知科学、脑科学、神经科学等方面的研究使人们对于教学活动本身有了更为深刻的认识，引领我们从关注教师“教”转向关注学生“学”，也使教学空间设计的重心发生了变化。相比于只是“消极”地作为“教育容器”的传统教学空间，新学习理论视域下的教学空间建构更强调学生在教学活动中的体验和实践，强调学生与学习环境、学习媒介、教师和同伴的互动。例如，联通主义认为学习不仅是个人内化的过程，而且需要将个人的知识与社会组织、机构发生广泛的联结，形成和建构学习网络；情境认识与学习理论特别重视知识的“情境性”特征，认为知识是基于社会情境的一种活动而非抽象的对象，学习必须发生在真实的事件中；社会共享认知和分布式认知理论也强调社会物质情境对学习的重要作用。认知活动不仅是有关学生与学习内容的互动，更是沉浸在一个主体与环境构建的完整系统之中，其中的个体、媒介、环境、文化和时间都是认知系统不可或缺的要素。学校城市理论则认为，学校就像是一座微缩型的城市，教育工作者要以社会环境为样板，在学校空间设计中进行真实环境的模拟，为学生提供生活化、社会化的学习体验和实践。在意大利的瑞吉欧教育体系中，环境同样被放在了至关重要的

① 何徐麒：《中国学校设计如何走出“镀金拖拉机”时代——中国教育学会学校建筑设计研究中心副主任吴奋奋访谈》，《建筑与文化》2006 年第 10 期，第 86~95 页。

位置，并被认为是除师长、伙伴之外的“第三位教师”。

学习和认知理论的不断发展，从根本上推动了知识从表征观到情境观的转变，推动了越来越多的教育工作者对教学空间教育属性的关注。更多的教育研究者和实践者认识到，教学空间承载了丰富的教学理念、认知方式、学习资源等教学隐喻和学习境脉，教学空间的设计需要朝着导向沟通、合作与深度互动的学习路径进行革命性转变，使其能够有力支持学生真实性学习的发生。

（三）科学技术的进步助推教学空间变革

回顾教育的发展历程，科技创新往往发挥无可替代的作用。一方面，互联网技术的变革使教学空间从原来的物理空间拓展至网络空间，实现了虚实空间的融合。另一方面，技术成为重要的教学内容、教学活动创新工具和思维方式，成为教学空间设计的必要因素。如幻灯片、投影仪、电子白板等技术装备为教师教学提供了极大的便利，改变了教学资源的呈现方式；AR/VR 等技术将真实世界的问题带入课堂；慕课、翻转课堂这类在线学习平台拥有存储和共享优质教学资源的功能，使教学不再局限于线下固定时间的讲授，而成为一种随时随地都可以进行的泛在活动；传感技术让不可见的声、光、电等难以理解的概念和现象可视化；移动终端、网络社区等让师生互动、生生互动变得更加积极有效。

当前，随着人工智能、大数据、区块链等技术的迅猛发展，技术对教育教学的变革作用正日益深化。2018 年，教育部印发《教育信息化 2.0 行动计划》，大力推进“互联网+教育”，促进信息技术与教育教学的深度融合，标志着教育信息化发展从应用融合步入了融合创新的新阶段。信息技术在教育教学改革发展中的作用从“外部变量”走向“内生变量”，从“促进教育现代化”走向“支撑引领教育现代化”。2021 年，《关于推进教育新型基础设施建设构建高质量教育支撑体系的指导意见》进一步提出“完善智慧教学设施。提升通用教室多媒体教学装备水平，支持互动反馈、高清直播录播等教学方式。部署学科专用教室、教学实验室，依托感知交互、仿真实验等装备，打造生动直观形象的新课堂”，并且“依托‘互联网+教育’大平台，创新教学、评价、研训和管理等应用，促进信息技术与教育教学深度融合”，从“普及教学应用”、“创新评价应用”、“拓展研训应用”和“深化管理应用”等角度具体阐述了教学空间中的大数据和人工智能技术与教学过程各方面的深度融合。在这一变革趋势下，教学空间也将成为数字化、网络化、智能化教育的重要基础。

三　新型教学空间的内涵和特征

综上分析可见，在教育变革的大背景下，人们愈发关注什么样的教学空间能够支撑课堂教学的转型，促进学生全面而有个性的发展。同时，教育改革、学习科学发展和技术进步又不断赋予教学空间新的内涵和特征，因此需要以发展的视角理解教学空间这一概念。本报告所指的新型教学空间即在当前的变革动态和趋势下，对教学空间呈现的新样态进行的概括和描述。内涵上，新型教学空间是以现代教育理念为指导，以服务教育教学活动为目标，以学生为中心，以物联网等新一代信息技术为支撑，着力学生核心素养培养的虚实融合、智能感知的教学活动场所。新型教学空间具有多样化、复合性、情境化和智能化等特征，与传统教学空间有明显区别。

1. 多样化

在过去，我国学校的教学内容、大纲和进度基本一致，这导致了教学空间类型和布局的高度统一。但随着应试教育向素质教育的转型，以学生为中心成为教学空间环境优化的重要理念，越来越多的教育工作者意识到“传统的单一、封闭的教学空间开始越来越不适用了，需要的是更加丰富的，富有人情味的，开放的，多功能的新型教学空间”①。在这一阶段，西方一些

① 周立东：《追求新型的教学空间——广州市荔园小学设计》，《南方建筑》1998 年第 2 期，第 23 页。

先进的教学空间建设理念开始受到国内的关注，例如开放式教学空间等。国内个别学校也开始尝试由传统的“标准化”教学空间转向建设具有学校特色、促进学生全面发展的教学空间。这种多样化不仅体现为建筑造型的丰富，更体现为教学空间根据教学活动的不同而形成多种类型。

2. 复合性

此前，我国很多中小学校园建筑的功能比较单一纯粹，教学区、运动区、办公区、生活区以及交通过道等各个空间模块界线明确。通常，一个单独的普通教室即可构成一个基本的教学单元，而教师的备课办公区与教室也有明显的分界线。随着学科整合在课程设置中的不断强化，课堂教学方式变得更加灵活、多样。这也对教学空间的设计提出了挑战，要求从单一分区走向多功能、复合型和综合化，从集体授课走向多种教学方式灵活共存的新教学秩序。特别是随着走班教学的逐渐普及，更需要在一个空间内支撑学生自主学习、交流研讨、个别辅导、实验探究、集体授课等多种形式的教学行为。因此，新型教学空间需要尽可能整合多种不同的空间功能，提升教学资源的利用效率，以随时满足师生的教学、休闲和情感交互等多种需求。

3. 情境化

班级授课制形成以来，普通教室、学科实验室等教学空间的设计和建设，都更多地强调标准化的设备设施配备，技术装备主要包含课桌椅、黑板、教学多媒体系统以及学科教学仪器等。空间环境较难促进学生学习与真实生活的联系。而众所周知，心理学和学习理论的发展与深入研究，让我们对学习所具有的“建构的、参与的、协商的”本质有了普遍的共识，推动教与学方式不断朝着探究、自主、合作等方向变革，也对教学环境的设计提出了“情境化”隐喻的要求。情境化的核心在于为学生学习提供丰富的问题境脉，促进科学世界和生活世界的连接。这种连接可以通过以下几种方式：一是通过环境设计和布置构建浸润式的学科或学习环境；二是通过改变知识表征形式，促进“抽象知识”转向“具体情境”；三是提供探究工具等搭建学习“脚手架”，为学生创设特定范围的活动或经验，营造真实的任务情境，搭设问题解决的实践场所。情境化是新型教学空间的必要特征，能够促进学生从“获得隐喻到参与隐喻”的转变。

4. 智能化

技术进步是影响教学空间变化、促进学习环境设计的重要因素。从计算机、多媒体等数字化技术到以物联网、大数据、云计算为代表的新一代信息技术，教育基础设施面临转型升级，云网融合、数据驱动、智能升级成为教育新基建的重要特征，也成为新型教学空间设计和应用的主要方向。总体上，新型教学空间要坚持“云网端数”一体化的技术路线。一方面，要通过稳定的云服务和高速、安全、绿色的网络实现物理空间和网络空间的融合，延展师生教与学活动的空间边界，支撑线上线下相结合的混合式教学；另一方面，通过移动终端、传感器、教学多媒体等技术装备和各类信息化教学软件、工具，采集、记录、跟踪和汇聚师生教与学的行为，感知空间温度、湿度、光照等环境信息，以及学生身份特征等数据，并为学生个性化学习和教师因材施教提供数据采集、资源推送、评价分析、环境管控等服务，从而实现智能化管理和教学，支持学生个性化学习。

四　新型教学空间的主要样态和教学方式创新

（一）智能教室

1. 智能教室的缘起：寻求时代背景下个性化学习的突破

如何在规模化教育的现状下，实现个性化学习的突破，是新一轮教育改革面临的主要课题。而大数据、人工智能等技术的发展，为这种变革创设了可能的机遇。构建数字化、智能化的课堂教学环境，实现对学生学情、学业水平和学习评价的数字化、个性化诊断和分析，进而有针对性地优化教学方法、推送学习内容，成为学校撬动课堂改革的一个重要支点。从学术界看，智慧教学环境也成为近些年教育技术研究的热点。在中国知网（CNKI）检索关键词“智慧教室”和“智能教室”，共检索到2011~2022年的2423篇文献，发文数量基本呈逐年增长态势，且2018~2022年增长幅度明显（见图1）。

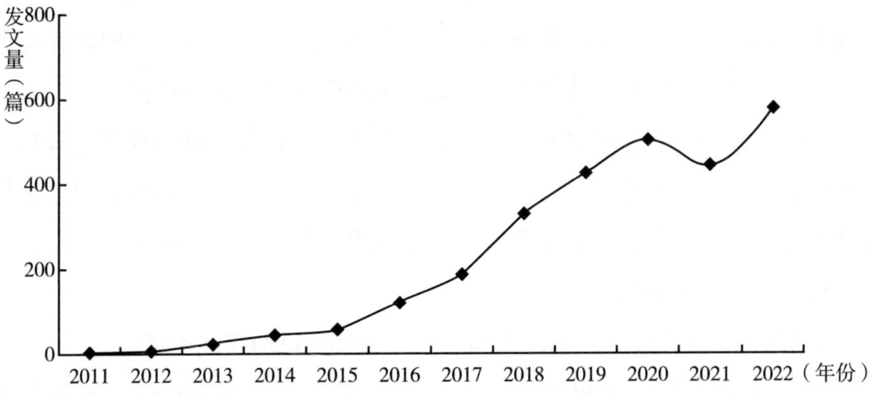

图 1　2011~2022 年以“智慧教室”“智能教室”为关键词文献检索总体情况

资料来源：根据中国知网检索结果绘制。

2. 智能教室的内涵与本质：以学为中心的智能化学习场所

关于智能教室的名称，学界和业界主要有“智慧教室”和“智能教室”两种。从汉语词语释义看，智慧是指迅速地正确认识、判断和发明、创造事物的能力，更倾向于一种人类的心理特征；智能是智力和能力的总称，在当前信息技术发展中，更加突出的是云计算、人工智能等技术特质。因此，本报告从教学空间的形态出发，将其称为“智能教室”。从物理环境建构的角度出发，智能教室要在“云网端数一体化”技术路线的总体框架下，装备教学多媒体系统、交互式录播系统、应用管理平台和智能环境控制系统，涵盖教学、学习、评价、管理四个维度。内涵上，智能教室主要体现如下特征：现代化的物理气息，教室内声音、温度、光照和空气质量等环境指标的智能感知和调控；高速、安全的互联网络连接；交互式教学多媒体、移动终端、录播系统等硬件和软件系统的互联互通；教师教学和学生学习行为的可记录、可分析。教学上，智能教室深层次的指向是能够记录学习过程，支撑学习方式转变，形成课堂教学新生态。教师一方面可以借助信息技术实现课堂教学过程中的深度交互和基于数据的即时教学评价；另一方面能够为教与学提供充足的教学分析报告，诊断分析教学情况，让教师关注每一个学生，充分了解学情。[①] 智能教室实现了线上线下教学的有机融合，推动课堂教学从以教为中心向以学为中心、从重视呈现向促进互动、从媒介组合向媒介融合转变，以技术实现联结，支撑教学研究，促进学生综合素养的提升。

可以说，智能教室将现代化手段融入整个教学过程，既增强了生理环境的体验，又让学生在学习的过程中获得了更好的认知环境，是推进未来学校建设的重要组成部分，同时它是教育信息化发展的必然趋势和高级形态，对课堂教学具有革命性影响。[②]

3. 智能教室的设计与应用：智能感知、无缝联结与精准定制

黄荣怀等认为建设智慧教室应包括内容呈现（Showing）、环境管理（Manageable）、资源获取（Accessible）、即时互动（Real-time Interactive）、情境感知（Testing）五大特征，并构建了智慧教室的SMART模型。[③] 为了提供更具可操作性的建设参考，清华大学聂风华等在SMART模型基础上，从系统组成的角度构建了智慧教室“iSMART”模型，即基础设施（Infrastructure）、网络感知（Network Sensor）、可视管理（Visual Management）、增强现实（Augmented Reality）、实时记录（Real-time Recording）、泛在技术（Ubiquitous Technology）六大系统。[④] 也有学者指出要通过无线网络环境、交互式电子白板、课堂任意分组、互动教学系统、多终端支持、智能管理、实时应答系统、课堂大数据分析8个维度，构建智慧教室系统总体框架，实现智慧教室的核心功能。[⑤] 结合众多学者的种种观点，智能教室设计与应用的核心特征可以概括为：在信息技术支持下的良性互动、实时联结和精准定制。

基于空间环境智能感知，打造人机协同的学习环境。空间环境建设是智

---

① 张英强：《构筑智慧课堂：以互联网思维重塑学校教育生态》，《中小学管理》2017年第10期，第54~56页。

② 陈琳、孙梦梦、刘雪飞：《智慧教育渊源论》，《电化教育研究》2017年第2期，第13~18页。

③ 黄荣怀等：《智慧教室的概念及特征》，《开放教育研究》2012年第2期，第22~27页。

④ 聂风华、钟晓流、宋述强：《智慧教室：概念特征、系统模型与建设案例》，《现代教育技术》2013年第7期，第5~8页。

⑤ 谢火木、刘传尧、刘李春：《以课堂教学变革为导向的高校智慧教室建设》，《现代教育技术》2018年第10期，第76~80页。

能教室关照学生个性发展与需要，实现“师—机—生”多要素良性互动的重要物理基础。如为了实现空间功能分区，欧盟未来教室根据教学的需要将教室划分为互动区、展示区、研究区、创造区、交流区与发展区。创设自由可移动的弹性空间和舒适适宜的空间环境也十分重要，麻省理工学院 TEAL 项目的智能教室采用苏格拉底式圆桌讨论形式；中关村三小万柳新校区教室内部采用自然采光设计；浙江大学智能教室有环境指标实时监测。在教室的技术与装备方面，有支持个人学习的平板电脑、笔记本电脑；有支持交互协作互动的无线投屏设备、相关软件；有支持知识内容呈现的智慧黑板、移动式交互白板、VR 三维数字沙盘等，更好地实现了人机互动与人际协同。同时，智能教室空间环境建设过程中始终遵循亲人类原则，注重社会参与、情感流动、灵活适应以及创造性的学习生态，使学习空间具有邀约性。智能教室旨在创造一个人与技术、设备、资源、环境的优化组合和高效、自然互动的智能教学空间，实现学生的学习动机和创造性被激发。

依托新兴智能技术实现交互与联结无处不在。智能教室作为一个智能学习场所，为学生搭建了一个物理与网络空间高度融合的立体学习场。无处不在的联结首先体现在教学的联结。随着大量智能技术的应用，智能教育中平板电脑、手机等个人终端将成为常规的教学媒体，智能技术的助力也使教室灵动起来。学生不仅可以在固定的智慧环境（智慧课堂、智慧实训室等）中学习，接受老师的面授，也可以依靠移动通信技术和智能设备在任何地方自主学习，实现线上线下融合、正式学习与非正式学习（碎片化学习）的自由交互，提高学习效果，促进深度学习的发生。评价的联结也同样重要。如杭州市绿城育华学校的亲亲概念教室采用全自动 APPLE 一体系统，多屏显示，全校近 1200 名学生自带设备进课堂，可随时查阅资料、在线作业、投屏分享等，方便教师线上线下混合教学。同时，引进 BB（Black Board）、ClassIn、新步伐等数字平台丰富概念教室的网络空间，实现翻转与交互；采用电子班牌、Classdojo 等即时性评价工具记录课堂数据与信息，实现学情的实时监测，并配备录播系统方便捕捉课堂环节、学生表现。

数据驱动的智能定制化学习支持。智能化信息技术的应用促进了物理空间环境与虚拟现实环境的融合，打破传统课堂的界限，创造智能定制化的学习环境。[①] 如美国北卡罗来纳州立大学的 SCALE-UP 项目，通过仿真技术构建深度互动的学习空间，引导学生开展协作式、体验式学习。实验表明，智能教室中学生的理解能力、问题解决能力及学习态度等均明显优于传统环境下的学生。[②] 又如佛山市禅城区智能教室的智能讲课系统将对课堂教学中的练习、问答、作业等教学反馈信息进行汇集、统计、分析、评价，并将评价结果以图形化的方式在电子白板上直观呈现。该系统还基于大量教学反馈信息的统计分析，科学诊断学生学习情况，并进行智能化的学生分组。教师可根据不同组别学生的具体情况，有针对性地发送不同层次的学习内容，开展个性化、差异化教学，从而实现学生与教师的精准画像，推动精准教学。依托新兴智能技术，不仅能够在智能教室中打破传统教学空间的物理边界与限制，还可以用技术支撑教学研究，实现获取学生学习的精准数据并及时反馈给教师，实现对全课堂行为的实时监控，以制定有针对性的课堂管理策略。通过数据挖掘、数据迭代，进行精准定位与教学，智能教室使学习个性化定制、作业精准推送、个性化辅导方案、泛在化学习等梦想变为现实，进而推动智能化教学方法的变革。但在建设智能教室的过程中，要始终坚持使用恰当、符合伦理的技术，绝不侵犯学生隐私。

4. 以智能教室建设促进学习方式转变

智能教室建设的核心在于支持学习方式转型，在空间、技术和资源的高度融合下，推动师生、生生、人与技术之间的多维良性互动，促发学习过程中深度的交互与联结，学生开展自适应进阶学习进行自由探究和创造。许多学校在实践过程中进行了有益的探索与尝试，将空间应用与课程设计相结合，探索了包括问题解决式学习、多维交互式学习、自适应进阶学习、线上

① 姜丛雯、傅树京：《我国智慧课堂研究现状述评》，《教学与管理》2020 年第 6 期，第 1~4 页。

② Ramadan, R., Hagras, H., Nawito, M., et al., *The Intelligent Classroom: Towards an Educational Ambient Intelligence Testbed* [IEEE. Intelligent Environments (IE), 2010 Sixth International Conference, Kuala Lumpur, 2010], p. 344-349.

线下结合的混合式教学等多种教学方法，从而把学生的主动性、积极性、创造性较充分地发挥出来，使传统的课堂教学结构发生根本性变革，实现以自主、探究、合作为特征的新型教学方式，[①] 促进了个性化教学活动、过程化学习评价和适切性教学研修的开展。

智能教室打破了传统的教室观念，不仅对物理空间进行重组、优化，还以技术赋能的方式对网络空间进行丰富、联通，创造出一个线上线下高度融合的资源充沛空间与立体学习场，支持多种形式的学习，让以前无法实现的学习得以发生，解决传统面授教学中教育资源与环境低效配置及学生自主学习意识与能力不强等问题。[②] 然而，如何实现教学设计与技术装备的全面契合、如何更好地利用数据实现大数据时代的精准教学推送、如何打造云网端数一体化的全面联通等，更多问题还有待深入思考与研究。

（二）创新实验室

1. 创新实验室的缘起：创新精神和实践能力的时代需求

近年来，中小学生创新意识培养逐渐引起人们的重视，培养中小学生创新精神和意识不仅体现时代的诉求，更成为国家基础教育改革的重要方向。党的十九大报告要求不断深化基础教育人才培养改革，培养学生创新精神和实践能力，这意味着中小学校从教育目标到教学组织形式都将发生重大变革。未来，学校教育将更加注重创新素养培育以及相应研究性学习活动的开展，这对于学校教学空间提出了新的教育需求。因此，创新实验室是基于创新人才培养需求，通过先进的技术装备和信息化建设，组织开展研究性教学活动，进而培养学生创新精神，提高学生研究性学习能力的综合性教学

① 何克抗：《智慧教室+课堂教学结构变革——实现教育信息化宏伟目标的根本途径》，《教育研究》2015年第11期，第76~81、90页。

② 朱家华、崔鸿、刘家武：《基于互动媒体技术的智慧教室设计思考》，《实验室研究与探索》2018年第12期，第252~256页。

空间。[①]

2. 创新实验室的内涵与本质：创新能力培育的实现

创新实验室是学生开展研究性学习活动、自主探究和创新实践的重要场所，是基于学生个性化学习需求，融学习内容、学习方式以及先进技术设备为一体的新型学习环境[②]，具体表现为配备信息化设备、定制实验器材、大数据分析系统等多种软硬件资源，是集教育性、探究性、开放性、科学性、协作性于一体的实验平台[③]。创新实验室不是简单地将原来的传统实验室进行改造，也不是实验室环境构建和仪器设备的堆砌。创新实验室的建设需要考虑如何组织教学活动，如何开发融合创新实验室生态的课程，如何为实现培养学生创新精神和实践能力的目标服务。换言之，创新实验室是学生开展创新活动的载体，其目标最终指向创新能力培育的实现。

3. 创新实验室的设计应用：创新实践活动的平台

作为教育教学改革的先行者，上海市自 2004 年起开始创新实验室的探索和研究工作，其经验已向外省（区、市）辐射与推广，为浙江省提供了宝贵的指导意见。2014 年，浙江省进行新一轮高考招生制度改革，实行科目 7 选 3 制度，学生可根据所选科目实行分层分类走班教学。为适应全省深化普通高中课程改革和高考招生制度改革的需求，自 2015 年起，浙江省教育厅投入省级专项资金 3600 万元，资助全省公办普通高中建设 100 个具有引领示范作用的创新实验室，为学生走班教学和自主学习提供支撑，满足学生个性化发展需要，促进学生创新精神和实践能力的培养。[④]

以真实情境问题为驱动并解决问题的项目化学习。情境认知理论认为，基于现实世界的真实情境学习是学习者学习的基本条件，任何脱离特定情境

---

① 程莉莉：《技术赋能教学空间创新》，《教育与装备研究》2021 年第 7 期，第 14~18 页。

② 竺建伟：《学习环境重构：中小学创新实验室探索与实践》，《上海教育科研》2018 年第 7 期，第 67~70 页。

③ 张翔：《中小学创新实验室建设与发展模式探究》，《教育与装备研究》2018 年第 7 期，第 8~12 页。

④ 《浙江建百个高中创新实验室》，教育部网站，2021 年 11 月 24 日，http：//www.moe.gov.cn/jyb_ xwfb/s5147/201509/t20150928_ 210980.html。

或场合的知识都是毫无意义的。[①] 因此，为了培养学生的创新和实践能力，并把获得的知识和经验有效迁移应用于解决社会生活问题，创新实验室致力于为学生提供真实情境问题解决的项目化学习机会，让学生像专家一样进行有意义、有目的的活动。创新实验室是学生进行项目化学习的重要场所，其学习的出发点来源于现实生活问题的解决。以湖州二中科创中心开发的“我为易拉罐供材料”项目化学习为例，该项目起源于“饮料行业巨头在湖州设厂，易拉罐车间经理急需选购金属材料”的真实问题，学生选择扮演各类金属材料的供应商，通过原料选择、金属冶炼、项目优化等子项目，最终选出最为合适的材料作为供应品。在跨学科的项目化学习中，学生经历了分组讨论、问题驱动以及目标评价等环节，掌握了金属特点、冶炼金属的方法等知识，并培养了金属资源利用的可持续发展价值观念。中小学学生学习以经验性的逻辑思维为主，往往从已有的生活经验出发，借助生动直观的形象对概念和结论进行理解。而创新实验室的学习旨在培养学生的创新能力，本身具有学科综合性强、学习难度高的特点，因此其教学设计需要贴近学生的生活，联系社会实际，通过真实情境问题解决的项目化学习，学生才能对学科前沿知识进行深刻的理解，达成创新能力培育的目的。

先进技术装备支持学生自主、探究和发现式的研究性学习。传统的接受性学习按照教师的计划、要求或讲授进行，既限制了学生学习的主动性和积极性，也不利于学生探究精神和创造精神的发展。因此，自 21 世纪初起，以整体性、开放性、自主性和探究性为主要特征的研究性学习成为学界教育教学变革的重点。研究性学习作为一种学习方式，鼓励学生在教师指导下自主地发现问题、探究问题、获得结论，成为学生解放个性、发展创造性的典型学习方式。首先，创新实验室内配备了个性化、精密的技术设备，可供学生动手实践。除此之外，学生通过小组合作、讨论交流等开放的学习形式，进行自主探究和发现学习，在解决问题的过程中综合运用多学科知识，掌握

① 蔡亚萍：《基于真实情境问题解决的教学设计》，《电化教育研究》2011 年第 6 期，第 73~75、80 页。

科学研究方法。以杭州市保俶塔实验学校的“垃圾桶大改造”项目为例，学生首先需要通过生活体验或社会调查等实践活动，自主发现和聚焦垃圾桶改造的问题。之后各小组进行讨论合作，进一步制定详细的项目实施方案，包括产品功能和外观设计以及技术分析，并对方案的可行性、创新性进行评估，不断对方案设计进行迭代修改，最终形成项目的研究成果，完成产品的制造与展示。在垃圾桶改造的研究性学习中，学生通过“考察”“实验”“探究”“体验”“创作”等一系列活动发现和解决问题，体验和感受生活，发展实践能力和创新能力。①

精心设计的教学体系促发高阶能力发展和迁移运用的深度学习。创新实验室提供的学习旨在培养具有自主学习能力、知识创新能力的高素质人才，以增强我国的国际竞争力，而学习者的自主学习能力和知识创新能力都以深度学习为基础。从本质上看，创新实验室导向的深度学习要求学习者进行批判性的高阶思维、主动的知识构建、有效的迁移应用及真实问题的解决，进而实现元认知能力、问题解决能力、批判性思维、创造性思维等高阶能力的发展。② 深度学习并不能自然发生，而是需要促发条件。因此，创新实验室需要精心选择具有教学意图的结构化学习对象，为深度学习创设平等、宽松、合作、安全的互动氛围，并通过预先设计的教学方案，有计划、有序地实现有层次且复杂的教学目的，最终形成服务于师生需求的课程体系。义乌市义亭中学创客空间的天工开物工作室基于现实需求对常见的家电进行创新化设计和改造，促发学生实现深度学习。首先，天工开物工作室以分离厨余垃圾液体成分的新型厨余垃圾桶为研究对象，该对象本身具备复杂而深刻的学习内容，且提供的学习材料，如不锈钢桶、激光切割机等能够支持学生具体和现实的操作，引发学生开展主动学习。其次，该项目设计不同秩序和层级的活动为学生搭建思维的阶梯，依次为洗衣机脱水机制学习类比、厨余垃圾特点分析和处理、垃圾桶脱水机制设计等步骤，体现了教学过程的精心设

① 张华：《论“研究性学习”课程的本质》，《教育发展研究》2001 年第 5 期，第 14~18 页。

② 张浩、吴秀娟、王静：《深度学习的目标与评价体系构建》，《中国电化教育》2014 年第 7 期，第 51~55 页。

计和整体结构。最后，家电研究中心的设计结构为学生塑造了生活与科技紧密联系的情境，拉近了学生与科技的距离，让学生所学能够迁移运用到生活的其他领域。作为深度学习的孵化室，创新实验室以及创客空间促进了全面学习目标的达成和高阶思维能力的发展。

4. 创新实验室促进学习方式转变

创新实验室的本质诉求就是改变学生的学习方式，让学生从单一的学习方式和思维方式中摆脱，让他们在实践、操作、体验、探究的过程中重新认识世界、认识自己。在创新实验室的建设中，中小学校根据学生个性化学习的需求，在设计和应用中创设了引领学生学习方式变革的实践样态。教师采用基于真实情境和驱动性问题的项目化学习方式，引领学生走向更加广阔、更加丰富的跨学科知识领域和生活领域。项目化学习的核心是情境化和生活化的问题设计，确保背景的真实性和解决方案的可操作性。项目化学习的显著特征是过程协作和成果导向，鼓励学生在学习过程中进行研究性学习，采用小组合作的模式，相互交流、协作与补充，完成思想的碰撞；与此同时，作为完整的项目，其学习必定有预期的成果，可以是结论，也可以是作品，更可以是产品，以承载项目学习的成效与精华，评估学生的学习效果，推动学生的意义学习。总而言之，在创新实验室中，学生以协作的方式进行基于真实情境的创新创造活动，产生多维的思想碰撞，最终形成个性化的结论或项目成果，实现传统学习方式的转变。

（三）学科教室

1. 学科教室的缘起：走班选课制度下应运而生

随着新一轮中高考改革对选考科目的设置，在学生自主选择学习科目的同时，走班选课的模式得到了大力推广。从学校的教育目标到教学组织形式都将发生重大变化。在培育学科核心素养的目标下，教学注重目标导向、情境创设、科学探究、问题解决和过程性评价。[①] 这不仅对教育教学方法提出

---

① 常晟、杜守任：《基于核心素养的学科教室建设——以北京亦庄实验中学地理学科为例》，《教育家》2019 年第 34 期，第 62~63 页。

了新的要求，也对传统的教学空间提出了新的挑战。而在传统的行政班中，没有专门的学科情境创设和充足的学科资源以匹配教学活动，也无法满足课程改革提出的新要求。鉴于此，革新教学组织形式，打造学科育人的新型教学空间迫在眉睫，学科教室应运而生。换句话说，学科教室是选课走班制度下，以服务师生学科教与学为宗旨，促进学生在内生动力驱使下主动学习的学科环境和学科资源的有效配置①，是实施走班制教学课堂结构改革的有效载体②。

2. 学科教室的内涵与本质：指向学科核心素养

从表面含义理解，学科教室是为特定学科教育教学服务的专用教室，是专供某一门学科授课的场所。③ 而其背后的深意与本质实际上指向了学科核心素养的培育，它要求以培养学生学科核心素养为逻辑起点，构建学科情境，配置丰富的学科资源，开展学科教学、实验（体验）和研究，从而促进学校学科体系建设，提升学生学习内驱动力，促进师生互动交流和教师教学研究。④ 相比于传统的教室和专用教室，学科教室不只是换了个名称而已，它打破了以往的“教师走班”上课、“学生坐班”听课的传统教学组织形式，学生根据自己的课程表奔走于不同的教室，而教师在学科教室坐等选了自己课程的学生。通过浓郁的学科情境和有效的学科资源配置，建设学生主动学习的学科环境。⑤

3. 学科教室的设计与应用：一站式学科教学空间

在建设学科教室的实践与探索过程中，北京市十一学校作为建设的实践先驱，辐射、带动周边学校进行了一系列有益探索。而作为深化课程改革先行者的浙江省，自 2014 年开始便启动了学科教室建设和应用的系列研究实

① 《浙江专项建设普通高中学科教室》，教育部网站，2017 年 1 月 1 日，http：//www.moe.gov.cn/jyb_ xwfb/s5147/201701/t20170103_ 293677.html。

② 李葆萍、杨博主编《未来学校学习空间》，电子工业出版社，2022。

③ 李葆萍、杨博主编《未来学校学习空间》，电子工业出版社，2022。

④ 《浙江专项建设普通高中学科教室》，教育部网站，2017 年 1 月 1 日，http：//www.moe.gov.cn/jyb_ xwfb/s5147/201701/t20170103_ 293677.html。

⑤ 赵卫勇：《学科教室建设：内涵、价值与路径》，《江苏教育》2020 年第 82 期，第 26~28 页。

践，2017 年实施普通高中学科教室建设项目，投入省级专项经费 1000 万元，资助全省公办普通高中建设 400 个学科教室。[①] 各地也都进行了一系列学科教室建设的有益尝试，旨在满足深化课程和考试改革的需求，为分层分类走班教学和学生自主探究学习创设环境，促进学生全面而有个性的发展，引发学科教学方法变革，指向学科核心素养培育的最终结果。

专业的学科情境是打造一站式新型教学空间最鲜明的特点。专业的学科情境为教学活动的开展提供了一个浸润式的学科环境。例如，浙江大学附属中学的物理学科教室，以牛顿三大定律等组成学科主题墙，以富兰克林风筝引雷实验等物理故事为背景制作窗帘；挂图和专业的学科图书、实验器材等创设了浓厚的学科情境，并以多媒体配置丰富的物理学科教学资源，让学生直观感受物理的气息。又如，东阳市江北小学水润空间，侧重于学生水润项目化学习，利用采集的智慧环境系统数据进行分析，远程操控水肥一体机，精准控制水量和施肥量等，形成“水润互联网”，并创设了低年级段的 DIY 水盆，中年级段的盆栽小温室，高年级段的管道水培装置、大棚制作搭建等课程，打造了一个生机盎然、神清气爽的生物世界。利用巧妙的装饰、配套的设施，配合丰富的学科资源，浸润式的学科教室处处呈现学科思想与学科问题。一方面，学生一走进学科教室就感受到浓厚的学科氛围，在真实的情境中提升学生发现问题和解决问题的内驱动力，使学科要素潜移默化地渗透学生的思想，变被动学习为主动学习，促成学生深度学习的有效建构；另一方面，有利于增加教师对学科专业的理解，从而激发学生学习和教师教授的内在动力，使教学活动真正落在实处。

建立学科知识与生活的联系是建设一站式学科教室的有力保障。与生活的联系首先体现在教室的建设过程中。在北京市第十一中学，教师拥有一间以自己名字命名的学科教室，可以亲自参与教室的建设，而非全权交给建筑公司。学科教室建设不必过于追求先进技术支持和高端环境打造，一间生物

① 《浙江专项建设普通高中学科教室》，教育部网站，2017 年 1 月 1 日，http：//www.moe.gov.cn/jyb_ xwfb/s5147/201701/t20170103_ 293677.html。

教室的建设可能从家里带来的一株植物、学生饲养的一条蚯蚓开始，师生应发挥主观能动性，将自身生活经验融入学科教室的打造，建造一间满足学科特点和自身需要的教学空间，真正发挥学科教室的育人力量。其次体现在学科教室功能划分与资源匹配中。在华东师范大学宁波艺术实验学校科学教室中，师生根据需要把教室划分为标本展示区、问题交流区、自主探究区。而在教学的过程中也采用了不同的方法，如标本展示区以实物代替抽象文字，使抽象知识具象化；问题交流区区别于教授式的课堂，学生可通过文字的形式展示学习中形成的问题，师生均可解答，形成开放互动的课堂氛围；自主探究区是鼓励学生收集和积累一些废旧材料，通过设计各种有趣的生活场景实验促使学习真实发生。在这样一间学科教室中，学生感受到的是与生活情景强有力联系的知识经验，而非停留在课本上的公式与文字。

支持选择性学习的功能定位是建设一站式学科教室的核心与关键。学科教室对于选择性学习的支持首先体现在学科资源的选用上。学科教学的一系列物质资源工具，包括图书、资料、实验器材等。例如，北京亦庄实验中学化学学科教室将化学实验室和学习课堂合二为一，教师可以在上课的过程中随时实验，学生在教室中间的集中学习区域进行化学知识的学习，学生可以无缝实时在教室两侧的实验区进行操作，不必为了做实验特意跑到实验室。全部学习资源对学生开放，放到离学生最近的地方。而温州艺术学校生本实验室则很好地实现了物质资源工具与情感化、人际化的教学支持。生本实验室在建设过程中，打造了支撑教学空间的四大超市，包括课程“超市”、工具“超市”、材料“超市”、指导教师“超市”。“超市”中布置了学生各项活动所需要的资源，就像在超市中购物各取所需一样，学生在生本实验室使用中根据自身学习需要获得四大“超市”的定制化支持。同时，将教师“给”教学资源，转变为学生“要”资源，增强了学生的主体性和能动性。在丰富的配置之外，建设了一体化教学资源管理平台，实现生本实验室课程资源的共享、更新、迭代，满足了学生项目推进过程中的各种需求，提供有选择的学习。

除了学习资源的选择外，学科教室还提供了对教学的选择。学生可以根据兴趣爱好选择自己喜欢的学科和教师，促进学生与教师产生更亲密的接触与交流。上海市松江区东华大学附属实验学校有一处名为 GEO 乐园的地理新型教学空间，备课、讲课、办公、答疑，教师所有的工作几乎都在新型教学空间完成，教师与学生接触的零碎时间呈几何级增长，教师对学生有更深入的了解，对于帮助学生的学科成长发挥重要的作用。学科教室希望让学习资源最接近学生，为学生的学习提供选择性和个性化的支持。不论是随时取用的教学资源还是教师与同伴提供的学习帮助，都旨在让学生学习的过程更真实、亲切、具体可感，在润物细无声的学科支持下，真正推动学科教学走向学科教育。

4. 以学科教室建设促进学习方式转变

学科教室的八大特点是专业的学科情景、多维度的认知设计、师生主导设计与建设、信息技术的深度融合、动态的建设过程、常态化的教学应用、非标准化的技术装备和学科素养培养的指向。总的来说，学科教室以选课走班制为起点，打造的是一站式学科教学空间，是集上课、阅览、实验、讨论、教研等功能于一体的学科针对性教学场所。其倡导学习方式由讲授教学为主向多元融合教学、项目学习、合作学习、融合学习以及分享学习转变，从而进一步推动教学形式变革，落实学科核心素养的培育。

（四）劳动实践空间

1. 劳动实践空间的缘起：劳动教育的独特地位

2015 年 7 月，教育部、共青团中央等部门联合印发《关于加强中小学劳动教育的意见》，明确提出“劳动教育是全面贯彻党的教育方针的基本要求，是实施素质教育的重要内容，是培育和践行社会主义核心价值观的有效途径”。2018 年，习近平总书记在全国教育大会上首次提出要将劳动教育纳入德智体美劳全方位育人的教育体系，大力弘扬劳动精神。2020 年 3 月 20 日，中共中央、国务院正式颁布《关于全面加强新时代大中小学劳动教育的意见》，同年 7 月 7 日教育部印发《大中小学劳动教育指导纲要（试行）》，为新时代中小学开展劳动教育指明了方向。2021 年国务院《政府工作报告》明确提出构建德智体美劳全面培养的教育体系，教育部等六部门也专门印发了《义务教育质量评价指南》，将劳动与社会实践列入中小学生发展评价指标。不难看出，在新时代劳动专项政策的独立创新期[①]，劳动素养成为中小学生评价的重要内容，劳动教育的地位亦获得显著提升，成为当前教育改革中的一个热点话题。

劳动教育是一门实践性很强的课程，劳动能力的提升、劳动观念的培养、劳动习惯的养成等都需要通过实践才能完成。[②] 如徐海娇认为劳动价值的回归应该强调身体“回归自然”，实现身体“在场”，在劳动中“积极体验”。[③] 关颖认为劳动教育应该实现良好的“场效应”效果最优化，在实践中强化“知行合一”。[④] 刘国飞和冯虹认为端正劳动观念是前提，提供实践机会是关键。[⑤] 因此，学校开展劳动教育要找好载体，不仅要依托社会力量和各行各业的专业力量抓好综合实践基地建设，校内劳动教育的开展空间建设也尤为重要，劳动实践空间也就应运而生了。

2. 劳动实践空间的内涵与本质：指向劳动素养的提升

劳动教育发生的空间不是相对封闭的课堂。劳动实践空间不仅为了劳动教育课程而搭建，更是要让劳动教育成为书本知识和实践锻炼的桥梁。[⑥] 因此，从表面上理解，劳动实践空间是支持劳动学科教学的教学空间场所，是新型教学空间的一种。劳动实践空间建设的重要目标是对新时代学生进行系统的劳动思想教育、劳动技能培育与劳动实践锻炼，从而顺应新时代劳动发展趋势，为学生全面提高大劳动素养的过程提供一个可以实践和落地的空

---

① 王洪晶、曲铁华：《中国共产党百年劳动教育政策：历程、经验与展望》，《中国教育学刊》2021 年第 8 期，第 1~7 页。

② 陈宝生：《落实　落实　再落实——在 2019 年全国教育工作会议上的讲话》，《人民教育》2019 年第 Z1 期，第 616 页。

③ 徐海娇：《劳动教育的价值危机及其出路探析》，《国家教育行政学院学报》2018 年第 10 期，第 22~28 页。

④ 关颖：《少年儿童劳动意识和劳动习惯影响因素的实证分析》，《道德与文明》2012 年第 1 期，第 148~152 页。

⑤ 刘国飞、冯虹：《新时期劳动教育的改进措施》，《现代中小学教育》2016 年第 4 期，第 16~19 页。

⑥ 吕晓娟、李晓漪：《我国劳动教育课程的发展历程、主要成就和实施方略》，《课程·教材·教法》2021 年第 8 期，第 137~143 页。

间，促成学生在劳动创造中追求幸福感，获得创新灵感，为培养具有社会责任感、创新精神和实践能力的优秀人才助力。

劳动实践空间背后的深意实际是在实践的基础上指向学生劳动素养的提升。教育部在《大中小学劳动教育指导纲要（试行）》中指出，要全面提高学生的劳动素养，包括树立正确的劳动观念、具有必备的劳动能力、培育积极的劳动精神、养成良好的劳动习惯和品质四个方面。[①] 在劳动实践空间发生的劳动教育旨在引导学生树立正确的劳动价值观，引导学生在敬畏劳动、崇尚劳动的同时，将掌握的学科知识与生活世界联系起来，以加深对学科知识的理解与运用，培养学生的劳动素养，促进身心和谐发展。[②]

3.劳动实践空间的设计与应用：让劳动真实发生

匹配对应的劳动课程。设计与开发劳动教育课程，聚焦生活技能，实现劳动教育与学科有机融合。例如，宁波市北仑区泰河学校“多彩小厨房”劳动实践空间，打造了一个标准化、有组织、以授课为主要特征的新型劳动实践空间。建成涉及洗菜、切菜、配菜、炒菜、烘烤、统筹安排、聚会分享、整理打扫全链条的学生劳动教育“真”实践基地，融合包括制作彩色馒头、戚风蛋糕、中餐烹饪在内的丰富课程，并设置了集整理着装、摆放食材、清洗食材、切菜配菜、烹饪、装盘摆盘、清洗整理、清点于一体的劳动实践教学范式，从而实现学习劳动技能、培养劳动素养、弘扬美食文化、传承美食精神的课程目标。

亲历真实的劳动过程。劳动教育要走进自然和生活，最终使劳动教育的本真状态得到回归。[③] 因此，劳动实践空间要为学生提供丰富真实的锻炼机会。在嘉兴市秀洲区磻溪教育集团的“I CAN BAKE—烘焙”劳动实践空间中，为传承古镇老王烧饼、蟹叉三馄饨等饮食文化，学校打造了集烘焙区、

---

① 《教育部关于印发〈大中小学劳动教育指导纲要（试行）〉的通知》，教育部网站，2020 年 7 月 15 日，http：//www. moe. gov. cn/srcsite/A26/jcj_ kcjcgh/202007/t20200715_ 472808. html。

② 余文森、殷世东：《新时代中小学劳动教育的内涵、类型与实施策略》，《全球教育展望》2020 年第 10 期，第 92~101 页。

③ 赵荣辉：《论劳动教育的实践取向》，《教育学报》2017 年第 1 期，第 16~22 页。

创客区、展示区、品鉴区于一体的劳动教学空间。空间以儿童烘焙为主题创立，一边DIY一边学习烘焙知识，享受亲手制作美食的乐趣，在空间环境和情境的设计中，融合古镇特色，还原真实的烹饪劳动体验。通过真实的劳动场景复现，学生亲历真实的劳动过程，培养劳动精神，养成劳动观念，不断从生活中、实践中获得学习感悟。

技术赋能的劳动教学创新。首先，技术赋予劳动教育课程内容新样态，构建面向“数字世界”的劳动能力框架，打造技术赋能的数字化劳动实践空间，使学生了解真实的数字生活和数字劳动内容。以位于柏林的卡罗施密特高中为例，它在校园内创设了专门的校园公司（Schulfirma），并为其配置了成套的工业级数字化生产设备，如激光切割机、激光雕刻机、投影仪、高性能笔记本、乐高头脑风暴机器人、工业吸尘器、压缩机等。在这里，学生能够亲自参与高水平的数字化生产。其次，技术提供了新工具，为劳动教育的开展提供新方法。卡罗施密特高中在“施密特数字制造者”车间内特设“施密特打印室”，在这里学生可以学习使用3D打印机，并有机会自行设计和出售广告牌、笔记本、杯子、运动包、连帽衫等物品。关注前沿科技动态，培养学生对数字科技的兴趣，使学生掌握一定的数字工艺，从而在培养兴趣、提升劳动素养、社会实践三个层面，逐级为学生提供相应的劳动课程，为学生步入“数字世界”奠定了坚实的实践基础。

4. 以劳动实践空间建设促进学习方式转变

劳动实践空间的建设不仅要配套相应的课程体系、数字化装备，支持劳动教育的真实发生，更重要的是通过以劳动体验、动手操作和探究为主的学习方式，向着满足每一个学生兴趣、提供差异化教学的目标，构建适合每一个学生风格、鼓励个性化学习的机制努力。

嘉兴市秀洲区磻溪教育集团借助“I CAN BAKE—烘焙”新型教学空间，助推学习方式变革，构建了“PBL—空间”学习样态。透过项目化学习构建了从驱动性问题确定探究主题到项目活动实践再到小组合作产出、体验、交流反思的迭代循环新型教学空间学习样态。在项目化学习的过程中，除了由教师和学生共同互动探究外，由信息技术支持的虚拟线上教学空间也对学习过程进行了支持与调节，使学生的学习过程可视化、情境化、智能化和信息化，从而建构了新的学习模型。

（五）新型场馆空间

1. 新型场馆空间的缘起：教学活动场所的延伸

“学习”认知的转变使人们重新反思教学活动的场所。随着 20 世纪建构主义、情境学习理论以及社会认知理论等学习认知研究的发展，人们逐渐意识到学习是意义建构的过程，而不是知识传输的过程，学习理论更关注意义建构过程的社会属性。[①] 这客观要求学校教育要超越传统课堂的教授模式，更重视学生学习与知识建构的社会联系，进而对学习空间提出了挑战，要求学生走出教室，走向更广阔的社会和生活领域。

传统的课堂处于相对封闭的环境，传统课堂学习具有一定的制度性与强制性，学生往往是被动接受知识，这抑制了学生自主建构的活力，也不利于学生终身学习习惯的培养。人们开始追求更为开放自由、与社会生活联系更为密切的学习形式，教学活动也逐渐拓展至教室以外的非正式学习环境，如以博物馆、图书馆为代表的场馆学习环境。近年来，国家引导学校重视和利用各类场馆教育资源。2015 年，国家文物局、教育部《关于加强文教结合、完善博物馆青少年教育功能的指导意见》再次深化要求，提到要积极推动博物馆学习在中小学各学科领域的应用，实现场馆教育资源的合理应用，最大限度发挥场馆教育功能。

2. 新型场馆空间的内涵与本质：开放的场馆环境实现自我导向学习

随着互联网和虚拟现实等现代技术的发展，场馆环境不仅指从事教育传播的实体场馆，也包括个体可以随时随地学习的在线虚拟场馆学习环境，[②] 其具有开放性、真实性、情境性和虚实结合等特点。而场馆学习指

---

① Jonassen, D., Land, S., *Theoretical Foundations of Learning Environments* (New York: Routledge, 2012), p. 8.

② 周进、安涛、韩雪婧：《基于活动理论的场馆学习活动设计》，《科普研究》2019 年第 1 期，第 30~37、107 页。

的是学习者在与场馆环境、社会环境交互过程中发生的学习行为，是自我导向的非线性学习活动，学习者通过创设自愿、开放的学习环境鼓励整体融合经验的生成。作为发生在真实或者虚拟场馆情境中，以学习者为中心的自主性学习，学习者对学习目标、学习行为、学习路径拥有完全自主的控制权。[①] 相较于传统的课堂学习，场馆学习通过创设开放自由的学习环境，提供真实可感的学习资源，并应用现代新媒体技术，重视学习的智能化交互，打破了以往一元性和逻辑性的学校教育，构建了学习者自主选择与建构的学习生态，最终形成自我导向的良性循环，实现学习者核心素养的培育。

3. 新型场馆空间的设计应用

场馆学习不仅可以利用校外的公共教育机构开展，还可以通过改造学校图书馆、建设校园博物馆等形式，让场馆学习与学校教育进行深度融合。近年来，越来越多的中小学重视校园内场馆空间的创新建设，其目的是转变学校传统教育的生态，让学习不仅发生在教室内，而且发生在由正式与非正式学习空间共同构建形成的校园学习空间连续体中。[②]

以具身认知的情境化环境，推动沉浸式体验和真实性学习。建构主义认为，学习总是发生在一定的情境当中，而场馆学习具备情境化特点，通过感知场馆内的学习活动与体验，学习者在与同伴交流和环境交互的过程中调动身体的多感官知觉经验，最终在大脑中完成已有经验与具身体验的组织与整合，达到知识建构的目的。[③] 为了让学生有更真实和沉浸的情境学习体验，通过探索真实世界的具身感知来获得知识，温州翔宇中学在校内打造了校园博物馆聚落，包含了自然类、政史类、艺术类、生命教育类以及创意类五大类型场馆。温州海产丰富，但学生们对海洋并不了解，翔宇贝壳博物馆便以

① 许玮、张剑平：《场馆中的情境学习模型及其发展》，《现代教育技术》2015 年第 9 期，第 5~11 页。

② 陈向东等：《从课堂到草坪——校园学习空间连续体的建构》，《中国电化教育》2010 年第 11 期，第 1~6 页。

③ 周进、安涛、韩雪婧：《基于活动理论的场馆学习活动设计》，《科普研究》2019 年第 1 期，第 30~37、107 页。

贝壳为突破口，通过贝壳标本及相关化石组成了完整的“现代软体动物”标本体系，学生由此获得与书本、屏幕认知完全不同的真实感受。①

校园博物馆的建设立足于学生熟悉的日常生活，结合其已有知识和先前经历，创设以体验为中心的活动平台，营造能够调动已有经验的互动环境，极大地激发学生的探究心和好奇心，在学习和生活之间架设一道学生能够自由行走的桥梁。

兴趣为导向的多功能空间设计，提供个性化学习体验。场馆学习秉持以学习者为中心，坚持个性化体验的原则，其空间设计充分考虑学习者的兴趣导向。场馆具备丰富多样的学习资源，通过现代化的虚拟现实技术实现场馆交互，充分激发学习者积极的心理倾向，以此实现内在驱动学习的持续性和稳定性。综合考量不同群体的学习兴趣和需求，场馆空间逐渐升级为多功能集合的综合性学习场所，让学习者自由选择适切的学习方式，提供个性化学习体验。

例如，澳大利亚圣十字玛丽小学多功能的阅读空间建设充分体现了以学生兴趣为导向，实现了自主选择和开放多元的个性化学习。在最常见的私人阅读空间中，图书馆嵌入圆圈空间或安置躺椅，让学生找到最舒适的阅读环境，从而提升阅读沉浸水平，激发学生的阅读动机。阅读不仅是私人的学习活动，更是推动人际沟通和社会互动的多样体验，因此为了打造合作互动的阅读场景，圣十字玛丽小学设计了不同组织形态的合作阅读圈，借助桌椅簇状分布拉近物理距离，促成多人协作的探究式学习。不仅如此，圣十字玛丽小学还充分鼓励学生对阅读进行自我创作，融入戏剧表演等教学形式。正是圣十字玛丽小学对阅读空间的多样探索，对自由阅读的充分支持，深化了学生的阅读表达、探索与创造能力，培养了学生阅读核心素养。②

研究表明，学生早期的学习兴趣往往来自与他人的互动、参观博物馆等

---

① 卢志文：《建一群博物馆：“让学校成为汇聚美好事物的中心”——浙江温州翔宇中学校园博物馆群的构建与思考》，《中小学管理》2017 年第 7 期，第 9~12 页。

② 郑莉珊、屠莉娅：《新型阅读空间：从端坐阅读走向多模态阅读》，《上海教育》2021 年第 16 期，第 32~33 页。

活动，进而产生深度学习，逐渐形成类似学科专家的知识领域。[①] 因此，不同于学校教育的结构性教学，场馆学习充分关注课堂外学生兴趣激发对学生经验形成的独特作用，通过设计多功能的场馆学习空间，实现学生的自发学习。

核心任务驱动的课程体系，实现场馆学习的系统整合。场馆作为校外或校内新型的公共教育场所，其类型丰富多样，因此单个场馆的学习资源相对固定且专门化，这要求学校明确不同场馆的学习特点，利用其资源展开目的明确、核心任务驱动的课程或活动设计，激发学生的学习动力，从而引发学习行为。

绍兴市越城区马山中学“耘梦空间”作为该校的新型图书馆悦读空间，目的是转变学生阅读方式，实现阅读的常态化。因此，学校在教学空间开设了语文阅读常态化课程和“遇见一本好书”拓展性课程。学校鼓励学生自行组织每月学生主题阅读沙龙，开展朗读录音、绘制插画、思想交流等创造性活动。在“耘梦空间”里，学生收获的不仅是名著知识，还有口语表达、合作、思辨、审美等能力的培养。而浦江县杭坪镇中心小学剪艺坊的创设则充分结合了浦江县的剪纸文化，通过剪纸图书、视频、实物资料等特色资源支持学生剪纸活动，培养学生对民俗文化的热爱，提升学生对家乡文化的认同感和自豪感。由此可见，不同场馆开展的学习活动各具特点，具有鲜明的学习导向。

场馆学习不是走马观花的散漫学习，而是需要学校对场馆资源进行系统整合，合理利用开放的教育环境，为学生开发因“馆”制宜的课程体系。换言之，如何评估和利用场馆教学资源，为学生开设体系化和特色化的课程，提升场馆活动组织和设计的质量，是开展场馆学习的重要问题。

4. 新型场馆学习空间促进学习方式转变

随着场馆承担的教育功能逐渐凸显，场馆空间的设计更加多元化和综合化，以支持学生多样的学习需求。以传统的学校图书馆空间为例，长期以来

---

① 鲍贤清：《场馆学习：一个有待关注的学习形态》，《上海教育》2014 年第 16 期，第 70~71 页。

中小学图书馆通常只包含书库、学生阅览室、教师阅览室及辅助用房。进入21世纪以来，中小学图书馆更注重按照国家规范设计，新增了视听阅览室、编目整修等管理室以及附设会议室和交流空间。近年来，图书馆功能出现新的变化，图书馆从“藏阅空间”向藏、借、阅、研、休等相结合的“综合性学习空间”转型。①

在场馆学习中，学习者被赋予充分的学习主动权，可自由选择学习方式，既可以是独立体验的个人自习，也可以是联系密切的双人协作，更可以是小组合作的多人研讨。在场馆学习中，学习的规模与形式不受限制，自由开放的学习氛围得以传递，学习者自主进行的探究式学习、协作化学习和个性化学习得到充分发展。

（六）网络学习空间

1. 网络学习空间的缘起：互联网环境下的学习场域拓展

互联网的发展为人类社会构建了一个数字化的虚拟空间，也促使人类生活空间在物理空间、社会空间和心理空间基础上，诞生第四个空间——网络空间。网络学习空间是互联网等信息技术发展并应用于教育领域的产物，出现于20世纪90年代中期。最早的网络学习空间形态为基于网络的交互系统（VLE），主要用于在线传递课程。② 随着Web2.0技术和新兴学习理念的发展，个人学习环境（PLE）于2004年在英国教育技术和互用性标准JISC中心会议上被正式提出。③ 为协调优化VLE和PLE分别在学生个体学习和“教师”作用缺失等方面的不足，2005年，Pebble Learning的发展部主任

① 邵兴江、张佳：《中小学新型学习空间：非正式学习空间的建设维度与方法》，《教育发展研究》2020年第10期，第66~72页。

② 祝智庭、管珏琪、刘俊：《个人学习空间：数字学习环境设计新焦点》，《中国电化教育》2013年第3期，第1~6、11页。

③ 尹睿、李丹飒：《国外个人学习环境研究的进展与趋势》，《中国远程教育》2012年第7期，第20~23页。

Sutherland 提出了“个人学习空间（PLS）”的概念。[①] 为适应日益发展的“互联网+”发展趋势，我国大力推进网络学习空间建设和应用，以推动规模化学习基础上的个性化学习。

2012 年 9 月，第十八届中央政治局委员、国务委员刘延东在全国教育信息化工作电视电话会议上首次提出了教育信息化“三通两平台”建设任务，并要求“推动网络学习空间人人通”，教师率先使用，职业教育率先部署，发达地区率先示范，促进教学方式与学习方式变革，实现教与学、教与教、学与学的有效互动。在各地积极深入实践的基础上，2018~2020 年，教育部发布了《网络学习空间建设与应用指南》《关于加强网络学习空间建设与应用的指导意见》《关于开展 2020 年度网络学习空间应用普及活动的通知》等系列文件，将网络学习空间建设与应用的推进工作作为推进教育信息化 2.0 工作的重要抓手，并提出到 2022 年，全面普及各级各类教育、全体教师和适龄学生，实现“一人一空间，人人用空间”。2012 年 12 月，国家教育资源公共服务平台正式上线运行，为全国教育机构、师生及家长提供优质数字教育资源服务和实名制网络学习空间，有效推动了网络学习空间在中小学校的全面应用。目前，我国中小学校网络学习空间的开通率逐年提高，空间的功能日趋完善。截至 2020 年底，全国中小学校开通网络学习空间的教师比例为 68.43%，学生比例为 52.57%；52.08%的中小学教师应用网络学习空间开展教学活动，54.16%的中小学教师应用网络学习空间开展教研活动。[②]

2. 网络学习空间的内涵与本质：个性化、智能化学习应用设计

在内涵上，网络学习空间即利用现代信息技术和计算机网络构建的面向正式学习与非正式学习的虚拟空间。[③] 作为我国教育信息化的重要应用

① 祝智庭、管珏琪、刘俊：《个人学习空间：数字学习环境设计新焦点》，《中国电化教育》2013 年第 3 期，第 1~6、11 页。

② 教育部教育信息化战略研究基地（华中）编《中国教育信息化发展报告（2020）》，人民教育出版社，2021。

③ 钟志贤：《大学教学模式革新：教学设计视域》，教育科学出版社，2008，第 6~8 页。

设计举措，根据教育部《网络学习空间建设与应用指南》，网络学习空间是由教育主管部门或学校认定，融资源、服务、数据为一体，支持共享、交互、创新的实名制网络学习场所，其核心属性是共享、交互、共创，基本特征是个性化、开放性、联通性和适应性。[①] 在功能上，网络学习空间不仅是师生的个人空间，更是一个社交、服务和管理平台，支持各类信息化教学资源、工具和服务的汇聚和调用，实现所有和主体相关的业务无缝整合在学习者的页面中；以社会性网络服务（SNS）为支撑，支持不同角色用户的互联互通，信息和资源能够在不同主体之间进行无缝传递、主动推送和分享。同时，网络学习空间依托信息技术，强调不同主体的空间内容适应主体的特征，支持基于数据的个性化教与学，实现学习者自定学习内容、学习步骤和学习进度管理。因此，从本质上说，网络学习空间是技术赋能下的智能化学习环境，是数字化学习环境的高阶形态，能够支持学习者基于数据的个性化学习，促进教育供给服务模式、教学方式和教育治理方式的创新。

3. 网络学习空间的设计应用

网络学习空间作为一种网络学习时代学习环境的积极探索和有效实践，在设计和应用上具有独特的需求和特征，主要表现如下。

（1）技术和教学的一体化设计。在技术上，网络学习空间本质上是一个智能化、一体化的信息管理平台，需要集存储、计算、应用等于一体，为师生提供高速、绿色、安全的云服务、计算力、资源、工具等应用和服务。其中，跨平台融通、资源汇聚和共享、强交互设计、数据记录、数据挖掘、学习分析、数据可视化等是网络学习空间的重要技术特质。面向未来，网络学习空间将成为开展数据支持下个性化教与学的重要入口。但这些技术特征最终指向的是服务教师和学生的个性化、多样化、混合式教与学。由此，网络学习空间在设计上既要以技术的先进性、易操作性为基础，又要主动尊重

① 《教育部关于发布〈网络学习空间建设与应用指南〉的通知》，教育部网站，2018 年 5 月 2 日，http：//www. moe. gov. cn/srcsite/A16/s3342/201805/t20180502_ 334758. html。

和适应教育教学和在线教学的规律，实现技术和教育教学的深度融合，这样才能确保用户的强体验感。

（2）人格化和自适应是首要特征。人格化，作为文学创作的一种方式，是对动物、植物以及非生物赋予人的特征，使它们具有人的思想感情和行为。作为个性化的网络学习场所，人格化是网络学习空间的首要特征，在空间布局和设计、空间资源、空间应用等方面应充分体现学生个人特征、学习风格、学习偏好等，体现教师教学智慧、教学风格、教学特色，体现机构办学理念、办学特色。人格化的另一层含义为满足空间设计和建设的用户需求。要针对空间的用户类型，深入分析用户核心需求，并在此基础上进行功能细分。如针对管理者，需要更多的管理功能；针对教师个人空间，则需要更多地提供资源生成、共享和教学支持应用等服务。基于人格化特色和人工智能技术的支持，自适应成为网络学习空间区别于传统数字化学习环境的重要特征，包含功能、资源、应用、服务的自适应。

（3）规范化和标准化是重要保障。网络学习空间在应用上需要集成政府、学校、社会等多主体教育资源和服务的供给。联通不同系统和应用、融通各类数据是网络学习空间的重要内涵。当前，在一些地方的实践中出现了不同系统和平台网络学习空间各自为政的“孤岛”现象，其根本原因是技术标准和规范的缺失。因此，规范空间底层的技术和数据标准，是实现空间支持不同角色用户互联互通、信息沟通和数据交换，实现各类公共应用服务汇聚和调用，进而形成一体化网络学习空间生态系统的有效保障，也是区域开展网络学习空间建设的重要顶层设计。

（4）数据化和精准服务是重要内容。数据是智能时代最重要的生产资料，也是智能时代推动教育教学创新的重要生产资料。《网络学习空间建设与应用指南》指出，数据分析服务是网络学习空间功能框架的重要组成部分，“是指集成各类数据分析工具，利用从个人空间、机构空间和公用应用服务中采集的数据进行分析，为实现个性化学习、精准教学和科学决策等提供支持”。网络学习空间数据化和基于数据的精准教学和管理服务主要体现为：实现用户行为、知识结构以及偏好、学习风格等数据的记录和数据化；对每位学习者的学习情况提供个性化诊断与智能反馈；针对每位学习者的个体差异精准推送所需的资源、工具、活动与服务，实现个性化学习。

4. 网络学习空间推动教学方法创新

基于网络学习空间的教育教学应用正在不断被中小学校接受和实践，推动教与学方式的变革和创新。在教学上，基于网络学习空间，可以突破虚拟空间和物理空间的界限，实现“线上+线下”混合式教学、翻转课堂教学等新教学模式，促进网络学习空间融入课前、课中、课后的教学全程，转变传统以“教”为主、以课堂为主的单一教学模式，发挥学生的主体性，实现个性化学习；实现跨班级、跨学校、跨地区的在线教学；实现自主学习、社区讨论等探究和合作学习方式的并存；实现基于学情精准分析的个性化教学指导和自适应学习。在教研上，依托网络学习空间的资源共享和直播等互动工具，可以实现教师跨时空网络教研，构建网络研修共同体。如浙江省名师网络工作室，采用“1 名名师+10 名学科带头人+N 名骨干学员”的方式，构建网络研修共同体，充分发挥特级教师和正高级教师等名师的作用。基于名师网络工作室，成员可以跨时空共享教学理念、教学资源，可以在线开展集体备课和磨课，还可以通过主题研修、名师面对面等线上活动，零距离进行争鸣和思想碰撞。在评价上，网络学习空间能够记录师生教与学的行为数据，实现学生学情的精准分析和个性化学业评价，并为学习方法、学习路径、学习内容的精准推送提供科学支持。如北京市第一〇一中学在学生的综合素质评价中，依托网络学习空间详细记录了学生个性化学习和在线测试情况，并形成集团报告、单校联考报告、校级报告、班级报告、学科报告、学生报告等，实现了教学评价的精准诊断。

综上所述，新型教学空间在多样化、复合性、情境化、智能化的共同特征基础上，适用于不同的教学内容、教学场景，有不同的实践样态。以上 6 种样态是结合国内外实践的一个归纳和提炼，呈现理论和实践对新型教学空间的积极探索。不同样态的新型教学空间遵循总体的内涵、特征和设计原则，但在设计和教学理念、主要支撑技术、主要教学样态等方面各有侧重，具体见表 1。

表 1　新型教学空间主要样态比较分析

空间样态	理念	主要支撑技术	主要教学样态
智能教室	提升课堂教学质量，促进学生个性发展	人工智能、云计算、多媒体技术、数据采集与分析技术、录播系统	自适应学习、翻转课堂、混合式教学、同步课堂、专递课堂
创新实验室	培养创新精神和能力	传感器技术、数据采集与分析技术、多媒体技术、录播技术	项目化学习、创客教育、基于问题解决的学习
学科教室	提升学科育人价值，促进学科素养培养	学科资源和工具、视频技术、虚拟和增强现实技术	探究学习、体验式教学、合作学习、混合式教学、项目化学习
劳动实践空间	创新劳动教育方式	人工智能、劳动技术装备	探究学习、项目化学习
新型场馆空间	增强浸润式学习体验	场馆主题技术装备、视频技术、多媒体技术	浸润式学习、探究学习、合作学习、项目化学习
网络学习空间	促进个性化、智能化、泛在化学习	互联网、信息化教学资源和工具、人工智能	混合式教学、自适应学习、自主学习、小组学习、在线教学、网络教研

资料来源：根据相关研究资料整理。

五　新型教学空间的设计原则和范式

（一）设计原则

建筑设计师陶郅认为，寻求一条合乎逻辑的解决方案比凭空拼凑要更加踏实而有效。[①] 新型教学空间的设计，要回归教育的本源，遵循现代化教育的基本理念和原则。

① 苏笑悦：《适应教育变革的中小学教学空间设计研究——以一线城市为例》，博士学位论文，华南理工大学，2020。

1. 坚持以人为本原则

从本质上讲，教学空间是为了满足学生的需求而构建的，是为学生服务的，因此新型教学空间必须以人为中心进行设计，这主要体现在两个方面。

（1）为学生创设舒适、健康、愉悦的学习空间。以人为本的教学空间一定是让人感到舒适、有幸福感、能吸引注意力的，并且是解放学生身体和大脑而令其投身学习的空间。以人为本最终的指向是让教学空间成为学生想待的地方，而不是被要求待的地方。因此，从教学设施和技术装备的选择，到具体空间的组织布局，再到整体环境氛围的营造，都要符合教育规律和学生的心理需求，符合教育技术装备规范和技术伦理。

（2）以学生为中心，满足个性化空间需求。以学生为中心的教育理念赋予学生更多的学习自主权，使课程设置与教学方式的实施层面从“集体”转向“个体”，课程设置与教学方式愈发多元，学生的个体需求进一步凸显。正如当下消费领域出现的私人定制，学校教育也要不断寻求各种方式给予学生个性化服务。因此，在新型教学空间的创设中需要始终以先进的教育理念为指引，以服务教育教学活动为宗旨，支持从以教为中心转向以学为中心，并基于不同形式、不同规模的教学需求，有针对性地进行设计。

2. 坚持系统设计原则

所谓系统设计原则，是指要从整体上对由诸多要素构成的教学空间系统进行综合的规划与安排，从顶层设计的视角把各种因素有机地协调为一个整体，以呈现教学空间最佳效果。教学是由一系列活动构成的。根据活动理论，教学环境的设计不是简单的“物的教学情境”设定，而是包括教师自我变革在内的“人的教学情境”——“对话场”或“关系场”的设计。[①] 由此，创新教学空间，需要综合考虑教学目标、教学内容、教学组织、教学评价等教学活动的各个要素和环节，从空间环境、技术装备、教学资源、教学方式、教学评价等方面进行整体性、系统性设计，以真正落实育

① 钟启泉：《课程的逻辑》，华东师范大学出版社，2019，第 54 页。

人宗旨。

3. 坚持技术赋能原则

黄荣怀将智慧学习环境的技术特征归纳为四个方面：记录过程、识别情景、联接社群、感知环境。① 利用信息技术和智能技术有助于提升学生的学习兴趣，促进社会性交互，鼓励参与，并最终实现对学生个性化学习的支持。而教学空间在师生与互联网资源及服务之间架起了联通之桥，是教育信息化 2.0 时代的基础应用环境。因此，在教学空间的设计上必须积极适应"互联网+"和人工智能发展战略，融合先进的信息技术和装备，以充分发挥技术赋能教育教学创新的作用，构建技术应用的有效路径。总体上，技术赋能教学空间创新的路径主要包括：一是改变知识的表征形态，延伸师生的感官，提高认知效率和水平；二是实现多样化的教学方式和组织形态，更好地支撑探究、合作、浸润式等建构性学习，充分发挥学生的主体性；三是构建学习共同体，促进学生更多获得来自软件导师、教师和同伴的反馈，创建学习共同体；四是构建学习境脉，3D、AR/VR 等技术能够化抽象为形象，变不可见为可见，为教学活动创设情境；五是实现课堂教学过程和教与学行为的数据记录，基于数字画像实现精准教学分析和支持，实现由环境数据化到数据环境化的转变，为学生个性化学习、教师精准教学和教研提供支持；六是实现学习空间的联结拓展，融通物理空间和网络空间，通过多维场景延展学习场能，推动建立线上线下相结合、本地与远程同步互动等教育教学新秩序。

4. 坚持未来导向原则

当代教育变革发展的动态不稳定性与中小学建筑的稳定性存在显著矛盾。一方面，时代的变迁促使中小学的教育处于不断发展的状态，教育理念、课程设置、教学方式更新频率显著加快，世界范围内的大批中小学教育研究者与教育实践者不断探索教学的全新形式，并在实践中不断调整与

① 黄荣怀：《智慧教育的三重境界：从环境、模式到体制》，《现代远程教育研究》2014 年第 6 期，第 3~11 页。

进步；另一方面，中小学建筑在设计、建造过程中消耗大量公共资源，从经济角度需要建筑保证一定的使用寿命。考虑到这样一对矛盾，在教学空间的设计中除了要适应当前的教学需求之外，还要把握在可见的未来学校教育的发展方向，并为教育的未来拓展提供调整余地，以保持空间的长期有效性。

（二）设计范式

新型教学空间的有效设计是空间能够推动教与学方式变革的重要前提，解决的是空间设计的流程、步骤以及需要考虑的因素等问题。学界对于学习空间的设计框架有不少研究。如 Britnell 等提出了多向协作式学习空间设计流程（见图 2），[①] 综合考虑了教师、学生和规划者三方的利益诉求，并通过空间设计和技术来支持教学。美国普渡大学的 Radcliffe 提出了 PST 框架，即“教学法—空间—技术”（Pedagogy-Space-Technology）（见图 3）。[②] 该框架较早提出了学习空间设计的三个核心要素，并阐明了三者间的相互关系，为我们从整体上理解和把握学习空间设计提供了有益借鉴，并且已经被实际应用于一些学习空间设计项目中。PST 框架提出以后，还有研究者针对其中存在的问题进行了改进。例如陈向东等在 PST 框架的基础上进行了修改，增加了“社会维度”，形成了 PSST（Pedagogy-Social-Space-Technology）框架（见图 4）。[③] 这些框架对学习空间设计的生命周期进行了划分，并涵盖了设计中所需要考虑的各个重要维度。

---

① Britnell, J. C., Andriati, R., Wilson, L.., “Learning Space Design with an Inclusive Planning Process Promotes User Engagement,” *EDUCAUSE Quarterly*4 (2009), https://er.educause.edu/articles/2009/12/learning-space-design-with-an-inclusive-planning-process-promotes-user-engagement.

② Radcliffe, D. A., “Pedagogy-Space-Technology (PST) Framework for Designing and Evaluating Learning Places,” *Proceedings of the Next Generation Learning Spaces* 2008 *Colloquium* (Brisbane: The University of Queensl, 2009), p. 11-16.

③ 陈向东、吴平颐、张田力：《学习空间开发的 PSST 框架》，《现代教育技术》2010 年第 5 期，第 19~22 页。

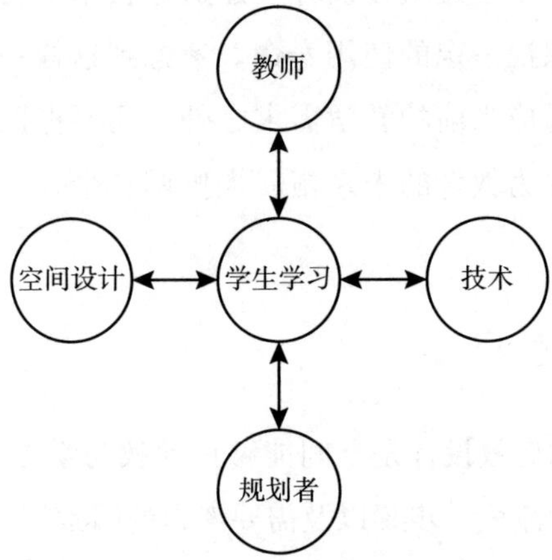

图 2　多向协作式学习空间设计流程

资料来源：Britnell，J. C.，Andriati，R.，Wilson，L..，"Learning Space Design with an Inclusive Planning Process Promotes User Engagement，" *EDUCAUSE Quarterly*4（2009），https：//er. educause. edu/articles/2009/12/learning - space - design - with - an-inclusive-planning-process-promotes-user-engagement。

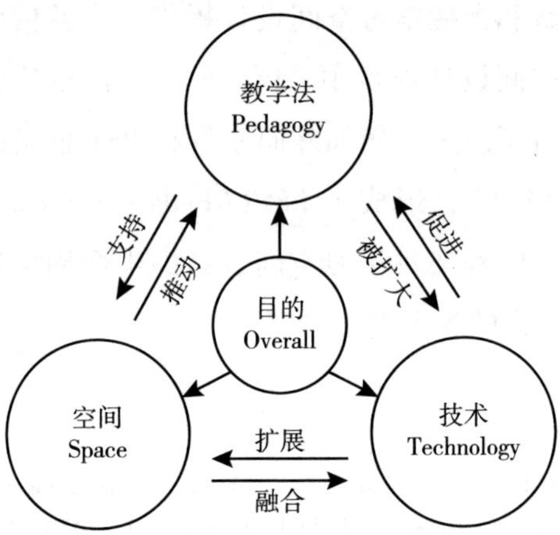

图 3　PST 框架

资料来源：Radcliffe，D. A.，"Pedagogy-Space-Technology（PST）Framework for Designing and Evaluating Learning Places，" *Proceedings of the Next Generation Learning Spaces* 2008 *Colloquium*（Brisbane：The University of Queensl，2009），p. 11-16。

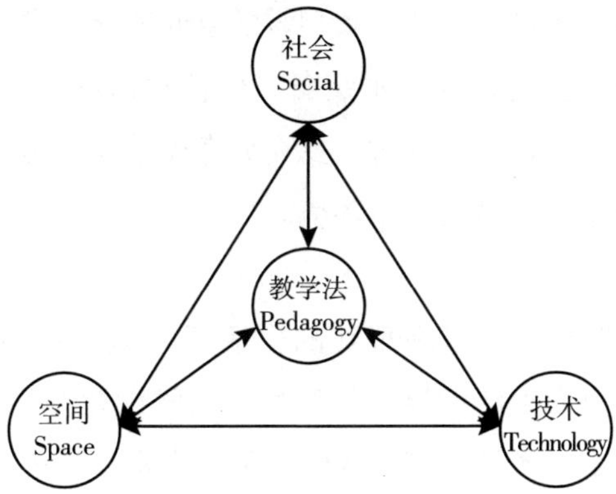

图 4　PSST 框架

资料来源：陈向东、吴平颐、张田力《学习空间开发的 PSST 框架》，《现代教育技术》2010 年第 5 期，第 19~22 页。

无论是 PST 框架还是 PSST 框架，其核心都强调空间建设中教学、环境和技术的有机融合。结合作者“十三五”以来在浙江省主持设计学科教室、创新实验室等工作的思考和实践，本报告将新型教学空间设计范式提炼为“理念—装备—情境—资源—数据—制度”六位一体基本范式。

1. 理念

新型教学空间的设计要充分渗透教与学变革的基础理念。遵循现代教育理念、教育教学规律和人才成长规律，以面向人人、人人发展为基本理念；坚持以现代学习理论为基础，尊重学习的本质，遵从主动学习的原则，注重学习活动的个人建构和网络协作；① 坚持以人为本，以学生核心素养培养为目标，充分体现学生的主体性，支撑以学为中心的教学方式和教学组织形态。

2. 装备

教育技术装备是教育教学的重要保障条件，能为教学活动提供环境、课

① 根据建构主义学习理论和联通主义学习观，学习一方面是个人意义建构的过程，另一方面是连接专门节点和信息源的过程。因此，学习的过程需要通过探究、体验等来促进新知识和个人已有知识的相互作用，促进内化；同时需要注重与环境、教师、同伴等建立充分的连接或是构建协作网络。

程、教学组织、教学工具等支持。新型教学空间要充分融入仪器设备、自制教具、信息化工具等各类教育技术装备，促使学习朝着更加灵活、更加多样、更加个性化的样态发展。同时，要充分考虑采光、温度湿度、声响等要素，为学生营造健康、积极的学习环境。

3. 情境

杜威指出："学校必须呈现现在的生活。"[①] 教学的重要使命是创设情境，让学生的心灵直面生活世界。新型教学空间设计要注重通过情境布置、功能区域划分、技术装备配备等，为学生创设丰富、积极、富有创造性的学习情境和学习体验。如通过凝练学科中著名的人物、重要的事件、标志性的定律和公式等学科关键元素并进行物化，转换成教室环境的一部分，激发学生对学科学习的兴趣；创设人脸识别等应用场景，引发学生对人工智能的探究。

4. 资源

资源的丰富化构建，是满足学生多种学习方式和多层次学习需求的重要保障。新型教学空间在规划设计和应用中要以"便捷、易得、丰富"为原则，不断开发和丰富资源内容和形态。资源主要包括常规课程、课程资源、图书、标本、作品、数字化学习工具和与学科有关的素材等。特别是数字化的学习资源和工具，能够为改进学习提供有力支撑。

5. 数据

智能时代，数据是促进因材施教的核心要素。实现教学过程的数据化，是新型教学空间走向未来的一个重要特征，也是新型教学空间设计的一个重要内容。数据包括学生学情特征、学习过程、学业评价等，也包括教师教学行为、教学资源等。通过数据的采集和分析，促进师生精准画像、多维度评价、个性化支持和精准教研。

6. 制度

"建设有规划，使用有规章"应成为新型教学空间设计的重要内容。新

① 〔美〕约翰·杜威：《学校与社会·明日之学校》，赵祥麟译，人民教育出版社，1994，第6页。

型教学空间要真正成为促进师生行动、对话和反思的学习中心，需要在教室设计、教室管理、教室应用等方面具备独特的文化。这种文化指向学科、指向教师和学生。因此，建立健全教室设计和应用制度，是确保和增强新型教学空间生命力的重要保障。

戴维·索恩伯格在《学习场景的革命》一书中指出，学习是营火（通过故事讲述者或专家学习）、水源（同伴互助和讨论）、洞穴（个体反思或内省）、生活（在实践中建构）四个场景的交融。教学空间的创新，实质上是一场学习场景的革命，是丰富学习体验以促进更有效的学习发生，应当成为 21 世纪中小学校转变育人方式的重要任务。

智慧家庭篇

Smart Home Reports

B.6
家庭学习环境研究报告

李国云*

摘　要：通过对家庭学习环境的空间环境、连通性，以及支持性研究发现，我国的家庭学习环境从改革开放初期到建党百年，短短40多年发生了翻天覆地的变化，无论是城市还是农村，即使是最不发达的地区，儿童也可以在明亮的电灯下学习。随着“宽带中国”战略的实施，5G网络、智能学习终端（包括手机）已经逐渐在广大农村地区普及。家庭学习环境的空间环境和连通性进步最大，而在农村地区和部分城乡接合部的家庭学习环境中，支持性发展相对滞后是明显的短板。“家风家训”是家庭学习环境的重要软环境，而“爱国”“敬业”“诚信”“友善”是社会主义核心价值观反映当下全国人民价值观的最大公约数，可以作为千万家庭树立家风家训的最佳基点。我国正在全面进入数字化时代，全社会都要有信息意

* 李国云，歆云（北京）教育科技有限公司总经理，主要研究方向为信息化教育、家庭教育及青少年阅读。

识，特别是信息安全意识。而公民的数字素养，特别是儿童的数字素养，关乎国家的未来发展和儿童的幸福成长，家庭学习环境对儿童及青少年的数字素养养成具有重要的熏陶和浸染作用。

关键词： 家庭　学习环境　家风家训　数字素养

家庭教育简称“家教”，是指父母或者孩子的其他合法监护人为促进未成年人全面健康成长，对其实施的品德、身体、生活技能、文化修养、行为习惯等方面的培育、引导和影响。[①] 家庭学习环境是家庭教育的场域，是一个以儿童成长发展为中心的开放的学习环境，主要包括空间环境、阅读环境、家风家训，以及在这个环境中开展的各种教育活动。

家庭学习环境、学校学习环境、社会学习环境是人类的主要学习环境，而家庭学习环境更能满足儿童独特的学习兴趣和需求。家庭应该为儿童提供一个充满人情味的、丰富多彩的、可以随时停止的、可以反复重来的、学习驱动力主要来自兴趣而不是完全由逻辑主导的学习环境。在家庭学习环境中，儿童在互动性、鼓励性的情境下阅读、游戏，参与各种家庭教育活动，并在不同复杂程度下学习，加深理解，富有成效地参与探索某个领域的真实问题，与真实世界进行直接互动。通过丰富的阅读和家庭教育活动，儿童不断探索认知和技能的边界，形成自己的社会态度、价值判断和人生目标。本报告从城市和农村两个大类出发，通过家庭学习环境的“独立性”“连通性”“支持性”三个维度来研究改革开放以来家庭学习环境的发展和变化。

① 《中华人民共和国家庭教育促进法》，中国人大网，2021 年 10 月 23 日，http：//www. npc. gov. cn/npc/c30834/202110/8d266f0320b74e17b02cd43722eeb413. shtml。

一　家庭学习环境的发展

（一）改革开放以来，学习环境的“独立性”在城市家庭中发展最快

改革开放初期，我国主要是“等国家建房，靠组织分房，向单位要房”① 的房屋分配模式，“筒子楼”“大院”是那个时代最具代表性的名称。在这样的学习环境中，全家人多数时候挤在一起，无论是日常起居还是工作学习，基本上“不分家”。与城市地区相比，改革初期的农村地区居住条件较差。农村地区的儿童基本上没有独立的学习空间，甚至连一张像样的学习桌都没有。

20 世纪 90 年代，城市地区出现的“单元房”是一次巨大的进步。每家每户开始有了独立的空间，随着空间的发展，专门用于儿童学习的空间也开始逐渐分离出来。城镇居民在居家设计中开始考虑儿童的学习环境，特别是学习空间的独立性。到 20 世纪末，“福利分房”时代宣告终结，中国的城镇住房分配彻底步入商品化的轨道。随着商品房的逐渐普及，特别是多居室的出现，城镇地区家庭的学习空间快速发展。随着城镇化的推进，大量农村地区的家长进城务工，加上农村地区经济条件的改善，家长开始购置儿童学习用的桌椅。部分条件好的农村地区的人均居住面积甚至超过了城镇地区的人均居住面积，但大部分地区，特别是西部欠发达的农村地区，儿童的学习空间改善并不明显。

进入 21 世纪后，尤其是党的十八大以来，随着城镇居民住房环境的逐步改善，卧室、客厅、厨房、卫生间、阳台的面积逐步增大，同时，相对独立的餐厅、书房、儿童房、储藏室、家庭影院等越来越常见。根据《中国统计年鉴》可知，1978 年，中国城镇和农村的人均住房面积分别为 6.7 平方米和 8.1 平方米，到 2016 年，这两项数据已分别升至 36.6 平方米和 45.8

---

① 刘洪清:《有限“福利分房”越走越窄》,《中国社会保障》2009 年第 10 期。

平方米。2020年国家全面完成脱贫攻坚任务，这对农村地区的学习环境改善发挥了巨大作用，特别是随着“易地扶贫搬迁”项目的实施，人均25平方米的建设标准①，让极度贫困的农村学生拥有独立的学习空间成为可能。

（二）党的十八大以来，学习环境的“连通性”在农村家庭中变化巨大

家庭学习环境的连通性主要包括通邮、通电、通路（公路）、通网（互联网）四个方面。改革初期，城镇地区已经基本实现通邮、通电，但通路相对晚一些。2013年，全国最后一个没有通公路的县城西藏墨脱县通了三级公路，正式接入全国公路网。随着我国信息技术以及城镇地区经济的快速发展，城镇家庭在20世纪末基本实现联网。相较于城镇地区，改革初期的农村地区基本实现了“通邮”，但“家家有电灯”和“村村通公路”还没有实现，中西部农村地区的儿童借助煤油灯或者蜡烛学习的情景很常见。

随着改革开放的不断推进，农村地区在家庭联产承包责任制的推动下、在国家“三农”政策的扶持下，以及在城市化进程的带动下，“通电”“通路”的需求在20世纪末基本实现，甚至东部发达地区的农村基本实现“通网”。

2004年“村村通”工程正式开始实施。作为国家的一个系统工程，随着工程项目的推进，广大农村地区的公路、电力、生活用水、通信网、有线电视网、互联网工程建设等都有了巨大改观。2022年“村村通”工程提出新的发展目标“五通联动”，即道路升级改造、自来水普及率提升、快递全国农村覆盖②、农村电路升级改造、村村通天然气。随着乡村振兴战略的推进，农村地区基础设施的连通性将越来越好，和城市地区的差距也将越来越小。

---

① 《中国的易地扶贫搬迁政策》，国家发展改革委网站，2018年3月30日，https：//www.ndrc.gov.cn/fzggw/jgsj/dqs/sjdt/201803/t20180330_ 1050716_ ext.html。

② 《“村村通快递”年内基本实现》，中国政府网，2022年1月13日，http：//www.gov.cn/xinwen/2022-01/13/content_ 5667947.htm。

家庭联网（家庭接入宽带互联网），是家庭学习环境“连通性”的重要一环，也是家庭学习环境中的关键指标。随着“宽带中国”战略的全面实施，党的十八大以来，我国的宽带网络基础设施发展水平与发达国家之间的距离逐步缩短，宽带基本覆盖了城乡绝大部分家庭。固定宽带家庭普及率超过70%，3G/LTE 用户覆盖率达到85%，行政村宽带接入比例超过98%。官方数据也显示，全国的宽带应用已深度融入生活的方方面面，特别是移动互联网的普及让偏远农村地区的家庭也实现了跨越式的发展。① 在“宽带中国”战略的推动下，在疫情发生后，我国共有 1.8 亿名中小学生参与线上学习。②

（三）家庭学习环境的“支持性”是当下农村地区及城乡接合部的显著短板

家庭学习环境的支持性包括家庭阅读环境、家庭教育活动、亲子陪伴三个主要指标。通过文献研究、调查问卷，以及典型家庭访谈，本报告把家庭学习环境由弱到强用“★”表示，其中一颗星最弱，五颗星最强，从改革开放以来，我国家庭学习环境的发展情况如表 1 所示。

表 1　我国家庭学习环境的发展情况

时间	城市地区			农村地区及城乡接合部		
	独立性	连通性	支持性	独立性	连通性	支持性
改革开放初期	★★	★★★	★★	*	*	*
20 世纪末期	★★★	★★★★	★★★	★★	★★	★
党的十八大以来	★★★★	★★★★★	★★★★	★★★	★★★★	★★

注：* 表示不具备条件。

① 《国务院关于印发“宽带中国”战略及实施方案的通知》，中国政府网，2013 年 8 月 1 日，http://www.gov.cn/zwgk/2013-08/17/content_2468348.htm。

② 《亿万学生千万教师一张答卷》，教育部网站，2020 年 7 月 4 日，http://www.moe.gov.cn/jyb_xwfb/s5147/202007/t20200704_470443.html。

改革开放初期，城市地区的家庭基本上有专门的学习桌椅、有相对安静和固定的空间用于阅读与学习，因此学习环境的独立性为两颗星；城市地区的家庭已经实现通邮、通电、通路，所以用三颗星标识其连通性；城市地区的父母收入比较稳定，有比较固定的时间陪伴孩子，并且父母的整体受教育水平较高，有时间、有能力引导儿童的阅读与学习，所以用两颗星标识其支持性。改革开放初期，无论是独立性、连通性还是支持性，农村地区及城乡接合部基本不具备条件。

进入20世纪末期，城市地区家庭的儿童随着居住环境的改变，开始有了相对独立的“儿童房”，家庭基本联网，部分儿童开始接触互联网。父母有更多的时间，并开始有目的的引导和支持儿童阅读与学习。本报告分别用三颗星、四颗星和三颗星来标识城市地区的独立性、连通性、支持性。这一时期，农村地区家庭学习环境的独立性变化较大，儿童不仅有了自己的学习桌，也有了相对安静的学习空间。随着“60后”，特别是“70后”逐渐成为家长，父母开始重视儿童的阅读与学习。外出务工的父母也愿意给留在农村的孩子购置学习用具，而且随着城市地区大力推行义务教育均衡发展，城乡接合部的儿童开始逐渐随父母进城上学。这一时期农村地区及城乡接合部家庭学习环境的独立性为两颗星，连通性为两颗星，支持性为一颗星。

进入21世纪的20年，特别是党的十八大以来的10年，城市地区的家庭在原先的学习环境的基础上，开始普及“阅读角”“独立书房”。在智慧城市、智慧家居的推动下，“智慧书房”在部分城市开始陆续出现。我国城市地区在“连通性”方面和西方发达国家的差距越来越小，光纤宽带入户基本成为标配，千兆网、5G基本普及，智能学习终端基本普及，2015~2020年我国家庭宽带网络普及率如图1所示。城市地区的父母对儿童的教育，无论是从观念上，还是从具体的陪伴和引导上，更加身体力行，和儿童共同成长的家长越来越多，父母对儿童成长的关注已经从简单的关注学习成绩，转向关注儿童的阅读、社会实践、兴趣和全面发展。

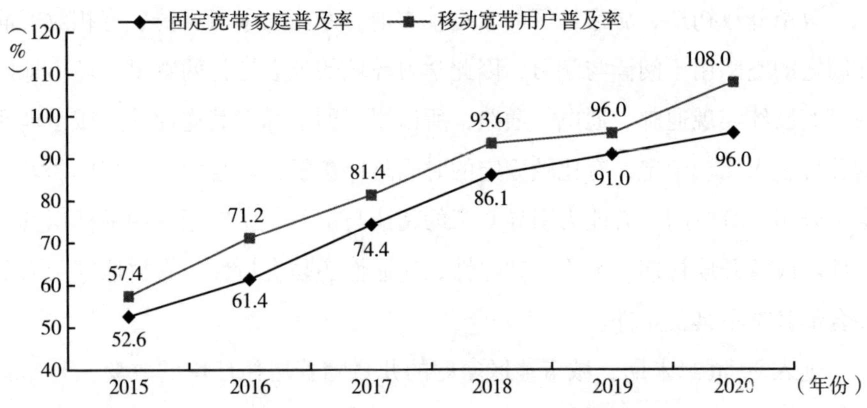

图 1　2015~2020 年我国家庭宽带网络普及率

资料来源：工业和信息化部。

农村地区在这 20 年的变化可以用翻天覆地来形容。随着“脱贫攻坚”目标的全面实现、“乡村振兴”的全新出发，农村地区日新月异，“农家书屋”开始推广，农村地区的家庭也开始有少量藏书，阅读环境有明显改善。就近就业、产业扶贫等政策的出台让更多的农村父母进一步加强对儿童的陪伴和学习指导。经济发达的农村地区对儿童的全面发展投入更多的关注，其中，对家风家训的关注程度有所提升，基于乡土风情的研学旅行也开始在农村地区兴起。但是“村小”和“教学点”的消失，使儿童的陪伴问题在农村地区的家庭里比较突出。父母在指导儿童的理念和方法上也相对薄弱，加上网络游戏泛滥等问题困扰着农村地区及城乡接合部的家庭，显然“支持性”是目前农村地区及城乡接合部发展最明显的短板。

（四）家庭教育的法律及政策环境

随着党和国家领导人对家庭教育重视程度的提高，我国家庭教育领域相关的立法工作也进入快车道，与家庭教育相关的法律及政策环境日趋优化。党的十八大以来，各地认真贯彻落实习近平总书记关于家庭家教家风建设的重要论述，积极开展家庭教育的相关工作，特别是相关立法工作的成效明显。截至 2020 年底，全国共制定了 9 个地方性家庭教育相关的法规。

2021 年，家庭教育领域最重要的事件就是“双减”政策[①]和《中华人民共和国家庭教育促进法》的实施与落地。从家庭的感知方面来说，“双减”政策对家庭教育的影响更加直接。“双减”政策作为国家的惠民政策，在 2021 年 8 月推出后的一个学期，已经取得了非常好的成效。从教育部 2021 年 12 月的新闻发布会可以看出，“双减”政策的成效给家庭教育带来了前所未有的发展机遇。最近几年，“不辅导作业，母慈子孝，只要辅导作业，立马鸡飞狗跳”的相关言论在互联网上流传甚广。但“双减”政策实施以来，99.6%的家长反映本学期没有参与批改作业，另外在满足学生个性化发展的“课后服务”方面，学校开设课后服务的比重，由上学期的 49.1%提高到目前的 91.9%。[②] 这不仅解决了家长的燃眉之急，而且减轻了家庭的经济负担。最为关键的是，“双减”政策为家长和孩子带来大量的“自由时间”来开展家庭阅读、社会实践、个性拓展等活动。

2021 年 10 月 23 日，《中华人民共和国家庭教育促进法》正式颁布，并于 2022 年 1 月 1 日正式实施。《中华人民共和国家庭教育促进法》从法律的角度为家庭教育各项工作的开展进一步保驾护航。例如总则第一条就明确提出“为了发扬中华民族重视家庭教育的优良传统，引导全社会注重家庭、家教、家风，增进家庭幸福与社会和谐，培养德智体美劳全面发展的社会主义建设者和接班人”，从法律角度回答了我国的家庭教育传承和目标问题。总则第二条对家庭教育的概念进行了定义和诠释，即父母或者其他监护人为促进未成年人全面健康成长，对子女实施的道德品质、

① 《中共中央办公厅 国务院办公厅印发〈关于进一步减轻义务教育阶段学生作业负担和校外培训负担的意见〉》，中国政府网，2021 年 7 月 24 日，http://www.gov.cn/zhengce/2021-07/24/content_5627132.htm。

② 《教育部新闻发布会围绕“双减”工作情况介绍“我为群众办实事”实践活动成效》，中国政府网，2021 年 12 月 21 日，http://www.gov.cn/xinwen/2021-12/21/content_5663847.htm。

身体素质、生活技能、文化修养、行为习惯等方面的培育、引导和影响，从方法和路径上回答了如何进行家庭教育。除了总则之外，该法还通过“家庭责任”“国家支持”“社会协同”“法律责任”进一步界定和说明了如何促进我国家庭教育的发展，为各地、各部门制定具体的政策提供法律依据。

二　家庭学习与家风家训

习近平总书记在2015年春节团拜会上提出：“家庭是社会的基本细胞，是人生的第一所学校。不论时代发生多大变化，不论生活格局发生多大变化，我们都要重视家庭建设，注重家庭、注重家教、注重家风。”①

家风家训是一个家庭教育理想、方法、规范的外显和固化。家风家训，对于中华文明5000年的承继演进的影响和意义显而易见。家风家训不仅体现了中华民族的高度文化自觉性，也是中华民族共同崇尚的价值基础，是这种共同价值在社会生活中的自然显现。有学者研究发现，先秦以来，我国古代各个时期都有智者和大贤对家庭教育的思想和方法不断进行完善和扩充，形成了一个内容非常庞大的理论体系。比如孟子曰：“人有恒言，皆曰：‘天下国家’。天下之本在国，国之本在家，家之本在身。”② 在我国，自古以来“国”与“家”的关系是密不可分的，“家国天下”是从天子到布衣的共同精神纽带。

古代论述家教、家风家训的典籍是中华传统文化的珍宝。有学者在对历代家风家训文献进行考察后，将古代家教的内容分为了两大类：一是处理家庭关系，二是家庭成员成长过程中的教育培养。古代家教的总体特征体现为家国一体、德教为先、注重人格的培养、劝学勉学、注重早期教育。我国古代的家风家训具体分类如表2所示。

---

① 《习近平谈家风建设》，求是网，2020年7月22日，http：//www.qstheory.cn/qshyjx/2020-07/22/c_ 1126269757.htm。

② 《孟子·离娄上》。

表 2　我国古代的家风家训

分类方法	内容及说明
篇幅	专著,如颜之推的《颜氏家训》、司马光的《温公家范》;短篇,如诸葛亮的《诫子书》、欧阳修的《诲学说》;大量诗篇,如陶渊明的《责子》
内容	处理家庭关系和家庭成员成长过程中的教育培养
教育对象	帝王家训、一般家训和女训
约束的强弱	家规、家仪、家教

有专家认为，在古代中国社会，家教是一个人的人生基础，是对一个人最基本的要求。一个人首先要不断提高个人的修养，培养良好的德行，锻炼一定的才能。在这个基础上，一个人需要能够妥善处理家族内部的各种关系，学会为人处世之道。而其一生的终极目标是由家到国，将之前在家庭教育中培养的种种才能，运用到治理国家的事业中。要想完成上述目标，当然有许多途径，但是在传播手段并不发达的古代，阅读是其中最为有效的方式。因此，也就不难理解阅读在中国古代家庭教育中所占据的重要地位了。①

社会主义核心价值观，作为当代家风家训的集中体现，不仅继承了传统家风家训中的优秀价值观念，也是通过家庭教育实现个体对社会、国家认同的重要道路。具体来说，家长素养是家风家训的关键要素，家风家训是家庭教育理想、方法和规范的外显，家校关系则是家风家训在“家校共育”中的思想和理念碰撞与交互的界面。

（一）家长素养

民间广为流传的“近朱者赤，近墨者黑”“上梁不正下梁歪”都体现了家长素养对儿童的影响，抛开生物遗传特征，家长作为儿童的第一任教师，其自身素养与儿童的成长有直接的关联且对儿童的成长产生关键的影响。人们常说的“言传身教”，更多的是指家长自身的言行举止对儿童成长所产生

① 熊静:《古代家庭教育中的阅读传统及其启示》,《图书馆》2017 年第 9 期。

的不可代替的教育作用。司马光在《家范》中指出“为父母者，慈严、养教并重”，以及如今携子种田的奥运冠军郭晶晶夫妇[①]，无疑都诠释了家长素养对于孩子成长发展具有不可代替的作用。

（二）家风家训

按照《辞海》中的解释，家风家训是家庭或家族的传统风尚和作风，反映了一个家庭、家族的价值共识和精神风貌。家风亦称“门风”，它是一个家庭或家族的风貌，也是社会风气的重要组成部分。从社会的角度来说，“家庭”不只是人们居住的场所，还是人们精神的归宿。家风好，就能家道兴盛、和顺美满；家风差，难免殃及子孙、贻害社会。[②] 正所谓“积善之家，必有余庆；积不善之家，必有余殃”。

中华民族的传统家风文化，是由历史上千千万万个家庭实践的成功经验积淀的。家风文化通过世世代代的践行和传播，最突出的特色便是贴近生活、贴近社会现实，并把传统抽象的家庭伦理价值观渗入实际生活，最终取得了潜移默化、积沙成塔的效应。在培育方式上，传统家风文化注重着眼当前、小中见大，即培育孩子的品德意志和品德品行要从幼时入手、从小事入手，先成己，后成物。例如《钱氏家训》中提到的“矜孤恤寡，敬老怀幼”。朱熹在《朱子家训》中提及的“见老者，敬之；见幼者，爱之”就是“尊老爱幼”的古代版本。

改革开放以来，随着城市化的不断推进，农村地区的大量青壮年离开家乡，前往城市上学或务工经商。现在农村地区居住的多数是老人、妇女和儿童。随着农村地区“空心化”越来越严重，农村地区在资源整合和生产经营能力方面基本丧失原有的大部分功能，比如改革开放初期农村地区常见的乡村小学。随着我国的改革开放逐渐深入，中西方交流的增多，来自西方的思

---

① 《豪门崇尚“农家乐”，霍启刚郭晶晶下地种田，一家人沾满泥巴！》，新浪网，2019 年 4 月 13 日，http：//k. sina. com. cn/article_ 2672459617_ 9f4a7f6100100gmvt. html。

② 《习近平主席在会见第一届全国文明家庭代表时的讲话》，央广网，2016 年 12 月 13 日，http：//news. cnr. cn/native/gd/20161213/t20161213_ 523330119. html。

想在城市地区不断传播，这在一定程度上对传统家教观念产生了不少影响，传统家风家训的传承也受到了一定的冲击。农村地区的“空心化”让空巢老人和留守儿童这两个问题更加严重。一些留守儿童由于缺乏父母的陪伴无法得到良好的家庭教育，甚至存在不良的家庭教育问题。有学者研究发现，农村社会中不良家风家训的蔓延在很大程度上是因为当地的社会约束机制的失效，加上社会疏导机制不成熟，以及网络和智能手机的普及使低俗文化不断的侵蚀这些留守儿童。这些原因的相互叠加，让农村地区的家庭教育问题日益突出。①

当下，中国特色社会主义在吸收传统家风家训中的优秀价值观念的基础上，融入了社会主义核心价值观，让当代的家风家训既有继承，又有发扬和创新，更加符合时代发展的特征。“爱国、敬业、诚信、友善”作为社会主义核心价值观在公民个人行为层面的道德规范，虽然仅有八个字，却涵盖了修身养性、齐家兴业、报国恤民、为人处世以及生死观、荣辱观、义利观、得失观等对个人所有的道德要求，反映了现阶段全国人民价值观的最大公约数，是当代家风家训的最佳基点。②

（三）家校关系

“家校关系”是指学校与家庭间为了实现共同育人目标而形成的互助、协作、相互支持的关系。良好的家校关系既不是简单的消费关系，也不是指导与被指导的关系，具体表现为学校教师与学生家长在为实现共同的教育目标和理想过程中产生的心理互动、语言交流和行为趋向。③ 从家长与学校之间的交流意愿、交流行为、交流途径来看，家校关系可以被分为“亲密型”“附属型”“疏离型”，研究表明良好的家校关系对学生的学业发展非常

---

① 申平华：《不良家风：社会精神文明的毒瘤》，《道德与文明》1992 年第 3 期。

② 周潜之：《家风是核心价值观的微观体现》，《光明日报》2014 年 2 月 14 日，第 2 版。

③ 丁钧：《浅谈良好家校关系建立的时机与方法》，《新课程研究》（中旬刊）2009 年第 12 期。

重要。[①]

改革开放以来，特别是进入21世纪的20年，随着社会的发展、教育理念的进步、家长受教育程度的提高，“家校关系”在整体上有了长足的发展。但受社会惯性、沟通成本和专业知识方面的影响，学校和家庭还是相对独立的。家校关系的不和谐，甚至是走向冲突和对抗也偶有发生。家校关系的不和谐甚至产生冲突的主要原因有以下几点。首先，一线城市中家长维权意识增强，要求有更多的教育参与权，而在维权过程中产生的一些家校冲突在社交媒体和网络的影响下容易被放大和发酵。其次，农村地区，特别是不发达地区的家长（或者监护人）没有条件或者没有意愿参与家校共育过程。家委会的作用并没有得到有效发挥，很多地区的家委会只是起到了“传达室”的作用，没有成为学校和家长沟通的有效桥梁，在个别事件中甚至成为“帮凶”和“打手”，而像上海包玉刚学校家委会那样发挥关键作用的并不多见。[②] 再次，学校要求家长承担的工作超出家长的能力范围，特别是家长在辅导作业时，多是家校矛盾爆发的高峰时间。部分家长甚至到了情绪崩溃以致做出极端反应的地步。

如何在新形势下构建有效的家校关系，不只关系到学生的学业表现，还关系到构建良好社会关系的关键措施。2021年8月开始实施的“双减”政策，以及由国务院教育督导委员会办公室印发的《关于组织责任督学进行“五项管理”督导的通知》，要求各省（区、市）教育督导部门，组织当地中小学校开展“五项管理”督导工作。2021年1~4月，教育部先后印发五个专门通知，对中小学生使用手机、睡眠、读物、作业、体质管理做出明确规定。可以说，2021年从国家层面密集出台各种政策的目的就是促进学生身心健康、解决群众“急难愁盼”问题[③]，在某种意义上也缓解家长焦虑、

① 黄菲菲等：《家校关系类型对小学生学业成绩的影响：基于潜在剖面分析》，《教育研究与实验》2018年第2期。

② 《中小学调查问卷涉“自杀准备情况”上海长宁区教育局回应》，凤凰网，2021年11月19日，https：//news. ifeng. com/c/8BIGBpUJJvg。

③ 《“双减”和“五项管理”督导情况》，教育部网站，2021年8月30日，http：//www. moe. gov. cn/fbh/live/2021/53659/sfcl/202108/t20210830_ 555599. html。

缓和家校矛盾，让家校回到“共同育人”的正常轨道。

学校层面，无论是城市还是农村，都要适应新时代家校合作的具体要求，因地制宜地开展家校合作与交流，在健康、民主、平等和相互尊重的基础上，建立彼此信任的家校关系。学校要充分发挥家委会和家长会的作用，从儿童的个性化和全面发展出发做好家校沟通工作。学校可以通过一些项目或者活动，例如利用课后服务的方式引入部分家长志愿者，使家长更好地参与学校的教学和育人工作。

家长层面，要充分认识到“家校关系”是儿童成长过程中非常重要的关系之一，对儿童的学业表现产生直接的影响。好的“家校关系”要求家长在尊重学校专业性的基础上，更好地支持学校的教学和管理工作，及时的通过合适的途径给教师及学校反馈儿童在家的各种表现，在力所能及的基础上积极支持和辅助学校的教学和育人活动。

三　家庭学习与全民数字素养

1974 年，美国信息产业协会的主席保罗·泽考斯基向美国图书馆与信息科学委员会提交的《信息服务环境：关系与优势》（The Information Services Environment Relationships and Priorities）报告中，最早使用了“信息素养”这一概念。该报告将“信息素养”定义为“利用多种信息工具及主要信息资源解决问题的技术和技能”。在这之后“信息素养”的内涵在不同时期、不同国家之间都存在较大差异。大数据、人工智能等新兴技术的广泛应用，对公民个体应具备的信息素养提出了新的要求。早期的信息素养主要关注信息查询能力，后来发展为计算机素养，也就是利用计算机进行信息加工和处理的能力。20 世纪末，“信息素养”发展为公民的基本素养。现在世界正在进入智能时代，强调信息意识、信息安全、计算思维等能力。

当下，无论是成人还是儿童，都已经深处“数字化”生存环境当中。5G 技术、互联网、大数据、人工智能等越来越成为人们获取信息的重要工具，给人们生活和工作带来方便的同时，引发了一系列令人担忧的问题，这些问题无时无刻地影响着人们的生活，甚至是生存方式。回顾信息化的发展过程，技术固然给人们的生活和工作带来方便，但也引发了一系列令人担忧的问题："低头族""屏幕依赖症""隐私泄露""沉迷网络游戏""知识碎片化""人格虚拟化"等。这给当下家庭教育带来巨大的挑战。

推进全民信息素养教育是一项系统工程，需要政府、媒体、社会、学校、家庭共同推动。为此，《中共中央关于制定国民经济和社会发展第十四个五年规划和二〇三五年远景目标的建议》正式提出"提升全民数字技能"，《中华人民共和国国民经济和社会发展第十四个五年规划和 2035 年远景目标纲要》强调"加强全民数字技能教育与培训，普及提升公民数字素养"。2021 年 11 月，中央网络安全和信息化委员会专门印发的《提升全民数字素养与技能行动纲要》进一步明确提出：到 2025 年全民数字素养的具体目标，即全民数字化适应力、胜任力、创造力显著提升，全民数字素养与技能达到发达国家水平；展望 2035 年，我国基本建成数字人才强国，全民数字素养与技能等能力达到更高水平，高端数字人才引领作用凸显，数字创新创业繁荣活跃，为建成网络强国、数字中国、智慧社会提供有力支撑。

"数字素养"显然关乎社会的和谐发展与人们的幸福成长，是需要社会全方位关注、全成员参与的大教育，并且儿童的数字素养关键在于家长的良好引导和示范。良好的家庭数字素养为家庭成员美好幸福人生的塑造起到促进作用。家长只有积极培育和提高儿童的数字素养，才能让儿童融入未来的数字化时代。要实现对孩子的有效引导，家长的数字素养理念提升是"始发站"，而且提升家庭数字素养的过程，其实是一个向孩子学习、陪伴孩子成长的学习化生存、智慧化生活的过程。[①] 本报告通过四个典型案例来具体说明，无论是处于大山深处，还是处于都市核心，提升儿童的数字素养对儿童成长都起着巨大作用。

---

① 姚鸿昌：《新媒体时代下的家庭媒介素养教育》，中国儿童中心网站，2021 年 9 月 24 日，https：//www. ccc. org. cn/art/2021/9/24/art_ 55_ 31371. html。

(一)案例1:“学会计算机”让学生走出大凉山

2015 年 12 月，来自山东的支教老师尹老师，走在四川省大凉山美姑县[①]拉马乡的山路上，这是他的日常工作之一，他想通过家访深入了解这些孩子。和往常一样尹老师提前准备了 4 斤橘子、一打铅笔、3 块橡皮擦、1 个文具盒。

拉格的家离山脚直线距离不到 1.5 公里，但尹老师还是花费了将近一小时才气喘吁吁地爬到拉格的家。然而当他们停在一间小茅草房前，尹老师问身边的拉格：“你住在哪呢？还有多久到你家？”拉格说：“已经到了！你背后的小茅草房就是我们平时住的地方。最近我在同学家住，现在只有姐姐住这里了。”尹老师想进去看看这间“房子”，拉格委婉地拒绝了。他们一起又往上走了一段距离，到了拉格的叔叔家。这是一间土房，左右两侧摆放着一大堆玉米秸秆，房檐下有一个电表，但房间里没有灯泡。尹老师在离开时，把准备的东西递给了拉格，并和孩子们拍了一张合影。

正是因为这次家访，拉格的哥哥拉力也认识了尹老师。因为熟悉当地环境，拉力有空就来帮尹老师，也看到尹老师用的电脑。拉力发现这个高科技设备太厉害了，不仅可以写字，还可以让照片变得更漂亮。慢慢地，尹老师发现拉力喜欢这台电脑，就让他试着用了几次。再后来，尹老师帮拉力找了一个机会去重庆的一所技校学习了三年计算机技术。虽说学了三年，但毕业后拉力并没有在重庆找到一份和计算机相关的工作，拉力在是回到大凉山还是外出闯一闯的问题上陷入了沉思。就在他犹豫不决的时候，一个在深圳的同乡招呼他来深圳，于是 2020 年拉力就去了深圳。他在一家电子厂工作了几个月，后来又辗转去了苏州的电子厂、浙江宁波的电子厂。

真正的转机是在 2021 年，曾经的一位支教老师说有一个工作机会可以

---

① 四川省凉山彝族自治州美姑县，地处四川省大凉山彝族自治州东南，常住人口 238624 人（第七次全国人口普查），彝族占比超过 99%，还有藏族、苗族、回族、蒙古族、羌族等 15 个少数民族。自汉武帝以来，彝族就世世代代居住在这里。改革开放以来，美姑县的发展进入快车道，特别是在国家精准扶贫政策的支持下美姑县于 2020 年 11 月正式脱贫摘帽，于 2021 年 8 月被中央农村工作领导小组办公室和国家乡村振兴局确定为国家乡村振兴重点帮扶县。

用到重庆技校学过的 Photoshop 软件，于是拉力从浙江宁波赶到了浙江金华。两年时间辗转四地，拉力最终凭借他所学的计算机知识，成为一名真正的平面设计师。

现在回想起来，如果 2015 年拉力没有见到尹老师，也不可能接触到电脑，更别说有一天他可以用所学的计算机知识走出大凉山到其他城市工作。即使走出大凉山，恐怕也和先前出去的同乡一样只能靠体力在外打拼。只要有联上网络的计算机就能学到很多东西，让自己变得更加强大！拉力现在正在自学其他的软件技术（见表 3），以应对未来的工作挑战。采访结束的时候，拉力对支教的尹老师说："谢谢！您给我送来的光亮和走出去的勇气和信心。我一定不会辜负您的期望，将来可以帮助更多的人。"

表 3　拉力目前通过计算机自学的部分课程

类型	平台名称	学习内容	开始年份
资源网站	花瓣	花瓣素材与设计灵感	2020
	站酷	中国设计站酷	2020
	致设计	电商设计网站	2020
	"庞门正道"微信公众号	每天发不同内容	2020
	"阿门教你 PS"微信公众号	每天发不同内容	2020
	"杰视帮"微信公众号	学习电商设计与合成设计	2020
	"研习设"微信公众号	平面设计学习	2020
	"胡晓波"微信公众号	字体设计与 logo 设计学习	2021
	"字体帮"微信公众号	字体设计学习	2021
	"山岩视觉"微信公众号	电商详情页收集	2021
网络课程	B 站	敬伟 PS 基础课程	2020
	版式课程	版式课程	2020
	产品精修	产品精修	2020
	电商设计实战	电商设计实战	2021
	电商设计学习	电商设计学习	2021
	字体设计	字体设计	2021
	摄影学习	摄影学习	2021
	合成学习	合成学习	2021
	C4D 基础学习	C4D 基础学习	2021
	C4D 电商设计	C4D 电商设计	2021

资料来源：由石一拉力提供。

（二）案例2："学习机器人"给学生温暖和启迪

泸州市古蔺县观文镇文化小学地处乌蒙山深处，这里曾是红军四渡赤水的地方，也曾是国家级贫困县。作为曾经国家级贫困县的一所乡村小学，文化小学还有180多名周边村庄的同学坚持在这里上学。从学校的名字可以体会到当地村民对于走出大山，过上幸福生活的真实期盼。

小飞同学上4年级，他的妹妹上3年级，两人都就读于文化小学。和往常一样，小飞同学早早起来帮奶奶干完家务活，就和妹妹一起匆匆忙忙走着去上学了。小飞说，11月的天气不好，经常下雨，以前晴天的时候，偶尔还能遇到几个小伙伴，下雨天能遇到的小伙伴就很少了。爸爸偶尔会骑电动车送他们去学校，但多数的时候是他和妹妹一起走着上学。现在去学校的路变成水泥路了，走半小时就能到学校。小飞同学简单地介绍了家里的情况，不过他没有提到妈妈。老师说像小飞一样的留守儿童在这所学校差不多占40%，小飞同学已经是这些同学里面性格很开朗的了。

2021年，小飞同学有了一个新伙伴——学习机器人①，这是小飞爸爸给他买的。他非常喜欢这个学习机器人，虽然功能不多，但他从机器人那里学到很多学校学不到的知识和技能，比如植树和保护环境。他最喜欢听"机器人"讲故事，特别是有关国家航天员的故事。他说希望长大了可以当一名航天员，让爸爸、妈妈和妹妹，还有奶奶可以看着他飞向太空。

"学习机器人"这样一个简单的设备不仅可以帮助像小飞这样的留守儿童学习知识，更为关键的是还可以作为一个和外界联系、启迪孩子心灵的设备，给地处大山深处的留守儿童送去难得的温暖和关爱。

① "学习机器人"是具有卡通形象的学习助手，可以连接无线网络，并通过手机上附带的App来更新学习的资源，包括学科类资源、各种经典故事。部分"学习机器人"具有语音通话功能，可以和家长进行通话。学习机器人因为没有和手机、平板一样的"屏幕"，功能简单易用，没有太多游戏功能，价格不高，比较受农村地区的家长欢迎。

（三）案例3："网课学习机"[①]是疫情发生后的"学习神器"

来自辽宁大连的婧瑶，2021 年上 4 年级了，不过和往年不同的是，她没有像赶场一样出入各种培训机构。她自己也没有搞明白，为什么平时热热闹闹的培训机构突然间没有人了，只是听同学们说培训机构都干别的事情去了。婧瑶妈妈说，国家出台"双减"政策后，培训机构就减少了很多，刚开始很不适应，现在好多了。相比妈妈的不适应，婧瑶觉得现在的学习方式更好一些，她更喜欢现在的学习机。她觉得这个学习机特别有趣。无论是中文阅读还是英语打卡，都很方便。婧瑶不用担心忘记重要的课程，或者迟到什么的。因为"学习机"就像班里的"课代表"一样，经常提醒她。

婧瑶说："我喜欢这个学习机，学习机的屏幕比我的手机大多了，操作也比电脑简单多了。只要打开学习机就能看到我的学习任务，特别是今年经常居家上网课，班里的其他同学总是悄悄和我说，家里的那个平板电脑屏幕有点小，爸爸妈妈总是担心他们玩游戏，经常坐在旁边看着他们上课。那种感觉特别不好，就像被监视，而且时不时地提醒他们要认真听讲，可他们真的已经很认真了。班里也有几个同学用笔记本电脑和台式电脑，据说麻烦就更多了。"

"除了用学习机上网课之外，我最喜欢这里面的画图软件，最近我收到了一个特别的杯子，因为杯子上面的图案是我自己用学习机的画图软件画的，现在我每次上网课的时候都拿着这个杯子，偶尔也给同学们展示一下，他们也特别喜欢。"

2021 年春季学期的网课实在是让婧瑶妈妈"坐立不安"。刚开始几天用过手机，但是屏幕太小担心对孩子视力不好，后来换成了平板。屏幕是大了，但是婧瑶会拿着平板到处走，偶尔还躺着上课。想想孩子上一天网课也挺累，有些时候也能理解，但是孩子隔三岔五就得在家里上网课，家长真的

---

① "网课学习机"是在疫情发生后推出的定制化平板电脑，屏幕尺寸在 15.6 英寸以上。为了护眼，"网课学习机"多采用护眼防眩光玻璃，还具有防蓝光设计。学习机会内置市面上的主流教育类型 App，而且在"网课模式"下通过优化 CPU 占比，让学生上课过程不卡顿，教师的教学也更加流畅。家长可以通过远程管控系统一键添加/卸载 App，也可以随时查看应用使用时间、学习进度等数据。另外，伴读模式可以让家长实时在线伴读。

很担心孩子的视力问题。2021 年暑假，婧瑶妈妈下决心给孩子买了一台“网课学习机”。这个设计挺好，屏幕够大，不能像平板那样拿着到处走，配套的还有一支像教鞭一样的笔，这样孩子可以离屏幕远一些。做家长的最担心孩子在上课的时候玩游戏，又不可能天天盯着孩子上课。这个“网课学习机”安装不了游戏，安装新 App 都需要家长的确认，婧瑶妈妈踏实多了。另外，自从有了“网课学习机”，家里的打印机就安静多了，很多资料再也不用打印了，婧瑶可以直接在学习机上阅读和完成作业。当然，最关键是孩子喜欢，毕竟是孩子在用。

“网课学习机”作为为居家学习所推出的智能学习终端，为学生自主网络学习这样一个特殊应用场景所打造的教学模式、学习模式、家长陪伴模式不仅大大方便了家长，而且可以让学生通过学习机来创造自己的作品，从而进一步掌握信息技术，用好信息技术。

（四）案例4：“开源项目”让学生的代码登上了火星

“网课”，对于很多学生来说是比较陌生的事物，虽然很多学生在这之前用过电脑，也经常使用视频聊天软件，但是完完全全通过网络学习还是第一次，家长和学生都不免有些慌乱。2017 年，也就是小李同学 4 年级的时候就拿到爸爸的一台二手笔记本电脑，从那时开始，计算机就成了他的一个学习工具。互联网上有趣的学习资源让他大开眼界，还有计算机编程相关课程，这可是他最感兴趣的学习内容。

因为编程需要一台性能好一些的电脑。2020 年春节期间，小李和他的同班同学用压岁钱合资组装了一台台式机。而他的计算机编程水平经过 3 年的学习和锻炼也有很大进步。

2021 年某天，小李同学和往常一样登录 GitHub 来查看一下几个项目的进展情况，他惊喜地发现左下角出现了一枚新的徽章①，这枚徽章证明了小

① “Open Source on Mars：Community Powers NASA’s Ingenuity Helicopter”，GitHub，Apr. 14 2021，https：//github. com/readme/featured/nasa-ingenuity-helicopter.

李同学写的开源代码跟着 NASA 的毅力号火星车登上了火星。

小李同学在 4 年级拿到爸爸的二手笔记本电脑后，学会了上网、编程、人工智能的基础技能。从 2019 年开始，他在 B 站上跟着科技圈的 Up 主学习系列开发课程和一些实战的案例。网课期间还在中国大学慕课学习 Python 语言、在 MDN Web Docs 上学习前端开发，掌握了这些基本的知识和技能后，他就在 CodePen 和 LeetCode 平台上实践和锻炼他掌握的算法、前端和设计，也接一些小的开发项目。

2021 年下半年，小李同学更加适应计算机和网络构建起来的世界，他还在 2021 年拿到他的第一份软件著作权证书。从获得这枚徽章以后，小李同学就开始为 OpenAi、GitHub、CSDN、StackOverflow 平台上的开源项目贡献自己更多的代码（见表 4）。

初中马上毕业了，他坚信通过网络可以连接全世界的学习资源，可以通过开源软件项目给全人类做出贡献，用他自己的话说，在人工智能的江湖里，“英雄不问出处”。

表 4　小李同学自主学习的在线资源

类型	平台名称	URL	学习内容	开始年份
学习探索	B 站	https://www. bilibili. com/	几乎所有内容	2019
	MDN Web Docs	https://developer. mozilla. org/zh-CN/	前端开发	2021
	runoob	https://www. runoob. com/	综合开发	2020
	中国大学慕课	https://www. icourse163. org	Python 语言开发	2019
	各技术官方文档	—	某个特定技术	2021
实践训练	LeetCode	https://leetcode. com/	算法	2020
	CodePen	https://codepen. io/	前端、设计	2020
价值贡献	StackOverflow	https://stackoverflow. com/	debug	2021
	GitHub	https://github. com/	综合开发	2019
	CSDN	https://www. csdn. net/	综合开发	2019

资料来源：由小李同学提供。

B.7

阅读与家庭学习活动发展报告

李国云　许文香*

摘　要： 进入21世纪，随着技术的飞速发展以及移动互联网、智能手机、人工智能技术的推进，阅读文化发生了深刻的变化，听书正在成为低龄儿童，特别是欠发达地区部分留守儿童获取知识的主要手段；手机已经成为成人接触信息的主要媒介；智慧书房作为家庭的新型阅读环境在一线城市逐渐兴起。本报告发现：在家庭中营造合适的阅读环境、养成良好的阅读习惯、掌握科学的阅读方法对儿童及青少年的阅读素养培育至关重要；而学习探索类活动、实践锻炼类活动和价值贡献类活动则有利于将儿童及青少年所学知识和技能与社会生活进行深度融合。家庭学习活动对儿童全面发展的作用日益凸显，应大力倡导。“阅读”铸魂、“活动”塑体，二者是家庭教育不可分割的“一体两面”。

关键词： 全民阅读　智慧书房　志愿服务活动　社会实践活动

一　家庭教育与阅读

古人云，“读万卷书，行万里路”“书中自有颜如玉，书中自有黄金屋”。习近平主席在2014年接受俄罗斯电视台采访时曾说，我经常能做到的是读书，读书已成了我的一种生活方式，读书可以让人保持思想活力，让人得到智慧

* 李国云，歆云（北京）教育科技有限公司总经理，主要研究方向为信息化教育、家庭教育及青少年阅读；许文香，北京德威英国国际学校双语教师，主要研究方向为学龄前儿童阅读。

启发，让人滋养浩然之气①。这是习近平阅读观的最好阐释②。总之，无论是哪个民族、哪个时代，阅读都是人生最重要的事，其起点就在家庭。

在我国，全民阅读已经上升为国家战略。2012 年，党的十八大首次提出“开展全民阅读活动”；2014 年起，全民阅读连续 8 次写入国务院《政府工作报告》。在国家的大力倡导下，我国全民阅读有了显著的进步和发展，2020 年成人人均阅读图书时间达到每天 20.04 分钟。技术的发展也推动着了阅读媒介的改变，据中国新闻出版研究院数据，成人人均接触手机的时间从 2016 年的每天 74.40 分钟增长到 2020 年的每天 100.75 分钟，增长超过 35%，手机已经成为成人接触信息的主要媒介（见图 1）。

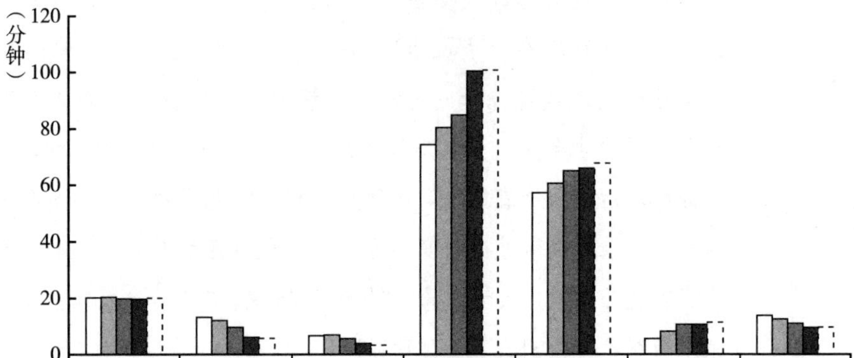

	图书	报纸	期刊	手机	互联网	电子阅读器	平板电脑
□2016年	20.20	13.15	6.61	74.40	57.22	5.51	13.88
■2017年	20.38	12.00	6.88	80.43	60.70	8.12	12.61
■2018年	19.81	9.58	5.56	84.87	65.12	10.70	11.10
■2019年	19.69	6.08	3.88	100.41	66.05	10.70	9.63
⬚2020年	20.04	5.71	3.25	100.75	67.82	11.44	9.73

图 1　2016~2020 年全国成人人均每天接触媒介时长

资料来源：中国新闻出版研究院。

① 《世界读书日，品读总书记如何“知学、好学、乐学”》，人民网，2021 年 4 月 23 日，http：//cpc. people. com. cn/n1/2021/0423/c164113-32085505. html。

② 蔡红、曾志辉、赖晓静：《习近平阅读观对图书馆阅读推广的理论思考与实践启发》，《图书馆》2021 年第 4 期。

青少年阅读取得了显著进步。从 2016~2020 年的统计数据来看，0~17 岁孩子的平均书籍阅读率为 83.3%，其中 9~17 岁孩子的书籍阅读率连续 3 年增长，特别是 9~13 岁的孩子，阅读率达到了 98.7%①。0~17 岁孩子人均阅读纸质书的数量从 2016 年的 8.34 本增长到 2020 年的 10.71 本，增长超 28.4%。0~17 岁孩子的数字化阅读接触率在 2020 年达到 72.3%②。

1999~2020 年，阅读文化发生了深刻变化。从 1999 年第一次全国国民阅读调查来看，多年间变化比较显著的首先是阅读媒介，读者的阅读媒介从传统纸质媒体向多媒体拓展。其次是阅读文化和阅读环境，综合阅读率从 1999 年的 60.4%增长到 2020 年的 81.3%，进一步反映了“阅读”从原先的“读书人”或“知识分子”向大众发展。国民阅读的目的也从知识获取、思想进步延伸为休闲消遣、获取资讯、提高审美③。除了传统纸质媒体之外，听书成为一种新的阅读方式。在欠发达地区，由于父母或者一起生活的长辈自身的阅读素养和阅读条件限制，听书较为普遍。

阅读环境随着技术发展而不断变化。随着手机、平板电脑、移动互联网的发展，人们可以随时随地进行阅读。多年前，北京地铁里读书和看报的乘客是车厢中的亮眼风景；而现在，每一位乘客都在使用手机浏览各种信息。随着智慧城市、智慧家居、5G 和人工智能的兴起，加之居民居住环境的改善、新基建的开展，“智慧书房”慢慢走进了越来越多的家庭，成为家庭的新空间。

亲子阅读是阅读的起点。在阅读素养的培育过程中，亲子阅读至关重要。在国家相关政策、条例、措施、项目的共同推动下，陪孩子阅读的家庭占比从 2016 年的 90.0%增长到 2019 年的 94.3%，家长陪孩子阅读的时间也从 2016 年的 24.15 分钟增长到 2019 年的 25.81 分钟④。中宣部办公厅

---

① 资料来源：第十八次全国国民阅读调查。

② 资料来源：教育部统计数据。

③ 张思伟：《从 1999 年-2017 年国民阅读调查报告看国民阅读特征变化》，硕士学位论文，北京印刷学院，2018，第 11~16 页。

④ 资料来源：教育部统计数据。

印发的《关于做好2021年全民阅读工作的通知》也明确了“加大服务力度，倡导家庭阅读、亲子阅读”[①]。0～17岁孩子阅读时间最长的地点是家庭，年龄越小越是如此。因此，在家庭中营造合适的阅读环境、形成良好的阅读习惯和文化、掌握科学的阅读方法，对培育儿童及青少年的阅读素养至关重要。

（一）营造合适的阅读环境

阅读环境，就是为专门开展阅读活动而提供的环境，包括读书的空间、书籍、网络等。阅读环境建设是培养儿童阅读的起点。营造合适的阅读环境要考虑两个核心问题，一是在哪里读书，二是读哪些书。陈鹤琴认为，“要小孩子喜欢阅读，我们的家庭，我们的社会，必定要先有阅读的环境”[②]。汉森将家庭对儿童阅读活动的影响因素概括为四个方面：家庭少儿图书的藏书量；家长陪同儿童阅读的次数；家长鼓励、指导儿童进行阅读的次数；家长参与儿童阅读活动的积极程度[③]。显然，当儿童容易取得书籍，阅读就容易发生。读书越多的孩子，其家里通常有更多的书籍[④]。

数字和移动互联网时代，阅读的空间、语言、社会环境都发生了巨大的变化。技术的进步使阅读更加便捷，可获取的阅读内容也更加丰富。“网络阅读”让时空环境对阅读的影响大幅降低，也让阅读行为和活动可以在任何时间、任何地点开展。不过，近几年“低头族”的广泛出现，对阅读效果、读者的身心健康都产生了一定的负面影响。

总之，合适的阅读环境并不一定需要特别高端的设备，只要有可以支持阅读的基本工具即可。但是，良好的阅读环境必须相对安静、舒适和安全。爱阅读的家长和家庭成员也是营造合适阅读环境的必备条件，只有两者建立

---

① 《中宣部办公厅印发〈关于做好2021年全民阅读工作的通知〉》，中国政府网，2012年3月17日，http：//www.gov.cn/xinwen/2021-03/17/content_ 5593481.htm。

② 陈鹤琴：《家庭教育》，长江文艺出版社，2013。

③ 张必隐：《阅读心理学》，北京师范大学出版社，2002，第37页。

④ 斯蒂芬·克拉生：《阅读的力量》，李玉梅译，新疆青少年出版社，2012。

某种合理的结构，才能为儿童及青少年提供合适的阅读环境，培养其阅读能力和阅读习惯。

1. 构建基本的阅读环境——“书柜+读书角”

一个书柜，外加一个固定的“读书角”，就构成了基本的家庭阅读环境。斯皮尔莱夫斯基和斯坦诺维奇研究发现，儿童的阅读能力与家庭藏书量呈正相关关系①。300 册左右的家庭藏书对我国 0～17 岁孩子来说基本够用②，家庭在购置图书的时候，可以根据孩子的年龄特点，参考一些官方部门发布的“推荐书目”、“畅销书目”和“获奖图书”，如教育部发布的《中小学生阅读指导目录》，国家图书馆少年儿童馆发布的《全国少年儿童图书馆（室）基本藏书目录》③，以及国家新闻出版署向社会发布的适合青少年阅读的优秀图书。此外，一些出版社也有专门针对儿童阅读书目的推荐。

农村地区的家庭可以参考“农家书屋”新时代农村精神文明建设项目选出的 4000 多种图书，这些图书从近 200 家出版社的上万种图书中评选而出。该项目推荐书目每年更新一次，不仅在题材上力求体现“三农”主题，而且在内容上选择群众喜闻乐见、实用性强的图书。

除了官方机构外，家长可以参考知名小组和人士的“推荐书单”。比如，在 2016 年 4 月 23 日世界读书日，“学习小组”整理发布了《习近平中南海办公室书架藏书目录》。此后 3 年，“学习小组”从一般性书目、新书目以及经典书目中挑选一定数量的书籍进行推荐④。再如，比尔·盖茨在其中文微信公众号发布了“盖茨书单”，从全球视角给广大读者推荐优秀的图

① Cipielewski，Stanovich，KE.，“Predicting Growth in Reading Ability from Children's Exposure to Print，” *Experimental Child Psychology*，1992（83）：264-274.

② 《教育部最新发布〈中小学生阅读指导目录（2020 年版）〉》，中国政府网，2020 年 4 月 24 日，http：//www. gc. gov. cn/col/1531384690314/2020/04/24/1587729050251. html。

③ 《关于发布〈全国少年儿童图书馆（室）基本藏书目录［2019 年出版］〉的通知》，国家图书馆少年儿童馆网站，2021 年 4 月 1 日，http：//kids. nlc. cn/newhdbb/202104/t20210401_200880. htm。

④ 蔡红、曾志辉、赖晓静：《习近平阅读观对图书馆阅读推广的理论思考与实践启发》，《图书馆》2021 年第 4 期。

书，如围绕世界热点问题的《气候经济与人类未来》，具有很高的参考价值。此外，儿童阅读推广人梅子涵、曹文轩、袁晓峰等也针对儿童的早期阅读书目给出了系统性的建议。

一些学者认为，农村地区相当多的教师和家长虽然有让孩子多读书的意愿，但是限于自身经济条件、阅读经验和视野，只喜欢购买与教材相关的学科辅导类图书。而媒体、专家、学校所给的书单，数量动辄数百本，反倒让很多师生、家长束手无策①。

相较于正式发布的“大书单”，一些符合青少年阅读兴趣和阅读水平的“小书单”更适合家庭藏书，如教育部公布的《中小学生阅读指导目录（2020 年版）》，其中包括了 110 种小学书目、100 种初中书目、90 种高中书目，内容主要覆盖人文社科、文学、自然科学和艺术等领域。

除了多种多样的“推荐书单”，家长还可以参考“畅销书”榜单。创办于 1986 年的北京国际图书博览会（BIBF），现在已成为国际第二大书展，也是最具国际影响力的平台，其“阅读世界”栏目列出了多个国家的畅销图书。

北京规模最大的零售书店之一北京图书大厦也会定期公布各类图书的销售排行情况，有儿童排行榜、人物传记排行榜、科普排行榜、生活排行榜等 20 多个分类，值得家长及儿童参考。

国内的主流线上购书平台当当网专门设置了畅销榜，并对畅销书按照时间由近到远进行了分类，读者可以查询到各年度的畅销书目。除了图书畅销榜，还有新书热卖榜、童书榜、好评榜、特价榜、电子图书榜等，这给读者提供了更加灵活的选择。

获奖图书也是家庭藏书的重要来源之一。我国的图书类奖项有中国国家图书奖、陈伯吹国际儿童文学奖、全国优秀儿童文学奖、冰心儿童文学奖、丰子恺儿童图画书奖、信宜图画书奖等，国外则有凯迪克大奖、纽伯瑞儿童文

---

① 陈莉：《北京市城乡小学生阅读环境的差异研究——基于问卷数据辅以访谈观察的分析教育科学研究》，《教育科学研究》2017 年第 4 期。

学奖、科丽塔·斯科特·金奖等。获奖图书不仅具备畅销书的特点，还经过了评审专家的严格审核，质量和价值取向都比较可信，是家长选择家庭藏书的重要参考指标。

鉴于此，家长在推进儿童早期阅读时，无论是亲子阅读，还是儿童自主阅读，都可以先从几本、十几本的“家庭小书单”开始。在阅读方式上，可以从亲子共读开始，逐步培养儿童的自主阅读能力。在阅读的策略上，可以从激发儿童的阅读兴趣开始，慢慢培养儿童的阅读能力与阅读习惯。无论是“推荐书单”“畅销书”，还是“获奖图书”，在选择图书的时候，首先要考虑图书的价值取向以及儿童自身的兴趣，而不是完全相信权威。

某家庭的阅读环境是这样营造的：在采光条件比较好的地方，放置一个书柜，旁边放置一块小地毯、一个毛绒玩具，就可以给孩子构建一个温馨自如的阅读空间（见图 2）。在这个相对固定的阅读空间的基础上，在家庭其他方便阅读的地方也摆放一些孩子喜欢的书，如床头、沙发、写字台甚至卫生间。总之，无论家庭的面积多小，都可以为孩子找出专属“空间”作为“读书角”来开展阅读。

2. 探索家庭新空间——智慧书房

随着居住条件和居住环境的快速改善，在一线城市，智慧家居、5G、互联网、人工智能逐渐进入普通家庭，智慧书房也渐渐成为家庭的新空间。现在，越来越多的家庭在购置房屋时，不仅关注位置、环境、配套设施、价格等传统因素，新的空间配置，如智慧书房、家庭影院等也逐渐成为关注点。研究发现，智慧书房的配置目前还处于“家庭装修设计”阶段。更多人关注“书柜的颜色”、“面积大小”、“写字台的品牌”与“摆放位置”等基础要素。基于家庭学习环境的理论以及未来技术的发展，在当下的智慧城市、智慧家居大背景下，智慧书房可以作为商品房的标准配置或项目的新亮点①。

---

① 《从“新基建”到两会，智能家居普及指日可待》，智慧生活网，2020 年 5 月 27 日，https：//smartlife. asmag. com. cn/article/2340. html。

图 2　某家庭的“读书角”

资料来源：《2016 年中国智慧学习环境白皮书》。

目前，智慧书房由“阅读区”和“工作区”两大主要功能区域构成（见图 3），设计和装饰风格略有不同。

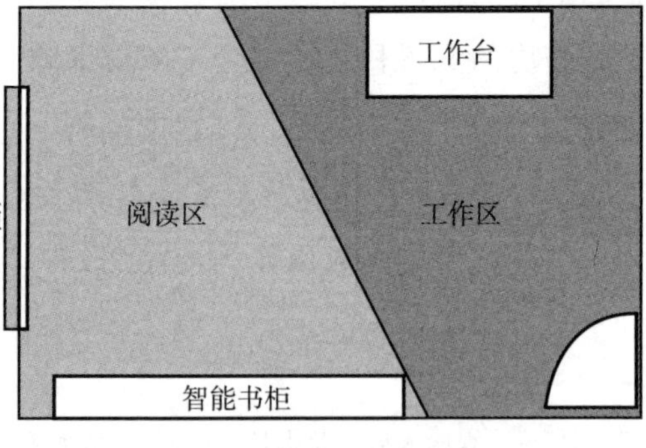

图 3　智能书房功能示意

智慧书房首先要保障环境安静（如使用隔音门窗、吸音材料），采光要分区设计，光源可调并配置音响系统。其核心设备是智能书柜，不同于目前社区使用的智能书柜（借阅和图书流转功能），适合家庭的智能书柜在市场上还没有成熟产品。适合家庭的智能书柜应该有以下几个关键功能。第一，图书联网查询或好书推荐功能，可以定期给读者提供新的权威的定制化图书信息。第二，阅读记录功能，通过读者取放图书的操作，记录图书的阅读情况以及家庭藏书状态。第三，配置触控屏幕，可以查阅家庭藏书以及联网电子图书，并可以对读者选定的图书进行联网阅读或直接打印。此外，智能工作台最好可以电动升降，以实现灵活应用；电脑、智能学习终端则可以根据家庭成员情况进行灵活配置（见图 4）。

图 4　智能书房装修示例（李刚/摄）

（二）形成良好的阅读习惯和文化

家庭阅读习惯和文化，是指家庭成员在一定的时空环境中和特定的阅读理念指导下逐渐形成的阅读范式。从时空维度可以分为碎片化阅读和固定阅读；从阅读者维度可以分为亲子共读、独立阅读、同伴阅读、读书沙龙；从阅读场景维度可以分为睡前故事、旅途中阅读、家庭故事会等。

读书要从娃娃抓起是中华民族的共识。颜之推认为“人生小幼，精神专利；长成已后，思虑散逸，固须早教，勿失机也。吾七岁时，诵《灵光殿赋》，至于今日，十年一理，犹不遗忘；二十之外，所诵经书，一月废置，便至荒芜矣”①。唐代民间家训《太公家教》也有类似的表述，如“小儿学者，如日出之光；长而学者，如日中之光；老而学者，如日暮之光”②，充分反映了古人对阅读应从幼小起步的共识。

改革开放特别是党的十八大以后，我国国民经济和社会发展取得了巨大的成就，不仅消除了绝对贫困，而且提升了成年人的受教育水平。2000～2020年，全国普通高校毕业生累计达1.1亿人。随着父母受教育水平的提高，他们对儿童阅读的重视程度也在稳步提高。在社会和学校的共同推动下，家长对培养儿童阅读习惯越来越重视。研究发现，家庭中母亲的受教育水平和阅读观念影响着婴幼儿的阅读环境和亲子阅读活动；而家庭的收入对婴幼儿的阅读环境和亲子阅读活动没有直接影响③。然而调查发现，家长虽然明白阅读的重要性，但受自身文化程度、专业背景、阅读经验等多种原因影响，在为儿童购置或借阅书籍时，还是从“学科学习”角度出发选购学科辅导类图书，特别是在欠发达的农村地区以及教育资源匮乏的地区。

专家认为，儿童阅读要自发、自主、自由。儿童阅读的边界不应该只是语文课，而应该是整个学科范围。虽说“课本阅读”与“儿童阅读”有重叠的部分，但是二者又有一定的差异。虽然教师在儿童阅读的过程中作用明显，但是教师过分地介入、干预、替代，或者把儿童阅读统统纳入传统的既定语文课程框架，也不是有效之举④。

---

① （北齐）颜之推：《颜氏家训》，庄辉明、章义和译注，上海古籍出版社，2016。

② 汪泛舟编著《敦煌古代儿童课本》，甘肃人民出版社，2000，第175页。

③ 解会欣等：《家庭收入、母亲受教育水平与婴幼儿阅读环境的关系：母亲阅读观念的中介作用》，《中国特殊教育》2020年第2期。

④ 钟启泉：《儿童阅读的本质及其环境设计》，《中国教育学刊》2019年第5期。

1. 碎片化阅读，儿童早期阅读的主要形式

碎片化阅读是当下主要的阅读方式。随着智能手机、互联网、社交媒体的广泛应用，阅读越来越碎片化。2020 年，我国成人的手机阅读时长已经是书籍阅读时长的 5 倍[①]。虽然碎片化阅读是目前的主要阅读方式，但学术界还没有一个规范的定义。目前，主流观点认为，“碎片化阅读弊大于利”。

持续时间少于 10 分钟且有中断的阅读被称为“碎片化阅读”或者“简短阅读”，而与之对应的阅读则是“连续阅读”。“碎片化阅读弊大于利”的观点有明显的局限性，因为“弊端”也是因人而异。大多数人认为，新媒体阅读时间远远大于纸质媒体阅读时间，势必会带来一定的负面影响（这里暂不讨论长时间使用电子产品对视力的影响）。另外一些人认为，碎片化阅读等同于“浅阅读”，因为碎片化阅读具有明显的随意性、浅表性、视觉性、娱乐性、跳跃性等诸多“快餐式”特点，这种“八爪鱼式”的快速点击、浏览只能使读者对信息进行简单的处理，而无法对所获得的信息进行深加工，并按照一定的知识结构使其谱系化[②]。

通过多年观察发现，儿童在 8 岁之前，碎片化阅读是其主要的阅读方式。家长可以利用碎片化时间让孩子进行“简短阅读”，如晚饭前后的时间、睡觉前的时间、公园里休憩的时间等。经过长时间的碎片化阅读，孩子们就可以自觉地阅读，并把阅读当成吃饭、睡觉一样的日常事务，使阅读成为他们生活的一部分。例如，在等飞机的间隙，孩子可以随时拿出一本自己喜欢的书在候机楼进行阅读，这是因为多年来家长引导其习惯于利用等公交、等地铁、等火车的碎片化时间进行阅读。

2. 固定阅读，阅读习惯养成的关键举措

与碎片化阅读不同，固定阅读因为时间和空间的规律性，更加有利于帮助阅读者养成阅读习惯。儿童的固定阅读时间可以根据年龄的不同而变化，

---

① 资料来源：第十八次全国国民阅读调查。

② 李新祥：《数字时代我国国民阅读行为嬗变及对策研究》，博士学位论文，武汉大学，2013。

如学龄前儿童一次不超过15分钟（一天可以安排2~3次）；小学1~4年级的儿童可以安排20~30分钟；小学5年级及以上的儿童可以安排30分钟以上。

固定阅读的时间、地点、频次甚至题材和内容都相对稳定。“睡前故事”就是一个比较典型的例子。阅读地点在儿童床边，阅读时间是儿童睡前，阅读内容以节奏舒缓有趣、易帮助儿童入睡的故事为主，阅读方式可以是父母读给年幼的儿童，也可以是儿童自己来阅读，甚至还可以进行亲子“听书”。

“泡脚故事会”是某家庭坚持近8年的固定阅读方式。北方进入冬天后，用热水泡脚是很多家庭的日常习惯。家长可以根据自己家庭的特点，寻找一个家庭成员容易共同参与的时间进行共同阅读。小学低年级段（三年级以下）的儿童可以由家长陪读，三年级以上的儿童则可以自主阅读，最后形成全家共读的阅读习惯。在读书的过程中，大家除了就书中的一些内容进行讨论之外，也可以讨论书本之外、课堂上、社会上的热点问题。“泡脚故事会”从一个简单的阅读活动逐渐演变为一个家庭教育活动。

3. 亲子阅读，公认的阅读起点

亲子阅读，特指由成人和儿童共同开展阅读的一种活动。研究表明，亲子阅读对儿童的认知能力、情绪感知、个性发展作用明显，特别是对语言及阅读能力的发展至关重要。有研究表明，0~6个月的婴儿如果听到熟悉的声音和韵律，就能产生安全感①。

家长可以是亲子阅读活动的主要发起人，应该树立正确的阅读观念，开阔视野、主动学习并积极参与其中。有条件的家长可以制订亲子阅读计划并严格执行。在阅读材料的选取上，可以将有韵律的儿歌童谣作为起点，逐步发展为绘本。当亲子阅读的绘本数量积累到100本以上，就可以尝试童话、寓言故事等内容更加丰富的阅读材料。亲子阅读的过程中，家

---

① 王萍：《美英国家亲子阅读特色探析及启示》，《新世纪图书馆》2018年第10期。

长不能急于求成，也不能以儿童识字多少或者能背诵多少文章为阅读目标，这样的亲子阅读是无法引导儿童形成健康、良好的阅读习惯的。

除了阅读方式和阅读理念对亲子阅读有影响之外，阅读环境也是一个非常重要的因素，家庭应努力提供适宜儿童开展阅读的设施和环境。用于开展亲子阅读的场所要配备儿童书架，有条件的还可以提供专门的“儿童图书馆”。除了阅读环境，亲子阅读的关键在于家长的参与，家长可以通过营造热爱阅读的家庭氛围来保障亲子阅读的时间、频率。有的家长认为，孩子年龄太小，根本读不懂书籍；有的家长把孩子送到专门的早教机构；有的则利用手机播放故事、动画片，代替共读。但从已有的研究成果看，亲子阅读是开启儿童终生阅读的“金钥匙”。

在我国，亲子阅读虽然起步较晚，但深圳、北京、苏州、杭州、温州等地的亲子阅读已渐成风尚。2010~2016 年，深圳利用每年的读书月活动举办亲子阅读论坛，持续推广亲子阅读的理念、分享亲子阅读的方法与乐趣、探讨亲子阅读的发展方向，逐渐带动了广州、东莞等周边地区开展“亲子阅读节”“亲子读书会”“亲子阅读户外活动”“亲子英文悦读”“书香家园”等亲子阅读相关的主题活动。

苏州是华东地区最具文化底蕴的城市之一，在 2000 多年吴越文化的浸润下，阅读在这里早已深入人心。苏州图书馆很早就发起了亲子阅读推广项目“悦读宝贝计划”，在这个计划的影响下，常熟市也开展了“亲子阅读才艺大赛”“发现之旅——田野书房”等亲子阅读活动。“亲子绘本馆”也在苏州非常流行，张家港市麦田里亲子绘本馆、吴江图书馆亲子阅读绘本馆等主题绘本馆不仅为亲子阅读的开展提供了书籍资源，也为家长交流提供了空间。

此外，只重视单纯的亲子阅读形式还不够，还要重视家庭阅读的氛围，强化亲子在阅读过程中的互动，这是促使亲子阅读成功的必要举措。在亲子阅读中，除了父母给年龄小的儿童读书外，年龄稍大、阅读能力强的儿童，还可以反过来给父母或家里的长辈读书，这样既推动了儿童学会阅读、在阅读中增强自信心，又可以弥补农村地区家庭成员文化程度低、阅读经验欠缺的不足，还可以强化亲情，营造良好的家庭氛围①。

阅读是一项重要的生活技能，学习阅读需要从出生开始，家长是儿童阅读中重要且关键的角色。然而，对一线城市之外的部分家长来说，亲子阅读仍然是相对陌生的领域。在引导这些家长学习先进的亲子阅读教育理念、完善亲子阅读方法方面，当地的社区保育服务机构、育儿机构、亲子图书馆以及幼儿园可以发挥更大的作用。

4. 独立阅读，儿童阅读能力的关键指标

独立阅读指儿童自主选择阅读内容、自行安排阅读活动，不需要或需要家长、教师给予极少指导或协助的阅读方式。独立阅读是儿童阅读能力与阅读动机的外显。家长在尊重儿童独立自主的基础上，最大限度地避免干预，多进行引导与关怀，帮助儿童自己做出阅读选择，从而形成一种和作者互动并能感受快乐的良好阅读关系。一个能决定自己看什么书的孩子的阅读品位与层次比靠别人来告诉他“哪本书好、哪本书不好”的孩子要高。

某学生每年春节期间都去书店挑选自己喜欢的书。自从四年级以来，每当春节收到长辈的压岁钱，他就会去书店挑选自己喜欢的书。这次他选了 3 本计算机相关的图书，在回家的路上就拿着自己买来的书安静地阅读。该学生家不仅保留了春节购书活动，还增加了寒暑假自购图书活动。随着年龄的增长，他自选的图书也越来越专业。初三的时候，他选择读英文原版《微积分》，而这一切都源于他三年级就开始的独立阅读。

（三）掌握科学的阅读方法

“方法”是一切活动领域中的行为方式②。阅读方法作为一种行为方式，可以被理解为人类通过阅览，以文字、符号、图片以及音频、视频等传媒介

① 马群仁：《农村中学生“阅读关怀”的基本内涵及实施策略》，《教育理论与实践》2018 年第 11 期。

② 中国科技大学等主编《自然辩证法原理》，湖南教育出版社，1984，第 262 页。

质获得相应信息的行为过程。在这一过程中，阅读者按照一定的规则进行活动，并在长期的阅读过程中形成了适合自身的策略和技能，进而形成阅读能力。

不同的阅读目标需要不同的阅读方法，而最有效的阅读方法，是可以抓住典型阅读材料特点的阅读方法。例如，阅读故事、小说等叙事性内容时，读者的侧重点可以是“推断”“联结”“图像化”；对于说明性文章，读者则可以重点关注“预测”“确定重点”“释疑”；对于议论性文章，读者需要注意“推断”“提问”的方法，用批判的眼光和作者进行“对话”①。

进入21世纪后，媒介传播方式变得多样化，使信息获取更为方便、快捷，时间、空间、地域的限制和影响进一步减小。生活节奏的加快导致时间的碎片化，也让阅读方式向着“快餐化”浏览、跳跃性阅读转变。为了满足读者的需求，市场上出现了大量的“简读本”“图文本”等“缩略”版本，这让“浅阅读”越来越普遍。“浅阅读”和“深阅读”是相对的，并没有明确且量化的定义。而且，即使是一样的阅读内容，有的人一目十行也可以完全读懂，有的人即使反复读几遍也只能理解个大概。

从阅读的介质而言，以纸质媒介为主的时代可以被称作传统阅读时代。在这一时代，“深阅读”多是精英阶层或者少数专家学者的事，部分普通家庭较少有机会接触读物。但是，随着计算机技术，特别是移动互联网和智能手机的普及，新的阅读环境形成，阅读不再“高高在上”，普通家庭开展阅读也已很普遍，碎片化阅读已经成为人们生活中不可或缺的一部分。

英国作家C.S.路易斯曾提出“成熟的读者”这一概念，他认为，“成熟的读者”是那些把阅读作为一种生活方式而不是生活的调剂品，且在阅读合适的书籍时可以对其做出恰当、出色反应的读者；他们具备大量的阅读

① 靳彤:《阅读方法是什么?》,《语文建设》2018年第5期。

经验，并可以熟练运用多种阅读方法①。

简而言之，读者用一种阅读方法，就像用一只眼睛、从一个视角去看世界；而用多种阅读方法，就像用两只眼睛、从多个角度来审视周围的世界，获得的信息也更多。阅读方法也具备程序性的一面，需要循序渐进地开展，由浅入深、由易到难、由泛到精。儿童可以从泛读起步，在泛读的基础上进一步练习“快速浏览”，掌握“快速浏览”之后可以开展“主题阅读”，并经过“精读”的训练，最终走向“准专业阅读”，为成年后更加专业的阅读做好准备。

1. 泛读

泛读是阅读的起点，但不是终点。古人云：“学问之道，由浅入深，由博返约。初学必勤求普通知识，将基础打造宽博稳固，而后可云深造。其基不宽，则狭陋而不堪上进。其基不固，则浮虚而难望有成。”② 虽说是泛读，但也要逐步掌握科学的阅读方法。

2. 快速浏览

快速浏览，关键在于“快”，是读者在有限的时间内对阅读内容进行快速识别、记忆的阅读方法。但快速浏览不能只求“快”，也要讲求阅读的质量。在阅读过程中要快慢结合，尽量做到“手到、眼到、心到”，必要的时候，如遇到“好词好句”“不太明了的内容”“大量不认识的字词”，则要慢下来，甚至是停下来。草草浏览，知识如过眼云烟，反倒对儿童的阅读有害无益。

3. 主题阅读

经过早期的“泛读”和“快速浏览”，儿童积累了一定阅读量（500 本左右），为了深入理解阅读内容、拓展知识结构，可以开展“主题阅读”。“主题阅读”就是围绕一个相对固定的概念展开的不同题材的阅读，能帮助儿童从更多的维度获取与“主题”相关的知识和信息，进而培养儿童的批

① 普亦欣：《C. S. 路易斯的阅读观》，硕士学位论文，天津师范大学，2014。

② 萧萐父主编《熊十力全集》第 4 卷，武汉湖北出版社，2001。

判、分析能力。主题可以选择“鲁迅笔下的小人物”“小病毒为什么如此凶猛”“神雕大侠的前世今生”“牛顿和爱因斯坦”等。

4. 精读

随着年龄的增长，青春期儿童的身体以及大脑发育水平快速接近成人，在学校教育的基础上，其阅读水平将大幅提高。这一时期儿童的阅读方式和要求也会发生变化，他们对知识的获取不再是浅尝辄止，而是刨根问底。“精读”就是青春期儿童阅读的重要能力和方式。

俗语云：“眼过千遍不如手过一遍。”儿童在阅读过程中，在“圈点勾画”的基础上进行摘抄、批注就是“精读”最典型的特征。但是，批注和摘抄也不能漫无目的。精读的关键在于把握“精”，要尽可能地做到“精准”“精简”，聚焦条理、合理分类、有效关联。

5. 准专业阅读

阅读的重要意义在于通过阅读来学习。随着青少年的成长，其学习内容的专业程度也在逐步加深，与之相适应的阅读也在变化，阅读已经不只是泛泛而读、泛泛而听，也不只是记录规范的阅读笔记，或是颇有见地的阅读心得，而是需要对专业的材料进行认真的思考、辨析、编码、重组，将所读内容彻底理解，进而产生自己的想法，最终转化为自己的知识和技能。

二　家庭教育与各类活动

家庭教育，就是家长在日常生活中，通过言传身教、情感交流等方式，对子女施以一定教育影响，继而促进彼此相互影响的一种社会活动①。在家庭教育活动中，家庭成员以工具、符号为手段，协同探索和解决现实世界中有意义的问题。家庭教育活动的开展与家庭的学习环境直接关联，同时受家庭教育理念的直接影响。家庭要结合儿童的成长规律，科学地开展家庭教育

① 北京师范大学智慧学习研究院编《2016年中国智慧学习环境白皮书》，2017。

活动，通过活动让儿童获得直接的生活经验和生活技能。随着儿童的成长，家庭应多开展实践锻炼类活动，从而进一步强化儿童的生活技能，扩展儿童的视野。在进入青春期后，青少年从身体和心理上已经准备好进一步融入社会，家庭教育活动此时应以价值贡献类活动为主。青少年在价值贡献类活动中将进一步确立自己的人生目标和未来发展方向，并将自己所学的知识和技能与社会生活进行深入融合。

（一）学习探索类活动

人类从呱呱落地起就开始了对周围世界的探索和学习，这是人的天性。家庭是第一所学校，家长是第一任老师，家长要给孩子们讲好第一个人生故事，给孩子扣好人生的第一粒扣子①。在孩子进入小学、开始正式接受学校教育之前，家庭是最重要的学习环境。这个时期的儿童，身体和智力的发育都非常快，就像一块海绵一样，吸收周边一切可以吸收的知识和技能。家长要充分利用好儿童成长的“黄金时段”，通过科学的家庭教育活动，给孩子打下重要的基础，而家务劳动、家庭游戏和外出游历等学习探索类活动是这一时期效果显著的家庭教育活动。

1. 家务劳动

习近平总书记强调：“要把劳动教育纳入人才培养全过程，贯通大中小学各学段和家庭、学校、社会各方面，教育引导青少年树立以辛勤劳动为荣、以好逸恶劳为耻的劳动观。”② 我国儿童的家务劳动状况并不乐观。统计发现，超过 85.30%的中小学生每周平均家务劳动时长在 2 小时及以下，其中，六成多中小学生每周平均家务劳动时长为 1 小时及以下，三成多的不超过半小时；掌握购买家庭用品、做饭、家庭种植饲养、家庭物品简单维修、缝补衣服技能的中小学生占比依次递减，分别为 43.90%、40.90%、

① 《习近平出席第一届全国文明家庭表彰大会并发表重要讲话》，央广网，2016 年 12 月 13 日，http://news.cnr.cn/native/gd/20161213/t20161213_523330119.html。

② 《习近平：在全国劳动模范和先进工作者表彰大会上的讲话》，中国政府网，2020 年 11 月 25 日，http://m.news.cctv.com/2020/11/25/ARTI5fxPdtWoKgIEdpEn84ua201125.shtml。

27.00%、19.40%、18.30%；会做其他家务劳动的中小学生占比仅为5.03%。研究发现，当下城市的学生家务劳动多样性较低，但学校与社区公益劳动的参与多样性明显较高，城乡学生在不同劳动类别上各有所长①。

日本在家务劳动方面积累了丰富的经验。日本小学劳动教育主要分为生活课和家庭课。1~2年级每周开设3节生活课，主要让学生做自己力所能及的事。同学们要参与学校探险、培育植物、制作小玩具、饲养小动物、采集松果、观察季节变化等一系列具体的活动。家庭课教学内容以“衣、食、住”为主。“衣”主要引导学生掌握制作日常生活小件的技能，包括手工缝制和机器缝纫；“食”让学生学习烹饪方法、营养知识等；“住”主要让学生学习如何改善居住环境，并学习物品分类与收纳、废物利用与回收、室内整顿与清扫、应季家居布置与衣着装扮等。日本小学劳动教育不仅重视对家务劳动知识的学习，还注重直接的家务劳动体验，是一种理论与实践相结合的家务劳动教育方式②。

幼儿阶段会经历特定的劳动敏感期，在此阶段，幼儿会参与简单的劳动。家长抓住这一敏感期进行劳动教育，会达到事半功倍的效果。然而，许多家庭出现了幼儿劳动教育被忽视的现象，即使有劳动教育，也存在内容简单、方法单一、环境缺失或“有劳动、没教育”的问题。家长应在科学劳动教育观念的引导下，为幼儿营造积极的劳动环境，在亲子共同参与劳动的基础上促进幼儿的健康发展。

儿童和青少年处于身心快速发展的关键期，一定的体力劳动有利于他们获得强健的体魄、锻炼坚强的意志、增强生活的体验，甚至是舒缓学习压力、提高道德修养。儿童和青少年不仅处于认知能力与抽象思维高度发展的关键时期，也处于联想力、想象力发展的重要阶段，他们将在参加劳动的过程中获益。

和谐的亲子关系对家长成功教育幼儿有关键意义。劳动过程中，孩

① 侯娟珍：《手工制作对儿童思维发展的意义》，《学前教育研究》2012年第8期。

② 蒋洪池、熊英：《日本小学劳动教育：形式、特点及启示》，《外国教育研究》2020年第12期。

子与家长会产生很多自然互动的机会，而且劳动的时候，家长和孩子多处于大自然的环境中，在大自然的作用下，亲子间的交流将更加和谐。通过劳动获得相应的成果，也有利于增强儿童和青少年的自信心和独立性。

家长的劳动价值观对孩子的劳动意识具有重要影响。在日常生活中，一些家长不经意的言谈也会对孩子的劳动意识产生潜移默化的影响。有学者在调查中了解到，54.4%的长辈说过“你好好学习就行了，家里的事用不着你管”，41.4%的长辈说过“你不好好学习，将来就去扫马路（去种地）”，44.8%的长辈说过“学生就是要学习好，闲事少干”①。

2. 家庭游戏

和学习一样，游戏也是儿童的天性，因为游戏能够给儿童带来积极愉悦的情绪体验，这种情绪体验可以有效地促进儿童的创造和想象。通过游戏，儿童学会主动认知周围世界，包括自我角色、成功与失败的情绪体验等。有人曾说“人生即游戏”，这个论断不一定完全正确，但游戏确实是人的重要天性之一。家庭游戏可以有效地建立亲子之间的和睦关系，有些家庭游戏本身就可以让孩子习得很多技能，如折纸、积木、捏面人等游戏，既可以帮助儿童有效地训练手部肌肉，也可以培养儿童的空间想象能力。

儿童手工制作的特点主要表现为儿童用双手对各种材料进行直观的操作，这其中有对具体事物的直接感知，更主要的是每一次制作都自然伴随手的动作②。让儿童动手的游戏可以有效地促使儿童综合利用各方面信息，积极寻求解决问题的方法。并且，好的游戏可以促进儿童从多个角度思考问题，在探索的过程中获得新奇且愉悦的体验，从而拓展思维的广度。

绘画对学龄前儿童来说是一种游戏，而不是一种“天赋”，更不是

① 王玉香、杨克、吴立忠：《大中小学青少年劳动状况调研报告——基于全国 30 省份 29229 名学生的实证调查》，《中国青年研究》2021 年第 8 期。

② 关颖：《少年儿童劳动意识和劳动习惯影响因素的实证分析》，《道德与文明》2012 年第 1 期。

未来影响其升学的手段。儿童总喜欢“乱涂乱画”，然而父母却很难接受这种“破坏”行为，更看不到这种自主创作与表达活动对儿童自身发展的意义。科学的做法是为儿童的“创作天性”提供合适的场地，如在家里一米以下的墙上贴一张画布（白纸），并逐渐引导儿童在画布（白纸）上创作。

适合幼儿的家庭手工活动多数具有“游戏”特征。有的父母认为废旧材料不卫生、操作复杂、有一定危险，因此限制幼儿的参与或者操作。家长应树立科学的育儿观念，纠正包办代替、急于求成、注重结果而忽视过程的行为。

棋类游戏是家庭中常见的游戏，不仅可以增进家庭成员之间的情感，也可以让儿童从中学习规则和竞争，在游戏中运用所学知识调整策略。

3. 外出游历

古人云：“读万卷书，行万里路。”儿童对世界充满好奇，尽早地接触真实的世界，会给儿童带来丰富的直接体验，从而进一步激发儿童的好奇心。大自然总是能激发儿童的创造力和想象力，无论是花瓣上晶莹剔透的露珠、忙碌的蚂蚁蜜蜂、展翅高飞的雄鹰、漫天飞舞的落叶，还是高耸入云的雪山、细腻平静的沙滩，都会让儿童体验到无限生机和创意。儿童在与大自然接触的过程中，对探索未知世界充满了兴趣。此外，儿童在自然环境中参加的大多数活动需要一定的体力，这可以促进儿童健康成长。例如，儿童在参与种植活动的过程中，可以观察并记录植物的成长过程，这不仅可以提高他们的记录能力和表达能力，还可以使他们形成实事求是的科学素养，促进他们全面发展[①]。

博物馆、科技馆、纪念馆等公共场馆作为重要的教育资源，可以为儿童提供专业的知识和体验，对儿童的成长同样重要。为了进一步贯彻落实《中华人民共和国未成年人保护法》，更好地发挥爱国主义教育示范基地的作用，故宫、圆明园、北京宋庆龄故居、北京天文馆等相继宣布对未成年人

① 虞永平：《用“全收获”的理念开展幼儿园种植活动》，《幼儿教育》2017 年第 4 期。

免费开放[①]。国内众多场馆在免费的基础上，还根据儿童的特点进行专门改造，增加更多的互动参与环节。比如，在首都博物馆春节期间的民俗体验活动中，儿童不仅可以参观古代的官窑，而且可以亲手“烧制”一件瓷器。

2021 年实行的“双减”政策，让家庭和儿童有更多机会走进自然、走进博物馆，也让儿童充分地探索世界、激发自己的兴趣，为之后的实践锻炼做好准备。

在某家庭的墙上，有两张地图被用来标记全家去过的地方，每去过一个地方就用一个荧光贴标记一下（见图 5）。一家人的脚步从呼伦贝尔大草原走到大凉山腹地；从中国第一高楼“上海中心”走到大漠戈壁边上的“月牙泉”；从云雾缭绕的庐山走到浩瀚无边的南太平洋。孩子们体验过大漠的孤寂，体验过海风的和煦，体验过雪山的冷峻，也体验过草原的广袤，这样的经历对他们开阔视野、理解不同文化、理解不同气候特征和地形地貌都非常有益。

（二）实践锻炼类活动

当儿童步入义务教育阶段，家庭教育也进入了一个新阶段——家校共育。这一阶段也是儿童向青少年的过渡阶段，儿童在校时间与在家的时间基本接近，已经掌握了一定的知识和生活技能，家庭中的学习类活动和探索类活动有了明显区别。儿童开始模仿“成年人”，特别是喜欢模仿父母。因此，家长要协助儿童打好学科学习基础、拓展人生的视野、培养基本的生存能力、强化技能应用，要逐步引导儿童将所学知识和技能与国家发展、社会进步进行有机联系。家长要通过广泛的实践锻炼活动激发和培养儿童的兴趣，并将其兴趣转化为未来的人生目标。居家养殖活动、志愿服务活动不仅可以更加有效地实现家校共育，也可以为儿童缓解青春期的不安与躁动提供

① 《北京天文馆等相继宣布，对未成年人免费开放》，央广网，2021 年 12 月 7 日，http：//news. cnr. cn/rebang/20211207/t20211207_ 525680207. shtml。

图5　孩子们在地图上标注走过的地方（李国云/摄）

很好的支持。

1. 居家养殖活动

生命教育既是家庭教育最重要的课题之一，也是学校品德教育的延伸。儿童如何理解生命的价值和意义，如何在日常生活中尊重并珍惜生命，都是这一命题下的学习内容。有研究认为，照顾宠物、和它们玩耍能在客观上增加儿童的社会活动，促进儿童与外界的交流，增强儿童的责任感①。与此相对应的是，宠物也会给予儿童陪伴和关怀。这样相互需要的情感连接有利于

① Headey, B. W., Fu, N., Zheng, R., "Pet Dogs Benefit Owner's Health: A Natural Experiment China," *Soc Indicat Res*, 2008 (87): 481-493.

儿童社会支持水平的提高和孤独感的降低①。

儿童需要被爱和理解，也需要情感的释放。如果儿童只会索取爱而不懂得付出爱，必然会导致其以自我为中心。宠物让儿童在被爱的同时学会了付出爱，让儿童能够更好地在家庭中、在社会上、在集体里找到自己的位置和归属，更好地融入社会，得到更多的认同和支持，这不仅提高了儿童的社会支持水平，也消除了儿童的孤独感②。研究发现，与宠物的接触可以促进儿童学会忍耐、分享、关心照顾他人，以及与动物建立亲密关系的技巧和知识，这将使他们更有爱心，也具有更强的社会亲和性③。当然，在和宠物接触的过程中也不能过分亲密。因为儿童的自我保护意识较弱，容易受到伤害，应与宠物保持适当的距离，具备合理的防范意识对儿童的成长也非常重要④。

2. 志愿服务活动

中华民族自古以来就有扶贫济困、助人为乐的传统美德。我国现代意义上的志愿服务活动起源于改革开放初期。20 世纪 80 年代中期，民政部号召推进社区志愿服务。1993 年底，共青团中央决定实施“中国青年志愿者行动”。2008 年，北京奥运会让中国志愿者在全球的关注下精彩亮相；2022 年，中国志愿者再次亮相北京冬奥会，成为北京冬奥会上最亮丽的风景线，并在闭幕式上得到国际奥委会主席巴赫先生的高度赞誉⑤。2004 年，徐本禹被评选为“感动中国人物”，接受采访时他说：“现在志愿服务不仅是我生活中不可磨灭的一段经历，不仅让我在这个过程中收获了友情和成熟，更重要的是，志愿服务已经成为我性格和灵魂的一部分。”⑥

---

① McConnell, A. R., et. al, “Friends with Benefits: On the Positive Consequences of Pet Ownership,” *Journal of Personality and Social Psychology*, 2011 (6): 123-125.

② 程艳丽：《小学高年级儿童宠物依恋对亲社会行为的影响——社会支持与孤独感的多重中介作用》，硕士学位论文，河南大学，2016，第 61 页。

③ 周霞等：《宠物与儿童社会情绪的关系》，《中国心理卫生杂志》2007 年第 11 期。

④ 李巍等：《人兽共患病的现状、危害及防控措施》，《动物医学进展》2010 年第 S 期。

⑤ 《国际奥委会主席巴赫：志愿者谢谢你们》，中青在线网站，2022 年 2 月 21 日，http://zqb.cyol.com/html/2022-02/21/nw.D110000zgqnb_20220221_4-02.htm。

⑥ 罗洁：《中国志愿者：进步与差距》，《世界知识》2008 年第 14 期。

多年来，我国的志愿服务活动从无到有、从点到面，从普通志愿者到专业的志愿者，从国内活动到服务全球，取得了非凡成就。但也要认识到，同发达国家相比，我国的志愿者及志愿服务活动还有很大的发展空间。首先，发展不平衡，机构和组织还不够发达。虽然大部分志愿服务活动已纳入政府系统，但还有不少志愿者组织和志愿服务活动仍由各种各样的社会组织来负责，在服务规模和专业性方面还有很多不足之处。其次，我国公民个人参与国际志愿服务活动还不够积极，参与国际志愿服务活动的青少年也较少。

某家庭通过“志愿北京”平台加入了两个志愿者组织，一个是“北京飞翔吧少年志愿服务队”，这是一个由民间发起、专注于环保项目和活动的志愿者组织；另一个是“北京野生动物救助中心”，这是一个由政府主管的动物保护组织。2021 年落地的“双减”政策带来了新的变化，中小学生在周末有更多的时间和其他同学一起参加志愿服务活动。

（三）价值贡献类活动

中学阶段是儿童从青少年向青年过渡的阶段，也是家校共育向家庭、学校、社会“三位一体”协同育人过渡的阶段，“小大人”是这一时期儿童的重要特征。在这一阶段，“价值贡献”既是青少年成长的需要，也是家庭教育活动的关键，青少年可以通过社会实践活动和志愿服务项目进一步融入真实的生活情境，连接未来的社会，寻找和确认自己的人生目标，并进一步强化自己的生存技能。

1. 社会实践活动

青少年可以通过在特定场域中参与真实的活动获得新的知识和见解，并逐渐在潜意识里形成新的思维模式、指导新的行为，并利用新获得的知识和技能不断地创造新的东西。社会实践活动就是青少年在真实的社会场景中亲身体验，并在法律和条件允许的情况下感知和参与“实际工作”的各种现象或过程。社会实践活动让青少年尝试运用已经掌握的知识和技能，像成人及专家一样应对各种未知情况和挑战，学习解决现实问题，从而提升生活、实践和创新所必需的能力和技巧。而且，社会实践活动有助于学生提前获得丰富的职业体验，扩展知识视野，有利于青少年确立人生志向和目标，为融入未来的社会做好准备。

当然，社会实践活动不同于简单的职业体验，要关注青少年在实践过程中的参与情况。社会实践活动应通过社会服务、政策倡导等方式来实现对青少年的培养。由于社会实践活动的场所是真实的社会，其本身已具备教育与社会生产的双重属性。因此，无论是家庭、学校，还是社会机构，在组织青少年，尤其是 18 岁以下的青少年进行社会实践活动时，要重点关注青少年的角色困境问题、多方利益的平衡问题以及青少年的安全保护问题。作为活动的参与主体，青少年在参加社会实践活动时，也要处理好自己的期待与社会实践活动不匹配的问题，避免在社会实践活动中产生不适应感，甚至是巨大的心理落差。

某报社曾组织小记者街头采访活动。通过真实的任务，让参与的同学们和记者一样去采访、撰稿并报道。参与活动的同学们亲身感受到了完成“采访”任务的不易，学会了用“记者”的视角去观察和记录生活中的“重要事件”。

2. 志愿服务项目

志愿服务项目与志愿服务活动的不同之处有三个。一是难度以及对志愿者的要求不同。志愿服务活动专业程度不高、难度不大，主要侧重于儿童的短时间参与，是一个实践与锻炼的过程，对志愿者自身的技能要求并不高。但志愿服务项目则需要参与者具备一定的专业知识或技能。二是服务周期不同，志愿服务活动一般不超过 1 天；志愿服务项目的周期短则几个月，长则几年甚至是几十年。三是目标和收获不同。志愿服务项目有明确的目标和任务，要求参与项目的志愿者发挥自己的专业知识和技能、贡献相应的力量和价值，所以参与项目的志愿者不仅能收获专业的知识和技能，还能收获丰富的社会经验，而志愿服务活动的收获则要少很多。

某家庭坚持支教已经有 8 年时间。2014 年，家长在支教的过程中通过视频连线给孩子们展示了支教的环境以及主要的工作，孩子们第一次了解支教这样的志愿服务项目；2016 年，孩子们也参与了支教，开始和当地的儿童一起做手工、搭积木；2019 年，两个孩子独立分担了一部分助教任务；2021 年，在大凉山支教时，孩子们已经可以贡献自己的专业知识和力量。

从以上几个“学习活动”可以发现，不同类型的活动可以让儿童从身体到内心、从家庭到社会、从课堂知识到生活技能得到全面的锻炼和发展。“阅读”铸魂、“活动”塑体，二者是家庭教育不可分割的“一体两面”，应大力倡导。

智慧社会篇

Smart Social Reports

B.8

社区智慧学习研究报告

魏顺平　王 斌　温书宇　张翔宇　殷丙山[*]

摘　要： 随着信息技术的飞速发展，社区智慧学习逐渐成为一种重要的学习方式。本报告对社区智慧学习开展了专题研究，从社区智慧学习的形态、现状和发展趋势三方面开展论述。在社区智慧学习形态方面，社区教育、老年教育历经多年发展，不断壮大且形式多样，机构层次多、数量大。在社区智慧学习现状方面，社区学习平台类型多、覆盖广，智慧学习场域集中与分散相结合，信息化水平不断提高，智慧学习方式灵活多样，线上线下、真实虚拟深度融合，可从政策、设施、应用、成效等多个维度对社区智慧学习环境进行综合评价。

---

* 魏顺平，中央民族大学教授，中国教育技术协会网络安全专委会副秘书长，主要研究方向为教育大数据分析与应用；王斌，江苏大学教师教育学院副教授，主要研究方向为教育技术学；温书宇，国家开放大学老年大学主任，主要研究方向为老年教育、终身教育；张翔宇，国家开放大学老年大学教学管理负责人，主要研究方向为老年教育、教育环境；殷丙山，北京开放大学教授，首都终身教育研究基地老年教育研究中心主任，主要研究方向为教育信息化、终身教育。

在社区智慧学习发展趋势方面，社区教育与老年教育正走向融合发展，社区智慧学习环境的建设与发展应充分考虑老年人学习需要，将传统服务与智能创新、普遍适用与分类推进、线上服务与线下辅导等相结合，切实为老年人学习提供便利。

关键词： 社区智慧学习　社区教育　老年教育

近年来，随着知识更新不断加快，“终身学习”的理念逐步深入人心，社区越来越成为重要的学习场域。而随着信息技术的飞速发展，社区智慧学习逐渐成为一种重要的学习方式。与此同时，我国各地都在构建学习型城市，这极大地促进了社区智慧学习的发展。

一　社区智慧学习概念、形态与环境框架

（一）基本概念

1. 智慧学习环境

智慧学习环境是数字学习环境的进一步发展，是促进学习者有效学习的支撑条件，也是社会信息化背景下学生对学习环境发展的新诉求。一般而言，智慧学习环境包括如下要素：场景，如学校、教室、社区、户外基地等；装备，如学习环境中所使用的各种媒体技术；内容，智慧学习环境与学习内容密切相关，能根据学习内容动态调整环境参数；体验，如硬件、软件的易用性，教学是否达到预期等；服务，如自动感知学习情景、识别学习者特征，并据此为学习者推送个性化的学习资源和互动工具。

2. 社区智慧学习环境

作者将“智慧学习社区”定义为：社区居民不出社区甚至不出家门即可利用智能学习环境和设备自由定制个性化服务，参与学习活动和交流。

社区智慧学习环境是面向社区居民终身学习、依托社区中的教育机构或行政部门建立的智慧学习环境。和一般意义上的智慧学习环境一样，社区智慧学习环境也包括场景、装备、内容、体验、服务等要素，它们之间的关系如图1所示。本报告主要讨论社区智慧学习环境的装备，由平台、资源、实体教室等构成。

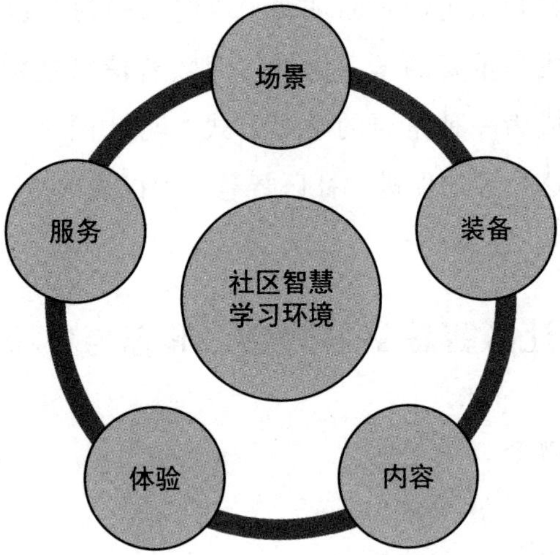

图1　社区智慧学习环境要素

（二）社区里的教育形态

社区里的教育形态包括社区教育、老年教育、开放大学教育、公共服务、企业培训等，本报告主要聚焦社区教育和老年教育。

1. 社区教育

社区教育是运用社区文化等资源，面向社区全体居民，以促进社区居民与社区共同发展为目标的各类教育活动。我国的社区教育开始于20世纪80年代初，它的起步既借鉴了国外社区教育的相关经验，又结合了改革开放以来学校教育、家庭教育、社会教育的实际情况，并通过试点得以慢慢发展起来。社区教育强调终身学习、公民广泛参与，并充分整合社区内外的各种资源。

社区教育可以从服务对象、教育内容、办学部门等维度来分类，如图2所示。

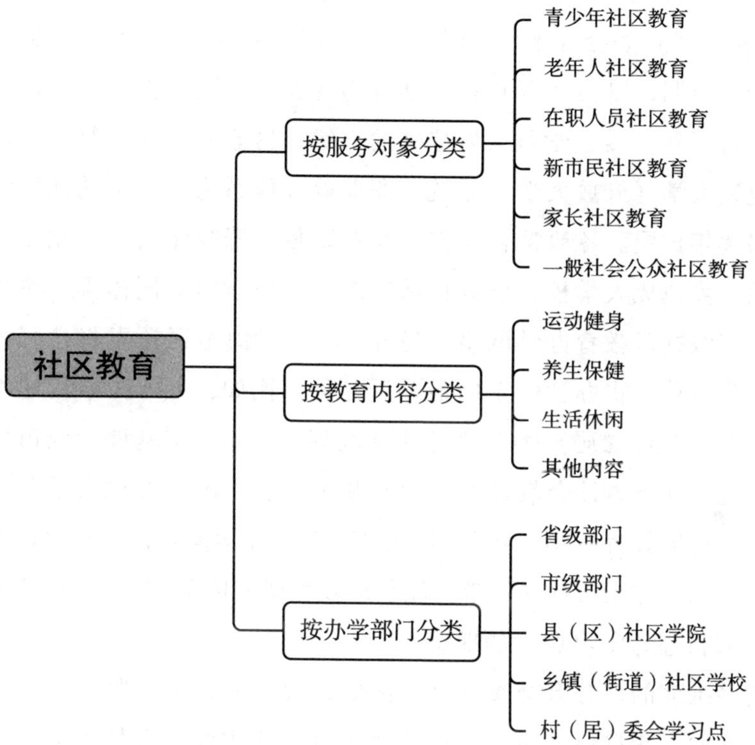

图2　社区教育分类

从服务来看，社区教育可面向青少年、老年人、在职人员、新市民、家长、一般社会公众等不同的对象。社区教育以其服务对象的广泛性和针对性，被誉为青少年的“第二课堂”、职场人的“充电站”、新市民的“心灵家园”、老年生活的“新舞台”、社会治理的“助推器”等。

从教育内容来看，社区教育服务于社区居民的全面发展，而公民的全面发展包括科学文化素质、思想道德素质、职业技能素质、公共文明素质、生态文明素质等方面。因此，社区教育的内容应该包括公民素养、法治社会、科学生活、安全健康、就业创业、人文艺术、职业技能、早期教育、运动健身、养生保健、生活休闲等方面。当前，社区教育机构的教育和培训主要集中在运动健身、养生保健、生活休闲及其他内容。

从办学部门来看，社区教育可分为省、市、县（区）、乡镇（街道）、村（居）委会五级。全国社区教育基本形成由省、市两级社区教育机构指导协调，以县（区）社区学院为龙头、乡镇（街道）社区学校为主体、村（居）委会学习点为基础的三级社区教育办学网络。同时，以广播电视大学（开放大学）系统、职业院校体系为主力军的社区教育办学网络逐年扩展。各地整合党校、职业院校、青少年宫、文化站、社工服务站、乡镇成人学校、群众自治组织、居民学习共同体等，逐步建立和完善三级社区教育办学网络。另外，东部沿海地区探索将社区教育重心进一步下移，将办学体系向最基层延伸。比如，上海探索构建 4.5 级办学体系，在村（居）委会之外建立院落学习室、宅基课堂或市民体验学习基地；江苏省社会教育指导中心和市（县、区）开放大学及企业等合作设立社区教育“学习苑”，形成“5+N”办学模式；在东北地区，沈阳市教育局、沈阳市社区大学、沈阳市教育研究院从 2017 年起开展了对建设“农村睦邻学习点”的探索。

这些维度的划分有交叉之处。例如，教育内容是与服务对象密不可分的。面向老年群体，主要开展健康保健、休闲娱乐等教育活动；面向青少年群体，主要利用寒暑假、节假日开展各类素质教育及社会实践活动；面向一般社会公众，主要开展弘扬社会主义核心价值观并提升公民素养、生活技能等的教育培训活动，也有针对弱势群体和残疾人开展的教育培训；面向家长，主要开展教育理念、教育方法等方面的家庭教育指导培训；面向在职人员，主要开展各类技能培训；面向新市民，主要开展就业创业培训。

2. 老年教育

老年教育是为了让老年人继续学习而进行的教育活动。它是教育事业的组成部分，是根据老年人的生理和心理特征进行的一种特殊教育。其目的是使老年人增长知识、开阔视野、丰富生活、增强体质。老年教育的对象是各个层次的老年人。

改革开放以来，我国老年教育事业发展成效显著，基本形成了老年人自主教育、社区老年教育、学校老年教育、远程老年教育、社会老年教育“五位一体”的老年教育发展模式。现如今，老年大学（老年学校）成为我国老年人进行终身学习的主要场所。

老年教育从形态上包括学校老年教育、社区老年教育、远程老年教育等；从内容上分为休闲艺术类（主要包括电子琴、钢琴，二胡，合唱，民族舞，摄影等课程），养生保健类（主要包括太极拳、中医保健、按摩、健身操、养生等课程），生活应用类（主要包括剪裁与缝纫、烹饪、花卉、旅游文化、代际沟通等课程），语言文化类（主要包括写作、英语、古代文学、诗词、老年心理教育等课程）和信息技术类（主要包括计算机应用、图像处理、智能手机使用等课程）。老年教育分类如图 3 所示。

（三）社区智慧学习环境框架

按照智慧学习环境的一般架构，以社区居民（包括少年儿童、在职人员、退休老人）为中心，按学习内容、学习空间、学习终端、基础设施和安全运营的顺序由里向外构建了社区智慧学习环境框架，如图 4 所示。

一是学习内容。这里主要指的是前文所阐述的社区教育分类，包括健康保健、休闲娱乐，技能培训，青少年素质教育、青少年社会实践，家庭教育指导，生活应用、语言文化、信息技术等。

二是学习空间。主要分为线上和线下两大空间。线上包括一体化教学平

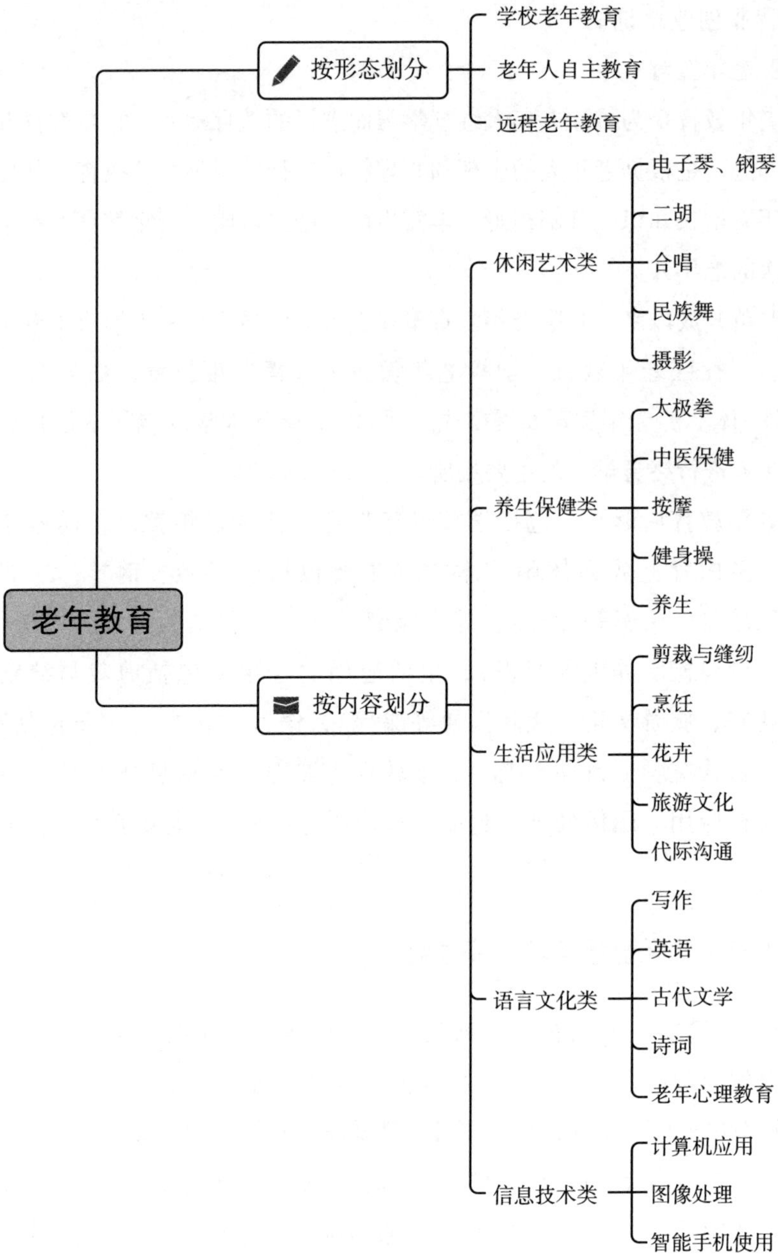

图 3　老年教育分类

资料来源：刁海峰《中国老年教育发展报告（2019~2020）》，中国商务出版社，2021。

台、视频直播平台、慕课资源平台、短视频平台、虚拟仿真平台、学分银行平台、大数据分析平台等。线下包括直播教室、智慧教室、展厅/体验大厅、VR 教室、创客教室、专题场馆。

三是学习终端、基础设施和安全运营。学习终端有手机、台式电脑、平板电脑、电视机、收音机、书籍、展板等；基础设施包括互联网、5G、云计算服务、有线电视、广播、卫星电视；安全运营关注网络安全、人员运维、数据安全、个人信息保护。

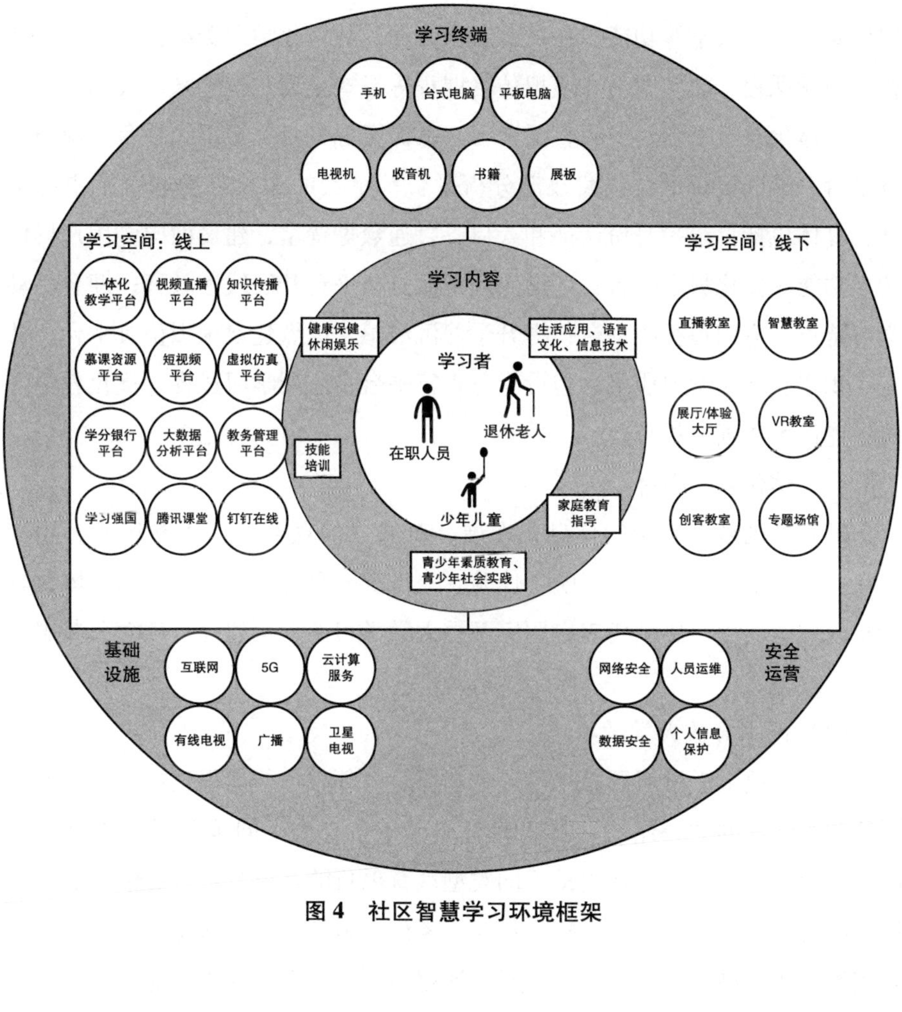

图 4　社区智慧学习环境框架

二　现状

（一）学习平台与数字化学习资源

经过多年的探索实践，全国社区教育数字化建设工作取得了长足的发展。各省份相继建立了省级社区教育数字化学习平台，各地也逐步建立或完善了地方社区教育数字化学习平台，并大力推广微信公众号等移动学习平台。从功能的角度来看，这些平台具有资讯发布、资源共享、教学管理、虚拟仿真、直播教学等功能。在资源共享方面，数字化学习资源主要以网络课程、视频课程、数字图书、虚拟仿真课程等形式呈现。近年来，我国社区教育在一体化教学平台、视频直播平台、慕课资源平台、短视频平台、虚拟仿真平台、学分银行平台、大数据分析平台等平台的建设方面取得了重要进展，具体包括：统一身份认证和入口，打通数据壁垒，建设面向多用户群体的多功能一体化教学平台；广泛应用视频直播平台开展线上教育；迎合移动学习特点，应用短视频平台；提升学习沉浸感，试点建设虚拟仿真平台；认定、积累、转换学习成果，建设学分银行平台；监测学习过程、优化教学方式，建设大数据分析平台。

1. 一体化教学平台

随着社区教育领域的信息化发展，新的“信息孤岛”不断产生，用户往往拥有多个账号，严重影响了体验。一批统一身份认证和入口的一体化教学平台应运而生，典型代表有国家开放大学学习网、福建终身教育公共服务平台。

（1）国家开放大学学习网

国家开放大学学习网是集学习者学习、教师教学与课程建设、教学管理者管理于一体的“一站式”在线教育服务平台，为不同服务对象提供统一的在线教育服务。该平台支持不同类型教育项目的在线学习，提供注册、选课、缴费、学习、辅导、答疑、作业、考试、虚拟校园、信息查询、终身学习档案、毕业结业以及备课、教研、课程建设、查询统计等功能。

（2）福建终身教育公共服务平台

数字福建终身教育大数据研究所经过前期调研，将“福建老年教育公共服务平台”和“福建社区教育公共服务平台”优化整合，推出包含社区教育和老年教育板块的“福建终身教育公共服务平台”，既融合了社区教育和老年教育的相关信息，又方便不同用户根据自身需求快速进入社区教育和老年教育板块。该平台采用“一体式设计，分级化管理”模式，兼具各级社区机构和老年机构直播带学、活动开展、组班培训、招生报名、教务管理、网络课程共享、师资共享、新闻发布、专题展播、数据采集等功能，支持福建省内 9 个地市以及平潭综合实验区的资源筛选，方便用户根据自身地理位置获取相应信息，支持多平台、多终端互联互通，面向全省终身教育工作者和终身学习者，提供线上线下教学相结合的“一站式”服务。线上课程资源分为文化艺术、休闲保健、公民素质、实用技能、家庭教育五大类共 25381 讲，总时长超过 13000 小时，资源来源主要为福建开放大学自建、各高校参与建设遴选以及其他平台共享。早期资源多为“多章节、每讲 20 分钟至 2 小时”的完整课程，2020 年起引入了 1000 多讲 20 分钟以内的微课资源。

2019 年 9 月，“福建老年教育公共服务平台”正式上线；2020 年 9 月，“福建社区教育公共服务平台”正式上线；2021 年 10 月，由以上两个公共服务平台整合而来的“福建终身教育公共服务平台”上线，成立以来，“福建终身教育公共服务平台”支持举办线上线下活动 93 场，直播教学 200 场，访问量达 10 万人次。各级老年教育机构和社区教育机构的平台管理员在培训和使用过程中提出了众多宝贵的意见，使该平台在实践中不断优化升级，其因功能齐全及操作简便受到了各级机构的一致好评。

（3）江西省终身学习系统

江西省终身学习系统以为全省约 4600 万人口终身学习提供优质服务为宗旨，在已有远程教育系统的基础上整合数据和资源，以江西省终身教育公共服务体系建设为核心，采用云计算技术，为全省教育数字化建设和发展提供技术支撑和服务。

江西省终身学习系统以“一库两云、多平台”为建设目标。其中，“一库”是指江西省终身教育资源库，“两云”是指公有云与私有云的混合部署模式，“多平台”是指能够接入江西省终身学习系统的各类业务应用平台，包括江西省终身教育学习网、江西省终身教育综合管理系统、江西省终身教育学分银行系统等。

2. 视频直播平台

近几年，各类视频直播平台得到广泛应用，实现了线下课堂向线上课堂的迁移。常用的直播平台有腾讯会议、小鹅通、保利威视等。

（1）桑榆金辉云课堂

为贯彻国务院办公厅《关于切实解决老年人运用智能技术困难实施方案的通知》、全国老龄办《关于开展“智慧助老”行动的通知》、教育部办公厅《关于广泛开展老年人运用智能技术教育培训的通知》的文件精神，2020 年 9 月，中央国家机关事务管理局财务管理司与国家开放大学共同打造了桑榆金辉云课堂，满足了离退休老同志的多元化学习需求，进一步解决了老年大学资源不平衡、不充分的问题，帮助老年人跨越“数字鸿沟”，熟练使用智能技术完成在线学习。桑榆金辉云课堂得到了各部门和广大老同志的一致好评，打开了中央国家机关老年大学线上教学快速发展的新局面。

桑榆金辉云课堂通过线上直播、课程回放、录播视频、短视频微课等教学方式，将线下授课转化为多种形式的线上教学，首期已有 42 个部门开设了 367 门课程（见图 5）。桑榆金辉云课堂的推出应时应景，为老同志办了一件好事、实事。

（2）福建开放大学“直播带学”

为弘扬中华优秀传统文化，倡导全民终身学习的理念，福建省终身教育服务中心创新终身学习形式，借鉴“直播带货”理念，面向全省终身教育机构组织开展“双学、双百”进社区终身教育专项活动。“双学”即“人文游学、直播带学”，像“直播带货”一样，由“主播”老师利用直播平台，向城乡社区居民宣传展示各地的人文景观、地标建筑、非遗文化等，带领学

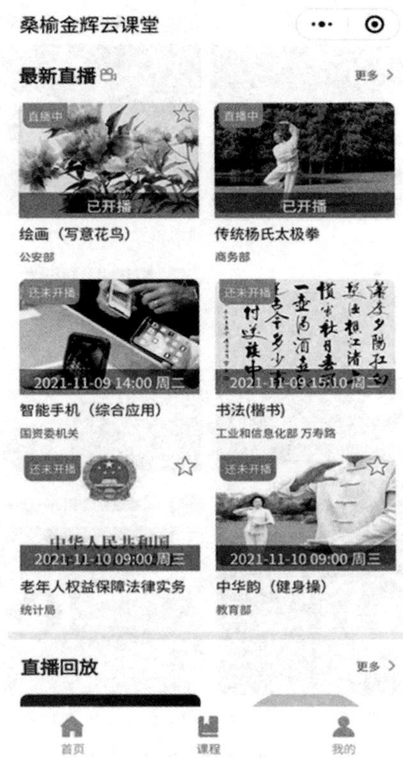

图 5　桑榆金辉云课堂界面

资料来源：桑榆金辉云课堂微信小程序。

员感受文化的内涵和魅力（见图 6）。2021 年 5 月 28 日，福建省终身教育服务中心还举办了“游学烟台山、直播闽文化”活动启动仪式，组织全省社区教育机构学习观摩直播过程，起到了良好的示范引领作用。

3. 短视频平台

当下有很多流行的短视频平台，如 B 站、抖音、快手等，这些平台深受社区居民的喜爱。

（1）上海杨浦区通过 B 站开设“大家微讲堂”

2018 年 3 月，上海杨浦区教育部门在双创园区举办了“大家微讲堂”，该讲堂的第一讲由复旦大学中国研究院院长张维为主讲，并由 B 站全程直播。杨浦双创园区的白领们纷纷走进位于杨浦创智天地的 B 站大楼，听张维为院

图 6 “直播带学”相关课程

资料来源：福建终身教育微信小程序。

长讲述中国的社会制度有何独特优势。

（2）上海市长宁区以云视课堂搭建市民终身学习云空间

云视课堂是利用云视频技术连接教学现场与多远端课堂、学习者并开展教学互动，从而延展传统课堂空间的一种数字化教学模式。从 2015 年开始，长宁区学习办、社区学院正式推出终身学习云视课堂（见图 7），在长宁区市民学习中心和 5 个社区学校配备云视课堂设备，开展实践探索，取得了很好的效果。到 2018 年，终身学习云视课堂陆续实现了在上海市 16 个区的全覆盖，并在上海市范围内开放了在线课程选课，发布了 30 多门精品云视课程，居民可以在线选课和观看，并与主讲教师开展在线交流。多年的实践探索证明，终身学习云视课堂能够利用自身优势有效解决现阶段终身教育优质资源供不应求、原有的数字化学习无法进行即时互动的问题，让更多的社区学习者既能获取优质的学习资源，又能以在线互动的方式提高学习效果和乐趣，显示出很强的优越性。

图 7　终身学习云视课堂

资料来源：上海学习网终身学习云视课堂专题板块，https：//course. shlll. net/CloudCourse。

（3）国家开放大学五分钟课程网

五分钟课程多为 5~15 分钟的微型课程，以视频为主，内容精、终端载体多样化、应用方便灵活，满足了情景化、个性化、移动化、自主化及碎片化学习的需要，成为移动互联时代重要的知识载体。

国家开放大学五分钟课程网以“积木化、产品化”为理念，成系列、成规模地开发五分钟课程、网络学习课程和全媒体数字教材等新媒体学习资源，促进了全民终身学习及学习型社会的建设（见图 8）。

图 8　国家开放大学五分钟课程网

资料来源：国家开放大学五分钟课程网，http：//5minutes. com. cn/。

截至 2020 年底，国家开放大学五分钟课程网已经开设了文学艺术、历史文化等 11 类 40000 余个五分钟课程，面向全社会开放学习。

4. 虚拟仿真平台

为了提升学习的真实感、体验感和沉浸感，不少社区利用虚拟仿真平台来开发教育资源，典型的应用场景包括安全教育、党建教育等。

（1）VR 安全教育进社区

社区通过 VR 技术模拟安全逃生、开展安全知识教育，身临其境的体验能让居民更深刻地体会安全知识的重要性，有利于推动社区智慧安全管理，营造安全舒适的社区智慧生活环境。

2019 年 6 月，由广东省深圳市南山街道风华社区党委主办、居委会协办，深圳市掌网科技股份有限公司承办的“智慧生活、平安社区”风华社区创建精品特色社区系列活动·VR安全教育互动体验活动走进风华社区。[①]该活动通过专家培训、实操演练、体验互动、3D绘画课堂、资料发放等多种形式展开科普体验和宣传，在社区党委干部和社工的精心组织下，社区居民纷纷参与VR消防体验，现场气氛活跃，宣传资料发放达355份。

该活动通过VR技术为社区居民精心打造了一条涵盖VR安全场景体验、安全标识3D绘画课堂、模拟烟雾逃生通道体验、心肺复苏体验、消防产品学习等多项内容的“智慧生活、平安社区”精品游览线，让居民全方位地学习安全知识。

（2）VR党建工作站亮相马集社区

2021年11月16日，中共江苏省委宣传部文化产业处党支部、江苏省文旅厅产业发展处党支部、江苏有线直属机关数据公司党总支共同走进南京市六合区马鞍街道马集社区党总支开展支部共建工作，了解基层困难，倾听群众呼声，助力乡村振兴。[②]在社区党群服务中心一楼大厅，志愿者向社区党员介绍了“VR党建工作站”的使用情况，并现场展示了党的十九届六中全会精神学习、红色革命纪念馆VR馆、知识答题等专栏，受到了现场党员群众的一致好评。在江苏省委宣传部的指导下，江苏有线牵头推进国家文化大数据体系建设工作，目前，国家文化大数据华东区域中心已落户江苏。

（3）全国首个社区“太空空间站工作舱”开舱迎客

2021年12月19日，随着孩子们兴奋地按下按钮，成都武侯区机投桥街道潮音社区爱星客太空探索中心的“太空空间站工作舱”被打开了。[③]这个寓教于乐的太空探索中心刚“开舱”一周就人气爆棚，每个周末都有众

---

① 《党建引领智惠民生，VR安全教育走进南山风华社区》，每日焦点网站，2019年6月19日，https：//www. cqcb. com/dyh/live/dyh2963/2019-06-19/1694152_ pc. html。

② 《VR党建工作站亮相马集社区——国家文化大数据助力基层党史学习教育》，现代快报网站，2021年11月17日，https：//app. myzaker. com/news/article. php？f=Normal&pk=6194f2511bc8e0ed370002bf。

③ 《实物+虚拟体验 全国首个社区“太空空间站工作舱”开舱迎客》，“海外网”百家号，2021年12月21日，https：//baijiahao. baidu. com/s？id=1719739370320598982&wfr=spiuder&for=pc。

多航天爱好者前来探索宇宙的新奇与乐趣。据悉，这是全国首个建在社区里的“太空空间站工作舱”。爱星客太空探索中心位于潮音社区党群服务中心一楼，占地420平方米，由空间站仿真实验技术服务商与专业科技公司联合投资300万元将社区原有的科普馆升级改建而成。VR教学体验区总是排着长队，这里以科技交互为主，设有“火星种土豆”“探索火星”“飞行模拟驾驶”等VR虚拟体验活动。小朋友们戴上VR设备、绑好安全带就能乘上虚拟的“宇宙飞船”，来一场动感太空之旅。

5. 学分银行平台

学分银行是模拟和借鉴银行的功能和特点，以学分为计量单位，实现各级各类学习成果的存储、认证、积累、转换的学习制度和教育管理制度。作为学生能够自由选择学习内容、学习时间、学习地点、学习形式的一种弹性管理模式，学分银行主要通过积累不同来源、不同模式的学习成果，将技能教育和学历教育结合起来，当学分积累到相应的标准，学生可以获得学历文凭。

（1）国家开放大学学分银行信息平台

国家开放大学围绕学习成果认证、积累与转换业务流程开发了学分银行信息平台。该平台能够为学习者、学习成果认证服务体系工作人员、各级各类教育培训机构提供一体化信息服务，具备发布政策标准，开展宣传，为学习者提供账户建立、学习成果认证、积累与转换服务等功能。

学分银行信息平台包含门户网站、服务平台、工作平台和交易平台，学分银行信息平台功能架构如图9所示。

截至2020年底，学分银行信息平台已为国家开放大学400余万名在籍生和2万名社会学习者建立了终身学习账户，这些学习者已经开始在该平台上存储学习成果，并根据学分银行发布的认证标准完成了部分学习成果的转换。

（2）浙江省终身教育学分银行

2015年1月，浙江省教育厅发文成立浙江省终身教育学分银行，并将学分银行管理中心落户浙江广播电视大学。在省委、省政府、省教育厅的高

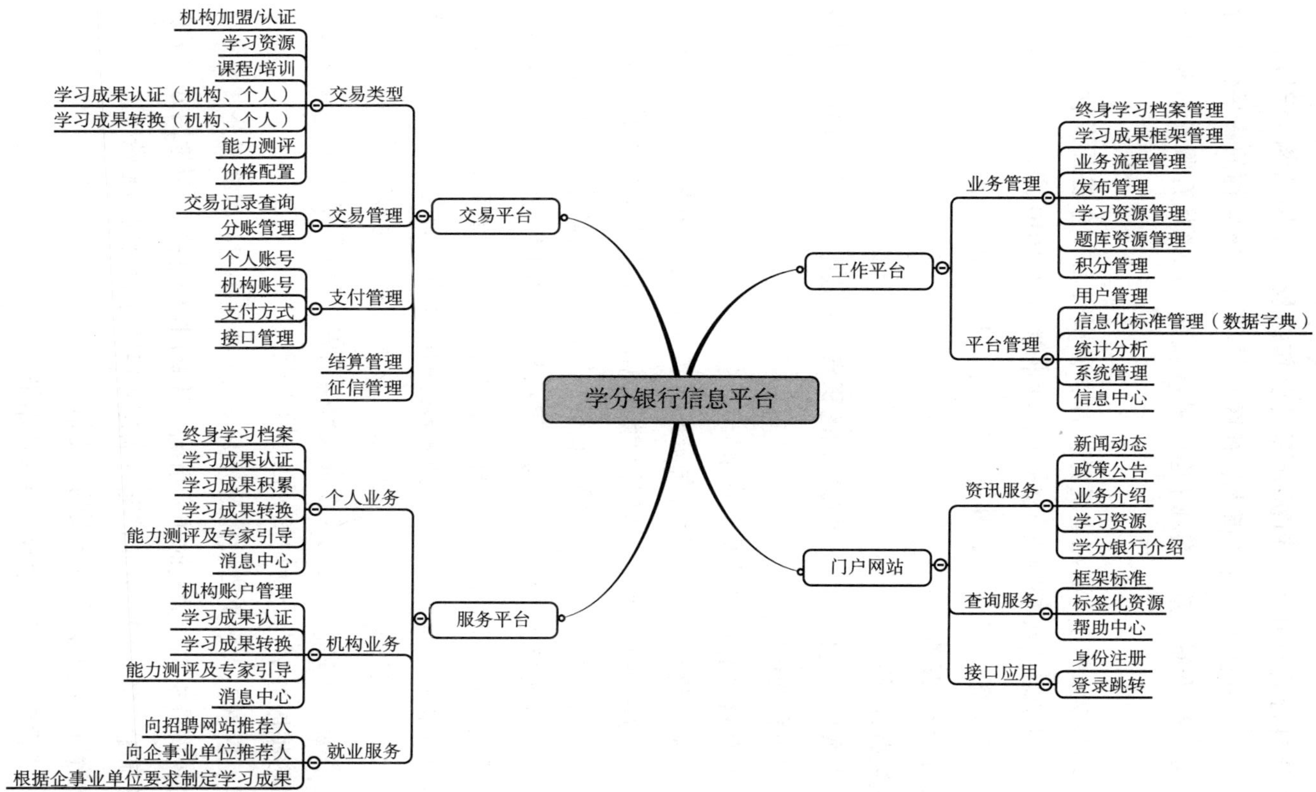

图 9　学分银行信息平台功能架构

资料来源：鄢小平《基于云架构的学分银行信息平台设计研究》，《中国远程教育》2014 年第 5 期，第 66~71 页、96 页。

度重视下，浙江省终身教育学分银行建设工作取得了开拓性进展，已建成拥有省学分银行管理中心，市级分部（合作高校、联盟机构分部），县（市、区）级分中心及乡镇（街道、社区）受理点四级架构的扁平化管理的全省学分银行服务体系，实现了全省社区教育、成人教育服务体系的全覆盖。

截至2020年10月，浙江省终身教育学分银行已在全省开设管理机构2216家，建成学习成果受理点1855个，注册学习者1010万人；存入各类社会学习成果信息4115万条，其中学历教育1517万条，职业培训43万条，非学历教育2555万条。

6. 大数据分析平台

随着大数据理念的普及和平台数据的积累，大数据分析模块逐渐成为各类终身教育平台的标配。

（1）福建终身教育数据服务平台

在《数字福建终身教育大数据研究所顶层设计与发展规划（2019—2023年）》的指导下，福建省终身教育数据服务平台以横向的社区教育、老年教育、继续教育、职业培训等为目标，以纵向的基础建设、数据平台、数据处理、规范和标准以及重点领域应用示范等为角度，通过在不同区域、不同细分领域的示范应用，进行终身教育数据资源的融合与应用推广，为终身教育行业发展注入新动力，形成开放多元的产业发展新模式，打造终身教育大数据“产学研”新生态，实现产品、技术与服务的落地，以及福建社区教育大数据驾驶舱、福建老年教育大数据驾驶舱等的可视化展示。福建省终身教育数据服务平台总体架构如图10所示。

福建社区教育大数据驾驶舱的数据来源主要是福建社区教育公共服务平台，通过挖掘分析平台的实时访问情况、活跃用户等特征，以地图方式呈现各地的注册量、活跃度等分布情况。福建老年教育大数据驾驶舱可以呈现各地老年教育资源配置各个指标项的对比情况。

（2）成都市终身教育学分银行大数据平台

成都市终身教育学分银行成立于2018年5月，由成都市教育局主管，主

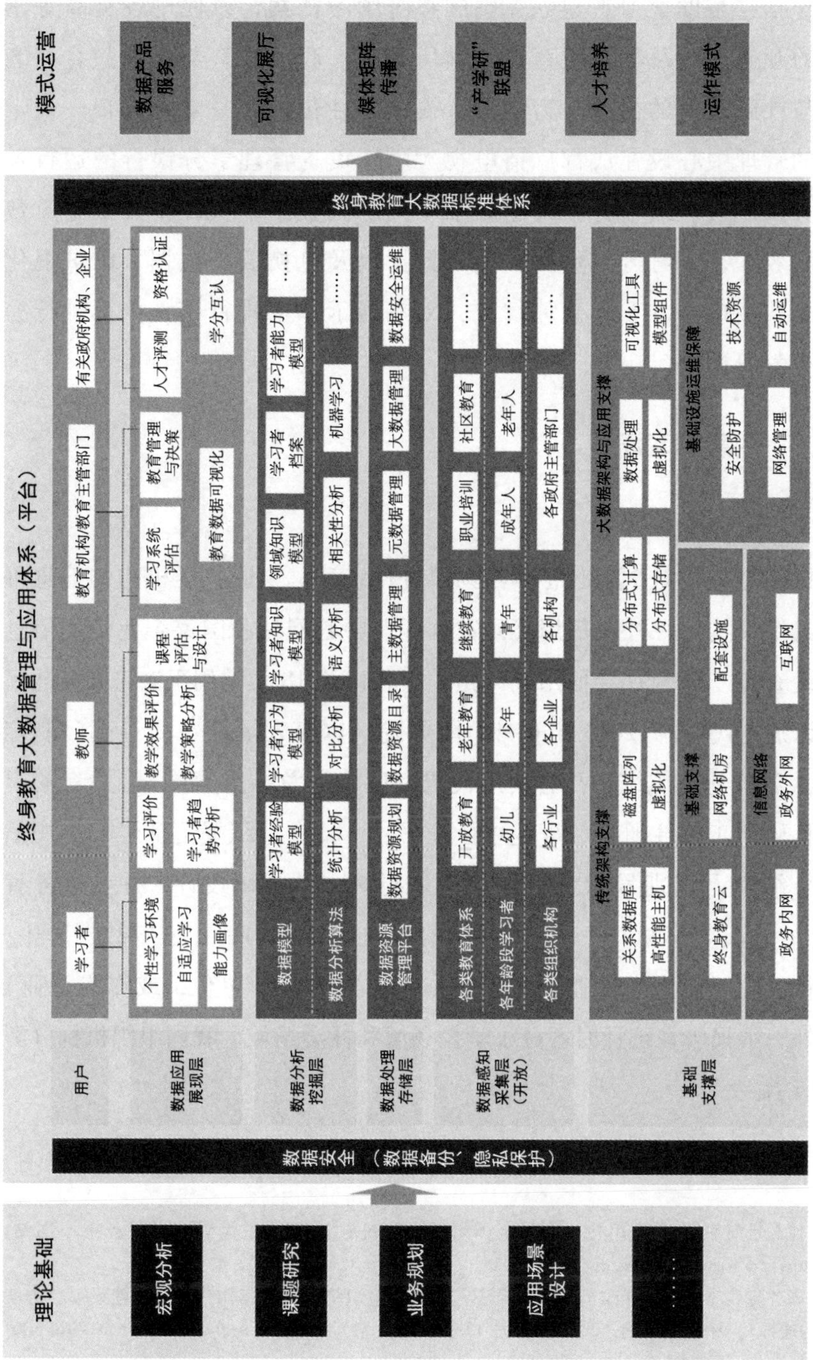

图 10　福建省终身教育数据服务平台总体架构

资料来源：沈光辉等《终身教育大数据应用模型与服务平台构建研究》，《中国远程教育》2020 年第 12 期。

要功能包括：帮助学习者建立完整的终身学习档案，以促进各类高等学历教育的互通，以及学历教育与非学历教育、职前教育与职后教育、老年教育与社区教育的衔接；为学习者提供个性化的终身学习账户。该学分银行的管理中心设在成都广播电视大学，负责管理学分银行的运行及各项业务的开展。该学分银行建立了专门的大数据平台，整合了学员数据、资源数据、学习行为数据、积分数据以及兑换商品数据，以可视化大屏的形式展现了各要素总体情况，动态展示学习排行榜、兑换排行榜以及学员学习记录。

（二）智慧学习场域

1. 学习场域统计

以机构为单位对全国已有学习场域进行统计。全国各类机构的信息可从全国组织机构统一社会信用代码数据服务中心网站和国家企业信用信息公示系统查询。统一社会信用代码是一组长度为18位的用于法人和其他组织身份识别的代码。[①] 2015年6月，国务院同国家发展改革委等部门制定了《法人和其他组织统一社会信用代码制度建设总体方案》，将原有的组织机构代码、工商注册号、事业单位证书号、社会组织登记证号、机构信用代码、纳税人识别号六类机构代码进行统一的代码设计，并要求各省（区、市）认真贯彻执行。[②] 这就意味着国内所有机构都在这些数据库中，校外教育机构（或作为事业单位，或作为民办非企业单位，或作为企业）也不例外。本报告在统计时区分了学校场域和社会场域。我国组织机构分类如表1所示。

---

① 《什么是统一社会信用代码?》，全国组织机构统一社会信用代码数据服务中心网站，https://www.cods.org.cn/zhfw/dmzs/。

② 《国务院关于批转发展改革委等部门法人和其他组织统一社会信用代码制度建设总体方案的通知》，中国政府网，2015年6月17日，http://www.gov.cn/zhengce/content/2015-06/17/content_9858.htm。

表 1　我国组织机构分类

登记管理部门类型	机构类别
机构编制	机关
	事业单位
	中央编办直接管理机构编制的群众团体
	其他
民政	社会团体
	民办非企业单位
	基金会
	其他
工商	企业
	个体工商户
	农民专业合作社

资料来源：全国组织机构统一社会信用代码数据服务中心。

学校场域教育机构多属于事业单位，社会场域教育机构多属于企业。

（1）学校场域

关于学校的统计采用《2020 年全国教育事业发展统计公报》中的数据。① 截至 2020 年底，全国共有各级各类学校超 53 万所。全国各级各类学校分布如表 2 所示。

表 2　全国各级各类学校分布

单位：所

教育阶段	学校类型	学校数量	民办教育数量
学前教育	幼儿园	291700	168000
义务教育	普通小学	158000	6187
	初中	52800	6041
特殊教育	特殊教育学校	2244	—

① 《2020 年全国教育事业发展统计公报》，教育部网站，2021 年 8 月 27 日，http：//www.moe.gov.cn/jyb_ sjzl/sjzl_ fztjgb/202108/t20210827_ 555004.html。

续表

教育阶段	学校类型	学校数量	民办教育数量
高中阶段教育	普通高中	14200	3694
	成人高中	326	—
	中等职业教育学校	9896	1953
高等教育	本科院校（含本科层次职业学校）	1270	771
	高职（专科）院校	1468	
	成人高等学校	265	—
	科研机构	233	—

资料来源：教育部《2020 年全国教育事业发展统计公报》。

（2）社会场域

教育部所统计的学校主要是国民教育体系之内的教育机构。在国民教育体系之外，还有众多教育和学习场所，包括校外教育机构、退休后教育机构等。校外教育机构包括博物馆、图书馆、科技馆等各类场馆以及各类少年宫、儿童中心，退休后教育机构包括社区教育学院、老年大学等。

一些企业利用全国组织机构统一社会信用代码和国家企业信用信息做了一些商业化的应用，如企查查、天眼查，数据反馈效果更好。本部分数据源自天眼查网站。

在天眼查网站中，分别查询两类机构，一类是机构类型为“事业单位”的，一类是行业类型为“教育”的，查询时间为 2021 年 10 月 30 日。合并后得到 1413555 条记录。

根据机构经营状态，去除“注销”“吊销”“撤销”“冻结”等状态的机构；再根据机构后缀及营业范围，标注出非教育机构和教育机构，得到教育机构 504145 所；接着将机构后缀为小学、幼儿园、学校、中学、初级中学、小学校、学、中心校、完全小学、分校、高级中学、校、小、中、完小、技术学校、幼稚园、托儿所、幼儿班、幼园、育幼院的机构以及在教育部公布的普高名单、成人高校名单中的机构标注为学校教育机构，得到学校场域教育机构 297042 所、社会场域教育机构 207103 所。

对社会场域教育机构进一步细分，分为社区（老年）教育机构[①]、场馆教育机构[②]、培训机构[③]以及其他机构。

由表 3 可知，社会场域教育机构机构类型以“企业”为主，其次是“事业单位”。社区（老年）教育机构绝大多数为“事业单位”；场馆教育机构以“事业单位”为主；培训机构以“企业”为主。

表 3　社会场域教育机构分布

单位：所

机构类型	事业单位	社会团体	民办非企业单位	企业	个体工商户	其他	总计
社区（老年）教育机构	1431	1	12	—	3	15	1462
场馆教育机构	14166	—	4	31	1491	159	15851
培训机构	4102	2	1262	84177	16851	2151	108545
其他机构	23924	171	853	36630	17019	2648	81245
总计	43623	174	2131	120838	35364	4973	207103

资料来源：根据天眼查数据整理所得。

2. 智慧学习场域分析

社区教育和老年教育的智慧学习场域有很多种，可分为集中型的教室和松散型的场馆，具体类型包括多媒体教室、智慧教室、VR/AR 教室、直播教室、展厅与体验大厅、专题场馆、创客教室等。在这些智慧学习场域中，最常见的是多媒体教室，但随着新技术的日益普及，直播教室、展厅与体验大厅等新型智慧学习场域也得到了越来越多的应用。

（1）多媒体教室

有电脑、投影等设备的多媒体教室，是最常见的智慧学习场域，常用于

① 包含社区教育、老年教育、老年大学，名称以大学、学院结尾。

② 名称后缀为文化馆、图书馆、博物馆、文化宫、纪念馆、青少年宫、美术馆、艺术馆、科技馆、体育馆、少年宫、体育场、展览馆、陈列馆、武馆、游泳馆、动物园、文史馆、训练馆、文博院及其他名称以场、馆、宫结尾的机构。

③ 名称中包含“培训”二字的机构。

线下授课。其基本功能包括：连接互联网，使教师能方便地调用丰富的网络资源；演示多媒体课件；播放教学视频；展示图片、文字等资料；等等。多媒体教室的基本结构如图 11 所示。

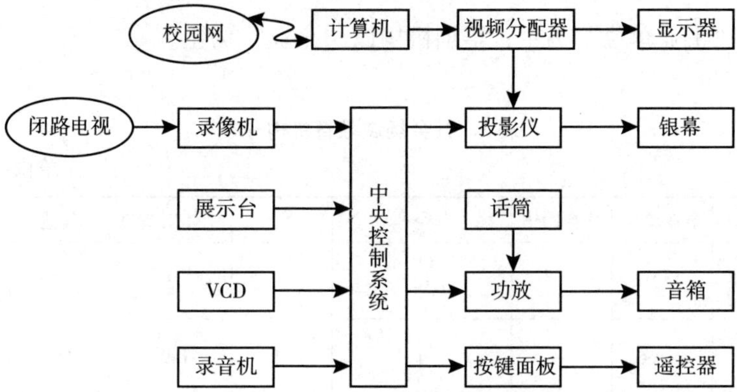

图 11　多媒体教室的基本结构

资料来源：张剑平《现代教育技术》第 3 版，高等教育出版社，2013。

随着信息技术的普及，多媒体教室在社区教育和老年教育中得到了广泛应用。例如，重庆市云阳县高阳镇为方便群众接受教育，依托镇文化服务中心成立高阳镇社区教育学校。该社区教育学校设置了阅览室、多媒体教室、多功能教室，配备各类书籍 1 万余本、电脑 10 台、电视 1 台、音响设备 1 套，并围绕党委、政府的重点工作以及该镇经济社会发展需求和民生需求开展以公民道德、家庭教育、环境保护、农村电商等为主题的课程和活动，参与学习的居民群众达 2000 人次。建校以来，累积开展课程、培训、讲座、活动 30 余场，得到了社区居民的一致好评。

（2）智慧教室

智慧教室是一种交互式、智能化的智慧学习场域，既可以开展普通的线下学习，又可以通过互动大屏、远程视频系统等开展线下或线上协作学习，国家开放大学新建的数字化体验中心就是一种典型的智慧教室。

案例　国家开放大学数字化体验中心

国家开放大学数字化体验中心于2021年底在国家开放大学魏公村校区二层落成。国家开放大学打造该体验中心，旨在融入一线教学应用场景，开展教育模式创新探索，将信息与空间相融合，提供全新的现代化学习场所，打造温馨、舒适、便捷的数字化体验中心，鼓励学生主动参与学习。

该体验中心桌上带有二维码的墨色小牌子是电子座位签到牌，当学生在手机上预约好个人喜好的座位后，就可以来现场扫码签到入座。在这里，学生可以惬意地坐在沙发上安静阅读，也可以关上门静静享受学习和思考时光，放下浮躁，沉淀自我。

该体验中心采用了可以自由重组的一体式桌椅（见图12），营造了灵活、轻松的学习氛围。学生围绕老师听课，平等地获取知识；使用互动屏协作学习，科技与空间交互，提升学习效率；快速组成小组并使用智能屏（见图13）进行讨论，激发创意。在这样的教室里，学生们更加活跃也更具

图12　数字化体验中心的自由重组一体式桌椅

资料来源：贺媛婧《“未来已来”——未来学习空间“亮相”》，国家开放大学网站，2021年12月31日，https://www.ouchn.edu.cn/News/zbxw/2ce8567881924c49a4ad43bae10d150e.htm。

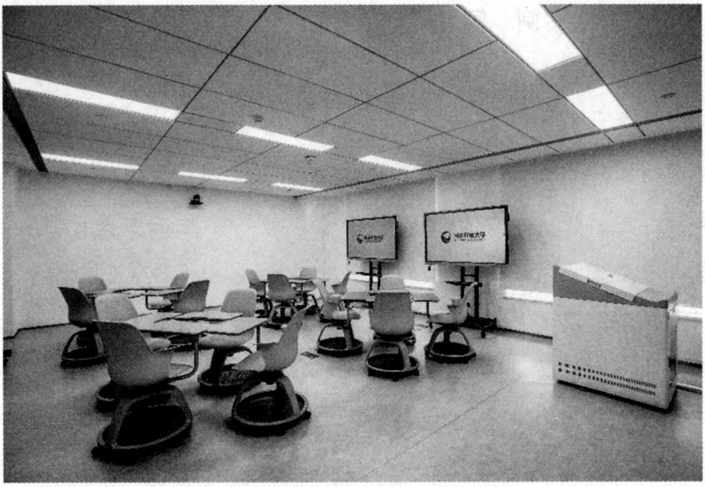

图 13 数字化体验中心的智能屏

资料来源：贺媛婧《“未来已来”——未来学习空间“亮相”》，国家开放大学网站，2021 年 12 月 31 日，https：//www. ouchn. edu. cn/News/zbxw/2ce8567881924c49a4ad43bae10d150e. htm。

参与感。同时，远程视频系统可以提升远程学生的参与度，也为课程直播、课程录制提供了空间支持。

（3）VR/AR 教室

VR/AR 教室可用于向学生讲授沉浸式的教学内容，在社区教育中，它具有心理舒缓与减压赋能的作用。在石景山区民政局的指导下，智乐海洋社会工作事务所与高校心理实验室合作，将 VR 技术运用到社工、公务员的心理减压赋能工作中，引导基层工作人员关注、呵护自身的心理健康，帮助他们掌握自我减压的方法，以更加饱满的精神状态投入工作。①

（4）直播教室

随着技术的进步，“直播带货”“直播带学”日益普遍，直播教室在老年教育、党史教育等多种场合得到了应用。

---

① 《情系基层，“VR”减压——2019 石景山区政府采购项目让 VR 走入社区》，北晚新视觉网，2020 年 11 月 30 日，https：//www. takefoto. cn/viewnews-2345034. html。

案例 1　老年教育中的直播课

近年来，直播课开始走进社区活动，受到老年朋友的广泛赞誉。2019 年 12 月 20 日上午，北京东城区体育馆路街道四块玉社区邀请了中国美术家协会会员、北京西城区美术家协会会员、北京九州翰林书画院大学士、国画讲师郭正文先生为社区老年书画爱好者举办了一场别开生面的“小写意梅花的创作技法”公开直播课。①

郭正文先生详细地介绍了小写意国画的创作工具、主要用途，以及在小写意梅花创作过程中的用笔、用墨、调色等方面的相关知识，并针对梅花作品的构图、色彩等与老年学员们进行了交流。虽然室外天寒地冻，但教室里却暖意浓浓，一个多小时的课程中，30 多名老年学员仔细听讲、认真记录，全场鸦雀无声。可以感受到他们对学习书画的热情，从学员们的眼神中可以看出他们对学习的渴望。

此次活动的负责同志说，四块玉社区领导一贯重视和支持社区的老年学习工作，经常举办一些针对老年朋友的兴趣课，在社区文化养老方面也做了大量的工作。但是，由于社区日常工作比较繁忙，老年教育师资还不是很丰富，教学水平还需要进一步提高，这次能够邀请到郭老师为大家直播讲课，是社区老年教育工作的新开端、新提升。今后要多邀请一些这样的专家走进社区，为社区居民服务，并在社区老年教育工作中发挥积极作用。

案例 2　党史教育中的直播课

除了社区老年教育之外，直播课还在党史教育中大显身手。例如，贺兰县花园社区通过直播间上党课，体现了“花样学党史、走‘新’更走心”的特色。“什么是中国共产党？80 多年前，3 名女红军用‘半条棉被’做出了回答。一条棉被，剪成两半，永远相连，记录着红军与百姓间的亲密情感，也象征着中国共产党和人民群众不可分离的鱼水深情。”2019 年 8 月 16

① 《直播课进社区活动　受到老年朋友广泛赞誉》，“中国交通在线网”百家号，2019 年 12 月 22 日，https：//baijiahao. baidu. com/s？id=1653582508955125280&wfr=spider&for=pc。

日上午，在贺兰县花园社区的凉亭，76岁的党员霍寿岐正兴致盎然地为在凉亭里休息的小区居民讲述“半条棉被”的革命故事，听课的党员和群众都沉浸在动人的故事里。①

花园社区辖区共有125名直管党员、120名在职党员以及26名流动党员。2019年，花园社区党委组织了“60、70夫妻宣讲团”，利用小区内的凉亭、广场等场所向党员和群众讲授“微党课”，开展党史学习教育。

霍寿岐和妻子孙会芳就是“60、70夫妻宣讲团”的成员。为了讲好这次“微党课”，霍寿岐准备了许久，从故事的核心内容，到字、词、句的组合，再到表情、语气、手势的变化，他都精心设计。他说：“大家喜欢听我的课，我感到很开心，更觉得使命光荣、责任重大，希望能让越来越多的年轻人了解党史。”

一边是老人们爱听的凉亭“微党课”，一边则是年轻人爱看的直播间“微党课”。在花园社区的“红色直播间”，一场特殊的直播正在开展，宣讲人是社区工作人员丁晓霞和洪羽，宣讲内容是“陈觉致妻子赵云霄的一封信”，以及“赵云霄写给女儿启明的一封信”。丁晓霞、洪羽的深情讲述，再现了故事背后的深厚感情，也让直播间里的听众听得十分入迷。

花园社区党委副书记周成芳表示，社区每月会举办2~4期直播间“微党课”，由于形式新颖，深受年轻党员的欢迎。

“60、70夫妻宣讲团”、直播间“微党课”……自党史学习教育开展以来，花园社区党委不仅在网上开设“党史每日读”专栏、直播间“微党课”，还积极组织党员在图书馆、社区多媒体教室集中观看20场红色影片，重温党的峥嵘岁月。针对流动党员和年迈体弱党员的学习难题，社区还精心准备了“流动党员大礼包”，通过多种方式让大家花样学党史，也让党史学习教育“走新”更走心。

---

① 《贺兰县花园社区：花样学党史　走“新”更走心》，“人民资讯”百家号，2021年8月17日，https：//baijiahao. baidu. com/s？ id＝1708299734421003005&wfr＝spider&for＝pc。

（5）展厅与体验大厅

展厅与体验大厅也是重要的智慧学习场域，通过营造虚实结合的学习环境，让学习者体验真实场景，在思政育人、运动普及、消防及禁毒知识宣传等场合得到了广泛应用。

案例 1　VR 模拟滑雪①

2021 年 4 月 24 日上午，回天地区全民健身系列活动冰雪公益课走进了龙泽苑社区，社区居民积极参与冰雪运动，享受运动快乐。

活动现场开设了 VR 模拟滑雪、旱地冰球、冰蹴球、桌上冰壶球等互动项目，并开设了冰雪运动大课堂，邀请冰雪运动国家一级社会体育指导员现场普及冬奥知识、讲解观赛礼仪、进行冰雪知识问答互动等。参与活动的社区干部和居民纷纷表示，在活动中学到了很多冬奥知识，更加坚定了关心冬奥、支持冬奥、参与冬奥的信心和决心。

案例 2　VR 社区消防安全教育体验馆②

为促进精神文明建设与消防宣传工作深度融合、协同发展，推动新时代文明实践水平和群众消防安全素质“双提升”，江西南昌首家社区消防安全教育体验馆于 2021 年 12 月在西湖区国贸阳光小区落成，并正式面向市民免费开放。

该体验馆内设置了消防宣教一体机、模拟灭火系统、知识抢答系统、常见消防器材展示架以及文创产品展示柜。社区居民、学校师生、志愿者走进体验室，通过现场沉浸式体验，可以在馆内开展消防知识学习、火场逃生、模拟报警、消防知识测试等各种消防体验活动，突破了消防

① 《VR 模拟滑雪、旱地冰球……龙泽苑社区居民享受冰雪运动乐趣》，“北京日报客户端”百家号，2021 年 4 月 25 日，https://baijiahao.baidu.com/s?id=1697982202094039513&wfr=spider&for=pc。

② 《促文明实践消防宣传双提升》，“人民资讯”百家号，2021 年 12 月 30 日，https://baijiahao.baidu.com/s?id=1720529797073165533&wfr=spider&for=pc。

宣传教育以展板为主、体验者只能进行“观看”的展示模式，加入了多项多媒体互动应用，突出体验者的参与性，激发体验者的主动性，体现科技元素与时代感，集娱乐性、趣味性、知识性、参与性、互动性于一体。

此前，江西省文明办和省消防救援总队联合下发了《全省“文明实践+消防”工作方案》，充分发挥消防救援队和新时代文明实践中心作为消防安全宣传教育培训阵地的作用，在全省广泛开展“文明实践+消防”工作。省消防救援总队和省文明办将在每个市分别选取1个新时代文明实践中心开展试点建设，重点培植一批特色志愿服务组织和优秀志愿服务项目，通过以点带面的形式，逐步推进“文明实践+消防”工作。

案例3 禁毒VR模拟互动软件

2021年11月，长开社区开展了“依法禁毒·让我们共同参与”主题禁毒宣传活动，该活动旨在向居民群众、未成年人普及禁毒法律法规、禁毒基本常识和毒品的危害。在宣传中，社区通过VR模拟毒驾等方式，向社区居民展示了毒品的危害（见图14）。[①]

有的社区在禁毒宣传中还采用了数字展厅、虚拟现实技术、三维动画技术等，使广大居民近距离地了解毒品知识，形成了全民抵御毒品、参与禁毒的良好氛围。[②]

案例4 浙江省线上线下沉浸式思政育人场景构建

浙江开放大学打造的思政实践中心是浙江开放大学乐学港的重要组成部分。该中心旨在通过创建线上线下沉浸式思政育人场景，实现“沉浸育人，智慧乐学”的总体目标。通过体验学习，增强社会及学生对学校办学理念

---

① 《禁毒VR模拟软件 禁毒AR互动 禁毒虚拟现实VR 禁毒体验 互动吸毒体验装置》，腾讯网，2021年11月13日，https：//new. qq. com/omn/20211113/20211113A0389K00. html。

② 《虚拟现实等多媒体展厅，数字展厅虚拟现实技术、三维动画技术》，搜狐网，2021年11月17日，http：//news. sohu. com/a/501606586_ 120731002。

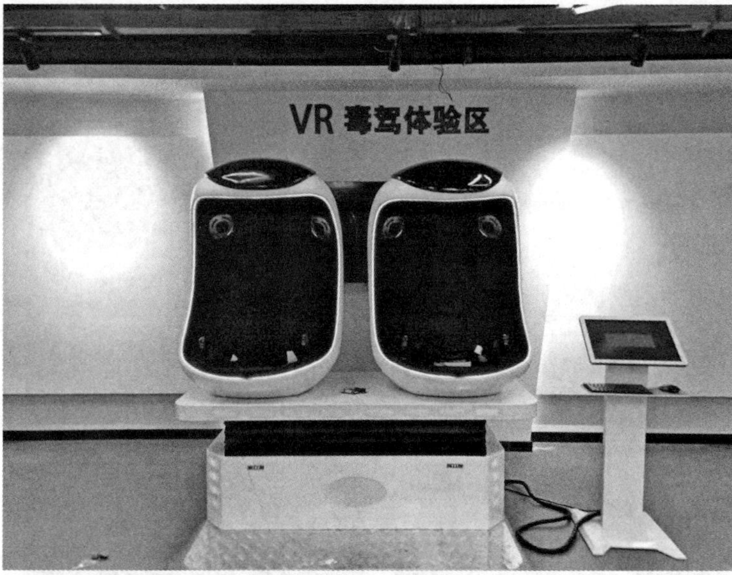

图 14　VR 毒驾体验区

资料来源：《虚拟现实等多媒体展厅，数字展厅虚拟现实技术、三维动画技术》，搜狐网，2021 年 11 月 17 日，http：//news. sohu. com/a/501606586_ 120731002。

的认同感以及对学校育人场景、教学模式和教学形式的了解和认可，加深学校与社会的交流和传播，突出开放性、创新性、人文性以及科技感、时尚感、未来感。

该中心通过“情景模拟+互动体验”线上线下相结合的模式，使体验者全方位地了解学校的多种学习形式和学习途径，体验内容以多维度宣传学校精神为主，将党史、新中国史、社会主义发展史和改革开放史以及思政课精品资源和中国传统文化融入其中，从场景上主要分为线上育人场景和线下育人场景两部分。

线上育人场景主要依托“微信公众号平台+微信小程序”，即“浙开乐学港”微信公众号和微信小程序，具体如图 15、图 16 所示。“浙开乐学港”微信公众号包括“数字浙开”、“智汇乐学”和“红色学堂”三部分，微信小程序包括“趣味对战”、“答题挑战”和“剧情游戏”三部分。

图 15　线上育人场景

资料来源：“浙开乐学港”微信公众号、微信小程序。

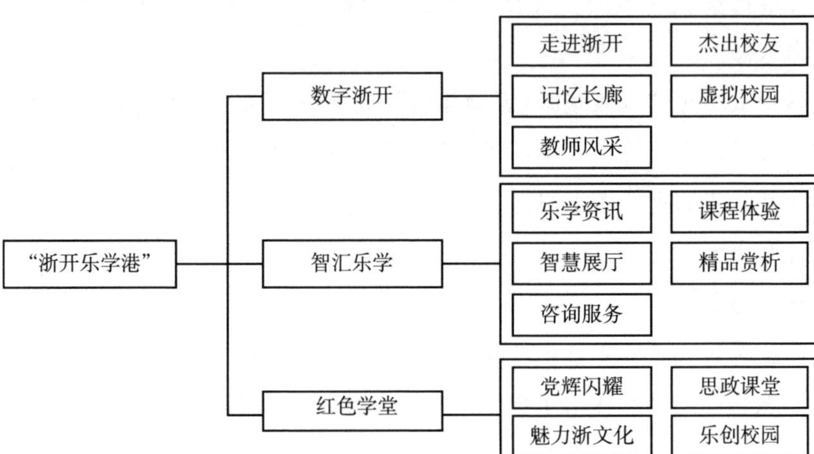

图 16　“浙开乐学港”微信公众号功能模块

资料来源：“浙开乐学港”微信公众号。

线下育人场景主要由学习体验厅、老物件陈列室、沉浸式影院和思政名师工作室四个部分组成，具体如图 17 所示。

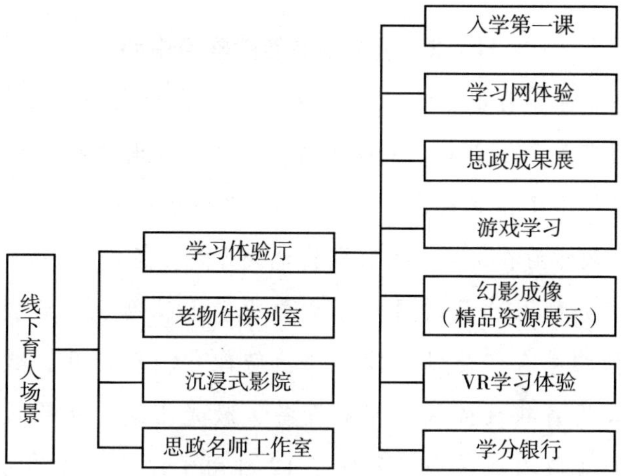

图 17　线下育人场景

（6）专题场馆

专题场馆是一类较新的智慧学习场域，一般配备了智能化、动态化测评的相关系统，目前已在智慧儿童中心得到应用，比较成熟的案例有中国儿童中心老牛儿童探索馆、上海中易智能学习中心等。

案例 1　中国儿童中心老牛儿童探索馆

中国儿童中心老牛儿童探索馆总建筑面积约 2400 平方米，展项面积约 1800 平方米。该探索馆按照活动主题，分为城市广场、开心市集、繁忙小镇、阳光之谷、科学天地、主题空间和 4D 影院（建设中）7 个展厅。展区设计包含中国传统十二生肖的元素。①

在该探索馆中，儿童可以通过自由活动、自主探究等来动手做、在玩中

① 《中国儿童中心老牛儿童探索馆》，中国儿童中心网，https：//www.ccc.org.cn/col/col64/index.html。

学，其视觉、听觉、嗅觉、触觉将全方位地参与学习过程，儿童得以认识事物、快乐成长。

案例2　上海中易智能学习中心

上海中易智能学习中心针对3~6岁儿童，在社区中建立智能儿童学习中心，一方面完善了儿童友好型社区功能，另一方面为儿童智力潜能开发、学习能力提高打下了良好基础。针对7~12岁小学儿童，该中心采取晚托班形式，供儿童放学后在游戏中潜移默化地提升学习能力。

该中心充分利用“互联网+”、大数据、人工智能三大技术，与儿童学习能力评估相结合，使学习能力评估智能化、精细化、数据化和可视化。中易智能设备将红外线、穿戴设备、激光雷达、传感设备等现代技术与传统研究工具有机结合，研发了12种用于评估儿童学习能力的智能设备。

（7）创客教室

创客教室是一种用于创客教育的智慧学习场域，让学习者利用软、硬件设施尝试手工DIY实验课程，常用于青少年的创客与STEAM教育中。

案例1　深圳莲花三村社区的科学探究与创客学堂活动

2021年12月，莲花三村社区党委在社区党群服务中心举办了科学探究与创客学堂活动，旨在丰富社区青少年的课余生活，培养社区青少年对智能科学的兴趣，传播科学理念、弘扬科学精神。[①]

此次活动为社区青少年带来了7场不同主题、别开生面的科学创客实验课程，包括“党在我心中”3D打印笔绘党徽、“红旗飘飘”电动升旗科技小制作、“祖国长春”天安门广场模型制作、VR长征之路、“共诉爱国情”录音盒子制

① 《展望科技未来！莲花三村社区开展科学探究与创客学堂活动》，“读创”百家号，2021年12月14日，https：//baijiahao. baidu. com/s? id=1719125375761532557&wfr=spider&for=pc。

作、“红船精神代代传”红船模型制作以及坦克大战。

活动中，授课老师以科技为载体，将党建元素融入学习实验，带领社区青少年认识自然科学、展望科技未来，同时教育社区青少年热爱科学，积极参与实践活动，培养动手能力。

案例 2　深圳松坪山社区开展“小创客轻松玩电子”创客工作坊活动

为向社区青少年普及创客知识，2021 年 11 月，松坪山社区党委在社区党群服务中心主办了民生微实事项目——“小创客轻松玩电子”创客工作坊活动，为社区青少年带来了 10 种不同主题的创客体验活动。

该活动开设了红外报警器、太阳能电动车、扫地机器人、电梯升降机、绘图仪、风能机械兽等一系列手工 DIY 实验课程。活动现场学习氛围浓厚，老师利用“玩+创”的方式授课，寓教于乐，孩子们学习兴趣高涨。丰富的课程形式受到了社区青少年的热烈欢迎，孩子们纷纷表示，小实验制作非常有趣，很喜欢这样的活动。

此次活动以科普知识和科技手工相结合的形式开展，不仅拓展了社区青少年的科技视野，更激发了他们对科学的兴趣和创新潜能。①

案例 3　“在一 STEAM 教育”打造机器人创客活动中心

据“在一 STEAM 教育”的创办者姜洁介绍，“机器人创客活动中心”（见图 18）着力打造了两大学院：小小创客学院和八零九零学院。

小小创客学院基于为孩子终身负责的理念，致力于成为新型儿童学习成长社群，通过专业的规划和辅导以及新时代的教育设备和方法，推进形成儿童自学组织。“但是，光有小小创客学院还不够，我们将重点打造另外一个配套学院：八零九零学院。”姜洁说。

八零九零学院基于终身学习理念，致力于成为新型中青年人学习社群，帮

---

① 《创新有趣！松坪山社区开展“小创客轻松玩电子”创客工作坊活动》，“读创”百家号，2021 年 11 月 4 日，https：//baijiahao. baidu. com/s？ id = 1715499050444423995&wfr = spider&for=pc。

图 18 “在一 STEAM 教育”打造的机器人创客活动中心

资料来源：红网，rednet. cn。

助“80 后”“90 后”形成科学的家庭教育氛围，引导新时代的社会活动风尚，从而促进自身的成长，并通过言传身教来促进下一代的养成教育。

“让孩子连接未来，未来属于孩子，孩子属于未来，任何不以未来趋势为导向的教育，都是不科学的，也没有太大的意义和价值。”姜洁说，“‘在一 STEAM 教育’一定秉承‘让孩子连接未来’的理念，不断开拓、不断创新，服务更多的孩子，服务更多的家庭，让孩子们拥有明确的未来。”①

（三）智慧学习方式

社区教育和老年教育的智慧学习方式众多，可粗略地分为线下学习、线上学习和混合学习等类型，具体包括线下集中学习、在线学习社群、网络自主学习、网上读书活动、场馆体验学习、参与体验式学习、数字化地图导学等。在这些智慧学习方式中，较为常见的有线下集中学习、在线学习社群、网络自主学习、网上读书活动等。与此同时，场馆体验学习、参与体验式学习、数字化

① 《让孩子连接未来　在一 STEAM 教育打造湖南首个儿童专业成长社区》，学习强国网站，2017 年 10 月 30 日，https：//edu. rednet. cn/c/2017/10/30/4460292. htm。

地图导学等新型智慧学习方式也受到了越来越多的关注。

1. 线下集中学习

这是最常见的学习形式，类似于中小学的班级授课，可以借助多媒体手段，一般用于专家讲座等场合。

案例

为保障社区工作者身心健康，有效缓解社区工作者工作压力，疏解紧张情绪，2021 年 12 月，天津市津南区咸水沽镇社会事业发展和管理办公室组织开展了社区工作者心理健康团辅活动。该镇 80 余名社区工作者参加了此次活动。[①]

2. 在线学习社群

通过在线学习社群开展学习活动，是近年来得到广泛应用的一种学习方式，这种学习方式在社区教育和老年教育中的作用也越来越重要。

案例 1　上海普陀区社区学院

上海普陀区社区学院建立了“在线学习社群”，以网上学习班的形式将学员聚集在一起，建立了一个在线的网络班级，班级学员可以在这个虚拟的班级里反复学习老师发布的微课视频，在社群中提交作业、交流心得、互动提问。老师可以在社群中利用网络互动功能模块和学生进行交流。

案例 2　国家开放大学“乐学防疫”公益课堂

疫情防控期间，国家开放大学联合各省老年开放大学和教育机构推出了“乐学防疫”公益课堂，免费向全国老年学习者开放 31 个学习平台，汇聚

① 《咸水沽镇开展社区工作者心理健康团辅活动》，天津津南文明网，2021 年 12 月 31 日，http：//wenming. enorth. com. cn/system/2021/12/13/052139603. shtml。

课程共计4.1万门，各学习平台总访问量达到900万人次，推出14期“乐学直播”系列课程，累计服务全国老年学习者近6万人次。同时，国家开放大学及各省老年开放大学和教育机构利用疫情防控期间在线教育的直播风口，探索直播教学模式，编制了《老年大学直播教学品控手册》。

3. 网络自主学习

网络自主学习让学习者获得了更好的学习体验，寓学于做于网络，寓做于乐于合作，寓乐于情于生活。

案例1　“社区教育i-实验”项目

2012年，教育部社区教育研究培训中心启动了“社区教育i-实验”项目，以体验式学习为抓手，探索O2O互动教学模式，注重线上与线下相结合、动手与动脑相结合、自主与协作相结合。该项目在国学、家庭教育、青少年教育、歌唱、美术、书法、理财、创业、茶文化、低碳节能、形象设计等多个方面开展探索。截至2019年，15个省份的开放大学、社区大学、文化企业及社会组织联合共建“社区教育i-实验”项目实验室38个。

案例2　北京市经济管理学校社区教育

北京市经济管理学校的社区教育充分利用多媒体教学设备、计算机网络等技术手段，方便学员的人机交互与操作。目前，学校的独立培训基地均配备纳米黑板等先进设备，以及专业化的录播教室和高端的录播设备。同时，学校有自己的公众号、教学资源平台，并于2019年推出了三大类公益课：信息类——“Python编程语言”“Scratch编程语言”“C++初步”，财会类——“税务师初级证书课程”“Excel在财务中的应用”，少儿类——“机器人制作”“恋上黏土”。社区居民可以任意点播教学内容，更好更快地获取知识，居民普遍反映效果很好。

4. 网上读书活动

网上读书活动是另一种重要的智慧学习方式。上海市社区网上读书活动依托上海学习网和各区学习网，利用互联网的海量学习资源和多样化阅读形式，不断丰富并扩展“阅读”这一概念的内涵和外延，同时以网络为媒介，通过多种形式将线上活动延伸到线下，突破单向的阅读形式，通过书评、续写、改写、朗诵、话题讨论、图片分享等各种形式，让市民获得全方位、立体化的阅读体验。上海市社区网上读书活动自 2011 年启动，截至 2020 年已连续举办 10 届。

5. 场馆体验学习

场馆体验学习是指在博物馆、科技馆等场馆开展的智慧学习方式，一般常用 VR/AR 设备增强学习的体验感，常用于应急科普活动。

案例　武汉洪山区某社区建立应急科普体验馆

不出社区就可以通过虚拟互动游戏还原交通驾驶现场，还可以在触摸显示屏上学习家庭急救、溺水营救、科学饮食等知识，2021 年 11 月 11 日，洪山区某社区建起了一家应急科普体验馆。①

整个体验馆面积约为 145 平方米，集知识性、互动性、体验性于一体，面向全体社区成员开放。体验馆内分为典型案例、消防急救、公共交通和居家安全四大区域。走进体验馆，首先可以看到一个智能一体化导览机，通过滑动屏幕浏览，居民们能够对体验馆的基本信息有一个初步了解。在体验馆的 VR 火灾逃生体验系统中，参与者可以戴上 VR 眼镜、拿好手持装置，根据屏幕提示体验火灾逃生。

在公共交通区域，社区居民得以通过虚拟互动游戏还原驾驶现场来学习不同路况的交通应对措施；在居家安全区域，触摸式显示屏展现了溺水营救、科学饮食等知识；在心肺复苏实操中，专业救援人员邀请居民现场操

① 《社区建了个应急体验馆，居民可随时参观学习》，荆楚网，2021 年 12 月 1 日，http://news.cnhubei.com/content/2021-12/01/content_14289827.html。

作，居民认为这些知识十分实用，对此非常赞赏。张先生是第一次参加心肺复苏实操，他说：“以前只在视频里看到过大致的方法，自己操作起来发现还是有许多需要注意的细节，并不是那么容易”。

6. 参与体验式学习

参与体验式学习是一种重视学习体验的智慧学习方式。和前面的场馆体验学习不同的是，参与体验式学习是通过线下或线上线下相结合的方式开展的。

案例　“古镇‘渔文化’”获省级社区教育进农村文化礼堂学习品牌①

在乡村振兴的大背景下，浙江省舟山市东沙镇社区教育学院根据镇党委、政府的要求，组织力量深入挖掘本土传统文化，先后编写了《东沙史话》《东沙故事》《东沙非遗》《东沙民俗》《东沙美食》《东沙渔歌》等乡土教材，并制作了《梦东沙》《舟山渔民号子》《蟹旺饼的制作》等视频教材和微课，作为社区学院和农村文化礼堂的学习培训材料。

同时，东沙镇社区教育学院还紧密依托“东沙古镇文化研究会”和镇旅游办，聘请古镇非遗传承人，积极参与“渔文化”教育、培训与传承活动。其中，“古镇‘渔文化’进农村文化礼堂”工程于2017年1月启动。

据粗略统计，东沙镇社区教育学院近几年印刷并赠送各种“渔文化”读本共5000册，各种音像光盘100张；利用农村文化礼堂、社区教育学院及古镇各类非遗传承场所培训本地成年居民约5000人次、中小学生约2000人次。

“通过培训、宣讲、展示、实践体验等多种形式的教育与传承，让古镇‘渔文化’走进东沙镇的家家户户。”工程负责人表示，前来东沙镇体验“渔文化”、观光旅游的各地游客络绎不绝，古镇“渔文化”逐渐被国内外广大游客所熟知。

---

① 《“古镇‘渔文化’”获省级社区教育进农村文化礼堂学习品牌》，网易网，2021年12月3日，https://www.163.com/dy/article/GQ8L0GO60525D8BB.html。

7. 数字化地图导学

数字化地图导学是近年来兴起的一种智慧学习方式，它充分利用电子地图的方便快捷，将其与线上线下的学习联系起来，使电子地图成为一种强大的导学工具。

案例1　青岛首款“电子学习地图”上线

2018年12月28日下午，青岛市北区社区教育学院举行了青岛市4.9级微学汇成果发布会暨“享学市北e点通”启用仪式。有了“享学市北e点通”终端，学习者轻点手指即能找到兴趣相同者，并可以就近选择学习点上课。“享学市北e点通”提供2万多个学时的丰富学习资源，可满足市民多样化的学习需求。市北区为每个爱学习的人送出了该区首创的“大礼”——“电子学习地图”，市民只要登录“享学市北e点通”，就可以通过“电子学习地图”查找自己想要学习的知识以及就近学习地点。[①]

案例2　杭州上城区推出“学习地图”

杭州上城区为各街道代表发放了涵盖本区学习场馆、市民学校等场地的“学习地图”。据介绍，为打造市民学习圈，推进社区教育成果，上城区整合各类社区教育资源打造了这份市民终身“学习地图”。[②] 一图在手，市民们就能了解全区各个学习点的活动信息，更便捷、更高效地参与学习活动。

案例3　成都市高新区发布全民智学“1.0版学习地图”

2020年，成都市高新区在全民终身学习活动周启动仪式上发布了全民智学“1.0版学习地图”。该地图分为纸质版和电子版。纸质版地图上有各

---

① 《青岛首款“电子学习地图”上线　可满足市民随时随地学习》，半岛网，2018年12月28日，http：//news. bandao. cn/a/164584. html。

② 《上城区全民终身学习活动周启幕“学习地图”在手参与更便捷》，中国教育在线网站，2016年10月15日，https：//www. eol. cn/zhejiang/zhejiang_ news/201610/t20161015_ 1458104. shtml。

个社区学校、家校社企共育实践基地、游学路线、社教工作站、学习型社团的具体位置，社区居民可以清楚地找到参加社区教育的地点。同时，纸质版地图还附上了具体地址和联系方式，为大家提供了咨询渠道。①

而电子版地图就更方便了，不同类型的社区教育机构都用不同的图标标明，点击其中一个，就能得到全部信息，包括文化介绍、课程安排、开放空间说明、具体地址、联系方式等，十分方便。

（四）社区智慧学习环境综合评价

社区智慧学习环境综合评价可借鉴学习型城市、学习型区县评价指标以及社区教育信息化发展评价方面的研究和实践成果。

全球范围内众多区域组织、国家和研究者在学习型城市质量评估指标体系设计方面付出了很大努力，全球主要的学习型城市质量评估指标体系有：加拿大综合学习指数（CLI）、欧洲终身学习指数（ELLI）、德国学习图谱（GLA）、迈向欧洲学习型社会组织的学习型城市审计工具（LCAT）、联合国教科文组织提出的学习型城市主要特征、韩国终身学习型城市评价指标体系（见表4）。其中，联合国教科文组织提出的学习型城市主要特征是目前国际上最具权威性和影响力的学习型城市质量评估指标体系。

表4　全球主要的学习型城市质量评估指标体系

名称	开发机构
加拿大综合学习指数(CLI)	加拿大学习委员会
欧洲终身学习指数(ELLI)	德国贝塔斯曼基金会
德国学习图谱(GLA)	德国贝塔斯曼基金会
迈向欧洲学习型社会组织的学习型城市审计工具(LCAT)	欧盟委员会
联合国教科文组织提出的学习型城市主要特征	联合国教科文组织
韩国终身学习型城市评价指标体系	韩国终身教育研究院

资料来源：浙江开放大学终身教育研究院编《浙江省县级学习型城市建设评价指数报告》，2021。

① 《倡导终身学习成都高新发布“学习地图”》，网易网，2020年11月26日，https：//www.163.com/dy/article/FSBRNDUE05148UEC.html。

2015 年，在教育部职成司指导下，中国成人教育协会组织有关城市政府教育行政部门和有关专家研究制定了《全国学习型城市建设监测指导性指标体系（试行）》，并于 2019 年进行了修订。其中，4 个一级指标分别是背景性指标、基础性指标、发展性指标、特色性指标。2016 年，北京师范大学智慧学习研究院开展了城市智慧学习指数测评工作，测评指标体系包括 3 个一级指标，分别是城市创新发展环境、场域智慧学习环境和市民智慧学习体验。2021 年，浙江开放大学终身教育研究院构建了“浙江省县级学习型城市建设评价指标体系”，一级指标分别是政府推动力、学习参与力、社会协同力、城市学习活力，同时在社会协同力方面对社区教育进行专门评价，具体如图 19 所示。

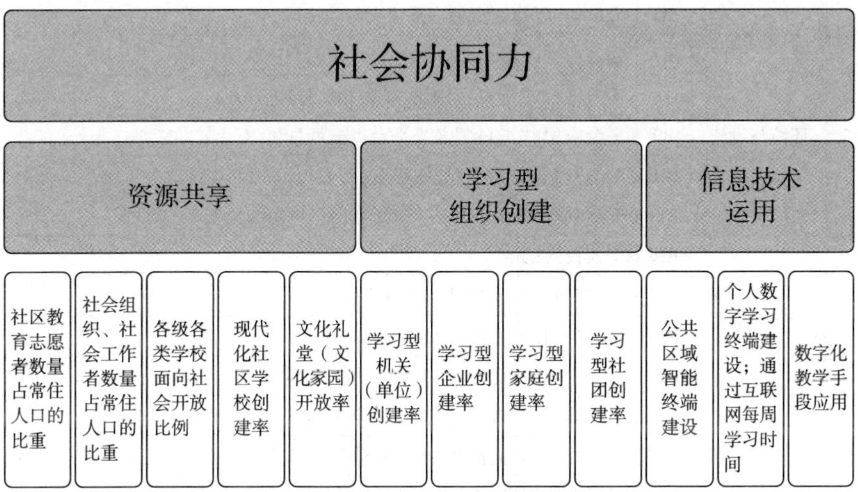

图 19　浙江省县级学习型城市建设评价指标体系
一级指标社会协同力社区教育评价

资料来源：浙江开放大学终身教育研究院编《浙江省县级学习型城市建设评价指数报告》，2021。

自 2008 年起，中国成人教育协会社区教育专业委员会受教育部职成司委托开展数字化学习先行区评选工作，制定了《全国创建数字化学习先行区评估标准》，该评估标准核心指标包括 4 个一级指标，分别是领导与管理、环境与条件、应用与服务、成果与效益。2017 年，上海开放大学研制了“城市社区教育信息化发展指数”，包括 4 个一级指标，分别是管理与服务、环境与设施、参与与应用、体验与成效（见表 5）。

表 5　城市社区教育信息化发展指数

一指指标		二级指标(观测点)	
A1	管理与服务	B1	城市领导力(“市+区”关于社区教育信息化的规划、制度、科研等项目平均立项数)
		B2	政府投入(“市+区”元/人)
		B3	社会投入(元/人)
		B4	服务机构(个/万人)
		B5	从业人员(名/万人)
		B6	人员培训(培训人数占从业人员的比例)
A2	环境与设施	B7	社区公共计算机(“市+区+街+居”台数/万人)
		B8	学习平台(“市+区”网站、移动等平台数/万人)
		B9	平台应用(“市+区”各类平台点击量总和/万人)
		B10	学习资源(“市+区”总资源数/万人)
		B11	资源共享(“市+区”共享资源数占总资源的比例)
A3	参与与应用	B12	个人投入(元/人)
		B13	学习时间(每天学习小时/人)
		B14	学习参与(学习参与人数/万人)
		B15	技术应用能力(优秀 100,很好 90,好 80,一般 60,不好 0)
A4	体验与成效	B16	学习体验(非常快乐 100,快乐 90,满意 80,一般 60,不满意 0)
		B17	学习提升(全面提升 100,很有提升 90,有提升 80,一般 60,没有提升 0)
		B18	学习组织创建(团队、学习圈、小组等数字化学习组织数/万人)
		B19	学习项目创建(网上读书活动、比赛等数字化学习项目数/万人)
		B20	服务社区教育(数字化学习人数占社区教育学习总人数的比例)

资料来源：宋亦芳《城市社区教育信息化发展指数研制与探索》，《职教论坛》2018 年第 9 期。

三　发展趋势

社区教育与老年教育存在很大的交集，二者正走向融合发展，社区老年教育将是一种重要的分支形态。《中共中央 国务院关于加强新时代老龄工作的意见》提出，将老年教育纳入终身教育体系，采取促进有条件的学校开展老年教育、支持社会力量举办老年大学（学校）等办法，推动扩大老年教育资源供给。这必将引导社区教育与老年教育进一步融合。

在老年人数字技能提升方面，根据《2021智慧助老模式观察报告》的统计，不到两成的受访老年人认为自己能“非常熟练”地使用手机电子产品；近八成受访老年人平均每天用手机 App 超过 3 小时，主要用于聊天、网上购物、外卖订餐、线上投资理财、信息登记；半数受访老年人更想学网购、视频和直播；超八成受访老年人学会电子产品新技能需要被指导 4~10 次，并希望得到线下一对一指导。

国家开放大学作为终身教育的主要平台，积极拓展老年教育社会功能，将“智慧助老”工作列入工作要点，以课程资源开发为切入点，通过开展教育培训等方式多方面推进“智慧助老”工作，促进老年人更新观念、提升信息综合素养和应用技能，助力老年人运用智能技术、享受智慧生活，不断增强老年人的获得感、幸福感和安全感。受教育部委托，国家开放大学承担“智慧助老”工作的优质工作案例、优秀教育培训项目、优质课程资源的组织推介工作，并分三个批次开展工作，首批“智慧助老”优质工作案例（38 个）、优质教育培训项目（65 个）、优质课程资源（64 门）名单已由教育部于 2022 年 4 月 1 日公布。

2021 年春季，国家开放大学老年大学以魏公村校区为教学基地，开设了“互联网+”老年教育示范班，开展线上线下相结合的老年教育教学探索与实践，深入推进“智慧助老”工作，将“智慧助老”工作扎根校区，满足广大老年学员对解决运用智能技术困难的迫切需求。同时，开设“智慧助老”课程，如智能手机操作、短视频制作等，这些课程聚焦老年人日常生活中的高频事项及生活场景中的实际困难，在社交通信、医疗健康、旅游出行、金融服务、新闻资讯、手机摄影、在线学习及智慧生活等多方面开展培训，有效提高了老年学员使用手机等智能设备的技能，提升了老年学员的信息素养，帮助老年学员更好地适应并融入智慧社会、跨越“数字鸿沟”，足不出户即可享受安全便捷的智能化服务和智慧社会的便利。国家开放大学老年大学“智慧助老”线上学习平台如图 20 所示。

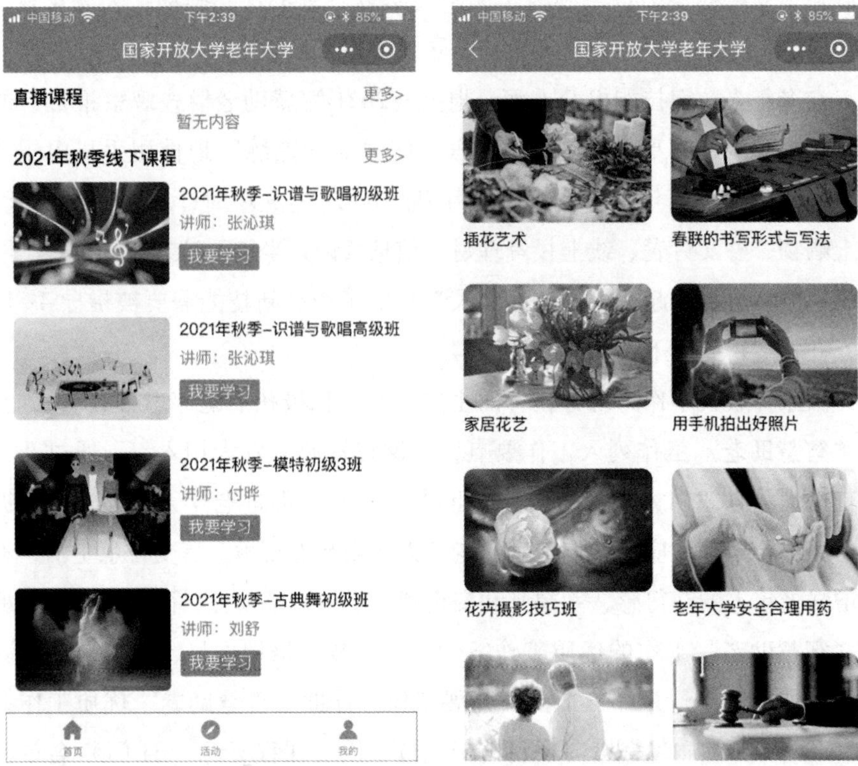

图 20　国家开放大学老年大学“智慧助老”线上学习平台

资料来源：国家开放大学老年大学微信小程序。

北京老年开放大学 2021“百千万智慧助老”公益行动由北京市教委、市老龄办主办，北京开放大学承办。2021“百千万智慧助老”公益行动累计上线 68 门公益直播课，含 18 门“智慧助老”线上视频课程，总时长 1335 分钟，内容涵盖使用微信、挂号、使用导航、购买火车票、使用手机银行、防电信诈骗等老年人常用的门类，累计学习超 79000 人次。

2021 年 5 月 17 日，由浙江省网络社会组织联合会、杭州市公安局指导，西湖区老年大学、支付宝联合发起的蓝马甲行动正式启动。为帮助老年人跨越“数字鸿沟”，蓝马甲行动为老年人提供了智能手机教学、防骗知识科普、金融安全教育等适老化公益服务。蓝马甲行动的“合伙人”包括100多家政府机构、企业、公益组织、媒体，志愿者规模也突破了1.77万人。

社区智慧学习环境的建设与发展应充分考虑老年人学习需要，切实为老年人学习提供便利。

将传统服务与智能创新相结合。在各类学习场景中，必须保留老年人熟悉的传统学习方式，充分满足在适应智慧学习环境方面遇到困难的老年人的基本需求；紧贴老年人需求特点，加强技术创新，提供更多智能化适老学习产品和服务，促进智慧学习环境有效推广应用，让老年人能用、会用、敢用、想用。

将普遍适用与分类推进相结合。强化问题导向和需求导向，针对老年人在适应智慧学习环境方面遇到的突出共性问题，采取普遍适用的对策措施；对不同年龄段、不同教育背景、不同生活环境和习惯的老年人，分类梳理问题，采取有针对性、差异化的解决方案。

将线上服务与线下辅导相结合。线上服务要更加突出人性化，充分考虑老年人的学习习惯，方便老年人使用；线下辅导要进一步扩大队伍、优化流程，实现1对1辅导，不断改善老年人的体验，与线上服务融合发展、互为补充。

在平台与资源方面，未来发展方向是云服务化、连通化、智能化、移动化、虚拟化。通过云服务实现学习平台一体化部署和各级机构平台自主管理。建立连接，将学习服务机构、老师和学习者连接起来，每个人都是教师，每个人也都是学习者。建立基于大数据和人工智能的智慧学习系统，将学习者细分为不同角色，实现个性化学习服务推送、多类型课程推荐，帮助学习者跟踪学习过程、记录学习成果、实现学分积累。加强对移动学习App、微信公众号的应用，加速数字化学习的立体覆盖，加强全方位的管理支持服务，方便学习者获取学习资源，增强师生互动，提供个性化学习服务。综合应用高新技术制作虚拟仿真课程，在展厅中全景展现学习内容，实现身临其境的体感交互，让居民更愿意来体验、学习。

在学习场域和学习方式方面，未来的发展方向是智能化、虚实结合、场域重构、关注体验。随着全社会信息化应用水平的不断提高，社区教育和老年教育也将越来越智能化，各种动态测评和自适应的软、硬件以及虚拟仿真技术将得到普遍应用。未来，线上工作和学习将成为常态，线上和线下、现实和虚拟将逐步融合，室内教室与室外场馆也将不断整合，学习场域面临重构。另外，随着智慧学习深度嵌入人们的日常生活，学习方式将面临新的变革，社区智慧学习的中心将由关注平台和资源转向关注学习者的学习体验。

参考文献

沈光辉等：《终身教育大数据应用模型与服务平台构建研究》，《中国远程教育》2020 年第 12 期。

宋亦芳：《我国社区数字化学习的实践与思考——基于全国数字化学习先行区推进 5 年的回顾》，《职教论坛》2014 年第 27 期。

宋亦芳：《城市社区教育信息化发展指数研制与探索》，《职教论坛》2018 年第 9 期。

浙江开放大学终身教育研究院编《浙江省县级学习型城市建设评价指数报告》，2021。

李佳萍：《我国社区教育管理的问题与对策研究》，博士学位论文，东北师范大学，2014。

段琳琳：《社区学习团队参与和社区感的相关性研究》，硕士学位论文，华东师范大学，2019。

侯怀银：《“社区教育”解析》，《山西大学学报》（哲学社会科学版）2017 年第 1 期。

南国农、李运林：《教育传播学》第 2 版，高等教育出版社，2005。

黄荣怀、杨俊锋、胡永斌：《从数字学习环境到智慧学习环境——学习环境的变革与趋势》，《开放教育研究》2012 年第 1 期。

《学习型城市主要特征》，《职业技术教育》2013 年第 34 期。

张永：《社区教育内涵发展论》，上海教育出版社，2018。

周延军：《新时代社区教育若干问题研究》，北京时代华文书局，2020。

沈光辉等：《老年教育发展路径与策略研究》，厦门大学出版社，2021。

刁海峰：《中国老年教育发展报告（2019-2020）》，中国商务出版社，2021。

马早明、马林、郑淮：《粤港澳台社区老年教育比较研究》，中国社会科学出版社，2021。

张剑平：《现代教育技术》第3版，高等教育出版社，2013。

B.9
场馆智慧学习发展现状与趋势

董晓晴　尤新新*

摘　要： 场馆智慧学习是将大数据、云计算、人工智能等信息技术与场馆学习深度融合的新型学习方式。本报告从学习资源、信息技术、学习环境、个性化服务、学习方式以及学习体验等方面详细论述了场馆智慧学习六要素并系统地总结了“十三五”期间我国场馆智慧学习的发展特点，包括信息化建设奠定基础、博物馆加快数字化转型、图书馆加快网络化建设、科技馆加快智能化应用、馆校合作融合发展、学习方式多样化、学习资源共享等7个方面。本报告还分析了“十四五”时期我国场馆智慧学习的发展趋势，提出要加快大数据、云计算、人工智能、物联网等信息技术与场馆智慧学习的深度融合，要将场馆信息化建设纳入新型基础设施建设，按照统筹推进、融合创新、安全可控的原则，加快场馆云平台、学习资源数据中心建设，创新运营管理体制，组建专业运营团队，不断提高场馆智慧学习的数字化、网络化、智能化水平，为提升公众科学素质、推进学习型城市建设贡献力量。

关键词： 场馆　场馆智慧学习　信息技术

---

* 董晓晴，北京市科学技术研究院科技情报研究所，主要研究方向为软科学研究、科技情报采集分析；尤新新，北师大智慧学习研究院智慧城市与学习环境实验室教育研究专员，主要研究方向为智慧学习环境。

一　场馆智慧学习

随着云计算、大数据、人工智能等新一代信息技术快速发展，场馆学习与信息技术深度融合，逐渐向数字化、网络化、移动化发展，场馆学习智慧化水平快速提升。场馆作为不同年龄段公众的学习平台，已经成为学习型城市建设的重要内容之一，在提高公众科学文化素质、提升国家软实力中发挥着重要作用。

（一）场馆智慧学习

场馆学习是一种情境化、基于实物和具体经验的学习，重视公众技能的发展，是终身学习的重要手段之一。场馆学习既是全方位学习，让公众学会在各种情景中应用科学信息；又是深度学习，让公众形成个人内在的价值观念，引导其对科学信息的应用。场馆学习受个人因素、物理环境和社会环境三方面影响，主要包括以下几个特点。

1. 场馆为公众提供了丰富的学习资源

场馆学习资源主要包括图书、多媒体等，公众可以根据自己的需要、兴趣等自由选择。这些学习资源能够丰富公众的真实体验与感受，激发学习兴趣，强化学习效果。通过形式多样的活动内容，激发公众参与学习、动手操作的兴趣，方便公众学习。场馆以展品为平台，通过寓教于乐的教育方式，使公众潜移默化地进行学习。无论是参观展示，还是操作互动，公众都能在开放的环境中快乐学习。

2. 场馆是一个自我导向、均等的学习环境

公众在参观场馆的过程中，可以自主选择参观路线、参观内容、学习方式，以获得相关的知识、达到较好的学习效果。场馆也为公众提供了均等的学习环境，公众的年龄段、教育背景等都不会成为场馆学习的阻碍因素。

3. 场馆学习突出学习体验

场馆学习让公众通过对展品的体验，在知识学习上有所发展，获得愉悦

的学习体验。同时，场馆学习强调直接的学习效果，通过展品和其他媒介，激发公众的好奇心和学习动力。

场馆智慧学习是场馆学习的发展趋势，是智能化、网络化、个性化的学习方式，包括学习资源、信息技术、学习环境、个性化服务、学习方式以及学习体验六要素①，如图1所示。

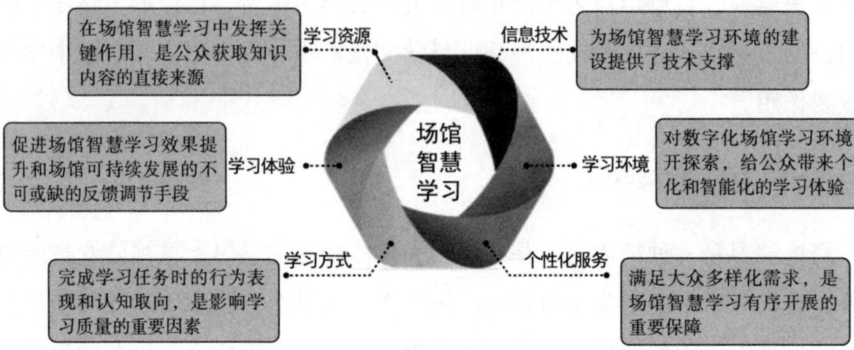

图1　场馆智慧学习六要素

学习资源在场馆智慧学习中发挥着关键作用，是公众获取知识内容的直接来源。场馆的展品是公众最主要和最直接的学习资源。当前，场馆展出内容已由传统收藏、研究、展示向现代学习、体验转变，也可以通过创客等活动形式开展科普教育活动。

信息技术为场馆智慧学习环境的建设提供了技术支撑。信息技术的快速发展，为场馆智慧学习环境建设提供了强有力的技术支撑，也能够使展陈设计更加智能化和个性化，给公众带来独特的观展体验。

学习环境是促进公众主动学习的外部条件。场馆智慧学习从信息技术的视角对数字化场馆学习环境展开探索，为公众打造更加便捷的学习环境，并从学习体验视角给公众带来个性化和智能化的学习体验，实现实体空间环境和虚拟技术环境之间的整合与融通。

个性化服务是指根据用户的需求，通过对资源进行收集、整理和分类，

① 北京师范大学智慧学习研究院编《2016中国智慧学习环境白皮书》，2017，第51页。

向用户提供和推荐学习信息。个性化服务打破了传统的被动服务模式，能够充分利用各种资源，开展以满足大众多样化需求为目的的服务，是场馆智慧学习有序开展的重要保障。场馆智慧学习要更加注重个性化服务，强调学习体验，不同年龄段的学习方法、学习内容、学习效果不同，学习环境的设计也不能千篇一律。

学习方式是影响学习质量的重要因素，场馆智慧学习主要利用各种智能技术实现移动式、体验式和探究式等多种学习方式，以达到学习效果的最优化。

学习体验是公众在学习过程中的主观感受，既可以指在正式学习场景中的感受，也可以指在非正式学习场景中的感受，其核心是要满足智慧学习的需求。学习体验是促进场馆智慧学习效果提升和场馆可持续发展的不可或缺的反馈调节手段。

（二）场馆智慧学习与信息技术

场馆智慧学习依托移动技术、大数据与云计算、物联网、人工智能、智能化设备、创客空间、游戏化学习、新媒体等的发展，这些信息技术与场馆智慧学习深度融合，推动了场馆展陈设计的智能化和参展体验的个性化，改变了传统的场馆学习方式，不仅有力地推动了场馆智慧学习环境的建设，而且在公共服务和资源共享方面给公众带来了全新的感受。

1. 移动技术方便公众获取场馆信息

移动技术的使用拓宽了移动交互的空间，影响着公众的生活、工作方式。在互联网时代，人们的学习更加趋向碎片化，很多人更倾向通过移动设备来获取场馆信息，而不是去图书馆、博物馆、科技馆亲自体验。移动技术充当了公众与场馆信息之间的桥梁。

目前，在场馆智慧学习中，移动技术为场馆提供了与公众沟通的平台。场馆可以使用移动技术为公众提供信息服务，公众也可以通过移动技术获取场馆信息。许多场馆已经在公共区域内提供免费 Wi-Fi，通过手机 App 向公众提供活动信息。

2. 大数据、云计算实现了信息资源分享

在大数据时代，通过大数据分析能获取有价值、智能的信息和知识。大数据使场馆能够提供更丰富的学习资源，各类场馆的服务理念、服务方式、服务手段、服务内容等都产生了很大变化。场馆服务开始从数据采集、整合、管理向数据统计、挖掘、分析与展现等方向延伸，云计算为场馆信息资源分享提供可能。

3. 人工智能创新体验式学习模式

人工智能为场馆智慧学习创新了体验式学习模式。人工智能可以根据公众的需求，为公众提供个性化的服务，提升公众的参观效果，增强公众在场馆学习的交互体验。智能化设备可以满足公众的学习需求，智能手机已成为场馆提供各种服务、与公众互动交流的重要设备。目前，场馆逐步普及智能设备，方便公众获取场馆学习资源、享受优质的在线服务。

4. 创客空间改进学习体验

创客空间是定期进行学术讨论、开展研究探讨和分享研究成果的地方。场馆为了让公众动手实践、提升技能水平，建立了创客空间，鼓励公众进行科学实验、发明创造、技术创新，改进公众的学习体验。

5. 游戏化学习丰富学习方式

游戏化学习是指场馆结合公众年龄、心理特征，借鉴游戏来引导公众学习的方式。游戏化学习主要通过融合游戏中的任务道具、经验值、排行榜、重要事件和徽章等元素，鼓励公众学习场馆知识。游戏化学习逐渐受到场馆的重视，已经成为场馆智慧学习的重要补充。

（三）场馆智慧学习的作用

1. 场馆智慧学习有利于学习型城市建设

场馆智慧学习已成为学习型城市建设的重要组成部分，是实现终身学习的平台，可以满足公众不同的学习需求，是提升公众综合素质的重要途径。在营造城市创新发展环境、推进学习型城市建设、提升国家软实力中发挥着积极作用。

2. 场馆智慧学习是场馆学习的发展趋势

信息技术在场馆智慧学习中发挥着重要的作用。场馆智慧学习利用信息技术，优化公众的学习体验，促进场馆学习功能的充分发挥，实现信息技术与场馆学习系统各要素、各环节的深度融合和无缝衔接，实现传统的实体场馆与在线的虚拟场馆的有机结合。在进行场馆学习活动的设计时，可以采用信息技术为场馆学习情境建构提供支持，使公众通过全方位的参与强化对实物的体验。因此，利用信息技术进行场馆学习活动的设计与实践是场馆学习的发展趋势。

3. 场馆智慧学习可以推进终身教育的发展

与学校学习不同，场馆智慧学习不受升学、考试的影响，不受年龄、时间、文化水平等的限制，人们可以根据自身兴趣、爱好，选择学习的内容、方法，通过参与、互动等方式学习科学文化知识。同时，随着人们对场馆智慧学习的逐步重视，可以将场馆与学校有机结合，以实现学习资源利用的最大化，有利于终身教育的发展。

4. 场馆智慧学习是推进科学教育的重要平台

科学教育是全面贯彻中央“全面实施素质教育，深化教育领域综合改革，着力提高教育质量，培养学生社会责任感、创新精神、实践能力”要求、落实《全民科学素质行动计划纲要》的重要方面，目标是推进中小学生素质教育，培养学生的创新精神和实践能力，造就未来创新型人才。科学教育内容包括科技知识普及、科技能力提升和科学素质培养。各类场馆是可设计、灵活、让学习者沉浸于具体的场景并实现科学学习的环境，有利于学习者快速有效地将所学内容应用于实践，获得理想的学习效果。场馆智慧学习的意义在于培养学生的批判性思维、信息整合能力、联系和解决实际问题的能力、创造与创新能力以及团队合作能力，是推进科学教育的重要平台。

5. 场馆智慧学习有利于促进科学文化知识的传播

场馆智慧学习不仅重视学习科学文化知识的过程，而且非常强调互动体验过程。公众参与互动的次数越多，就越能促进知识的学习。在场馆智慧学习的过程中，通过彼此之间、与场馆工作者之间的互动体验、观点交流，公众已经在无形中接受并传递了科学文化知识，加速了科学文化知识的传播。

二 场馆智慧学习发展现状

“十三五”时期以来，随着信息技术的快速发展，场馆信息化建设水平普遍提高，信息化基础设施不断完善。网络环境实现跨越式优化，数字化水平提高，为场馆智慧学习创造了条件。通过对我国9529个图书馆、博物馆和科技馆的调查分析发现，大中型城市场馆信息化建设较快，完成了网络基础设施建设，实现了无线覆盖，移动技术、人工智能与虚拟现实技术、资源开发与管理技术等已陆续投入场馆建设。大部分场馆利用新媒体向观众传播科学知识，公众可远程获取场馆相关信息。同时，各类移动技术加强了观众与场馆的互动交流。基层场馆信息化建设还处于起步阶段，信息化建设发展不均衡。不同类型场馆的数字化应用水平、网络化学习水平差异明显。场馆数量与创新创业指数存在中度相关关系，即创新创业指数较高的省份，场馆数量也较多。场馆数量与地区生产总值存在高度相关关系，东部地区场馆数量多，西部地区场馆数量少；地区生产总值较高的省份，场馆数量相对较多。场馆分布总量与区域常住人口数量高度相关，人口越多的地区，场馆数量越多；但场馆数量与专科及以上学历人口占劳动力人口比例的相关性不显著。场馆智慧学习拓展了学习模式，培养了创新型人才，提高了公众科学文化素质，在推进学习型社会、智慧城市建设中发挥了重要作用。

（一）信息化建设奠定基础

云计算、大数据、人工智能、物联网、泛在网络、虚拟现实等信息技术的快速发展，为场馆智慧学习的发展奠定了信息技术基础。

1. 云计算、大数据技术助力学习资源共享

目前，国内大型场馆依托云计算技术，在场馆建设或租用云平台，将场馆的学习资源通过云平台提供给学习者，同时利用大数据技术解决海量数据

的存储问题，提高数据读取速度，降低数据丢失风险和数据存储成本，有效提高数据查询、分析和检索效率。大数据时代对各类场馆的服务理念、服务方式、服务手段、服务内容和服务重点等产生了巨大影响。运用大数据技术集中开发学习资源，可以方便公众在任意时间、任意地点查询学习资源，提高学习资源的使用效率和分享水平。运用大数据技术对学习行为进行分析，有助于提供个性化服务。例如，国家图书馆、故宫博物院等场馆都成功地利用云计算、大数据技术为公众获取、分享学习资源提供服务。

2. 人工智能技术提升学习体验性

人工智能技术为场馆智慧学习开启了一种全新的学习模式。人工智能技术可以根据参观者的个性特征，为其提供定制化的支持与服务，能极大地改进与提升参观者的参观体验。例如，智能化的博物馆导引系统可以向公众提供个性化的精准服务。虚拟现实技术能为公众提供沉浸式的学习环境，增强公众的交互体验。

3. 泛在网络技术推进个性化学习

泛在网络技术使公众在任何时间、任何地点都能获得个性化的信息服务，泛在图书馆是泛在网络技术在场馆智慧学习上应用的典型。泛在图书馆将数字资源、先进移动技术与泛在网络环境进行高效整合，构建了泛在网络环境和信息共享环境，确保公众通过各种学习终端获取所需图书资源。

4. 物联网促进学习方式改进

物联网在场馆智慧学习中的作用表现为两点。第一，物联网的基础是信息采集，场馆通过物联网技术对展品和书籍进行信息采集，通过无线网络上传到网络信息中心进行存储，以此丰富教学资源。第二，物联网基于传感器和电子标签两大主要技术，支持、优化学习环境，改进学习方式。

（二）博物馆加快数字化转型

近年来，博物馆加快了数字化转型，利用大数据、互联网、人工智能等信息技术建设了数字博物馆，成为场馆智慧学习的新平台。相对实体博物馆而言，数字博物馆可以不受时间和空间的限制，不仅能让民众更便捷地进行自主参观学习，还能有效地将实体数字资源进行归类、整合与实时更新，并运用信息实体虚拟化技术形成逼真的视觉效果，让不同年龄、不同层次的公众能接受到有趣、易懂、多元化的知识。“十三五”期间，全国“互联网+中华文明”行动计划、智慧博物馆建设等一系列重点工程有力地推动了博物馆资源数据库建设，馆藏文物数据资源总量已超过140TB，并已在国家文物局网站、中国世界文化遗产监测预警总平台和国家文物局综合行政管理平台上公开展示。

目前，25.27%的博物馆建设了数字博物馆，搭建了智慧学习的新平台。通过虚拟现实技术、三维图形图像技术、计算机技术、立体显示技术、特种视效技术将实体博物馆资源数字化。公众能在数字博物馆中观看馆内各种展品的三维仿真图像，查看各种展品的相关信息资料。数字博物馆把展品变成虚拟模型，使公众可以参与交互，引发公众的兴趣，从而达到学习的目的。

一个典型例子是云游敦煌。敦煌莫高窟现有洞窟735个，其中保存完好、存有壁画和彩塑的洞窟有492个。20世纪80年代末，敦煌研究院开始探索利用数字技术永久保存文物，最早是用胶片相机拍摄壁画，因胶卷会褪色，为保证图像清晰，每张照片只能拍摄很小的画面，一张壁画需要成千上万张照片拼接而成。随着信息技术的快速发展，如今采集的图像已达十亿、百亿级像素，完成数字化采集的洞窟累计有200多个。2014年，敦煌莫高窟数字展示中心建成，将数字化资料制作成影片供游客们欣赏，给予他们完整、沉浸式的体验。“云游敦煌”微信小程序（见图2）随后上线，不仅让公众可以通过手机、网络看到敦煌，而且进一步扩大了敦煌文化的影响力。①

还有一个例子是香山革命纪念馆。香山革命纪念馆位于北京香山，紧邻香山公园，馆中数千件展品、图片和珍贵的影像资料全面呈现了中共中央在

---

① 《230多个洞窟有了数字档案　让千年莫高窟活起来》，中国档案资讯网，2020年6月22日，http://www.zgdazxw.com.cn/news/2020-06/22/content_306971.htm。

图 2 “云游敦煌”微信小程序界面

资料来源：“云游敦煌”微信小程序。

北京香山时期波澜壮阔的革命历史。2019 年 9 月 13 日，香山革命纪念馆正式向公众开放。香山革命纪念馆充分运用信息技术和动态影像还原历史，馆内珍藏的“西苑机场阅兵”和“开国大典”原始影片首次对外公开。“人民欢迎解放军进城”展区让观众亲身体会欢迎解放军进城的感觉。“开国大典”首次采用全息影像技术，通过 LED 屏将开国大典全过程原始影片展出①。“为新中国奠基——中共中央在香山”主题展览通过约 800 张图片、地图和 1200 多件实物、文献和档案呈现中国发展历程。

（三）图书馆加快网络化建设

图书馆是文献信息中心，也是历史积淀和文化传承的场所，拥有丰富的文献资源和历史遗产。据统计，2020 年，我国公共图书馆数量达 3212 个，公共图书馆总藏书量达 117929.99 万册，公共图书馆图书流通量达 54145.81 万人次，我国人均拥有公共图书馆藏书量达 0.84 册，我国公共图书馆拥有计算机数量达 226234 台，其中供读者使用的电子阅览终端达 143714 台。目前，国内大中城市公共图书馆信息化程度较高，数字图书馆虚拟网的建设持续推进，以国家图书馆为核心、以省级数字图书馆为主要节点、覆盖全国公共图书馆的数字图书馆虚拟网已经基本建成，覆盖全国的数字图书馆网络已全面建成。

随着信息技术快速发展，数字图书馆逐渐成为图书馆的发展趋势。近年来，城市图书馆的网络建设与数字资源建设步伐加快，数字图书馆规模不断扩大，加快了数字资源的加工与传播，为公众提供全文数据库和多媒体信息处理、图文查询等服务，以满足公众多元化、碎片化需求。

中国国家数字图书馆（见图 3）于 2000 年 4 月 18 日正式运营。中国国家数字图书馆是以国家数字图书馆工程为基础，依托中国国家图书馆丰富的馆藏资源和国家数字图书馆工程资源建设联盟成员的特色资源，借助遍布全国的信息组织与服务网络而建立的目前中国规模最大的数字图书馆。所有的

---

① 《线上云参观香山革命纪念馆调研随笔》，搜狐网，2022 年 8 月 1 日，https：//www. sohu. com/a/573376813_ 121444173。

图 3　中国国家数字图书馆

资料来源：中国国家数字图书馆网站。

数字图书分为 22 类，内容覆盖经济、文学、历史、医药卫生、工业、农业、军事、法律等各个门类，形成了相当的规模和体系。中国国家数字图书馆利用技术和运营方面的经验和领先优势，为各类图书馆、档案馆、博物馆以及政府机关、社会团体、商业机构、社会公众提供专业、系统的技术支持和数字内容服务。中国国家数字图书馆还推出了网上读书系统，由图书检索引擎、中国数图浏览器、后台服务管理、后台用户管理构成，适用于公共图书馆、高校图书馆、智能化社区等，可以满足大众快速、便捷、经济地享受数字图书馆读书服务的需求。

近年来，我国实体书店不断创新，一批贴近基层公众的实体跨界书店发展迅速，成为图书馆的新形态、传播知识的新平台、精神文化的新代表。一些书店“跨界连接”，从咖啡厅、主题餐厅到酒店，从文创街区、购物中心到电影院，实体跨界书店以满足个性化需求、贴近公众、精准服务、灵活经营、24 小时服务的特点，成为城市社区亮丽的文化场景、公众身边的图书馆和当地的“网红打卡地”。地图主题书店就是典型的实体跨界书店。地图主题书店由自然资源部下属中国地图出版集团打造，坐落在北京有名的“三里河银杏大道”。书店有实用参考图书、《中国国家人文地理》丛书、旅游图书、历史图书、少儿图书、覆膜图书和定制图书七大区域。书店地板上铺有世界时区地图，图书分区就像连绵的群岛，让读者有俯视地球之感。书店有三个特色图书展区，分别是助推生态文明建设展区、《中国国家人文地理》丛书展区和孤独星球展区。

（四）科技馆加快智能化应用

科技馆是一个国家文化、社会、科技发展的窗口与重要体现，在提升全民科学素质、建设创新型国家中发挥着重要作用，也是经济、文化、科技、综合国力的标志。近年来，各省份为顺应地区科技教育发展趋势，纷纷兴建科技馆。截至 2019 年，我国科技馆数量达到 978 个。科技馆以激发科学兴趣、培养科学观念为目的，通过介绍现代科学技术的知识、原理、应用和发展，辅以参与、体验、互动性展示手段，强调“边动手，边动脑”，促进公众对科学技术的学习与了解，提高公众的学习能力与创造能力。科技馆建设逐步引进互联网、大数据、人工智能等技术，增加了科学实验、互动交流，使公众接受生动直观的教育。科技馆通过常设和短期展览，对公众进行科学教育；同时举办其他科普教育、科技传播和科学文化交流活动。目前，大中型科技馆基本上实现网络化，中国科技馆、上海科技馆、天津科技馆、广东科学中心、重庆科技馆加快了人工智能技术的应用，展品智能化水平不断提高。数字科技馆建设快速发展，不少科技馆建立了数字科技馆，运用互联网思维，加快云计算、大数据等信息技术的应用，将展品数字化、网络化，为公众提供更优质、更便捷、更高效的服务，实现场馆资源公平普惠共享，增强科技馆的影响力。

流动科技馆是科技馆建设的组成部分，它弥补了边远地区不能建设科技馆的不足，机动灵活、跨越地区，将科学知识带到了基层乡镇、学校、社区，通过展览、实验等方式，让公众参与科普、体验科学、学习科技，提高了公众的科学素养，为普及科学知识发挥了重要作用。截至 2020 年，中国流动科技馆数量达到 1202 个。

中国数字科技馆（见图 4）联合互联网公司，以信息搜索技术和人工智能技术赋能传统科普形式，将科普内容以直观、生动的方式呈现给用户，实现了科普信息智能化、服务精准化的创新探索。首先，打造科技教育服务公益平台，在百度 App 里搜索“中国数字科技馆”，就可以看到“展品讲解”“全景漫游”“刷脸报名”“在线购票”等服务内容。其中的“展品讲解”相当于提供了一个生动的可供用户在线游览的科技馆，借助 AR 技术将很多科普知识直观地呈现。其次，搭建科技馆智慧化服务体系，提供更加智能的服务解决方案。该体系主要依托人脸识别、增强现实、智能语音导览等技术，帮助游客更好地理解科普知识；借助图像识别、语音识别、室内导航等技术，提供人脸闸机、智能语音导览、全景漫游等服务内容，为游客提供传统展示内容之外的更丰富的展现形式①。

科学教育是科技馆的一项重要教育内容，研究性学习是科学教育的组成部分，主要特点是开放性、探究性、实践性，强调对所学知识、技能的实际运用，注重学习过程和实践体验。研究性学习改变了以教师传授知识为主的学习方式，构建了开放的学习环境，提供了获取知识、应用实践的机会，培养了学生的创新精神和实践能力。目前，许多科技馆开设了物理、化学、生

① 《百度与中国科技馆达成合作：共推 AI 科技馆及 AI 科普书计划》，中国新闻网，2018 年 9 月 21 日，https：//www. chinanews. com/business/2018/09-21/8633164. shtml。

图 4　中国数字科技馆

资料来源：中国数字科技馆网站。

物、环境保护、计算机等学科的兴趣小组，学生可以根据自己的爱好、特长自由选取兴趣小组，开展科学研究、科学实验，以推动研究性学习的开展。

科学教育在培养青少年创新精神和实践能力中发挥了积极作用。江苏省在开展科学教育方面取得了丰厚成果，本部分以江苏省为例进行分析。江苏省主要采取以下两种做法开展科学教育。

1. 通过江苏省科技馆开展科学教育项目

江苏省科技馆展厅立足展品资源开发，开展针对中小学教师和学生的科普剧创作表演培训，并结合科技馆常设展品和周边条件等开展不同主题的科普社会实践活动，如“自然体验营”“学物理不难”“我是小小讲解员”“科普大舞台”“小鬼来当家”“科技绿茵、快乐假期”等。科技馆开发的科学探究课程科普资源包，集探究与动手实践于一体，培养学生的科学探究思维。同时，科技馆与市（区、县）教育局以及学校合作，共同开发结合科学、物理、化学、生物等学科知识的深度综合实践课教案，以科技馆展厅为课堂，充分发挥科技馆科普资源的社会价值。江苏省科技馆开发的科学教育项目在全国科学教育项目展评和大赛中分别获得了一、二、三等奖。

2. 整合江苏省科学教育资源

一是整合省内高校、科研院所资源，以一馆多校模式开展科学教育活动。“一馆多校”是指以江苏省科技馆为核心和纽带，以各高校适合开展青少年科学教育的学科实验室、学科展陈资料馆等专业资源为基地，有针对性地再设计和再开发科学教育项目，并组织中小学生参与、体验及学习，让孩子走进高校学科实验室、学科展陈资料馆，零距离地融入学科环境、接触科研设备、探究科学知识、动手实践和体验。二是整合江苏以及周边省份的科普教育资源，开发“科学之旅 · 幸福探秘”系列科学研学冬、夏令营活动。

（五）馆校合作融合发展

馆校合作是指场馆与学校为实现共同的教育目的，将场馆资源与学校课程建设、课堂教学、实践活动等相结合，能够实现校内学习和社会学习的有效互补，满足学生的学习需求。它将博物馆、科技馆等机构与学校共同纳入一个科学的系统协作网络，探索学校教育与校外活动的有机衔接，扩大了教育活动空间，丰富了课程资源，促进了人才培养。场馆是学校重要的合作伙伴，为学校丰富教学资源、开展课外活动提供有力的支持。馆校合作是场馆智慧学习的重要方式。2012 年国务院发布的《关于深入推进义务教育均衡发展的意见》明确指出，教育部门要统筹安排学校教育教学、社会实践和校外活动。学校要积极利用社会教育资源开展实践教育，探索学校教育与校外活动有机衔接的有效方式。教育部、国家文物局于2020年印发了《关于利用博物馆资源开展中小学教育教学的意见》，进一步推动了馆校合作的快速发展。

1. 馆校合作内容

不同学科与不同类型场馆进行合作的侧重点有所不同。社会文化艺术类课程主要依托博物馆来开展，如美术博物馆中的中小学美术教育。自然科学类课程主要依托科技馆来实施，近年来出现的STEM教育强调多学科的交叉融合。STEM教育并不是科学、技术、工程和数学教育的简单叠加，而是将四门学科内容组合形成有机整体，以更好地培养学生的创新精神与实践能力。[①]

2. 馆校合作成果

北京、上海、天津、重庆、四川、江西、吉林、甘肃、山东等省份在馆校合作方面积极探索，取得了很好的效果。2020年，北京市教育委员会、北京市文物局联合发文，提出建立馆校合作长效机制，建立博物馆教育和学校教育交流互动平台，使博物馆教育与学校教育相互补充、相互促进。2015年底，上海科技馆在上海市教委的支持下，启动了利用场馆资源提升科技教师和学生能力的馆校合作项目，并围绕中小学生课程标准，结合场馆学习资源开发了“STEM科技馆奇妙日”系列科学教育活动，鼓励学生参与观察、发现、验证等科学探究过程，培养学生探究科学的兴趣和热情。天津市大力推进馆校合作网络精品教研活动。2012年，梅江中学与天津博物馆建立了馆校合作联动关系；2020年10月14日，天津市教育科学研究院与天津市博物馆共同组织召开了天津市中小学综合实践活动基地校场馆课程建设研讨会，以提升天津市中小学场馆课程的开发水平。

（六）学习方式多样化

1. 体验和互动水平不断提升

场馆智慧学习在不断发展中，逐渐脱离利用藏品、文字说明、辅助展品

---

① 《STEM教育的九大核心特征》，知乎网，2021年11月26日，https://zhuanlan.zhihu.com/p/312858963。

等来静态展示的被动模式。对于现代场馆而言，即便是以信息技术为支撑的动态展示，也不能完全满足场馆智慧学习的需求。场馆互动体验的升级使场馆智慧学习的模式有了突破性的改变。近几年来，我国场馆运用信息化手段设计参观与教学情境，鼓励公众动手参与，让公众在体验中学习。

目前，不少博物馆、科技馆都设有互动电子屏，使公众不仅可以享受文字或语音讲解服务，还可以获得更强的参与感。在各类场馆中，图书馆以读者和场馆的互动为主；博物馆和科技馆中的互动体验较多。例如，中国科学技术馆设有“科学乐园”“华夏之光”“探索与发现”“科技与生活”“挑战与未来”等主题展厅，配备各种实验室，为公众营造从实践中学习科学的情境，通过互动体验等方式，引导公众进入探索与发现的过程，不仅注重普及科学知识，而且注重培养观众的科学思想和科学精神。①

2. 新媒体服务能力不断提高

随着信息技术的发展，场馆的服务能力不断提高，特别是移动互联网在场馆中的应用，提升了各类场馆的智能服务能力。目前，新媒体是我国场馆提供服务的主要平台。在调查的场馆中，81.28%的场馆通过新媒体向社会公众发布相关服务信息。目前，我国场馆移动互联网使用水平显著提高，使用人数攀升，场馆通过微博、微信等平台，为公众提供学习服务，部分省级场馆已开始在微信公众号或微博平台上发布新闻动态、场馆展览活动，进行馆内资源介绍，并通过视频直播与公众互动。

（七）学习资源共享

任何一个场馆都不可能只依赖自身信息去满足公众的所有信息需求，资源共享可以最大限度地利用现有资源提供更高水平的教育服务。随着信息技术的发展，场馆学习资源共建共享的内容更加丰富、范围更加广泛、手段更加先进。

1. 场馆间学习资源共享正成为场馆智慧学习的主要特点

场馆间学习资源共享主要应用于各级公共图书馆，上级图书馆可借助全

---

① 《走进中国科学技术馆，感受科技的魅力》，搜狐网，2018 年 12 月 2 日，https：//www.sohu.com/a/279173466_ 100019624。

国文化信息资源共享工程平台将资源推送至各基层图书馆。国家数字图书馆工程通过国家数字图书馆分馆建设和数字图书馆推广计划，并借助全国文化信息资源共享工程平台，将学习资源推送至全国各基层图书馆，以提升全国公共图书馆的数字资源保障和服务能力。资源共享必须建立在资源共建的基础上。高校图书馆在资源共享共建、馆际互借、资源联合引进等方面积极合作，从而实现为读者提供信息资源服务的职能。场馆学习资源的共享是推动场馆智慧学习环境建设的关键，智能化、知识化、开放化的资源信息共享也是信息时代场馆发展的主要方向。

2. 场馆面向公众的资源共享方式

场馆面向公众的资源共享方式有两种：一种是在场馆举办讲座、读书会等活动，实现优质学习资源的共享；另一种是场馆组织工作人员下乡、下校传播科学知识和技能。中国科技馆组织的“中国流动科技馆”项目，将中国科技馆的学习资源送到边远地区，为他们提供参与科学实践的平台，让他们亲身感受“体验科学”的快乐，从而促进我国全民科学素质的整体提高。

三　场馆智慧学习存在的问题

受到经济、技术发展水平等诸多要素的限制，场馆智慧学习也存在一些问题，具体表现为：场馆信息化发展不均衡；场馆学习资源不足；场馆学习形式单一，缺乏个性化服务；场馆教育与学校教育的融合不够；场馆智慧学习专业队伍尚未建立；等等。

（一）场馆信息化发展不均衡

总体来看，受地区经济发展水平制约，场馆信息化建设应用呈现不均衡状态，且存在地域差异。国家级、省级场馆在信息化建设、网站建设、学习平台开发等方面水平较高。基层场馆信息化基础设施欠缺，数字化和网络化建设尚未普及。大型城市的图书馆、博物馆、科技馆的云服务刚刚起步，学习数据资源中心尚未建设，学习资源集成、分享水平有待提高。随着新一代信息技术广泛应用于场馆建设，场馆智慧学习已从过去的数字化、网络化朝智能化、移动化、个性化方向发展。图书馆的网络化应用水平比较高；博物馆的数字化应用水平比较高；科技馆的人工智能技术应用水平比较高。

（二）场馆学习资源不足

学习资源建设是场馆建设的核心内容，是实现各类场馆可持续发展的前提条件。当前，我国场馆学习资源更新不足。一方面，场馆之间的资源共享不足，信息孤岛依然存在；另一方面，我国场馆资源受经费投入限制，展品一旦建成就很少更新。根据我国科技馆的建设标准规定，科技馆常设展品的年更新率应达到5%~15%。如果展品常年不更新，公众的参观热情就会下降，进而影响场馆的学习效果。

（三）场馆学习形式单一，缺乏个性化服务

场馆智慧学习具有鲜明的情境性、自主选择性、主动探究性、多元性等特点，注重个性化服务，强调学习体验。全国场馆数量和规模迅速增长对各级各类场馆的教育内容和教育形式提出了更高的要求。目前，我国大中型城市场馆的体验与互动水平不断提高，但是基层场馆仍存在学习形式单一、展品的交互性不足等问题。没有互动交流，公众难以参与学习进程。我国场馆智慧学习在个性化服务方面需要继续加强。

（四）场馆教育与学校教育的融合不够

各级各类场馆的教育与学校教育的有效衔接，是未来场馆智慧学习与学校教育教学相结合、与终身教育相结合的关键。[①] 目前，一些场馆在与学校教育的深度融合方面做了很多探索，但部分场馆仍存在一些问题。具体表现为场馆展教分离、重展轻教，没有针对学校教学内容的展品设计、人员配

① 夏文菁、张剑平：《文化传承中的场馆学习：特征、目标与模式》，《现代教育技术》2015年第8期，第5~11页。

备。学校也没有把去场馆学习纳入教育教学计划，没有将教学内容与场馆学习资源融合。

（五）场馆智慧学习专业队伍尚未建立

目前，场馆智慧学习专业队伍建设滞后，只有少数国家级、省级场馆的专业信息技术人员能够满足智慧学习的需求，大多数场馆，特别是基层场馆缺乏智慧学习专业队伍，不会使用、维护信息化平台、产品，制约了场馆智慧学习的发展。另外，场馆智慧学习机制没有形成，学习资源共享、馆校合作、社会化服务等尚在探索中。

四　场馆智慧学习发展趋势

（一）加快场馆“云展览”建设

通过数字化和线上技术的运用，“云展览”打破了场馆展览的时空与实物限制，极大地拓展了场馆展览的策划方式、表现手段、内容构成。场馆通过“云展览”形式开展在线展览服务，受到了公众广泛的关注和认同，成为场馆智慧学习的新形态，取得了良好的社会效益。“云展览”正逐渐成为场馆展览的重要组成部分，是场馆实现功能提升的重要途径。

在场馆“云展览”建设上，一是要做好顶层设计规划。各地区、各部门要结合场馆发展实际，编制场馆“云展览”发展规划，做到统一规划、统一建设、统一运维，避免盲目发展。二是要建设场馆“云展览”业务平台，制定“云展览”资源采集与开发的相关标准，建立标准化的场馆“云展览”业务运营体系，为场馆“云展览”建设提供技术支撑。

（二）打造场馆学习资源中心

场馆学习资源中心建设是场馆智慧学习的重要组成部分，要加快场馆数字化标准规范体系建设。依据国家的相关标准，分别编制博物馆、图书馆、科技馆、纪念馆等场馆的数字化建设标准，建立标准统一、联通共享的各级各类场馆学习资源数据库。推进分类数据库建设，提升场馆学习资源数字化采集、处理、存储、管理和使用的规范化水平，促进学习资源开放共享，搭建重在应用的场馆学习资源数据库和陈列展览专题数据库。

要建立学习资源动态管理机制，建设学习资源大数据管理平台，建设涵盖数据采集、数据整理、数据运营、数据应用等方面的一体化管理与服务体系。探索建立场馆学习资源整合机制，规范数据服务方式，建立健全场馆学习资源开放共享利用机制，提高场馆的数字化服务水平，有效支撑和服务场馆数字化工作的开展。

（三）推进智慧场馆建设

智慧场馆是以人为核心，应用新一代信息技术，通过空间形态、场馆业态和信息生态的深度融合，实现人物结合、人人结合和人机结合的智慧生态系统。要构建以人为核心的空间形态、行业业态、网络生态“三位一体”的智慧场馆新模式。

博物馆要运用互联网思维，逐步打造自有 IP，实现线上线下双轨联动。将博物馆展品嵌入学习、生产、生活等方面的产品设计和制作中，打造自有IP，增强博物馆学习的趣味性、实用性，这是提升场馆智慧学习水平的重要方式。同时，未来将有更多博物馆选择在线上独立运营虚拟平台，宣传展品内容，提高学习效果。这对解决不同区域场馆智慧学习同质化发展问题具有重要意义。要大力打造有地方特色的“博物馆之城”“博物馆小镇”。

在推动图书馆数字化建设时，与其他博物馆、纪念馆等融合，促进文化事业的互联互通、协同服务。要以用户需求为核心，持续提升服务体验。在数字图书馆建设的过程中，要将不同地域的数字图书馆进行有效整合，并将数字图书馆放在整个互联网的环境当中，增强数据库的完整性。数字图书馆建设成果应向贫困地区、少数民族地区倾斜，确保全民都能享受公共文化服务，避免出现地区不均衡现象。加强不同地域数字图书馆之间的有效整合是数字图书馆发展的必然趋势，不仅能使有不同特色的数字图书馆形成一股合力，还能在很大程度上增强中国的文化软实力。实现信息资源的共享一直是数字图书馆建设的主要目标。同时，应加快培育一批特色实体跨界书店，打造图书馆新形态，建立文化传播的新平台。

科技馆要打破线上、线下服务壁垒，打造智慧化服务体系。加快数字科技馆、流动科技馆建设，提升服务质量和成效，为公众提供更优质、更便捷、更高效的服务，实现场馆资源共享。要实现数字化转型，利用大数据、虚拟现实、人工智能等技术，基于游客浏览信息、行走路径和人流数据等为游客提供虚拟与现实结合、数据和信息共享的智能化一体服务。对展品的受关注度、展出效率等进行分析，为观众提供精准服务。

（四）加强馆校学习融合发展

大力推进馆校合作。一是要从政策层面强化博物馆、科技馆在学校教育中的作用。二是要把学校教学与博物馆、科技馆学习结合起来。立足场馆的展览、展品，开发各种课程，与学校建立长期稳定的联系。三是要引导中小学充分利用科技馆、博物馆资源，开展科技节、科学营、科技小论文比赛等科学实践活动。

（五）提升场馆信息化建设水平

要将场馆信息化建设纳入新型基础设施建设，加快场馆云平台、学习资源数据中心、应用平台等基础设施的建设，强化网络信息安全保障能力，有力有序地推动场馆数字化、网络化、智能化建设，为场馆学习资源的采集和利用提供保障。

B.10

研学旅行中的智慧学习环境发展报告

魏新德　张嵩岳*

摘　要： 在国家实施教育数字化战略行动的指引下，智慧学习装备的使用范围将扩展到包括研学旅行在内的社会实践教育领域，这也将为研学旅行行业发展注入新的活力，为适龄中小学生多渠道开展研学旅行奠定坚实的基础。中国研学旅行不断规范发展，研学政策积极转变，政策要求不断完善与细化。本报告从研学旅行课程组织形式、内容设计环节、内容建构、内容组织方法、课程实施与评价及研学旅行实施方式等方面对研学旅行中的智慧学习环境进行探析，并提出拓展课程资源、辅助课程实施、改善课程评价等对策建议，拓展研学场景，丰富研学资源，凸显新时代教育特色。

关键词： 研学旅行　智慧学习　混合式教学　课程设计

一　研学旅行溯源与政策现状

（一）我国研学旅行溯源

研学旅行在我国并非全新事物，在漫长的历史中，类似形式的活动为了体现不同特点，而被冠以多种不同的称呼。

* 魏新德，亲子猫（北京）国际教育科技有限公司董事长，全国旅游职业教育教学指导委员会委员，主要研究方向为研学旅行、劳动教育；张嵩岳，亲子猫（北京）国际教育科技有限公司，主要研究方向为研学旅行、劳动教育。

中国古代一种较为普遍的研学形式便是游学，其文献记录始于春秋战国时期。由于不同朝代统治者对待游学的态度不同，在数千年中不断发展的游学也呈现截然不同的特点。

游学所开展的地点，在更为广阔的天地自然之间。古人为了这个“天地间”，相继迈出家门，开启了过程艰苦但成果充实的游学。“游学”最早出现于春秋战国时期，当时人们已深深意识到“游学”所能带来的收获，最早关于“游学”的记载见于《史记·春申君列传》：“游学博闻，事楚顷襄王”。在古代中国，很多名家巨匠有着多姿多彩的游学经历，“读万卷书，行万里路”也是古代文人所追求的目标之一。

1. 周游列国与远游求学（春秋至两汉时期）

公元前770年周平王东迁，周代的统治秩序开始进入全面崩坏的阶段。在此期间，由于周王室权威的逐步衰落，王权和各诸侯内部的冲突逐渐趋于表面化，而部分依附于王室的贵族阶层也随之衰败。在这种动荡不安的社会环境下，随着上层社会人才四处流散，各类图书典籍散于各处，原有的官学也变得徒有虚名，社会知识的中心从周王室迁移到了各大诸侯国，从而使知识与学术由周王室这个中心点向四周散发，即“天子失官，学在四夷”[①]。这些具有一定学识和特定技能的政府官员带着大批图书典籍离开政治中心，在一定程度上促进了学术下移至各诸侯国，而各诸侯国对教育要求的提高，又刺激了私学的兴起。

随着学术的进一步下移，知识从各诸侯国向民间扩散的速度加快，私学不断快速发展，民间聚众讲学和著书立说之风逐渐盛行。各诸侯国对人才的需求也进一步增长，促使人们为了改变自身命运而主动开始四处求学、拜访名师，游学蔚然成风。但此时，百家争鸣、学术流派林立和文化中心分散的情况同时出现，在给了求学士人多方、多向选择的同时，也让他们不得不带上行囊游学各地[②]。在诸多游历学习的师徒当中，孔子与他的门徒尤为著名。“孔子以诗书礼乐教，弟子盖三千焉，身通六艺者七十有二人”[③]，这些弟子

① 《左传·昭公十七年》，中华书局，2017，第355页。

② 刘香民：《中国古代游学的历史考察与反思》，硕士学位论文，曲阜师范大学，2010。

③ 《史记·孔子世家》，中国文联出版社，2017，第415页。

们身份、年龄、阶层皆不相同，体现了当时人们对游学的热衷与重视，游学活动也随之繁荣起来，并形成了当时特定的社会风气。

两汉时期的游学形式脱胎于先秦既往的游学活动，先秦时期的游学思想也深刻影响了西汉游学，但因为时代背景不同，游学出现了不同的类型。

在西汉，集会之游是游学活动的一种形式，而这种游学活动又包括两种类别，一种是政治性质的聚会，另一种是私人性质的聚会。具有强烈政治色彩的聚会多由一些高官权贵举办，且通常具有明确的政治目标，而这种聚会往往能产生相当多的学术成果，可以达到“讲议集论，著书数十篇”①。比如，淮南王刘安曾召集天下游士共同编纂书籍，这些文人欢聚一堂，共同研学。

学者的游学活动除了集会之游，还有考察之游。学者们怀揣着对历史的崇敬之情，游学于我国各地，一边感受各地的风土人情，一边研究史学，不断丰富见闻。其中最具有代表性的学者莫过于西汉时期的司马迁。他出生于史官之家，当学有小成时，便应其父的要求开始游历大好河山，并在此过程中寻找遗闻逸事。贯穿司马迁人生大半的游学经历大致可分为两个不同的阶段，两个阶段中涉及的内容差异甚大。第一个阶段始于公元前125年（即汉武帝元朔四年），在此阶段，司马迁主要以个人兴趣为出发点，在全国范围内广泛游历，并在此过程中考证古籍、寻访先人古迹。第二个阶段从公元前118年（即汉武帝元狩五年）司马迁出任郎中一职开始，在此阶段，司马迁主要通过出使边塞和跟随汉武帝巡行记录遗闻逸事。

2. 从科举之途到探索游历（隋唐至宋元时期）

隋朝统一天下、结束战乱，隋文帝早期积极开展文化教育工作，大力推广儒学，在全国范围兴起了新一轮的求学热潮。但隋文帝晚年时期，随着郡学的废除，官学之游受到了非常沉重的打击。直到隋炀帝登基后再次重整学校教育体系，官学才重新得到了恢复，各地学者和名士再次争相游于官学。

① 《盐铁论·晁错》，中华书局，2015，第157页。

到了唐代，随着科举制的日趋完善，游学变成了士大夫们进入仕途的重要途径，从而产生了空前的游学热潮。唐朝政治稳定、经济发达、水陆交通便利，整个社会的物质文化和精神文化都获得空前的发展，官学也得到了统治者的大力支持，它的兴盛极大地激发了国内外求学者游学的热情。

南宋年间，随着官学制度的日渐衰微，官学之旅也逐渐没落，许多名家学者纷纷在山林中建立书院，吸引了不少的求学者前来游学，书院之旅渐渐成为流行，而其他类型的游学也再次盛行，主要包括学校游学活动、举途游学活动、游学考察等，前两者是传统游学的创新形式，而游学考察得到了进一步发展。

宋朝时期，人们很自觉地将治学和旅游有效地结合了起来，如胡瑗主张："学者只守一乡，则滞于一曲，隘吝卑陋。必游四方，尽见人情物态，南北风俗，山川气象，以广其闻见，则为有益于学者矣。"① 胡瑗曾从吴兴带领门徒数人游关中，至潼关因道路险隘，舍车而走。既上至关门，便看到了那"黄河抱潼关，委蛇汹涌，而太华、中条环拥其前，一览数千里，形势雄张"的壮美景色，胡瑗便感慨地对滕宗谅说："此可以言山川矣，学者其可不见之哉。"② 苗春德先生将胡瑗的这个教学方式称为"游学考察教学法"，认为"游学考察不仅能锻炼人的意志，还能使人增长见闻，可谓一举多得矣"。张方平亦结合自己的游学经历，劝告士大夫们不可拘泥于古，要多游览四方以开阔视野，他谈道："仆少有事四方，自宋、卫、陈、蔡、荥、洛、陕、蒲，河之北，山之东，淮服之南，历游也已。至于是邦，必问其俊豪而从之，莫不谇其流而得其浅深，尝其实而知其臭味。"③ 士人通过游历增长见闻、开阔眼界，这是"游"的目的之一。

3. 转向务实与弃旧图新（明清时期）

明清时期游学的一个重要特征就是弃旧图新，强调重实学，务实是游学

① 《默记》，中华书局，1981，第 39 页。

② 《默记》，中华书局，1981，第 39 页。

③ 《全宋文》卷八〇四《张方平二三 · 答孙生秀才书》，上海辞书出版社，2006。

的基本精神。明末清初，西方科学技术传入，一些士人开始强调务实，反对一些虚无缥缈的东西。他们在学术上摈弃义理之学，主张实学，反对繁文缛节。在教学上强调学以致用和实践操作，反对“死读书、读死书”的书斋式教学方法。一些不满统治者而远离仕途、寄情山水的学者，纷纷走上重实学的游学考察之路。其中著名的人物有顾炎武、颜元、潘耒等。顾炎武十分强调经世致用，注重历史考究，他曾到河北、山东等地开展大规模的实地调查与金石考古工作。

（二）我国研学旅行政策沿革（2016~2019年）

中国研学旅行的规范发展，始于2016年11月《关于推进中小学生研学旅行的意见》等政策文件的出台。2016年以前，研学旅行的发展多为“自下而上”的散点式创新探索，以顶层设计作为出发点的教育政策数量也比较少，而研学旅行的形式仍然以夏（冬）令营、出国游学、社区大课堂等为主，是市场的自发尝试。“自上而下”的力量把研学旅行推上了发展快车道，相关产业的扶植优惠、规范技术标准等政策文件相继发布。

截至2019年12月，全国共有24个省（区、市）发布了地方性研学旅行相关政策文件。其中，陕西、海南等地创新性地增加了协同性原则、普惠性原则、规范性原则。协同性原则即“研学旅行是一个有机整体，部门和单位应协调统一、分工负责，创新体制机制，形成合力”；普惠性原则即“保障每一位中小学生享有均等的研学旅行机会，从而落实‘以人为本’的教育理念”；规范性原则即“家长和学生自愿参与研学旅行，规范组织，全程保持公开、透明、可监督”。研学旅行需要从规范组织及制度方面不断提高工作效率①。

我国各地还在经费使用、纳入中考原始成绩、基地营地认证等方面给予了研学旅行更多政策指引，具体如表1所示。

① 张晗：《中小学生研学旅行的地方实践与改进——基于地方相关政策文本的分析》，《教育导刊》2020年第11期。

表 1　地方性研学旅行相关政策文件

地方	发布时间	涉及方向	文件名称
河南	2017 年 11 月	经费使用	《关于公布 2017 年度中央专项彩票公益金支持校外活动保障和能力提升项目审核结果的通知》
北京	2018 年 1 月	纳入中考原始成绩	《关于初中综合社会实践活动、开放性科学实践活动计入中考成绩有关事项的通知》
山东	2018 年 2 月	基地营地认证	《关于公布第一批全省中小学生研学实践教育基地名单的通知》

资料来源：根据网上公开资料整理。

其中，与研学旅行基地关系较为密切的地方性政策文件有 21 份，如表 2 所示。

表 2　涉及研学旅行基地的地方性政策文件

序号	发布日期	发布机构	政策文件
1	2017 年 4 月 11 日	苏州市教育局等 11 部门	《关于进一步规范组织中小学生研学旅行等社会实践活动的意见》
2	2017 年 4 月 12 日	陕西省教育厅等 12 部门	《关于推进中小学生研学旅行的实施意见》
3	2017 年 6 月 15 日	甘肃省教育厅等 11 部门	《关于开展中小学生研学旅行工作的实施意见》
4	2017 年 7 月 4 日	山东省教育厅等 11 部门	《山东省推进中小学生研学旅行工作实施方案》
5	2017 年 7 月 6 日	江西省教育厅等 11 部门	《关于推进全省中小学生研学旅行的实施意见》
6	2017 年 7 月 12 日	遵义市教育局等 9 部门	《遵义市中小学生研学旅行工作实施意见》
7	2017 年 10 月 25 日	宁夏回族自治区教育厅等 11 部门	《关于推进中小学生研学旅行的实施意见》
8	2017 年 11 月 22 日	四川省教育厅等 11 部门	《关于推进中小学生研学旅行的实施意见》
9	2017 年 12 月 1 日	天津市教育委员会	《关于认真做好研学旅行工作的通知》
10	2017 年 12 月 12 日	吉林省教育厅等 11 部门	《关于开展中小学生研学旅行的实施意见》
11	2017 年 12 月 18 日	黑龙江省教育厅等 11 部门	《关于推进中小学生研学旅行的实施意见》
12	2017 年 12 月 22 日	湖南省教育厅等 11 部门	《关于推进中小学生研学旅行工作的实施意见》
13	2017 年 12 月 29 日	海南省教育厅等 12 部门	《关于推进中小学生研学旅行的实施意见》

续表

序号	发布日期	发布机构	政策文件
14	2018 年 3 月 19 日	安徽省教育厅等 10 部门	《关于推进中小学生研学旅行的实施意见》
15	2018 年 4 月 10 日	新疆维吾尔自治区教育厅等 11 部门	《关于开展中小学生研学旅行的实施意见》
16	2018 年 7 月 11 日	浙江省教育厅等 10 部门	《关于推进中小学生研学旅行的实施意见》
17	2018 年 8 月 30 日	广东省教育厅等 12 部门	《关于推进中小学生研学旅行的实施意见》
18	2019 年 3 月 11 日	河南省教育厅等 10 部门	《关于推进中小学生研学旅行的实施方案》
19	2019 年 4 月 25 日	广西壮族自治区教育厅等 12 部门	《关于推进中小学生研学旅行的实施意见》
20	2019 年 5 月 6 日	内蒙古自治区教育厅等 10 部门	《内蒙古自治区关于推进中小学生研学旅行工作的指导意见》
21	2019 年 6 月 27 日	福州市教育局等 9 部门	《关于推进中小学生研学实践的实施意见》

资料来源：根据网上公开资料整理。

在此基础上，研学旅行逐渐发展起来。截至 2019 年，全国建有经教育部认可的 550 多家中小学生研学实践教育基地和 40 余家中小学生研学实践教育营地。

2017 年 12 月，教育部公布了首批 204 个“全国中小学生研学实践教育基地”，从入选的研学实践教育基地的主题来看，注重凸显教育功能与价值（见表 3）。

表 3　首批“全国中小学生研学实践教育基地”主题分布

单位：个

主题类型	基地类型	基地数量
教育科普	展览纪念馆/园	101
	科研科普基地	29
	企业工程	14
	学生活动基地	16
	爱国主义教育基地	13
生态文化	自然保护地	12
	历史文化地	8
旅游	旅游景区	11

资料来源：安朝高、普拉提·莫合塔尔、肖臻泉《我国研学旅游资源空间分布及影响因素研究》，《西北师范大学学报》（自然科学版）2022 年第 1 期。

目前，我国中小学生研学实践教育基地有三个主要特征。一是开展教育科普的研学实践教育基地占绝对优势。直接开展教育科普的研学实践教育基地达173个，占首批“全国中小学生研学实践教育基地”总数的84.8%。二是体验生态文化的研学实践教育基地有一定数量。体验生态文化的研学实践教育基地共20个，数量居第2位，占9.8%。三是以旅游为主题的研学实践教育基地占比最低。以旅游为主题的研学实践教育基地仅有11个，占5.4%。

首批204个“全国中小学生研学实践教育基地”中，中央有关部门推荐的有95个，占比达46.6%。首批“全国中小学生研学实践教育基地”地域分布见表4。

表4 首批“全国中小学生研学实践教育基地”地域分布

单位：个

大区	所属省份	基地数量
华北	北京	30
	天津	3
	河北	6
	河南	5
	山西	7
	山东	9
	内蒙古	4
东北	黑龙江	5
	吉林	6
	辽宁	10
华东	上海	9
	江苏	10
	安徽	4
	浙江	7
	江西	5
	福建	5

续表

大区	所属省份	基地数量
中南	广东	7
	广西	6
	湖北	11
	湖南	3
	海南	5
西南	重庆	5
	云南	3
	贵州	7
	四川	9
	西藏	3
西北	陕西	7
	甘肃	5
	宁夏	1
	青海	2
	新疆	5

资料来源：《教育部办公厅关于开展2017年度中央专项彩票公益金支持中小学生研学实践教育项目推荐工作的通知》，2017年12月6日。

对首批“全国中小学生研学实践教育基地”的地域分布进行分析，可以看出如下特点：高度集聚于华北，占31.4%，且近半数集聚于首都；华东较多，占19.6%；中南与西南较少，共占28.9%；东北也较少，占10.3%；西北最少，仅占9.8%。各省份中，有10个及以上研学实践教育基地的有北京、湖北、辽宁、江苏。

基于我国庞大的中小学生人群基数与丰富的课程资源，大量资本涌入研学旅行行业。在这一过程中，既涌现了一大批通过多种方式引导学生综合发展的新兴研学旅行项目，也出现了一些假借研学旅行之名进行资本扩张的乱象。

为了进一步做好自我规范，为学生提供优质的研学旅行项目，行业内做出了诸多努力，包括制定行业规范、依托有关部门开展相关培训、认定新型职业等。截至2019年12月，研学旅行行业已出台《研学旅行基地（营地）设施与服务规范》等行业规范，为未来发展打下了良好基础。

（三）我国研学旅行政策现状（2020~2021年）

1. 疫情时期的困难与转变

（1）困难处境

2020 年初，新冠肺炎疫情使传统文旅行业遭到重创，中小学生的外出活动、聚集性活动被叫停，研学旅行行业也面临重大挑战。

在这一时期，研学旅行基地被闲置，人员被迫转行，但这也变相地起到了“过滤器”的作用，将一部分缺少研学旅行课程设计与实施能力的劣质机构与人员淘汰，在一定程度上净化了行业环境。随着研学旅行行业的重新恢复，部分知名企业开始以各种形式进入研学旅行行业。

（2）依托智慧学习的形式转变

截至 2021 年底，我国有超过 3 万家研学旅行机构，其中大多数机构为应对新要求，采用了新方法、新设备、新思路对课程进行设计、组织、实施。

其一，利用云游览、云参观、云展馆等方式，将课程资源直接送至学生面前，打破学习阻碍。例如，以中国国家博物馆、故宫博物院、敦煌博物院为代表的国内一流博物馆一方面依托原有的数字化资源进行线上呈现，另一方面以此为契机推动自身特色线上研学课程的发展（见图 1）。同时，部分研学旅行机构借此机会将部分文化类课程由线下转为线上，规避了无法正常开展课程的窘迫境地。

其二，利用 AR、VR 等新兴技术，将学生引入难以触及的研学场景中。例如，以中国科学院为代表的科研机构、企业单位通过 VR 影片将科学工作场景呈现出来，从而使学生既能更为立体、直观地感受部分难以到达的真实场景，又能避免种种安全风险带来的隐患。

此外，还有学校借助引入物联网组件等方式，为原来已有的研学旅行课程赋能，通过改善学生体验、构建智慧学习场景，给予学生更多探究机会与体验。

图 1　虚拟博物馆

资料来源：中国国家博物馆。

2. 政策要求的完善与细化

自 2020 年起，《推动老工业城市工业遗产保护利用实施方案》《大中小学劳动教育指导纲要（试行）》《关于统筹做好乡村旅游常态化疫情防控和加快市场复苏有关工作的通知》《关于利用博物馆资源开展中小学教育教学的意见》《推进工业文化发展实施方案（2021—2025 年）》《关于进一步加强非物质文化遗产保护工作的意见》《关于拓展农业多种功能　促进乡村产业高质量发展的指导意见》等多个政策文件（见表 5）先后发布，将“工业研学”“劳动教育研学”“乡村主题研学”“博物馆研学”“非遗研学”等概念注入研学旅行，通过丰富其内涵、拓展其外延来推动其进一步发展。

表 5　2020~2021 年关于研学旅行的相关政策文件

序号	发布日期	发布机构	政策文件
1	2020 年 6 月	国家发改委等 5 部门	《推动老工业城市工业遗产保护利用实施方案》
2	2020 年 7 月	教育部	《大中小学劳动教育指导纲要(试行)》
3	2020 年 7 月	文化和旅游部	《关于统筹做好乡村旅游常态化疫情防控和加快市场复苏有关工作的通知》
4	2020 年 10 月	教育部、国家文物局	《关于利用博物馆资源开展中小学教育教学的意见》
5	2021 年 1 月	教育部等 5 部门	《关于大力加强中小学线上教育教学资源建设与应用的意见》

续表

序号	发布日期	发布机构	政策文件
6	2021 年 4 月	文化和旅游部	《“十四五”文化和旅游发展规划》
7	2021 年 4 月	教育部	《关于全国中小学劳动教育实验区名单的公示》
8	2021 年 6 月	工业和信息化部等 8 部委	《推进工业文化发展实施方案(2021—2025 年)》
9	2021 年 8 月	国务院	《关于进一步加强非物质文化遗产保护工作的意见》
10	2021 年 11 月	农业农村部	《关于拓展农业多种功能　促进乡村产业高质量发展的指导意见》

资料来源：根据网上公开资料整理。

另外，以国务院为代表的有关部门还通过一些政策文件对研学旅行公共服务的设计、执行、评估等几个方面做出了精细规定，如《深化新时代教育评价改革总体方案》《全民科学素质行动规划纲要（2021—2035 年）》《全国中小学生研学实践教育工作指南》《中小学生研学旅行服务合同（示范文本）》等（见表 6）。这些文件直指研学旅行中的各个关键环节，为行业健康发展指出了明确方向。

表 6　2016~2021 年关于研学旅行开展实施的相关政策文件

序号	发布日期	发布机构	政策文件
1	2016 年 3 月	教育部	《关于做好全国中小学研学旅行实验区工作的通知》
2	2016 年 12 月	原国家旅游局	《研学旅行服务规范》
3	2017 年 8 月	教育部	《中小学德育工作指南》
4	2017 年 9 月	教育部	《中小学综合实践活动课程指导纲要》
5	2019 年 2 月	中国旅行社协会与高校毕业生就业协会	《研学旅行指导师(中小学)专业标准》
6	2019 年 2 月	中国旅行社协会与高校毕业生就业协会	《研学旅行基地(营地)设施与服务规范》
7	2020 年 10 月	国务院	《深化新时代教育评价改革总体方案》
8	2021 年 3 月	教育部	《全国中小学生研学实践教育工作指南》
9	2021 年 3 月	教育部	《中小学生研学旅行服务合同(示范文本)》
10	2021 年 6 月	国务院	《全民科学素质行动规划纲要(2021—2035 年)》

续表

序号	发布日期	发布机构	政策文件
11	2021年7月	国务院	《关于进一步减轻义务教育阶段学生作业负担和校外培训负担的意见》
12	2021年7月	江西省委教育工委等5部门	江西省《中小学研学旅行》标准
13	2021年8月	财政部、教育部	《关于印发中央专项彩票公益金支持教育相关项目资金管理办法的通知》
14	2021年12月	教育部	《关于2021年中央专项彩票公益金中小学生校外研学实践活动项目资金支持营地、基地评议结果的公示》

资料来源：根据网上公开资料整理。

二　研学旅行中的智慧学习环境

（一）研学旅行课程组织形式

1. 课程目标概念

课程目标是学校教育目标的重要组成部分，在学校教学制度中居首要地位，是学校教学实践的出发点与归宿，它规定了某一教育阶段学生经过课程修习后，在发展道德、智慧、体魄等方面所希望达到的程度，是学校确立课程内容、教育目标与教学模式的基石。

2. 研学旅行课程目标

研学旅行课程目标是指研学旅行教育自身所要达到的具体发展目标，它规定了中小学生在经过研学旅行课程的修习后，在发展道德、智慧、美育、社会劳动能力等方面所希望达到的程度。

研学旅行属于综合实践活动课程，以立德树人、培养学生综合素质为根本目标。学生通过研学旅行能够形成并逐渐增强对人与自然、社区与自身内在关系的整合意识，从而具备社会价值体认、社会责任承担、问题处理的主体意识和能力以及开拓与创新意识等，努力成为德、智、体、美、劳全面发展的社会主义建设者和接班人。

3. 制定研学旅行课程目标的依据

研学旅行课程目标要结合学校校情，依据主题、学生所在学段而定。

一是依据主题制定。研学旅行的主题类型包括自然科学类、地理类、科技类、历史文化类、社会人文类、实践体验类等，其蕴含的教育目的包括爱国主义教育、民族传统文化教育、社会主义理想信念教育、科学文化教育、民族国情教育等。

二是依据学生所在学段制定。近年来，研学旅行在中小学开展普及，在设计课程目标时，教育者必须要考虑学习者的学段。既可以参考本部分阐述的不同学段研学旅行课程目标的整体要求，也可以根据不同学段和具体的研学目的地，制定恰当的研学旅行课程目标。

4. 制定有效的研学旅行课程目标

第一，研学旅行课程目标设计要兼顾三维目标。研学旅行课程目标要包括知识与技能、过程与方法、情感态度与价值观，凸显综合实践活动课程的特征，涵盖价值体认、责任担当、问题解决等，并突出综合性。

第二，研学旅行课程目标要简洁清晰，突出实践性。研学旅行课程目标应具有可操作的特点，在表述中尽量运用恰当的行为动词。

研学旅行课程不同于学科课程，它没有课程标准、教材、考试大纲。因此，研学旅行课程内容更具开放性，要素更为复杂，包括活动方案、线路设计、基地环境、考察探究内容、学习资料、评价单等。

我国基础教育课程改革把“加强课程内容与学生生活和现代社会科技发展的联系”作为重要的目标之一。为此，各学科课程标准都强调从学生的已有经验出发，密切课程内容与生活的关系。综合实践活动要求按照“人与自然”“人与社会”“人与自我”的逻辑框架组织构建课程内容。可以说，研学旅行是最能够体现课程与自然、社会和生活的联系的。

（二）研学旅行课程内容设计环节

1. 设计明确的课程主题

研学旅行不是漫无目的地游玩，而是一次综合性学习，因此必须要有一个明确的课程主题。主题既可以是文化、历史，也可以是自然、科技，还可以是社会和人文。比如，去南京研学，既可以设定红色文化主题，又可以设定传统文化主题，也可以设定历史主题，还可以设定自然主题或科技主题。从人才培养和满足学生学习兴趣的角度来看，研学旅行的主题设计要多元化，一次活动既要有一个大主题，又要在每个学习单元之下设计若干小主题。

2. 设计综合性课程内容

研学旅行是超越学科的综合实践课程，其内容指向培育核心素养，包括知识性内容、技能性内容、价值性内容等。因此，必须设计跨学科学习内容。学校里的学科课程分割得非常精细，如语数外、音体美等学科课程，每节课为 40 分钟，在一个固定的场所里完成学习。而研学旅行是综合实践课程，需要教育部门和学校有计划地组织安排，通过集体旅行、集中在校外开展实践活动达到综合育人的目的。

研学旅行课程内容要服务于价值观、合作能力的培养，也应有职业体验的内容。要让学生学以致用，运用学过的各学科知识解决现实生活中的问题。

3. 设计多样化学习方式

研学旅行内容应该科学化、系统化，满足学生个性化发展需求。课程学习应以自主学习、合作学习、研究性学习、体验性学习为主，以阅读学习、听讲学习为辅。研学旅行需采用多样化学习方式，在“知行合一”的活动整体设计中，促使学生“知情意行”综合发展。学校借用大量的社会资源、社会活动场馆开展研学教育活动，希望达成自身和社会协同育人的目的。

（三）研学旅行课程内容建构

1. 研究性学习内容

研学旅行的学科边界模糊，因为是在真实的环境中进行游学考察，其课程综合性非常突出。因此，研学旅行课程的内容设计非常重要。一般来说，学校应该组织多学科的老师一起来设计研学旅行课程内容，将学生要完成的学习任务进行整合，专题学习模块以综合运用知识为主。各学科的老师在一起设计课程内容时，应该充分考虑目的地的资源与国家课程的结合，特别是语文、历史、地理、生物、化学、物理、美术等学科，在研学旅行过程中会有许多相关的资源能够让学生将知识进行应用，也会有许多机会让学生发现和探寻新的问题。

对于主题明确的研学旅行，应该设计系统、全面的专题知识学习，既有对前期学校课堂知识的回顾，也有对即将到来的研学旅行中会遇到的知识的概述，还有对在做小课题过程中可能会遇到的知识的提示。

2. 体验性学习内容

研学旅行主要采用两种学习方式，一种是研究性学习，一种是体验性学习。体验有两种含义，一种是活动，一种是活动的结果。在这种学习当中，学生要对自己的学习负责，体验集体生活，主体性非常明显，每个学生学习的结果都是不一样的。体验式学习以学习者为中心，注重体验的过程，让学生获得有意义的学习成果。

研学旅行还应该设置一些生活技能的学习内容，如一些简单的急救技能。如果是野外露营的话，还需要包括野营地点的选择、野营帐篷的搭建、防虫措施、野营食物的制作等生活技能。这些技能都必须通过亲身实践甚至反复操练才能学会，仅通过听讲座和阅读是无法学会的。

（四）研学旅行课程内容组织方法

1. 做好学生需求调查

研学旅行应遵循教育原则，具有科学性、开放性的特点。研学旅行属于校本课程，应基于本校学生实际能力和学习基础来设计课程、选择资源。不少学校在开展研学旅行之前都做了学情调查，了解学生对研学旅行目的地、研学旅行内容的兴趣以及对研学旅行目的地的了解情况及以往行程情况。

2. 合理安排研学旅行线路

研学旅行是离家、离开学校到校外或城市之外去接受教育的过程。因此，行程的安排以及各个环节的保障非常重要。研学旅行中，学习无处不在，多种学习方式并存，有计划性学习，也有意外收获。可以说，没有科学、合理、周密的行程安排，研学旅行将不能顺利开展。

3. “三段式”课程有机衔接

研学旅行不仅按照课程目标、课程内容、课程实践、教学评估等要素设计，还把活动开展前后以及进行过程中产生的影响都考虑其中，设计“行前准备课程”“行中实践课程”“行后总结课程”。在“三段式”课程中，课程内容和学习方式是设计的重点，它依赖充分的行前准备和有效的行后总结。行前准备课程通常是给学生提供一些自主阅读的资料，为学生提供专题讲座，让学生在出发之前了解目的地，预设自己感兴趣的事物，选择自己可以研究的问题，带着有准备的头脑前往，这样才能保证尽可能多的收获。行后总结课程包括各种形式的班级、年级研学成果汇报，学生个人作业作品展示，小组研学课题成果展示以及家长、学校、机构评价结果呈现等。

研学旅行并不是一个孤立的过程，而是一个与学校学习任务紧密衔接的过程。再好的研学旅行课程设计也不应该成为范本，因为研学旅行课程并不是一个封闭的系统，而是一个半结构化的过程，有预设的达成，也有生成的精彩。学校要做的，就是尽可能地给学生创设适宜的情境和激发其学习热情的氛围与空间。

（五）课程实施与评价

学生参加研学旅行是以培养和提高综合素质为目的的，评价学生的综合素质，不是简单地用分数将学生分为三六九等、排出名次，而是要通过评价促进学生不断认识自我、发展自我、完善自我，不断地成长为一个全面发展且有个性的人。因此，在对学生参加研学旅行的表现和成效进行评价时，应以激励学生全身心投入研学旅行的各项活动、促进学生成长为目的，实施发展性评价，改变“只重结果，不看过程”的评价方式，淡化评价的甄别、选拔功能，避免简单采用打分排名评价学生。

从过程看，研学旅行评价包括行前、行中、行后三个阶段。行前阶段的评价主要关注学生的准备是否充分，包括以下几个方面：对出行生活的准备是否得当，如能否根据目的地的天气情况准备相应衣物、独立完成行李收纳整理、自行准备出行重要证件；对旅行目的地的了解是否深入，如是否能够通过多种方式了解目的地的风土人情、风景名胜；旅行研究计划是否合理，如是否能根据旅行目的地和个人兴趣找到合适的研究问题，科学规划旅行线路，选择恰当的研究方法；等等。

行中阶段的评价主要关注学生参与研学旅行的情况，对学生学习、生活的各个方面进行实时点评，这就要求教师善于观察学生的状态，敏锐地抓住评价的要点，给予恰当的评价。行中评价内容丰富，如在旅行的过程中是否能够自觉遵守各种规则、维护公共秩序；在集体活动中与同伴、教师的相处方式；出行中遇到紧急情况的应对方式；遇到困难的时候，采用什么样的方式克服，以完成研究计划；等等。

行后阶段的评价主要是对整个研学旅行的总结、交流和反思，通过开展多种形式的成果分享与交流活动，对研学旅行过程和成果进行系统梳理和总结。行后评价主要依据行前、行中的行为表现以及研学旅行的成果展开，研学旅行周期长、活动多，可供评价的素材较多。因此，教师在研学旅行过程中应要求学生做好写实记录，指导学生梳理清楚行中所思所想。写实记录要客观记载学生参与活动的具体情况，如活动主题、持续时间、所承担的角色、任务分工、完成情况等，并收集好相关支撑、证明材料。

在研学旅行评价中，除了要做到方式灵活、标准开放、资料丰富之外，还要考虑引入多主体进行评价，如学生自评价、同伴互评、教师评价等。传统学生评价都是以他评为主，忽视了学生自评的意义，但现代教师十分重视学生在评价中的主体作用，充分理解和相信学生，并注意培养学生的参与能力，让评价过程成为学生自我活动、自我反思、自我教育和自我成长的过程。“独学而无友，则孤陋而寡闻”强调的是伙伴间的共同学习、彼此激励，开展同伴互评不仅有利于学生的交流和互动，也有利于学生之间相互借鉴、取长补短。当然，教师评价也是评价中必不可少的，这是由教师在教育教学中的角色和职责决定的。评价中，教师要敢于下放评价权，将学生自我评价、同伴互评与教师评价相结合。学生的自评、互评是需要方法指导的，要用引导性的问题指导学生开展评价，如“你觉得自己今天哪些事情做得最好”“这位同学最打动你的是什么”，用类似的问题指导学生学会自我反思与表达、同伴交流与对话，引导学生在反思中不断成长，同时让师生在评价中更加全面、客观地认识对方。

（六）研学旅行实施方式

1. 讲授教学与情景式教学

讲授教学是目前研学旅行过程中普遍使用的教学方法，如讲解员介绍研学点历史文化、学生活动前的规则说明等。集中听讲学习是在讲授教学的基础上逐渐演化而来的，它是指学生通过教师的系统讲解，在短时间内获得大量知识的学习方式。研学旅行的过程中，学生将学科理论知识应用于真实环境中，通过倾听专家和老师的讲解快速认识新事物，加深对既有知识的理解，从而进一步提升自己的认知水平。

研学旅行过程中的真实环境为情景式教学提供了最好的情景导入，能快速激发学生的学习热情，通过设置合理的探究问题，辅以小组讨论、角色扮演等方法，充分实现研学旅行的目的、意义和教育效果，如身处屯溪老街扮演徽商、亲赴井冈山领会红色精神等。

2. 自主学习与合作学习

研学旅行是在旅行中学习，强调自我发现与探索。自主学习是研学旅行的主要学习方式，贯穿整个研学旅行过程。学生在教师的引导和组织下，基于预定课题发现问题、提出问题、分析问题和解决问题，得出结论并表达观点。研学旅行作为集中食宿的教育活动，在体验生活、实践探究的过程中，合作学习是其必不可少的学习方式。

3. 问题解决与实践探究

研学旅行属于综合实践课程“考察探究”板块的一部分。“考察探究”

的关键要素包括：发现并提出问题；提出假设，选择方法，研制工具；获取证据；提出解释或观念；交流、评价探究成果；反思和改进。学生通过这一系列科学有效的实践探究学习过程解决问题。因此，研学旅行综合了社会实践活动和研究性学习的特点，强调学生的体验学习和探究学习。

三　对策与建议

智慧学习技术的广泛适用性，为研学旅行中常见问题的解决提供支持；引领学生多维度学习也是我国研学旅行发展的必由之路，研学旅行需要借助安全、有趣、有益于学生的场景开展相应活动，智慧学习技术恰恰为传统研学旅行提供了一种优秀的虚拟化研学场景解决方案，并能够适应不同规模的研学旅行课程。研学旅行与智慧学习技术的结合，一方面可以以实景体验为纲，以技术赋能为基，通过现代科技为传统的游览参观模式注入新活力；另一方面可以借助高新技术设备，将学生因自然条件、安全风险等诸多原因而难以进入的研学场景虚拟化，拓展研学场景，丰富研学资源，凸显新时代教育特色。

（一）拓展课程资源——借助多种线上资源的混合式教学

通过对已有资源的数字化，可以在研学旅行过程中使学生不再受限于地域、时间等，也可以将更多课程资源引入已有研学旅行课程，丰富研学旅行内容，一定程度上使研学旅行不再是少数学生才能参与的“奢侈品”。

（二）辅助课程实施——规范化、标准化的教学实施

借助各类智慧教学装备，研学旅行的实施可以进一步被标准化，解决了原有课程受限于场地、时间等而导致的体验内容不统一、课程实施随意性强等问题。规范化、标准化的教学实施过程一方面有效提高了研学旅行的整体实施质量，另一方面明显减轻了教师的负担，使教师能够将更多精力集中于引导和启发学生。

（三）改善课程评价——依托大数据的学习过程记录与评价

研学旅行实施过程中，对学生的知识传递与成果记录均存在可靠性与易用性难以两全的问题。智慧学习技术可以为研学旅行中此类问题的解决提供很好的方法；智慧学习技术中的便携教育装备、自动数据上传与分析技术等为现有研学旅行提供了便捷的解决方案，能够将教师从烦琐的传统工作中解放出来，更加集中于对学生进行有针对性的引导。

（四）研学旅行助推乡村振兴

在乡村振兴的过程中，各行各业从产业、科技、金融、人才、物流等诸多方面“大展拳脚”，但乡村振兴并非仅关注“输血”，更关注如何“造血”。其中，泛文旅行业已经做出了一定尝试，如携程希望通过打造五星级标准度假农庄等项目，吸引社会资本一同参与乡村旅游建设，并为目的地做出示范；浙江丽水通过举办多届研学旅行产品策划设计大赛为本地资源赋能。

参考文献

刘璐、曾素林：《国外中小学研学旅行课程实施的模式、特点及启示》，《课程·教材·教法》2018 年第 4 期。

肖菊梅、李如密：《中国古代游学的发展嬗变、教育价值及现实启示》，《河北师范大学学报》（教育科学版）2017 年第 6 期。

李劲竹：《高职院校特色研学课程开发分析与体系建设——以北京劳动保障职业学院为例》，《北京劳动保障职业学院学报》2021 年第 1 期。

林青：《浅析赣南“三色”文化旅游研学课程的开发和实施——以赣州市上犹县第一小学为例》，《中华传奇》2019 年第 12 期。

刘红军、武术节：《大众武术文化生产的范式——以郑州国际少林武术节为例》，《中华武术研究》2018 年第 1 期。

张义民：《日本小学修学旅行的目的、特点及其启示》，《教学与管理》2018 年第 17 期。

曾云生、徐洪芳、贺凯英：《核心素养下中学物理教学探究》，第六届中国智慧工程研究会基础教育“十三五”规划课题会议，2017。

冀峰：《基于地方特色的跨学科研学旅行探究问题的设计与思考——以苏州古典园林留园为例》，《中学政史地（教学指导）》2020 年第 6 期。

吴晓进：《中职数学课程目标定位与教学内容选择》，《江苏教育研究》2018 年第 7 期。

于志军：《培养学生核心素养的实践探索》，《读与写·下旬刊》2019 年第 1 期。

甘桂琴、史峻川：《高中历史教材中社会史内容选择标准探析》，《教育观察》2019 年第 33 期。

马梅花：《初中语文的有效教学策略研究——以〈三峡〉教学为例》，《语文新读写》2020 年第 22 期。

沈洁、姚程琳：《基于成长的初中社会实践课程设计——以六年级“双城记”活动为例》，《现代教学》2018 年第 20 期。

罗小华：《浅谈研学旅行背景下的旅游管理专业人才培养策略》，《西部旅游》2021 年第 9 期。

《定制中小学研学旅行课程　打造中小学研学旅行优质品牌——河南省树人教育交流中心欢迎你》，《小学教学》（数学版）2022 年第 4 期。

谢思文、迪丽努尔·阿吉：《中小城镇研学旅行开展现状与改进建议——以河北赵县中学为例》，《新课程导学》2021 年第 21 期。

谢娟、伍新春、季娇：《科技场馆“第二课堂”育人价值实现路径——基于我国城市中小学生的实证调查》，《中国教育学刊》2018 年第 9 期。

丘小静、陈淳、周慧：《体验式学习视角下的地理研学旅行设计——以广东省河源市新丰江水库研学为例》，《地理教学》2019 年第 16 期。

李永生：《学生研学旅行实践的理论考察》，《北京财贸职业学院学报》2020 年第 5 期。

李青：《落实创意物化目标“三步走”——以“我的改进与设计”为例》，《综合实践活动研究》2020 年第 6 期。

刘继玲：《研学旅行中体验式学习评价标准开发与应用》，《中小学教师培训》2018 年第 9 期。

于戈：《探索基于校情的研学旅行课程建设模式》，《中小学信息技术教育》2019 年第 12 期。

甄鸿启、张永丰：《基于乡土地理教学的研学实践课探索》，《地理教学》2019 年第 19 期。

宿晓青：《小成语　大智慧——关于中学语文综合实践活动的一些尝试》，《教育革新》2019 年第 2 期。

王嵩涛：《研学实践校本课程的开发与设计》，《教育艺术》2021 年第 6 期。

李秋霞：《瞄准靶心：“考察探究式”研学旅行指导的策略》，《教学月刊》（小学版）2020 年第 7 期。

刘华香、张邢宇：《“互联网+”时代高校思政课教学改革面临的机遇与挑战》，《山西经济管理干部学院学报》2017 年第 4 期。

林雅情、甘萌雨、卢嘉新：《福建省红色旅游资源空间分布特征及其影响因素分析》，《台湾农业探索》2020 年第 2 期。

王萍：《行走中的学习——区域研学旅行项目实践初探》，《现代教学》2017 年第 8 期。

谢旭军、胡梅花：《消防水带课的思考与再设计》，《教育观察》2019 年第 30 期。

彭杰：《国家开放大学英语网络学习形成性评价研究》，《现代职业教育》2018 年第 5 期。

张乐乐、陈恩伦：《新时代应用型本科高校学生评价的现实困境及其变革路径》，《内蒙古社会科学》2020 年第 3 期。

《承担新使命　展现新作为　彰显国企新担当》，《石油组织人事》2020 年第 1 期。

曾娇环：《历史文化遗产与研学旅行融合发展研究》，《当代旅游》2022 年第 7 期。

韩榕、钱旭鸯：《日本修学旅行：国民教育的“必修课”》，《上海教育》2019 年第 24 期。

吴颖惠：《研学旅行课程开启实践育人新领域》，《中小学信息技术教育》2019 年第 11 期。

申容：《研学课程开发实践及反思——以参观西南联大旧址研学为例》，《云南教育（中学教师）》2019 年第 Z2 期。

附件：

研学旅行典型场景与经典线路

一　自然类研学旅行线路——小兴安岭生物多样性

小兴安岭具有丰富的动植物资源，且相当一部分动植物具有重要保护价值。课程注重学科与实践相结合，以大森林的生物多样性、林下经济、自然生态教育等为主题，设计出以森林生态文明教育、森林工业历史文化教育、劳动教育、自然教育、生命教育、安全教育等以跨学科融合性为特色的自然类研学旅行线路。

二　历史类研学旅行线路——星火燎原有信仰　古田圣地放光芒

闽西龙岩是全国著名革命老区、原中央苏区的重要组成部分，在革命战争年代赢得了“红旗不倒”的光荣赞誉。现今留存的众多闻名全国的革命旧居旧址，是弥足珍贵的文化遗产。课程以上杭县古田会议会址、上杭县毛泽东才溪乡调查纪念馆等多处红色资源为基础，充分发挥红色教育资源的思想引导、道德示范、审美熏陶等功能，设计突出保护红色资源、传承红色基因、弘扬革命传统的课程体系（见图 1）。

图 1　学生聆听革命历史

资料来源：上杭县红古田文化传播有限公司。

三　历史类研学旅行线路——长征起点　初心之旅

长征精神从于都开始，这里留下了许多红色印记和可歌可泣的革命故事。课程通过“长征起点　初心之旅”了解中央红军长征历史以及苏区军民鱼水情，激发学生们的爱党爱国之情，传承红色基因（见图 2）。

四　人文类研学旅行线路——这里是南京

南京是中国四大古都之一，是中华文明的重要发祥地，有“六朝古都”“十朝都会”之称，有“天下文枢”“东南第一学”的美誉，这里丰富的人文典籍、名胜古迹、秦淮故事、风土人情，都值得细细品味。课程通过匠心独运的任务设计，引导学生用多种方式体验南京的文化积淀（见图 3）。

图 2　学生参与“红军长征小道”体验

资料来源：于都县博物馆。

图 3　郑和宝船

资料来源：南京正意研学旅行有限公司。

Abstract

The report of the 20th National Congress of the Communist Party of China proposes that " education, technology, and talents are the basic and strategic support for the comprehensive construction of a modern socialist country. " , "Promote the digitization of education, and build a lifelong learning society and learning country for all people. " Since 2022, the Ministry of Education has made it an important task to implement the National Education Digitalization Strategy Initiative, explore diverse forms of learning, and make full use of MOOC, micro-course, virtual reality and other methods to provide a ubiquitous, diversified and intelligent learning environment and learning ecology. The China Smart Learning Research Report (2022–2023): Smart Learning Environments comprehensively summarizes the general characteristics of China's smart learning environments in recent years, theoretically proposes the concepts and characteristics of smart learning and smart learning environments, and compares the various policy documents issued by the state on the integration and innovative development of technology and education, and introduces the smart learning environments in different fields from the perspective of collaborative education among schools, families and society. The book aims to present the characteristics and development status of the smart learning forms, states and business models built by the new generation of information technology.

The book consists of five parts: General Report, Smart Learning Policy and Theory, Campus Smart Learning, Family Smart Learning, and Community Smart Learning. The report presents the pattern, state and industry of Smart Learning from four aspects: the background of Smart Learning development, the three scenarios of Smart Learning, the main products of Smart Learning, and the development of Smart Learning industry, and proposes that Smart Learning is an inevitable requirement for building a learning society of lifelong learning and an inevitable trend of smart society. It focuses on the specific content of smart learning scenarios such as parent literacy, smart campus, new learning space, smart community, and venue learning. The Smart Learning Policy and Theory chapter puts forward Smart Learning related theories and introduces in detail the definition, field distribution and components of Smart Learning environment; the policy level stands in the context of digital transformation of education to sort out and analyze the policy system and two main lines of Smart Learning environment, as well as the policy review of Smart + school education, Smart + family education and Smart + social education. The Campus Smart Learning chapter introduces two important spaces for teaching and learning: campus and classroom. The current status and cases of smart campus construction are introduced. Information technology is proposed to build a perceptive, connected and intelligent campus smart environment to help digitize the school smart learning environment and realize the new ecology of smart campus. The connotation characteristics, design principles and evolution trends of the new teaching space are introduced. Based on the transformation requirements of information technology on classroom teaching mode, the book elaborates on the main patterns and teaching methods of the new teaching space. The Family Smart Learning chapter points out the important role of family reading and family literacy in family learning activities by introducing the development of family learning environment and family reading activities. The Community Smart Learning chapter includes three special reports: community learning, venue learning and study tour. Community learning focuses on community education and senior learning and analyzes the existing platform resources and learning methods. Venue learning introduces the learning behaviors occurring in libraries, science and technology museums, museums and other types of venues in terms of development status, problems and development trends. The section on study tours focuses on the curriculum organization and typical cases of study tours. The book covers a variety of field scenarios in which learning is carried out in the process of personal growth, and focuses on the current situation and trends of various types of learning environments based on technology in the process of building a learning society.

Keywords: Smart Learning; Learning Environment; Family Learning; Campus Learning; Social Learning

Contents

Ⅰ General Report

Abstract: This report proposes the concept of smart learning through a review of relevant literature. The rapid development of cutting-edge technologies such as 5G, big data, and artificial intelligence has led to the emergence of various forms of learning products. The two-way integration of technology and education has had a revolutionary impact on human learning methods. In addition to on-campus study, the learning process at home and in society has been increasingly valued by people. The report presents the development background of smart learning, the three major scenarios of smart learning, the main products of smart learning, and the development of the smart learning industry in four aspects, point out that smart learning is an important support for the construction of digital China, learning society and smart society.

Keywords: Smart Learning; Smart Campus; Social Learning

Ⅱ Theory and Policy Reports

B.2 Report on the Development of Smart Learning Environment Theory

Wang Yunwu / 035

Abstract: With the development of the digital economy and smart society, there is an urgent need for the entire population to improve their digital literacy and skills. This requires the construction of a smart learning environment that is suitable for the smart era to meet people's personalized and diverse demands for smart learning. However, the theory of smart learning environment is relatively weak. This report first outlines the definition and characteristics, fields, constituent elements, functional models, supporting technologies, etc. of smart learning environments. Then, it traces the background and new developments of the rise of smart learning environments, redefines the connotation of smart learning environments, and analyzes how human civilization has gone through scenarios, learning environments, digital learning environments, and smart learning environments. Now, it is moving towards a ubiquitous smart learning environment, Finally, a theoretical analysis framework for smart learning environment is proposed, and the theoretical basis, evolution, and development context of smart learning environment are summarized. In the future, the construction of rural smart learning environment under the background of common prosperity and rural revitalization deserves high attention, and new smart learning environments such as online OMO (Online-Merge-Offline) learning environment, short video + live learning environment, multimodal learning environment, virtual simulation learning environment, and new generation smart campus need more attention.

Keywords: Theory of Smart Learning Environment; Ubiquitous Smart Learning Environment; Digital Transformation of Education

Abstract: At present, there aren't many policy documents strongly related to the "smart learning environment" in China, not as many as those weakly related ones, which cover fields such as schools, families, and society. This report focuses on national and local policies such as Digital China and educational informatization, as well as policies related to smart+school, smart+family, and smart+society. Having analyzed relevant policies with Word Cloud and other text analysis tools, this thesis sorts out the two main lines of policy development, namely technology and education, the two basic directions of construction purpose and construction direction, and the three major field systems of school, family, and society. At the same time, it further sorts out the policies of each field from comprehensive policy guidance, special policy promotion, standard and normative guidance, and other aspects. The analysis results show that policies related to China's smart learning environment are variable in different stages, value-oriented, diverse in subjects, and feasible for implementation. Overall, the construction of a smart learning environment needs to be rooted in the context of the times and become a key and hot topic in national and regional policy deployment. First-tier cities can take the lead of smart learning environments, sorting and summarizing clearer paths and content.

Keywords: Smart Learning Environment; Smart+ School; Smart+ Society; Smart+ Family

Ⅲ Smart Campus Reports

Abstract: Smart education has been included in the "14th Five Year Plan", and the implementation of projects such as the "Double Gigabit" Network Collaborative Development Action Plan, New Infrastructure for Education, and the Pilot Application of "5G+smart education" has pushed the construction and research of smart campus to new heights. This report introduces new opportunities and challenges, policies and standards, research status and trends of smart campus, and further analyzes cases of smart campus construction, showcasing new progress in smart campus construction under the background of new education infrastructure. At the same time, points out that the development of smart campus in the future will present new trends such as redefining smart campus with new educational infrastructure, and the emergence of a new generation of smart campus (OMO smart campus).

Keywords: Smart Campus; "5G+Smart Campus"; New Generation Smart Campus (OMO Smart Campus)

Abstract: This report summarizes the connotation and historical evolution of teaching space, and also analyzes the importance of innovation in educational space from the background of "the transformation of educational concepts and teaching methods, the continuous development of learning and cognitive theories, and the in-depth application of new generation information technology represented by the Internet". On these grounds, this report proposes the diversification, complexity, contextualization, and intelligence of new educational spaces supportive of intelligent learning. At the same time, based on the classification of teaching venues, characteristics of technical equipment and teaching scenarios in primary and secondary schools, six new types of teaching spaces were proposed, including intelligent classrooms, innovation laboratories, subject classrooms, labour practice rooms, new types of venues, and online learning spaces. The report also studies and elaborates on the connotation, design, application requirements, and learning styles of each type of new educational space. Last but not least, from the designing perspective, this report points out the principles of building new types of educational space: people-oriented, system design, technology empowerment and future orientation, and the basic paradigm integrating "concept", "equipment", "scenario", "resource", "data" and "system".

Keywords: New Educational Space; Intelligent; Situational; Core Competencies

Ⅳ Smart Home Reports

Abstract: The environment, connectivity, and supporting of the home learning environment in China, has undergone drastical changes in the last 40 years, from the beginning of reform and opening-up to the 100th anniversary of the founding of the Communist Party of China. Even in the least developed areas, children can now study under bright lights. With the implementation of the "Broadband China" strategy, 5G networks and smart learning devices (including mobile phones) have gradually become popular in the far rural areas. The environment and connectivity of the home learning environment have made the greatest progress, but in rural areas and some urban-rural junctions, the lag in supporting is an obvious shortcoming. "Family legacy and Family precepts" are important soft factors in the home learning environment, while "patriotism and dedication," "integrity," and "friendliness" are the biggest common sense of social core values of China, that reflect the current values of the people across the country and can serve as the best starting point for family's legacies and precepts. China is now entering the digital era, and the whole society must have information awareness, especially information security awareness. The digital skills of citizens, especially children's digital skills, is related to the future of the country and their growth. The home learning environment is playing an important role in nurturing and influencing the digital skills of children and teenagers.

Keywords: Family; Learning Environment; Family Legacy and Precepts; Digital Skills

Abstract: In the 21st century, with the dynamic changes in technology, especially with mobile internet, smartphones, and artificial intelligence, the concept and culture of reading have undergone profound changes. Listening to audio books has become the major way for young children, especially those in far rural areas and left-behind children, to acquire knowledge. Mobile phones have become the primary medium for adults to access the world. The smart study room has emerged as a new reading environment for families in first-tier cities. This report found that creating a suitable reading environment, cultivating good reading habits, and using scientific reading methods are crucial to the reading skills of children and teenagers. Learning activities, practical exercises, and social services are beneficial for integrating children and teenagers' own knowledge and skills with social life in-depth. Home learning activities that promote the comprehensive development of children are increasingly prominent and should be vigorously promoted. "Reading" shapes the soul, and "activity" builds the body; the two are inseparable "two sides of one coin" of family education.

Keywords: National Reading; Smart Study Room; Volunteer Service Activities; Social Practice Activities

V Smart Social Reports

B.8 Research Report on Community Smart Learning

Wei Shunping, Wang Bin, Wen Shuyu,

Zhang Xiangyu and Yin Bingshan / 248

Abstract: With the rapid development of information technology, community smart learning has gradually become an important learning method. This report conducts a thematic study on community smart learning, discussing its forms, environment, and development trends from three aspects. In terms of community smart learning patterns, community education and elderly education have been developing for many years, growing in various forms, with many institutions and large numbers. In terms of community smart learning environment, there are various types and coverage of community learning platforms, which combine centralized and decentralized smart learning fields. The level of informatization is constantly improving, and smart learning methods are flexible and diverse. Online and offline, real and virtual deep integration is being carried out, and smart elderly assistance special work is being continuously promoted to help elderly people cross the digital divide. Policies, facilities, applications comprehensive evaluation of community smart learning environment from multiple dimensions such as effectiveness. In terms of the development trend of community smart learning, community education and education for the elderly are moving towards integrated development. The construction and development of community smart learning environment should fully consider the learning needs of the elderly, and combine traditional services with intelligent innovation, universal application and classification to promote online services and offline guidance, so as to effectively facilitate the learning of the elderly.

Keywords: Community Smart Learning; Community Education; Elderly Education

B.9 Current Status and Trends of Smart Learning in Venues

Dong Xiaoqing, *You Xinxin* / 298

Abstract: Smart learning in venues is a new learning method that deeply integrates venue learning with big data, cloud computing, AI and other information technologies. This report elaborates on the six elements of smart learning in venues, including learning resources, information technology, learning environment, personalized services, learning methods, and learning experience. It also systemically summarized seven development characteristics of venue smart learning in China during the "13th Five Year Plan" period, including a solid foundation of informatization, the accelerating digital transformation of museums, the rapid development of digital libraries, the accelerating application of science and technology in museums, the integrated development of library-school cooperation, the continuous innovation of learning methods and study resources sharing. Besides, the report analyzes the development trend of China's smart learning in venues during the 14th Five Year Plan period and proposes to accelerate the deep integration of information technologies such as big data, cloud computing, artificial intelligence, and the Internet of Things with venue learning. The construction of venue information technology should be included in the construction of new infrastructure. Furthermore, under the principles of coordinated promotion, integrated innovation, and safety and controllability, China should accelerate the construction of venue cloud platforms and learning resource data centres, innovate the operation and management, and establish a professional operation team to continuously improve the digitalization, networking, and intelligence level of smart learning in venues, and contribute to improving the scientific literacy of the public and promoting the construction of a learning-oriented city.

Keywords: Venue; Smart Learning in Venues; Information Technology

Abstract: Under the guidance of the national digital education strategy, the scope of using smart learning equipment will be expanded to include social practice education fields such as educational excursion. This will inject new vitality into the development of the study tour industry and lay a solid foundation for school-age children to carry out educational excursions through multiple channels. China's educational excursion industry is continuously regulated and developed, with policies being actively transformed, and policy requirements are constantly improved and refined. This report analyzes the smart learning environment in educational excursion from aspects such as course organization, content design process, content construction, content organization method, course implementation and evaluation, and ways of implementing educational excursion. It also proposes suggestions such as expanding course resources, assisting course implementation, improving course evaluation etc., to expand educational excursion scenarios and enrich educational excursion resources while highlighting educational characteristics in this new era.

Keywords: Educational Excursion; Smart Learning; Blended Teaching; Course Design

皮 书

智库成果出版与传播平台

❖ 皮书定义 ❖

皮书是对中国与世界发展状况和热点问题进行年度监测，以专业的角度、专家的视野和实证研究方法，针对某一领域或区域现状与发展态势展开分析和预测，具备前沿性、原创性、实证性、连续性、时效性等特点的公开出版物，由一系列权威研究报告组成。

❖ 皮书作者 ❖

皮书系列报告作者以国内外一流研究机构、知名高校等重点智库的研究人员为主，多为相关领域一流专家学者，他们的观点代表了当下学界对中国与世界的现实和未来最高水平的解读与分析。截至 2022 年底，皮书研创机构逾千家，报告作者累计超过 10 万人。

❖ 皮书荣誉 ❖

皮书作为中国社会科学院基础理论研究与应用对策研究融合发展的代表性成果，不仅是哲学社会科学工作者服务中国特色社会主义现代化建设的重要成果，更是助力中国特色新型智库建设、构建中国特色哲学社会科学“三大体系”的重要平台。皮书系列先后被列入“十二五”“十三五”“ 十四五”时期国家重点出版物出版专项规划项目；2013~2023 年，重点皮书列入中国社会科学院国家哲学社会科学创新工程项目。

皮书网

（网址：www.pishu.cn）

发布皮书研创资讯，传播皮书精彩内容
引领皮书出版潮流，打造皮书服务平台

栏目设置

◆ **关于皮书**

何谓皮书、皮书分类、皮书大事记、
皮书荣誉、皮书出版第一人、皮书编辑部

◆ **最新资讯**

通知公告、新闻动态、媒体聚焦、
网站专题、视频直播、下载专区

◆ **皮书研创**

皮书规范、皮书选题、皮书出版、
皮书研究、研创团队

◆ **皮书评奖评价**

指标体系、皮书评价、皮书评奖

◆ **皮书研究院理事会**

理事会章程、理事单位、个人理事、高级研究员、理事会秘书处、入会指南

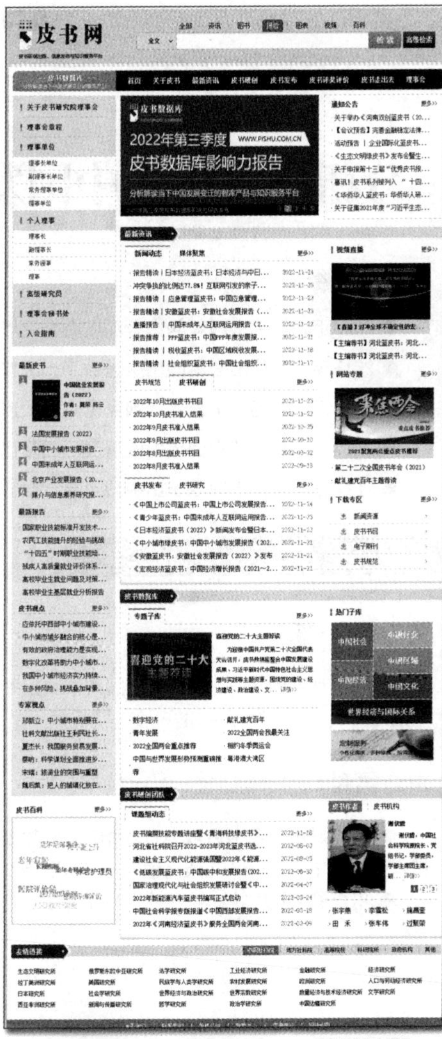

所获荣誉

◆ 2008 年、2011 年、2014 年，皮书网均在全国新闻出版业网站荣誉评选中获得“最具商业价值网站”称号；

◆ 2012 年，获得“出版业网站百强”称号。

网库合一

2014年，皮书网与皮书数据库端口合一，实现资源共享，搭建智库成果融合创新平台。

皮书网　　“皮书说”微信公众号　　皮书微博

S 基本子库
UB DATABASE

中国社会发展数据库（下设 12 个专题子库）

紧扣人口、政治、外交、法律、教育、医疗卫生、资源环境等 12 个社会发展领域的前沿和热点，全面整合专业著作、智库报告、学术资讯、调研数据等类型资源，帮助用户追踪中国社会发展动态、研究社会发展战略与政策、了解社会热点问题、分析社会发展趋势。

中国经济发展数据库（下设 12 专题子库）

内容涵盖宏观经济、产业经济、工业经济、农业经济、财政金融、房地产经济、城市经济、商业贸易等12个重点经济领域，为把握经济运行态势、洞察经济发展规律、研判经济发展趋势、进行经济调控决策提供参考和依据。

中国行业发展数据库（下设 17 个专题子库）

以中国国民经济行业分类为依据，覆盖金融业、旅游业、交通运输业、能源矿产业、制造业等 100 多个行业，跟踪分析国民经济相关行业市场运行状况和政策导向，汇集行业发展前沿资讯，为投资、从业及各种经济决策提供理论支撑和实践指导。

中国区域发展数据库（下设 4 个专题子库）

对中国特定区域内的经济、社会、文化等领域现状与发展情况进行深度分析和预测，涉及省级行政区、城市群、城市、农村等不同维度，研究层级至县及县以下行政区，为学者研究地方经济社会宏观态势、经验模式、发展案例提供支撑，为地方政府决策提供参考。

中国文化传媒数据库（下设 18 个专题子库）

内容覆盖文化产业、新闻传播、电影娱乐、文学艺术、群众文化、图书情报等 18 个重点研究领域，聚焦文化传媒领域发展前沿、热点话题、行业实践，服务用户的教学科研、文化投资、企业规划等需要。

世界经济与国际关系数据库（下设 6 个专题子库）

整合世界经济、国际政治、世界文化与科技、全球性问题、国际组织与国际法、区域研究 6 大领域研究成果，对世界经济形势、国际形势进行连续性深度分析，对年度热点问题进行专题解读，为研判全球发展趋势提供事实和数据支持。

法律声明